KB049197

*Paradigm Shift*를 위한
4차 산업혁명 시대의 경영사례 II

정진섭

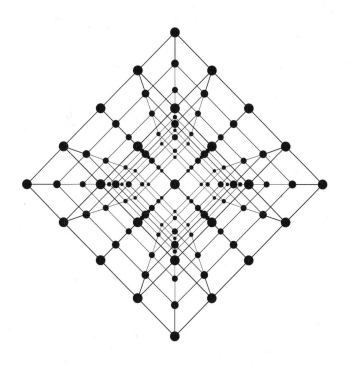

박영사

머리말

4차 산업혁명 시대를 맞아 이제는 기업과 정부는 물론, 대학도 변화되어야 한다. 특히, 방법론적 측면에서는 기존 교과서 위주의 경영학 강의에서, 현장을 중시하는 실습 및 사례의 중요성이 더욱 커지게 되었다.

미국의 경우, 하버드 법대에서 경영대학이 분리되면서 경영사례 강의가 시작되고 중요시되어 왔으나, 한국은 대학의 자율에 따라 좌우되는 실정이다. 저자는 대학에서 20여 년 이상 "경영전략"과 "글로벌 기업사례" 등의 과목을 가르치면서, 최근 변화하는 경영 패러다임을 반영한 적절한 사례집이 없어 고심해 왔다. 특히, 최근 4차 산업혁명과 글로벌화에 부응하는 경영사례 교재를 찾기에는 더욱 어려운 상황이었다. 따라서 그러한 필요에 따라 본서를 집필하게 되었다.

본서는 일반적인 경영사례집이라기 보다는 최근 4차 산업혁명의 변화와 비즈니스 변화에 부응하여 보다 현실성 있는, 크게 다음과 같은 세 가지 필요에 따라 집필되었다.

첫째, 4차 산업혁명 시대의 비즈니스 모델
둘째, 패러다임 전환에 도움이 되는 경영 이론과 실무의 접목
셋째, 글로벌화와 기업생태계에 부응하는 가치네트워크의 관점

4차 산업혁명의 시대

4차 산업혁명의 가장 큰 특징은 비약적으로 급증한 연산력과 방대한 양의 데이터 유효성을 기반으로, '초연결'과 '초지능'이 가능해지고, 다양한 특성들이 서로 '융합'되어 비즈니스가 시간과 공간의 제약으로부터 벗어나 새로운 가치와 변화를 추구하는 것이다. 즉, 사물인터넷IoT, 클라우드 등 정보통신기술ICT의 급진적 발전과 확산은 인간과 인간, 인간과 사물, 사물과 사물 간의 연결성을 기하급수적으로 확대시키고 있으며, 인공지능과 빅데이터의 연계 및 융합으로 인해 일정한 패턴 파악이 가능해지고, 이러한 분석 결과를 토대로 인간의 행동을 예측할 수 있는 새로운 비즈니스가 탄생되고 있다. 또한, 가상세계와 물리적 세계가 강하게 결합하면서 전통적인 비즈니스에서는 나타나지 않던 '초연결', '초지능', '초융합' 및 '초예측'이라는 특성을 축으로 하는 새로운 비즈니스 모델들이 탄생되고 있다그림 1.[1]

그림 1 4차 산업혁명 시대의 비즈니스 모델[2]

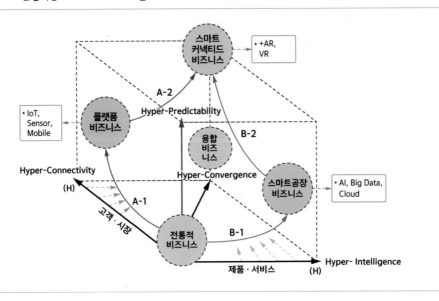

---

1 Lee, Min Jae & Jung, Jin Sup (2018), "Competitive Strategy for Paradigm Shift in the Era of the Fourth Industrial Revolution: Focusing on Business Model Innovation." *Indian Journal of Public Health Research & Development*, Vol. 9, No. 8, pp. 736-741

2 상게서(上揭書)

먼저, 초연결성hyper-connectivity은 전면적 디지털화에 기초한 초연결화전면적 온라인화에 따른 '현실－가상 경계의 소멸' 및 데이터베이스화를 의미한다Schwab, 2016. 이러한 초연결성으로 인해 공유경제 비즈니스도 가능해지며, 많은 플랫폼 기업이 나타나게 되었다[플랫폼 비즈니스].

초지능성hyper-intelligence이란 초연결을 통해 확보된 데이터에 기초한 기계학습의 발전으로 인한 비인간 행위자non-human agent의 자율화를 뜻한다. 즉, 데이터의 분석, 딥러닝을 통한 인공지능의 발전, 그리고 이를 통한 '기계－자율의 확대'가 초지능성의 핵심이며, 여기서 중요한 변화는 개인화personalization와 기계자율화machine-automation이다. 이로 인해, '개인 맞춤형 경제'가 탄생하게 되고 '인간 노동의 대체'가 발생되어 기존 노동의 기회가 감소하게 된다. 이제는 '인간－기계 협력의 시대'가 열리는 것이다[스마트공장 비즈니스].

초융합화hyper-convergence란 초연결성과 초지능성의 확대로 인해 결국 분리되어 있던 영역들이 융합 또는 복합을 통해 새로운 가치가 창출되는 것이다. 예를 들어, (1) 오프라인 활동의 온라인화, 또는 이를 통한 융복합화, (2) 증강현실 및 가상현실로 인한 융합, (3) 산업 간 융합 등이다[융합 비즈니스].

그리고 그러한 다양한 특성을 통해 '초예측'이 가능하게 되면서 알파생 비즈니스[3]와 같은 모델도 나타나게 되었다[스마트 커넥티드 비즈니스].

패러다임 전환의 시대

신속한 글로벌화와 4차 산업혁명의 시작으로, 기업들은 이젠 기존 비즈니스 모델로는 한계에 직면하게 되었다. 〈그림 2〉에 보듯, 과거의 성장전략이 1단계의 벤치마킹을 통해 어느 정도 가능했다면, 이제는 2단계인 패러다임 전환paradigm shift이 불가피해졌다. 즉, 과거에는 차별화와 비용우위의 두 전략을 중심으로 벤치마킹을 통해, 생산비 절감, 매출증가, 관련분야로의 진출, 효율성 및 신속성의 성과를 창출했다. 그러나 이제는 기존의 생산가능곡선을 뛰어넘는 패러다임의 전환paradigm

---

3 알파생(=알파 라이프, Alpha Life) 비즈니스 모델이란 4차 산업혁명의 특징과 AR, VR 등의 기술들이 결합되어, 모든 생활 속의 라이프 스타일에 맞춘 뉴 콘텐츠 시장을 창출하는 비즈니스 모델을 말한다.

shift이 필요하며, 이를 통해 신제품개발, 신시장 개척, 관련시너지 창출, 윤리경영 및 투명경영의 성과를 창출해야 한다.[4]

그림 2 단계별 패러다임 전환[5]

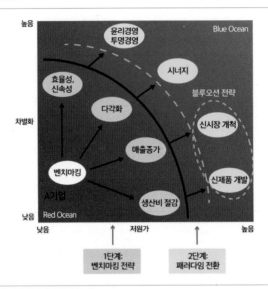

글로벌화와 기업생태계에 부응하는 가치네트워크의 시대

기업 및 산업의 경쟁력 강화를 위해 중요한 이슈 중 하나가 클러스터를 통한 발전전략인데, 이러한 클러스터도 진화되고 있다그림 3.[6] 먼저 1단계는 순수한 초기 Porter 방식의 지역 클러스터regional cluster이며, 초기의 실리콘밸리, 캠브리지, 시스타, 중관촌 등을 그 예로 들 수 있다. 중요한 점은 늘 1단계 상태로 머무는 것이 아니라, 점차 다음 단계로 진화할 수 있다는 것이다. 예를 들면, 현재 실리콘밸리는 뒤에 설명될 4단계까지 진화한 뒤, 이제는 사이버연계 클러스터로 변모하고 있다.

---

4 신제품 개발과 신시장 개척을 중시하는 블루오션 전략도 크게 보면 패러다임 전환을 통한 전체 성과 중 하나이다.

5 문휘창(2006)에서 일부 수정

6 Moon, Hwy-Chang & Jung, Jin Sup (2010). "Northeast Asian Cluster through Business and Cultural Cooperation," *Journal of Korea Trade*, Vol. 14, No. 2, pp. 29-53
문휘창·정진섭(2008), 클러스터 진화의 단계적 고찰과 새로운 글로벌 연계 클러스터의 생성, 경영사학, 제23권 제1호, pp. 77-104

그림 3 클러스터의 발전과 진화[7]

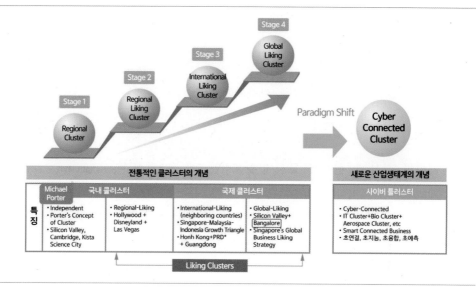

* PRD: Pearl River Delta

2단계는 지역연계 클러스터regional-linking cluster로서, 이는 한 국가 내에서 지역
과의 연계를 통해 시너지 효과를 증가시키는 형태이다. 엔터테인먼트 클러스터
entertainment cluster로서 캘리포니아의 할리우드Hollywood는 인근의 디즈니랜드Disneyland
와 라스베이거스Las Vegas의 카지노casino와의 연계를 통해 종합 엔터테인먼트 클러
스터의 역할로 업그레이드 될 수 있다. 한국의 춘천과 카지노가 있는 정선, 그리고
동해안의 속초도 이와 같이 긴밀한 오락 및 휴양의 연계 클러스터로 발전시킬 수
있을 것이다.

3단계는 국제연계 클러스터international-linking cluster이다. 이는 서로 다른 인접국
가의 클러스터끼리 결합하여 규모의 경제, 기술 및 자본 제휴 등 시너지 효과를 발
생케 하는 것으로 '싱가포르-말레이시아-인도네시아의 성장삼각형growth triangle'
이 여기에 포함된다. 또한 홍콩과 주변배후지인 PRDPearl River Delta 및 광동廣東지역
도 홍콩의 서비스업과 연계된 주변의 제조기지로서, 이러한 역할을 하고 있다.

---

7 Moon & Jung(2010), 문휘창·정진섭(2008)

4단계는 글로벌연계 클러스터global-linking cluster로서 거리와 관계없이 전 세계에서 시너지 효과가 있는 클러스터끼리 서로 긴밀하게 연계되는 것이다. 예를 들어, 실리콘밸리의 많은 기업들은 인도 뱅갈룰루舊, 뱅갈로의 기업에게 프로그래밍을 아웃소싱 하는 등 실리콘밸리와 뱅갈로라는 두 개의 클러스터가 상호 경쟁력 향상을 위해 밀접하게 연결되어 있다. 싱가포르는 '전 세계 비즈니스의 2/3가 싱가포르와 연결된다'는 네트워크 전략을 모토로 삼고 이러한 연계전략을 수행하고 있다.

그런데, 이제는 그보다 더 혁신적인 기술혁명이 나타나면서, 글로벌 개념에 더하여 '가상'과 '현실'을 동시에 활용하는 "패러다임 전환paradigm shift"이 필요하게 되었다. 이러한 클러스터를 4차 산업혁명으로 인한 '사이버연계 클러스터cyber-connected cluster'라 명명하고자 한다. 이러한 가치네트워크에서는 진보된 과학기술을 기반으로 지리적 경계뿐 아니라, 산업분야 간 경계가 없고, 플랫폼 비즈니스 연계 전략이 중요하다.[8]

사이버연계 클러스터에서는 가상공간의 플랫폼을 활용하여 IT, 바이오, 항공우주 등 각기 다른 특성의 산업분야 클러스터가 서로 융합하여 경쟁력을 향상시키고 새로운 부가가치를 창출한다. 예를 들어 미국의 실리콘밸리는 IT 중심의 클러스터이지만 구글, 아마존 등에서 제공하고 있는 플랫폼을 사용하여 바이오산업 기술, 항공우주 기술 등과 연계되면서 새로운 부가가치를 창출하고 있다. 또한, 산업 간 융합을 통해 세계적 바이오 기업도 용이하게 탄생되는 입지가 되었다. 이와 같이 클라우딩과 IT 기반기술의 발달로 사회·문화적 가상화가 급속히 진행되고, 물리적 인프라를 통해 가능했던 산업지원활동이 가상공간활동으로 대체 가능해짐에 따라, 가상의 공간에서 새로운 형태의 산업생태계 조성이 긴요해지고 있으며, 가상의 공간에서 새로운 산업생태계를 위한 플랫폼의 구축과 활성화가 산업의 성장을 결정하는 핵심경쟁력으로 작용하고 있다.[9]

이러한 맥락에서 경영전략에 있어서도 포터의 클러스터론,[10] 하멜과 프라할라

---

8 정진섭·이민재(2018), 혁신적인 클러스터 생태시스템 구축을 통한 한국의 성장전략, 국제·지역연구, 제27권 제2호, pp. 77-110

9 상게서

10 Porter, Michael. E. (1990). *The Competitive Advantage of Nation*, London, Macmillan

드의 핵심역량[11]을 넘어, 무어의 생태계론[12]이 대두되고 있다. 이러한 생태계론도 넓게 생각하면 클러스터의 확장된 개념으로도 생각할 수 있지만, 기존과 다른 차별화된 시각이 필요하다. 즉, 경쟁위주의 전략적 전개보다는 핵심역량을 기반으로 하되, 생태계의 조성 및 공동진화, 생태계 상에서의 가치네트워크의 강화 및 혁신이 무엇보다 중요해졌다. 따라서, 단순한 기업 간 경쟁보다는 구글 생태계와 애플 생태계와 같이 생태계 간의 경쟁 및 협력이라는 구도가 현 상황을 보다 명쾌하게 설명할 수 있을 것이다.

우리는 지금 어디로 가야 할 것인가?
: 제5차 산업혁명과 ESG 경영 시대를 향하여…

인공지능, 스마트시티, 메타버스 등 신기술로 인한 변화가 몰아치는 시대에 우리에게 필요한 새로운 전략은 무엇일까?

이 사례 책을 처음 집필하였을 때는 4차 산업혁명의 정의조차 혼돈스러운 시기였다. 그런데 불과 몇 년 사이 코로나19와 더불어 다양한 분야에서 기술의 신속한 진보에 따른 변화가 나타나면서, 우리의 인식 또한 빠르게 전환되고 있다. 그리고 이러한 변화에 발맞춰 기업의 비즈니스 모델도 혁신을 거듭하고 있다.

자동차 업계에서는 전기차 제조 선도기업인 테슬라와 도요타, GM, 현대차 등 기존 자동차 기업들의 새로운 경쟁이 시작되고 있다. 반도체 산업에서는 AMD, 엔비디아NVDA, 삼성, TSMC 등의 약진으로 인텔의 아성이 깨지고 있다. 또한, 콘티넨탈 호텔 그룹보다 에어비앤비airbnb가 더 큰 시가총액을 갖게 되었으며, 거대한 '블록버스터'가 망하고 벤처였던 '넷플릭스Netflix'가 거대 글로벌 기업으로 부상했다. 이처럼 어제의 선두 기업이 1년 뒤에 최고의 성과를 유지하리라 예측하기 어려워졌다.

이러한 변혁의 시대에 맞춰, 본 사례집도 새로운 이슈를 포함하는 다양한 기업 사례를 제시하고자, 대폭적인 개정을 뛰어넘어, 새로운 제2권을 집필했다.

---

11 Hamel, Gary & Prahalad, C. K. (1994). *Competing for the Future*, Harvard Business Press

12 Moore, James E. (1996). *The Death of Copetition: Leadership and Strategy in the Age of Business Ecosystems*, New York: Wiley, Harper Business

현재 기업이 직면하고 있는 비즈니스 환경은 어제의 경쟁우위가 내일의 성공을 보장해주지 않는다. 그리고 변화의 속도는 더욱 빨라지고 있다. 물론 기본적으로는 기업 고유의 핵심역량이 중요하다. 그러나 공유경제, 플랫폼시대, 비즈니스 생태계 등 새로운 패러다임이 등장함에 따라, 경쟁의 속도와 방향 그리고 협력 및 필요한 역량도 변화하고 있다.

이러한 시대에서 고려해야 할 요인을 무엇일까? 다음은 새롭게 사례집을 개정하면서, 본 저자가 느끼는 신경영의 주요 요소를 요약하여 기술한 것이다.

첫째, 과거와 달리 이제는 **신속한 첨단 기술의 확보**가 더욱 중요한 시대가 되었다. 특히 4차 산업혁명과 관련된 AI, 빅데이터, AR/VR, 클라우드, 블록체인, 센서 등 새로운 기술적 발전이 폭발하고 있다. 최근에는 이러한 기술을 자신의 비즈니스 모델과 최적으로 접목한 기업이 뛰어난 고부가가치를 창출하고 있다. 따라서 기업은 어떻게 새로운 기술을 접목시킬 것인가에 대해 고민해야 한다. 이런 측면에서 직접 개발도 가능하지만, 외부와의 융합, 협력, M&A 등 신속하게 기술을 업그레이드하는 기업이 승기를 잡는 시대가 되었다. 예를 들어, 이러한 첨단기술을 자사의 비즈니스 모델과 더욱 긴밀하게 접목시킨 에어버스는 경쟁자 보잉을 따돌리는 데 성공했다. 또한, 인터넷, 스트리밍 및 인공지능 등 기술을 신속하게 도입·활용한 넷플릭스는 DVD 업계의 거인 블록버스터가 파산하는 동안, 세계 제1의 미디어 기업이 되었다.

둘째, 고객의 소리에 맞춰 벤치마킹은 물론 플러스 알파즉, 추가적 개선가 더욱 중요해졌다. 과거에도 그랬듯이 소비자의 소리는 단순한 기초 기술보다 더욱 중요하다. '텐센트'는 기존의 떠오르고 있는 기업의 기술을 벤치마킹하고 여기에 '현지화 전략'을 가미하여, 세계적 기업이 되었다. 일부 카피캣이라는 조롱 섞인 비판에도 불구하고 왜 텐센트가 지속성장하는지 진지하게 생각해야 한다. 기업가치가 1,000억 달러 넘는 헥토콘 기업인 '바이트댄스'도 세 가지 짧은 동영상 앱을 동시에 출시한 뒤, 고객의 반응에 따라 가장 인기있는 더우인틱톡으로 통합했다. 이러한 전략을 보고, 우리는 어떻게 바이트댄스가 유니콘 기업기업가치 10억 달러 이상인 기업에서 헥토콘 기업으로 성장하였는지 깨달아야 한다. 고객의 요구에 따라 일체형 드론으로 성공한 DJI 역시 이런 부문에 초점을 둔 기업이었다.

셋째, 융합을 통해 플랫폼과 생태계를 리드하는 기업이 승자가 될 확률이 높아졌다. 신기술들이 결합되면서 새로운 비즈니스 모델이 탄생하고 있다. 또한 각 개별 기업 간 경쟁도 중요하지만, 이제는 해당 기업이 속한 생태계가 함께 성장하여 경쟁하는 생태계 간 경쟁이 중요해지고 있다. 그리고 그 핵심에 플랫폼이 있다. 특히, 이제는 생태계 참여자들이 상생win-win할 수 있는 플랫폼을 만드는 것이 지속가능한 혁신 생태계의 핵심역량이 되고 있다. '오토매틱'의 경우, 오픈 소스를 통해 무료로 소프트웨어를 배포하였다. 그 과정에서 무료로 사용하는 사용자들의 소스를 오픈하게 함으로써, 그 안에서 상생의 폭발적 시너지를 창출하게 되었다. '한글과컴퓨터' 그룹의 성장에도 이러한 생태계적 전략이 주효했다. 단순하게 소프트웨어를 잘 만들어서 판매하는 기업이 아니라, 스마트 시티, 메타버스 등 새로운 시대의 비즈니스 생태계를 준비하는 기업으로 발돋움하고 있다. 이처럼 새로운 시대의 핵심 역량은 상생 플랫폼을 구축하고 다른 기업들과 협력적 경쟁co-opetition을 하는 비즈니스 생태계를 만들면서 성장하는 것이다.

넷째, 새로운 경영철학사회적 가치, 공유경제, ESG 경영 등은 피할 수 없는 중요한 경영요소가 되었다. 이제 기업이 자신의 핵심역량을 업그레이드하고, 경제적 가치만을 추구하면서 성장하는 시대는 막을 내리고 있다. ESG와 같이 사회적 가치를 실천하는 기업이 더욱 성장하는 시대가 도래到來하고 있다. 기후변화에 대응하여 지구의 생존을 위해 전기차를 만드는 테슬라의 성장이 대표적 사례이다. 이 밖에도 에어비앤비 등 공유경제를 통한 비즈니스 기업도 여기에 포함시킬 수 있을 것이다. 이러한 인식의 변화로 인해 '사회적 가치를 추구하는 경영'이 기업의 지속가능한 성장을 위한 필수 요인으로 자리 잡고 있다.

한편, 과거와 마찬가지로 기업의 성과에서 인간과 조직은 여전히 중요한 요인이다. 아무리 유연근무, 재택근무 등으로 직접적 접촉이 일어나지 않는다고 하더라도, 결국 조직의 성과를 창출하는 것은 사람이다. 따라서 많은 유수한 기업들은 아직도 뛰어난 인재를 모집하려는 데 다양한 노력을 기울이고 있다. 예를 들어, 채용한 인재들에게 교육을 제공하고 기업의 문화를 학습하게 하며 조직에 체화시켜 성과를 창출하도록 관리하고 있다. 예를 들어, 본사까지 없앤 '오토매틱'의 경우에도, CEO인 뮬렌웨그는 새로운 인재를 선발하기 위해 직접 수차례의 면접과 노력을 마다하지 않고 있다. 장기간에 걸쳐 조사와 검증을 실시하고, 실제 업무를 어느 정도 시켜 본 뒤에야 직원으로 채용한다. 오토매틱의 조직과 문화 그리고 기업 철학에 적합한 인재를 선발하기 위함이다.

다섯째, 기업 간의 경쟁뿐 아니라, 대학 나아가 정부까지 포괄하는 생태계 간 경쟁 시대로 이동하게 되었다. 국가 간, 기업 간 그리고 대학 간 경쟁이 이젠 생태계 경쟁으로 변화되고 있다. 따라서 정부가 국민과 더불어 좋은 제도를 만들고, 새로운 성장 동력을 육성하기 위한 지원 정책을 모색하는 등 새로운 생태계 구축에 노력한다면, 그 국가의 산업은 더욱 성장할 것이다. 반면, 규제를 강화하고 기업 성장을 저해한다면, 당연히 그 국가의 해당 산업은 성장할 수 없을 것이다. 최근 중국 정부의 드론, AI, 반도체 산업 등에 대한 정부지원과 그 효과는 정부지원과 그를 통한 성과를 나타내는 좋은 사례가 될 수 있다. 따라서 이제는 정부의 정책, 기업의 전략, 대학의 연구역량이 밀접하게 연계되어 해당 생태계를 육성할 수 있어야 지속가능한 성공적인 국가가 될 것이다.

그림 4 ┃ 새로운 혁신과 사회적 가치를 위한 경영 전략

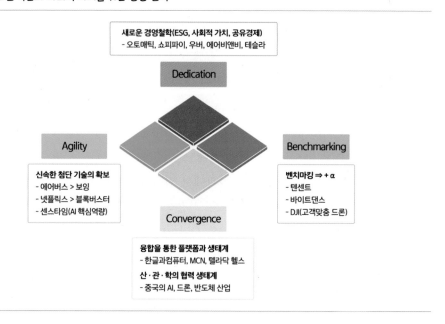

최근 자율주행, 도심항공교통UAM, Urban Air Mobility, 메타버스Metaverse 등 온라인과 오프라인을 초월하는 새로운 첨단 기술이 등장하면서, 4차 산업혁명을 넘어서 5차 산업혁명이 다가오고 있다. 기업의 생산성과 실적이 폭발적으로 증가하면서, 기존 기업의 시가총액 증가 속도와 비교가 되지 않는 성과를 창출하고 있는 기업이 속출하고 있다.

최근 화두가 되고 있는 메타버스 산업을 보면, 우리 살고 있는 현실 공간을 연계한 가상공간을 어떻게 활용해야 할지에 대한 생각이 필요해지고 있다. 향후 가상공간이 현실공간과 접목되면 가상공간의 아바타가 결국 홀로그램으로 현실세계에 나타날 수 있다. 그리고 현실공간, 가상공간에 더하여, 우주공간universe으로까지의 이동도 보다 용이하게 실현될 것이다.

한편, 기후 변화, 불평등, 양극화 등 사회적 이슈에 대해 기업이 보다 관심을 두어야 하는 시대가 되었다. 하버드 석학 리베카 헨더슨 교수의 말처럼, 이제는 자본주의의 대전환(Reimagining Capitalism)이 필요한 시대다. '남을 이롭게 하는 것이 결국 자신을 이롭게 하는 것이다'라는 말은 결코 성경에나 있는 현실감이 없는 메아리가 아니다. 인류는 운명공동체이다. 기업도 사회적 문제를 무시하고는 더 이상 지속가능한 성장이 불가능해졌다. 즉, 주주자본주의(Shareholderism)에서 이해관계자자본주의(Stakeholderism)로, 나아가 생태계자본주의(Ecoholderism)로 변화하고 있다. 따라서 기업이 이러한 전 지구적 문제를 해결하는 데 보다 핵심적인 역할을 담당하는 주체가 되어야 한다.

그러면, 이제 우리는 어떠한 전략으로 삶을 살아야 할까? 우리의 경영은 어떻게 변화되어야 할 것인가?

제시된 경영사례와 같이,

변화로 인한 두려움보다는 도전의 기회라 생각하고,

지속적으로 우리의 공동체인 사회와 더불어 발전하면서

전 지구적 지속가능성을 위해 노력하는 혁신적인 기업을 기대해 본다.

끝으로, 새로운 책을 종용한 박영사의 김한유 대리님, 마지막까지 세심하게 교정을 보아준 김민조 선생님과 목원대 이민재 교수님을 비롯하여, 사례 수집에 도움을 준 박상현 박사, PPT 및 티칭노트에 도움을 준 우시진, 이교, 고원예, 그리고 노력과 열정으로 참여한 수많은 학생들에게 감사의 말을 남긴다.

2022년 2월의 어느 날

새로운 5차 산업혁명의 혁신과
자본주의의 대전환을 기대하며…

충북대 국제교류본부에서
정진섭 교수 드림

차 례

CHAPTER 02

4차 산업혁명의 기술혁신을 통한 에어버스의 비상

CHAPTER 03

인공지능 분야의 선구자, 센스타임

CHAPTER 04

세계 최초의 헥토콘 기업, 바이트댄스

전 세계 드론 시장의 절대적 강자, DJI

모방에서 혁신으로 호랑이가 된 카피캣, Tencent

한글과컴퓨터, 오피스SW 리더에서 4차 산업혁명 리더로

: 사업다각화를 통한 새로운 생태계 구축!

CHAPTER 08

뉴노멀 시대의 연예기획사, MCN
: 샌드박스 네트워크를 중심으로

CHAPTER 09

텔라닥 헬스의 다각화 전략과 그 성과

CHAPTER 10

세계를 하나로, 원격 근무의 절대고수, 오토매틱!
: 오픈생태계와 리모트워크 전략

CHAPTER 11

유일한 아마존의 대항마, 쇼피파이(Shopify)

완전자율주행 전기차의 선두주자, 테슬라

CHAPTER

01

미디어 시장의 파괴적 혁신, 넷플릭스

학습목표

- 4차 산업혁명 시대의 미디어 서비스 특징과 구독경제의 개념에 대해 학습하고, 넷플릭스의 발전과정 및 사업구조를 이해한다.

- 넷플릭스의 핵심 혁신전략을 분석하고, 넷플릭스가 미디어 시장 내 경쟁에서 우위를 차지할 수 있었던 이유가 무엇인지 고찰해 본다.

- 다른 기업과 차별화된 넷플릭스만의 기업문화를 이해하고, 바람직한 기업문화가 무엇인가에 대해 생각해 본다.

미디어 시장의 파괴적 혁신, 넷플릭스*

넷플릭스

① 기업소개

"넷플릭스의 경쟁상대는 '수면시간'이다."

- 리드 헤이스팅스 (넷플릭스 CEO) -

넷플릭스 창업자인 리드 헤이스팅스 CEO최고경영자가 뉴욕타임스 딜북 콘퍼런스에서 한 말이다. 그는 주주 서한에서도 "우리의 경쟁자는 HBO미국 케이블 채널뿐 아니라 포트나이트게임까지 포함된다"라고 했다. 미디어·영상 관련 콘텐츠 기업이 아닌 게임과 잠을 강력한 경쟁상대로 꼽은 것이다. 소비자의 '눈'과 '시간'을 뺏기 위해 넷플릭스 콘텐츠와 겨루는 모든 것이 경쟁자라는 뜻이다.[1]

---

* 본 사례는 정진섭 교수의 지도하에, 최연지 학생의 사례를 기반으로, 최재우, 송인애, 홍진희, 조용준, 남현수, 홍관우 학생이 작성한 것이다.

1 오상헌, 김수현, 메기? 황소개구리? 두 얼굴의 넷플릭스, 머니투데이, 2020.08.04

넷플릭스는 리드 헤이스팅스 CEO가 보여주는 경쟁영역과 경쟁상대에 대한 남다른 시각을 바탕으로 콘텐츠에 대한 막대한 투자를 통한 콘텐츠 파워로 전 세계를 사로잡고 있다.

그림 1 **넷플릭스 로고[2]**

미디어 혁신의 중심, 언제 어디에서나 넷플릭스

출처: freepik

넷플릭스Netflix는 인터넷을 의미하는 'Net'과 영화를 의미하는 'Flicks Flix'를 결합한 것으로 다양한 TV 프로그램, 영화, 애니메이션, 다큐멘터리 등의 콘텐츠를 이용자가 시간, 장소 등에 구애받지 않고 즐길 수 있는 스트리밍 서비스이다. 2020년 기준, 넷플릭스는 190여 개의 국가에서 30여 개의 언어로 해당 서비스를 제공하고 있으며 인터넷 연결만 가능하다면 PC, 태블릿, 모바일 등 모든 디바이스에서 사용이 가능하다.

❷ 발전과정

넷플릭스의 발전과정을 이해하기 위해선 4차 산업혁명으로 넘어오면서 기존의 소유경제에서 공유경제와 구독경제로 변해온 과정을 이해해야 한다. 온라인시장이 발달하면서 O2OOnline to Offline시장이 생겨났고, O2O시장에서 소유는 부담되고 공유는 불편해졌다. 그러자 사람들은 저렴한 가격에 편리함과 다양함을 즐길 수 있는 새로운 소비모델인 구독경제를 선택하기 시작했고, 그중 가장 성공한 예시가 월정액을 내고 무제한 스트리밍을 즐길 수 있는 넷플릭스다.

2.1 구독경제

4차 산업의 확산과 밀레니얼·Z세대로의 주요 소비층 변화는 '공유경제', '구독경

---

2 freepik, 그래픽 로고 다운로드 페이지

제'와 같은 새로운 경제 모델이 등장하는 배경이 되었다. 그중 '구독경제'는 넷플릭스의 성공 이후 더욱 확산되어 <그림 2>에서 보여지는 바와 같이 전 세계적으로 시장 규모가 점차 증가하는 추세이다. 최근에는 음악, 영상 등의 분야를 넘어 생필품, 자동차까지 다양한 분야로 서비스가 확대되고 있어 많은 주목을 받고 있다.

'구독경제'는 신문을 보기 위해 매달 구독료를 내는 것과 같이 일정 이용기간 동안 제품이나 서비스 사용에 대해 비용을 지불하는 것을 의미하며, 또한 공유경제에서와 같이 소비자들이 '소유'보다 '경험'을 더 추구하는 것에서부터 시작한다. 현대의 소비패턴은 '내 것'으로 소유하기 위해 구매하던 과거와 달리 자신이 필요로 하는 제품과 서비스를 원하는 때에 사용하고 경험하는 것으로 변화되었다. 즉, 제품 및 서비스의 가치에 대한 대가를 지불하는 것이 아니라, 자신이 사용한 만큼의 대가를 합리적으로 지불하는 것이다. 구독경제와 공유경제는 이처럼 변화된 소비자들의 욕구를 충족시키기 위해 등장하였다는 점에서는 유사하지만, 몇 가지 차이점을 보인다.

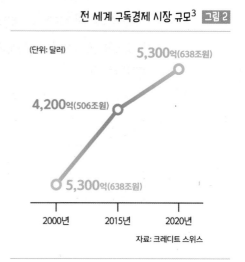

전 세계 구독경제 시장 규모[3] 그림 2

(단위: 달러)

5,300억(638조원)

4,200억(506조원)

5,300억(638조원)

2000년   2015년   2020년

자료: 크레디트 스위스

주: 구독경제의 규모는 나날이 증가하고 있다.
출처: 맹하경(2020)

표 1 구독경제와 공유경제

구독경제	공유경제
• 공급자(기업)가 판매방식을 구독방식으로 전환하여 소비자가 일정 기간 동안 제품 및 서비스를 경험할 수 있도록 함 • 사업 구조의 핵심 역할은 공급자(기업)가 담당	• 소비자가 중개 플랫폼을 통해 이미 제품 및 서비스를 보유하고 있는 사용자와 거래함으로써, 일정 기간 동안 제품 및 서비스를 경험할 수 있도록 함 • 사업 구조의 핵심 역할은 중개 플랫폼이 담당

---

3 맹하경, "싸게 팔면 끝? 치킨게임 치닫는 한국형 구독경제", 한국일보, 2020.07.23

먼저, 서비스를 제공받는 방식에서 차이가 있다. 구독경제는 공급자가 판매방식을 구독방식으로 전환하여 소비자가 일정 기간 동안 제품 및 서비스를 경험할 수 있도록 하지만, 공유경제는 소비자가 중개 플랫폼을 통해 이미 제품 및 서비스를 보유하고 있는 사용자와 거래함으로써 일정 기간 동안 제품 및 서비스를 경험할 수 있도록 한다. 이에 따라 사업구조의 핵심 역할에서도 차이를 보이는데, 구독경제 사업 구조의 핵심 역할은 공급자인 기업이 담당하고, 공유경제는 중개 플랫폼이 담당한다.

그림 3 現 사회의 비즈니스 모델[4]

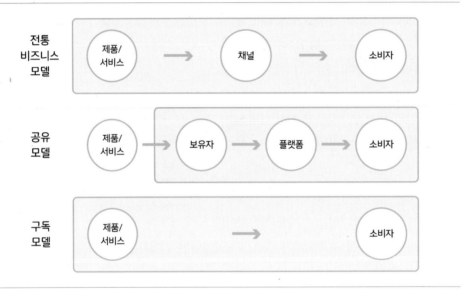

주: 제품의 소유자가 누구인지, 전달과정이 어떻게 되는지 구분할 필요가 있다.
출처: 이성길(2020)

결과적으로 구독경제의 핵심은 소비자가 이용한 만큼의 대가를 요구함으로써 효율성을 극대화시키는 것에 있다. 이러한 구독경제가 장기적으로 유지되기 위해서는 최대한 많은 이용자를 확보하는 것이 가장 중요한 요인이므로 소비자의 입장에서 그들이 원하는 것이 무엇인지 정확히 파악할 수 있어야 한다.

---

4 이성길, "구독경제는 공유경제와는 차원이 다른 변화다", Platum, 2020.04.07

2.2 OTT 서비스

넷플릭스의 발전과정을 이해하기 위해서는 OTT 서비스의 발전과정에 대한 이해가 무엇보다도 중요하다. OTT 서비스란 'Over−The−Top'의 약자로서 기존의 통신 및 방송 사업자와 더불어 제3사업자가 인터넷을 통해서 드라마, 영화 등의 다양한 미디어 콘텐츠를 제공하는 서비스를 말한다. 초기에는 단말기의 측면에서는 TV에 연결되는 셋톱박스를, 제공하는 미디어 측면에서는 셋톱박스를 이용한 인터넷 기반의 동영상 서비스를 의미했지만, 현재는 셋톱박스의 유무를 떠나 PC, 스마트폰, 태블릿 PC 등의 다양한 단말기를 이용해서 기존의 드라마나 영화 등의 시각적 미디어 콘텐츠 이외에도 오디오 스트리밍 서비스, 심지어 게임 스트리밍 서비스 등의 다양한 미디어를 제공하는 서비스를 모두 포함하는 의미로 영역이 확대되었다.

그림 4 OTT 서비스의 형태[5]

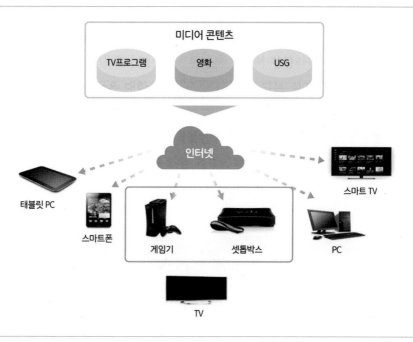

주: 스트리밍 기술을 통해서 여러 기기에서 콘텐츠 재생이 가능하다.
출처: 한국인터넷진흥원(2013)

5 한국인터넷진흥원, "OTT(Over The Top) 서비스", 2013.06.10

OTT 서비스의 확장 배경은 '공급과 수요' 개념으로 설명할 수 있다. 먼저, 공급 측면에는 초고속 인터넷 및 스마트 기기 보급 등의 기술 발전으로 인한 스트리밍 기술의 발전이 존재한다. 스트리밍Streaming이란 '연속되어 끊이지 않고 흐른다'라는 뜻으로, 인터넷에서 음성이나 영상 등의 데이터가 끊이지 않고 실시간으로 전달되고 재생되는 기술을 나타낸다. 스트리밍 기술의 가장 큰 특징은 다운로드와 달리 콘텐츠를 이용자의 단말기에 굳이 저장할 필요 없이 압축된 데이터가 실시간으로 풀리면서 일시적으로 메모리에 잠시 저장되었다가 스트리밍이 종료됨과 동시에 사라진다는 점이다. 특히, 스트리밍 기술은 큰 용량 탓에 압출을 푸는 데 시간이 오래 걸리고 저장 공간을 많이 차지하는 영상 콘텐츠의 경우 더욱 유용한 사용이 가능하다. 이로 인해 스트리밍 기술을 이용하여 일정의 구독료를 기반으로 한 회원제 OTT 시장이 음악뿐 아니라 영상 분야까지 지속적으로 성장하고 있으며, 이용자들도 기존의 다운로드를 대신하여 스트리밍을 선택하는 추세에 놓여있다.

이어서, 수요 측면에는 소비자의 2가지 욕구가 존재하는데, 첫 번째는 경제적인 원인이고, 두 번째는 선호도와 관련이 있다. OTT 서비스 이전에는 매월 일정액의 수신료를 지불하는 케이블TV에서 제한된 채널만을 시청할 수 있었기 때문에, 이용자들은 비싼 수신료에 부담을 느꼈고 방송사 또한 이용자들 개개인의 다양한 채널 선호도를 만족시키기에는 한계가 존재했다. 이 2가지 문제를 넷플릭스는 싼 가격에 다양한 콘텐츠를 제공하면서 해결한 것이다. 특히 수신료의 경우에 국내는 공영방송사 이용 수신료가 1년에 30,000원 정도이지만, 일부 국가의 경우 매우 비싼 수신료를

표 2 OTT 서비스의 형태[6]

국가별	한국	영국	독일	프랑스	일본
공영방송사	KBS	BBC	ZDF	FT	NHK
연간 수신료	30,000원	229,820원 (154.50)파운드	267,680원 (210유로)	177,180원 (139유로)	160,780원 (15,720엔)
한국 대비	-	7.7배	8.9배	5.9배	5.4배

주: 국내의 수신료가 해외에 비해서 확연히 저렴한 것을 확인할 수 있다.
출처: KBS(2020)

---

[6] KBS 수신료/수신기술안내, "외국의 수신료 제도", 2020.08.21

지불하고 있기 때문에, 수신료의 감소를 꾀하면서 선호하는 미디어를 즐길 수 있다는 것은 OTT 서비스의 큰 장점이 되었다.

이런 이유로 케이블TV 서비스를 해지하고 OTT 서비스를 통해서 콘텐츠를 이용하는 현상을 이야기하는 코드커팅Cord-cutting과 OTT 서비스에 가입함과 동시에 케이블TV의 요금제를 낮추는 코드쉐이빙Cord shaving이라는 신조어가 생기기도 했다.

넷플릭스, 아마존프라임, 디즈니플러스 등 글로벌 OTT 서비스 업체들의 본고장인 미국의 경우, 코드커팅 현상이 급격하게 진행되고 있다. 디지털 미디어 시장조사업체인 eMarketer에 따르면, 미국 내에서 코드커팅 인구는 2018년 3,300만 명을 기록했고, 이 상승세는 지속되어 2022년에는 5,510만 명이 코드커팅을 할 것으로 추정된다.

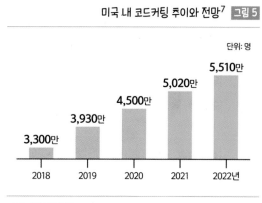

미국 내 코드커팅 추이와 전망[7]　　그림 5

단위: 명

- 3,300만 (2018)
- 3,930만 (2019)
- 4,500만 (2020)
- 5,020만 (2021)
- 5,510만 (2022년)

출처: 이기문(2019)

2.3 넷플릭스의 발전과정

넷플릭스의 시작에는 재미있는 일화가 담겨있다. 1997년 리드 헤이스팅스Reed Hastings는 넷플릭스 사업을 시작하기 전, 당시 DVD 시장을 장악하고 있던 '블록버스터'로부터 빌린 비디오가 연체되어 약 40달러에 해당하는 연체료를 내야만 했다. 연체료라고 하기에 40달러는 상당히 부담스러운 금액이었다. 리드 헤이스팅스를 포함하여 많은 소비자가 이러한 높은 연체료에 불만을 표하고 있었고, 이를 바탕으로 리드 헤이스팅스는 연체료가 없는 월 정액제 서비스를 구상하였다. 이것이 바로 현재 넷플릭스 사업모델의 근원인 것이다.

공동 창업자인 마크 랜돌프Marc Randolph와 함께 리드 헤이스팅스는 당시 DVD 서비스의 한계였던 높은 연체료, 다른 사람이 해당 DVD를 빌려갔을 때 원하는 비디오를 바로 보지 못하고 기다려야 한다는 점, 그리고 DVD를 빌리기 위해 오프라인 매

---

7 이기문, "유료방송 끊고 넷플릭스로… 美 '코드 커팅' 3300만 명", 조선일보, 2019.04.22

장을 방문해야 한다는 점 등을 고려하여 넷플릭스 온라인 사이트와 함께 DVD를 직접 집으로 배달하는 서비스를 도입하였다.[8]

그림 6 초기 넷플릭스의 비즈니스 모델[9]

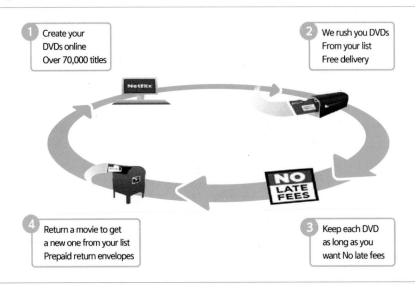

① Create your
DVDs online
Over 70,000 titles

② We rush you DVDs
From your list
Free delivery

③ Keep each DVD
as long as you
want No late fees

④ Return a movie to get
a new one from your list
Prepaid return envelopes

주: DVD를 매장에 방문하지 않고, 지연벌금 없이, 원하는 기간 동안 빌려볼 수 있다.
출처: Kotra 해외시장뉴스(2011)

넷플릭스만의 이러한 서비스는 월 8.99$에 1개의 영화를, 16.99$에 3개의 영화를 그리고 47.99$에 8개의 영화를 동시에 빌릴 수 있도록 하였으며, 연체에 대한 부담을 없애 이용자로부터 큰 호응을 얻을 수 있었다. 또한, 오프라인 매장 없이 온라인을 통해 주문을 받아 우편 배송을 진행하여 운영비를 줄였고, 이는 넷플릭스가 월정액을 높이지 않고도 운영의 효율을 달성할 수 있는 근원이 되었다.[10] 이후 넷플릭스는 서비스 시작 6년 만에 회원 수 100만 명을 넘어섰고, 곧이어 500만 명을 달성하며, 온라인 기반의 대표적 DVD 대여 사업으로 자리 잡았다.

그러나, 2000년대에 들어서면서 인터넷 기술이 발달함에 따라 인터넷 기반의

---

8 넷플릭스 홈페이지

9 Kotra 해외시장뉴스, "美, 업계 1위 업체를 파산시킨 Netflix에서 배우는 비즈니스 전략", 2011.04.29

10 Happist, "[실적 차트] 넷플릭스 연도별 매출 및 손익 트렌드 차트(98 ~ 2019)", 2020.04.22

VOD 서비스가 급속히 확산되며, DVD 대여에 대한 수요가 점차 감소하기 시작했다. 넷플릭스는 향후 온라인 시장의 전망을 긍정적으로 내다보고, 2007년에 본격적인 온라인 스트리밍 서비스를 도입함으로써 환경 변화에 적응해 나갔다. 즉, 변화된 환경과 소비자의 욕구를 제대로 파악하지 못한 채 기존의 사업 모델을 유지하다 결국 파산까지 이르게 된 당시 미국의 미디어 시장을 지배하고 있던 미국 최대 비디오 · DVD 렌탈 체인점인 블록버스터와 달리, 넷플릭스는 소비자들이 원하는 것을 명확히 인지하여 새로운 사업 모델로 적극적인 변화를 추진한 것이다.

이는 기존에 DVD 배송을 이용하던 고객을 온라인 가입자로 전환시켰고, 초기 넷플릭스에 가장 부담이 되었던 우편 배송 비용을 줄일 수 있는 계기가 되었다. 또한, 스트리밍 서비스의 대표적 장점인 원하는 영상을 즉시 시청할 수 있다는 점은 넷플릭스가 해당 서비스를 도입한 지 1년 만에 신규 가입자 수 200만 명을 달성할 수 있도록 해주었다. 즉, 넷플릭스의 '온라인 스트리밍 서비스'라는 전략적 선택의 결과는 대성공이었던 것이다.

그림 7 넷플릭스 가입자 수 추이[11]

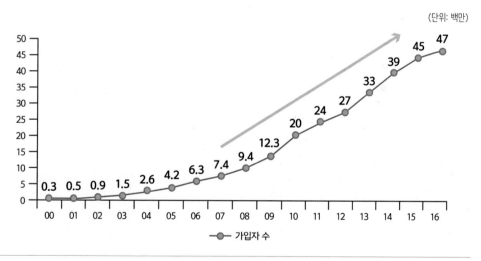

주: 스트리밍 기술을 도입한 2007년부터, 가입자 수는 가파르게 증가했다.
출처: Happist(2020)

---

[11] Happist, "[실적 차트] 넷플릭스 연도별 매출 및 손익 트렌드 차트(1998-2019)", 2020.04.22

넷플릭스의 차별화 전략과 해외진출

❶ 넷플릭스의 차별화 전략

1.1 직접투자를 통한 오리지널 콘텐츠

넷플릭스의 경쟁력은 '오리지널 콘텐츠'를 빼놓고 이야기할 수 없다. '오리지널 콘텐츠'란 다양한 자체제작 콘텐츠와 독점 스트리밍 콘텐츠를 보유하는 것으로, 넷플릭스에는 <오렌지 이즈 더 뉴 블랙>, <기묘한 이야기>, <종이의 집> 등이 그 예이다. 혹자는 넷플릭스의 성공이 인터넷 시대를 타고난 결과물이라고 평가하지만, 단순히 잘 만든 스트리밍 서비스의 등장으로만 설명하기는 어렵다. 요컨대 넷플릭스는 월정액을 내고 플랫폼을 무제한으로 이용하는 구독형 OTT 서비스의 장점을 가장 잘 살리는 전략에서 나아가 오리지널 콘텐츠를 통해 '독점화'하는 전략을 내세웠다.

넷플릭스의 첫 번째 오리지널 콘텐츠는 '릴리해머'이지만, 첫 간판 오리지널 콘텐츠는 2013년 제작된 '하우스 오브 카드'를 말할 수 있다. 당시 회당 제작비는 40억 원 수준으로 시즌1 제작에만 약 1,200억 원이 들었다. 백악관을 배경으로 정계의 야망

그림 8 넷플릭스 오리지널 콘텐츠[12]

주: 넷플릭스에 접속하면 볼 수 있는 오리지널 콘텐츠 전용 배너이다.
출처: 넷플릭스 홈페이지(2021)

---

12 넷플릭스 홈페이지, 넷플릭스 오리지널 콘텐츠 페이지

과 음모 등 치열한 암투를 담은 정치 드라마로서, 실제 미국 정치계의 어두운 면을 그대로 보여주고 있다는 평을 들었다. 이는 현실감 넘치는 스토리와 흥미롭고 완성도 높은 콘텐츠로 자리매김하며, 선풍적인 인기를 끌었다. 이 기간 넷플릭스의 유료 가입자는 전년 대비 36.5% 급증했으며, 매출은 흑자로 전환되었다.[13]

이와 같이 오리지널 콘텐츠는 단순히 신규 가입자를 유인하는 효과뿐만 아니라 장기적으로 기존 가입자를 묶어둘 수 있는 장치로 작용했다. 오리지널 콘텐츠로 인해 구독자가 유지되는 것이 정말 중요한 효과인데, 실제로 OTT 플랫폼은 가입자 충성도가 매우 낮은 시장이다. 유료 구독으로 전환한 후 그 다음 달에도 구독하는 사람의 비율을 '구독 잔존율'이라고 하는데, 이는 OTT 기업들이 따로 발표하고 있지는 않지만, 국내 OTT 서비스 기업인 '왓챠'에 따르면, OTT 업체들의 구독 잔존율은 연평균 35~40% 정도라고 한다.[16] 다음은 구독 잔존율이 낮은 OTT 시장에서 오리지널 콘텐츠로 충성 고객을 만드는 것이 핵심이라고

전체 및 유료 가입자 수[14] 그림 9

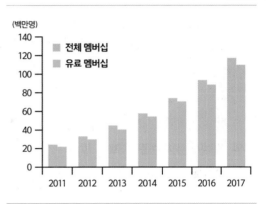

자료: 넷플릭스, 한국투자증권

스트리밍 매출액과 영업이익률[15] 그림 10

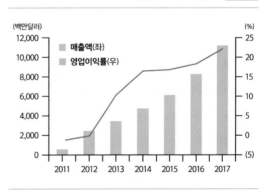

주: 스트리밍 영업이익률은 공헌이익 기준으로 산출
자료: 넷플릭스, 한국투자증권

---

13 권하영, "[달려라 OTT]넷플릭스는 왜 '오리지널'에 집착하나", 디지털데일리, 2020.03.17
14 한국투자증권, 글로벌기업 커버리지 #26, 2018.03.27
15 한국투자증권, 글로벌기업 커버리지 #26, 2018.03.27
16 강우석, "'한국판 넷플릭스' 왓챠, 코스닥 상장 추진", 매일경제, 2019.10.24

생각한 넷플릭스의 그 다음 전략이다.

'하우스 오브 카드'의 성공을 기점으로 넷플릭스는 적극적으로 오리지널 콘텐츠 투자를 진행하였다. 2018년 12월에 공개된 넷플릭스 오리지널 영화 '버드 박스'는 공개 후 4주 만에 8,000만 명이 넘는 계정에서 스트리밍되었고, 2019년 6월에 공개된 오리지널 작품 '머더 미스터리'는 공개 후 4주 만에 7,300만 명이 넘는 계정에서 스트리밍되는 기록을 세웠다.[17]

아울러 넷플릭스는 창작자의 자유와 최적의 제작환경을 보장해 주었기에 성인 이용자를 위한 이른바 '19금'의 오리지널 콘텐츠가 큰 인기를 끌었다. 넷플릭스 드라마 '킹덤' 시즌1·2는 세계적인 영화·드라마 정보 사이트 'IMDB' 인기 순위 9위에 올랐을 정도로 해외에서도 주목을 받은 드라마이다. 킹덤의 김은희 작가는 킹덤 제작 전에 '킹덤'이란 작품은 워낙 사람 목이 잘리고 피 나고 죽고 이런 장면이 많을 수밖에 없어서 기존 드라마 플랫폼에서는 불가능할 것이라 예상했다. "너무 잔인하기 때문"이라며 "그래서 오래전부터 기획했지만 대본 작업이 힘이 들었는데, 넷플릭스라는 플랫폼을 만나 자유로운 창작이 가능했다"고 강조했다.[18]

킹덤을 이어 전 세계 시장에서 선전을 했던 오리지널 시리즈는 '스위트홈'이었다. 평범한 사람이 마음속 깊이 간직했던 욕망이 표출된 괴물로 변한다는 흥미로운 소재, 괴물들의 강렬한 비주얼, 긴장감 넘치는 전개로 국내외에서 큰 반향을 일으킨 바 있다. 넷플릭스에 따르면, 작품 공개 이후 첫 4주 동안 전 세계 2,200만 유료 구독 가구가 '스위트홈'을 시청하면서, '스위트홈'은 2021년 1월 기준으로 OTT 서비스의 본고장 미국뿐만이 아니라 글로벌 시청 순위 3위를, 동남아와 중동 시장에서는 1위를 점했다.[19]

---

17 이송이, "[집콕연휴2] "본전 뽑고도 남는다" 넷플릭스 오리지널이 뭐길래, 일요신문, 2020.04.29
18 이정현, "킹덤 김은희 작가 넷플릭스 만나 자유로운 창작가능", 연합뉴스, 2018.11.08
19 고명석, "[기고]불붙는 OTT 플랫폼 대전쟁", 한국경제, 2021.01.07

최근 넷플릭스가 제작한 오징어 게임은 넷플릭스 순위 포인트 830점 만점에 820점이라는 역대급 기록에, 넷플릭스의 순위 집계 이후 최고의 기록을 갱신했으며, 넷플릭스 역사상 가장 많은 국가에서 1위를 기록하였다. 미국, 유럽, 일본뿐 아니라, 넷플릭스가 서비스되지 않는 중국에서도 폭발적인 인기를 얻었다. 그야말로 전 세계적으로 오징어 게임 신드롬이

오징어 게임과 지옥 그림 11

출처: 넷플릭스

나타나고 있다. 그리고 2021년 11월 출시된 '지옥'도 이러한 K-콘텐츠의 세계 1위 신기록을 이어가고 있다.

1.2 판권 계약을 통한 지역 오리지널 콘텐츠

넷플릭스가 오리지널 콘텐츠에 큰 관심을 기울이고 있지만, 일반콘텐츠방송국, 영화사 등에서 제작하는 넷플릭스 오리지널 외에 기존의 콘텐츠에도 소홀한 것은 아니다. 2012년부터 넷플릭스의 콘텐츠 투자는 지속적으로 증가하여 2020년에는 160억 달러약 한화 20조 원를 투자했다. 2020년 매출액 202억 달러약 24조 원의 약 75%를 콘텐츠에 고스란히 투자한 셈이다. 이는 2020년, 글로벌 OTT 서비스社 전체 투자금액의 43%에 달한다.

이처럼 엄청난 투자를 통해서 넷플릭스가 확보하게 되는 콘텐츠는 크게 일반 콘텐츠, 오리지널 콘텐츠, 지역 오리지널 콘텐츠로 분류하여 3가지의 형태로 나누어 진다.

그림 12 넷플릭스와 글로벌 OTT 사업자들의 콘텐츠 투자 추이[20]

넷플릭스 연간 콘텐츠 투자액 (단위: 달러, 자료: 한국방송통신전파진흥원·넷플릭스)

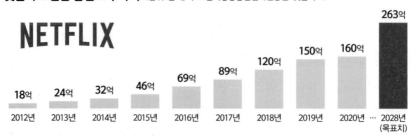

	2012년	2013년	2014년	2015년	2016년	2017년	2018년	2019년	2020년	2028년 (목표치)
	18억	24억	32억	46억	69억	89억	120억	150억	160억	263억

글로벌 OTT 2020년 콘텐츠 투자액 전망 (단위: 달러)

넷플릭스	아마존 프라임	애플TV+	훌루	디즈니+	HBO 맥스	피콕	퀴비	합계
160억	70억	60억	30억	17.5억	15억	10억	10억	372.5억

주: 글로벌 OTT 기업들의 투자액 중 절반가량을 넷플릭스에서 차지하고 있다.
출처: 김흥순(2020), 한국방송통신진흥원 자료의 차트화

그림 13 국내에서 제공되는 제작 국가별 넷플릭스 콘텐츠 현황(2020.02.28 기준) [21]

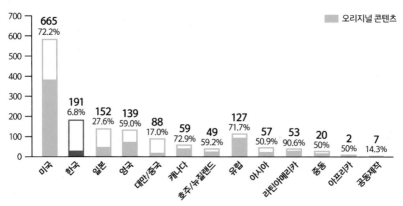

자료: Netflix, 영상물등급위원회 온라인등급분류서비스(https://ors.kmrb.or.kr)

출처: 김호정(2020), 한국정보통신정책연구원.

20 김흥순, "넷플릭스가 쏘아올린 머니게임…OTT 콘텐츠, 올해만 46조원", 아시아경제, 2020.05.25
21 김호정, "Netflix의 국내 TV콘텐츠 제공 현황", 한국정보통신정책연구원, 정보통신방송정책 32권 2호 통권 697호, 2020.02.28

2020년 2월 기준, 넷플릭스 코리아에서 제공하는 콘텐츠는 약 1,600편에 달하고, 한국콘텐츠는 드라마, 영화, 예능방송 등을 합해 191개가 있다. 이 191편의 한국콘텐츠 중에서 킹덤, 스위트홈처럼 넷플릭스에서 직접 투자부터 제작까지 참여한 오리지널 콘텐츠는 약 6.8%에 불과하다. 나머지 178편의 콘텐츠는 기존의 일반 콘텐츠에 저작권료를 지불하고 넷플릭스에서 시청할 수 있도록 하는 형태인데, 국내와 국외를 기준으로 오리지널 콘텐츠와 일반콘텐츠의 구성 비율이 큰 차이를 보인다. 미국 콘텐츠의 경우에는 72.2%의 오리지널 콘텐츠를 제공하는 것을 볼 수 있는데, 이러한 차이를 이해하기 위해서는 '지역 오리지널'의 판권계약에 대한 이해가 필요하다.

판권계약은 '플랫Flat계약'이라고도 하는데, 단매 또는 정액 판권을 의미하며 작품이 실제 발생시키는 매출액과는 무관하게 계약 단계에서 일정 금액을 지불하고 계약 기간 동안 판권을 사 오는 방식으로, 콘텐츠의 흥행 여부와 무관하게 우선 거금을 주고 영화 판권을 사 오는 것이다. 판권계약으로 인해 넷플릭스 오리지널 콘텐츠는 국내, 해외 모두 넷플릭스가 지적재산권과 판권을 가지게 되고, 지역 오리지널 작품의 경우, 국내에서는 지적재산권을 제작자가 가지고 판권은 넷플릭스가 가지지만 해외에서는 넷플릭스 오리지널로 취급되어 지적재산권과 판권 모두 넷플릭스가 가지게 된다. 넷플릭스 입장에서는 제작비 투자를 통한 지적재산권IP 확보를 통해서 플랫폼에서 지속적으로 유통할 콘텐츠를 얻을 수 있다.

대표적인 예로는, 드라마 '미스터 션샤인', 영화 '승리호'를 들 수 있다. 2018년 국내 케이블TV 방송사 tvN에서 방영한 '미스터 션샤인'은 넷플릭스가 tvN과 동시방영 및 온라인 독점배급을 조건으로 300억 원의 투자를 감행했다. 광고수익이나 시청률에 따른 추가이익은 제작사와 방송사가 가져가고 넷플릭스는 온라인 독점배급을 통해서 해당 작품이 종영한 후에 시청하려는 소비자의 유입효과와 글로벌 배급권을 가지며 윈－윈Win-Win하는 계약이었다. 또한, 2020년 개봉한 한국 최초의 우주SF 영화인 '승리호'도 넷플릭스가 제작사 '비단길'에 310억 원을 주고 국내를 포함한 글로벌 배급권을 구입했다. 제작비 240억 원에 70억 원을 추가로 얹어 구입한 것인데, 제작사 입장에서는 영화의 성과와 관련 없이 모든 제작비를 회수함과 동시에 약 30%에 달하는 이윤을 올린 것이다. 넷플릭스는 2021년 1분기 실적을 발표하며 "'승리호'를 공개한 후 첫 28일간 전 세계 2,600만이 넘는 유료 구독 가구의 선택을 받았다"고 밝혔다.

이뿐만 아니라 2020년 대부분의 영화 촬영이 중단되면서 극장 개봉이 불가능해진 영화 스튜디오들은 극장 개봉을 넷플릭스 개봉으로 전환했다. 넷플릭스는 현재 영화 판권 계약을 체결하여 극장 개봉을 포기한 다수의 영화를 공개할 권리를 얻었다. 제77회 베니스 국제영화제 초청작인 '낙원의 밤'뿐만 아니라, 제70회 베를린국제영화제 초청작인 '사냥의 시간' 등의 굵직한 영화들이 극장이 아닌 넷플릭스로 향했다. 영화 제작사 입장에서는 코로나19 사태로 최근 영화관의 상황이 급속히 나빠지자 대박흥행은커녕 손익분기점 달성도 장담할 수 없기 때문에 안정적인 수익을 얻는 선택을 했고, 넷플릭스는 코로나의 영향으로 늘어난 시청자에게 더 다양하고 원활한 콘텐츠 제공이 가능해졌다.[22]

그림 14 코로나 사태 이후, 넷플릭스에서 개봉한 한국영화[23]

출처: 넷플릭스

하지만 일각에서는 넷플릭스의 이러한 전략에 우려를 나타내고 있다. 제작비를 전액 지원하되 지적재산권을 가져간다는 것인데, 제작사들이 넷플릭스의 하청업체로 전락하게 될 것이라고 걱정하고 있다. 그간 제작자와 투자자가 영화 수익을 4대 6으로 나누는 방식이었다면, 넷플릭스는 100% 제작비를 투자해 저작권을 가져가는 방식이다.

---

22 이소연, "영화 판권 독식하는 넷플릭스,,하청 업체 전락"우려", 조선비즈, 2020.12.14
23 넷플릭스 홈페이지, 최근 넷플릭스에서 개봉한 한국영화

승리호의 경우에 이런 현상이 두드러지는데, 제작사는 70억 원의 이윤을 남겼으니 만족할 만한 거래일까? '승리호' 같은 작품은 1,000만 명 이상의 관객과 1,000억 원대의 극장매출을 목표로 한다. '승리호'는 제작비를 제외하고 극장에서만 200억 원 이상을 남길 생각으로 만들어진 영화다. 극장 상영이 무조건 성공을 보장하진 않지만, 고위험을 감수하며 고수익을 노리는 게 영화 비즈니스의 속성이다. 코로나19 상황에서 손실을 안 본 게 어디냐고 이야기할 수 있지만, '승리호' 제작 관계자들에게는 아쉬움이 짙게 남을 만하다.

1.3 알고리즘을 통한 개인 맞춤형 추천 콘텐츠

넷플릭스의 알고리즘은 1억 7000만 회원들이 선호하는 콘텐츠 데이터를 분석해 전 세계 회원들을 '테이스트 클러스터taste cluster, 취향 군'로 분류해 맞춤형 서비스를 제공하고 있다. 테이스트 클러스터의 수는 수천 개에 이르며, 고객들이 그날 기분에 따라 시간이 지남에 따라 취향이 달라지듯 테이스트 클러스터도 계속 변화해 나간다. 이 밖에도 고객에게 콘텐츠 추천 시 국가별·개인별 성향에 따라 콘텐츠 추천을 위한 이미지도 달리한다.[24]

그림 15 넷플릭스의 테이스트 클러스터 예시[25]

출처: 넷플릭스 홈페이지

넷플릭스는 수많은 콘텐츠를 제공함과 동시에 개인화된 추천 콘텐츠를 제공하여 관심 있는 TV 프로그램 및 영화를 쉽게 찾도록 도와주는 멤버십 서비스이다. 이러한

---

24 박창민, "넷플릭스, 한국은 전략적 요충지", 데일리한국, 2018.01.25
25 넷플릭스 홈페이지, 홈페이지 내의 장르추천 페이지

비즈니스 모델의 구현을 위해 넷플릭스는 복합 추천 콘텐츠 시스템을 독점적으로 구축했다. 회원이 넷플릭스 서비스에 액세스할 때마다 넷플릭스 추천 콘텐츠 시스템이 작동하여 최소한의 노력으로 좋아하는 TV 프로그램 또는 영화를 찾도록 도와준다. 넷플릭스는 시청 기록, 다른 콘텐츠 평가 결과 등 넷플릭스 서비스와의 상호작용, 유사한 취향을 가진 회원 및 넷플릭스 서비스에서의 선호 대상, 장르, 카테고리, 배우, 출시연도 등 콘텐츠 관련 정보 등의 다양한 요소를 기반으로 회원이 카탈로그에 있는 특정 콘텐츠를 시청할 가능성을 추정한다. 하루 중 시청 시간대나 넷플릭스를 시청하는 디바이스, 시청 시간 등도 고려한다. 이러한 데이터 하나하나를 입력 정보로 사용해 넷플릭스 알고리즘에서 처리한다.

만약 기존 시청자의 데이터가 없다면, 시작할 때의 정보를 활용하기도 한다. 넷플릭스 계정을 생성하거나 계정에 새 프로필을 추가할 때 회원에게 좋아하는 콘텐츠를 몇 개 선택하도록 요청한다. 이러한 콘텐츠를 사용하여 추천 콘텐츠 시스템을 '바로 시작'한다. 이 단계를 생략하는 경우, 여러 인기 콘텐츠들로 시작하게 된다. 회원이 넷플릭스에서 콘텐츠를 시청하기 시작하면 이러한 콘텐츠가 처음에 선택했던 선호 콘텐츠를 '대체'한다. 또한, 계속 시청함에 따라, 최근 시청한 콘텐츠의 중요도가 이전에 시청한 콘텐츠보다 추천 콘텐츠 시스템 작동 면에서 높아지게 된다. 최종적으로는 각각의 콘텐츠마다 사용자와의 취향 부합정도를 계산하여 수만 가지의 콘텐츠 중에서 어느 것을 선택해야 하는지 하는 고민을 없애고 사용자의 편리한 사용을 돕는다.

그림 16 알고리즘이 적용된 넷플릭스 사이트 화면[26]

주: 시청한 콘텐츠와 유사한 콘텐츠를 추천함과 동시에 개별 작품별 사용자의 취향 부합정도를 표시한다.
출처: 넷플릭스 홈페이지

---

26 넷플릭스 홈페이지, 사용자가 시청한 콘텐츠와 유사한 콘텐츠를 추천

넷플릭스 시스템은 넷플릭스 홈페이지의 줄에 어떤 콘텐츠를 포함할지 결정할 뿐 아니라, 개인화된 경험을 제공하는 알고리즘 및 복합 시스템을 사용하여 줄 내에 있는 콘텐츠의 순위를 매긴 다음, 줄 자체의 순위를 매긴다. 각 줄에는 줄 선택, 줄에 표시되는 콘텐츠, 해당 콘텐츠의 순위 항목의 개인 설정 단계가 있는데, 가장 적극적으로 추천하는 줄이 상단에 위치한다. 가장 적극적으로 추천하는 콘텐츠가 각 줄의 왼쪽에서 시작된다. 넷플릭스는 회원들이 서비스를 방문할 때마다 의견을 수집하여 해당 신호로 넷플릭스 알고리즘을 계속 개선하고, 넷플릭스의 데이터, 알고리즘 및 컴퓨터 활용 시스템은 계속 서로 피드를 제공함으로써, 새로운 추천 콘텐츠를 생성하여 회원에게 즐거움을 선사한다.[27]

② 넷플릭스의 해외진출

넷플릭스는 1997년 미국에서 사업을 진행하였으나, 시간이 지나 미국 시장이 포화상태에 이르면서 가입자 유치가 점점 더 힘들어지는 등 미국 시장 성장의 한계를 인식했다. 따라서 새로운 수요를 창출하고 규모의 경제를 달성하기 위해 북미지역부터 지속적으로 해외진출을 진행하기 시작하였다.

그림 17 2021년 기준, 넷플릭스가 발표한 서비스 가능 지역[28]

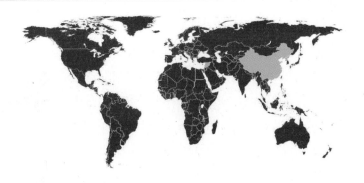

출처: 넷플릭스 홈페이지

---

27 넷플릭스 홈페이지, "넷플릭스의 추천 콘텐츠 시스템 작동 방법"
28 넷플릭스 홈페이지, "언제 어디서든 넷플릭스를 이용할 수 있나요?"

넷플릭스는 3단계에 걸친 신규 시장 진입과 진입 후에는 이들 시장에 동화되는 전략으로 사업을 확장하였는데, 먼저 모든 시장에 동시에 진입하려고 하지 않았다. 그보다는 시장들 간의 지리적·심리적 거리감 또는 인식 차이를 감안하여 먼저 미국과 인접하고 비슷한 점이 많은 캐나다와 같은 시장으로 확장을 꾀했다. 이런 방식으로 넷플릭스는 외국풍의 이질감에 덜 민감했던 지역에서 먼저 세계화 역량을 키울 수 있었다. 이를 통해 국내 시장을 뛰어넘어 핵심 능력을 확장하고 키우는 방법을 배웠으며, 몇 년 만에 여러 다양한 시장으로 확장할 수 있는 역량을 개발했다.

이어서 넷플릭스는 첫째 단계에서 배운 교훈을 훨씬 다양한 시장에 더 빠르고 광범위한 확장을 꾀한 둘째 단계에 십분 활용하면서 영국, 독일과 같은 유럽지역 등 약 50개국으로 사업을 확장했다. 둘째 단계에서는 시장 간의 유사성, 부유층의 비중 및 광대역 인터넷의 보급 정도 같은 요건을 바탕으로 충분히 매력을 끌 만한 시장을 택했다. 여기서도 계속해서 세계화에 대해 배우고, 지역 이해관계자들과 협력하는 전략이 매출 확대에 일조했다. 더 먼 시장으로의 확장이었기에 빅데이터 분석에 대한 기술적 투자뿐만 아니라 해당 지역의 선호도에 맞는 콘텐츠 개발에 대한 투자가 병행되었다.

아울러 셋째 단계를 통해 넷플릭스는 더 빠른 속도로 일본과 한국을 포함한 190개국에 진입했다. 앞서 두 단계에서 배운 모든 것을 활용하는 것과 더불어 사람들이 선호하는 콘텐츠, 거기에 맞는 마케팅 및 회사의 조직 구성 방법에 대한 더 많은 전문 정보를 얻어냈다. 그로 인해 현재 넷플릭스는 자막을 포함한 더 많은 언어로 된 콘텐츠를 추가해, 전 세계적인 콘텐츠 라인업을 갖추었다.[29]

넷플릭스는 인터넷 연결이 가능한 환경에서 모든 디바이스로 서비스 접속을 가능하게 하는 시스템을 가지고 있었고, 이는 미국 내 비즈니스에서뿐 아니라 글로벌 확장에도 도움이 되었다. 또한, 넷플릭스가 앞서 설명한 대로 자체적으로 제작한 콘텐츠를 포함하여 다양한 미디어 콘텐츠를 보유하고 있다는 점은 진출국 내 경쟁사들과 비교되는 넷플릭스만의 강점으로 작용하고 있다. 비록 검열 및 미디어 분야 제재가 심한 중국, 프랑스 지역 진출에는 한계가 있지만, 이것이 넷플릭스가 성공적으로 해외 진출을 이루어낼 수 있었던 이유이다.[30]

---

29 피우스, "넷플릭스가 전 세계로 확장할 수 있었던 비결", 2018.10.30

2.1 진출사례

(1) 캐나다

넷플릭스는 첫 해외 진출 국가로 캐나다를 선택하였고, 이를 통해 북미 시장에 대한 서비스를 통합하고자 하였다. 넷플릭스의 캐나다 시장진출 이전부터 많은 캐나다 이용자들이 우회 접속을 통해 미국 넷플릭스 서비스를 이용하고 있었기에, 캐나다 진출에 큰 어려움은 없었다. 또한, 미국과 캐나다는 결제 시스템을 비롯하여 문화적 측면까지 유사한 점이 많아 콘텐츠를 비롯하여 대부분 서비스가 큰 수정 없이 거의 동일하게 사용되었다. 이와 함께 2016년 넷플릭스는 캐나다와 미국 넷플릭스 간의 서비스 경계를 허물고 하나의 플랫폼으로 통합하고자 하는 계획을 밝히기도 했다.[31]

이에 따라 2017년 기준, 캐나다 내에서 넷플릭스 보급률은 약 73%를 넘어섰으며, 캐나다 OTT 시장을 선도하는 데 성공했다. 캐나다 정부는 넷플릭스 캐나다 법인 설립에 대해 정식적으로 허가를 진행하였고, 넷플릭스는 현지 법인 설립 외에도 캐나다 내 제작 스튜디오, 방송국 등에 투자하며 많은 캐나다 콘텐츠들이 넷플릭스 플랫폼을 통해서 보일 수 있는 기반을 마련하였다.[33]

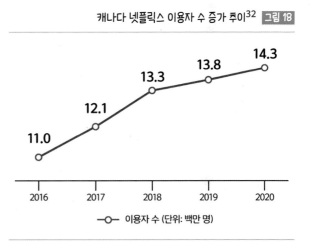

캐나다 넷플릭스 이용자 수 증가 추이[32] `그림 18`

—○— 이용자 수 (단위: 백만 명)

주: 캐나다 넷플릭스 이용자는 해마다 50~100만 명씩 증가하고 있다.
출처: 한영주(2018)

---

30 Happist, "[실적 차트] 넷플릭스 연도별 매출 및 손익 트렌드 차트(98 ~ 2019)", 2020.04.22
31 정승애, "넷플릭스(Netflix) 콘텐츠 비즈니스 모델과 글로벌 확장 전략에 대한 비판적 연구", 한국외국어대학교 석사학위 논문, 2019.07
32 한영주, "넷플릭스가 변화시킨 국내 방송산업", brunch, 2018.11.21
33 정승애, "넷플릭스(Netflix) 콘텐츠 비즈니스 모델과 글로벌 확장 전략에 대한 비판적 연구", 한국외국어대학교 석사학위 논문, 2019.07

(2) 브라질

캐나다에 이어 넷플릭스는 2011년 브라질에 진출하였다. 미국과의 지리적 근접성과 미국 내 많은 포르투갈어 사용자를 감안하여 순차적으로 접근하였으나 최초에는 거의 성과가 나오지 않았다. 브라질의 드라마 시장은 '글로보Globo'와 같은 공중파 TV 중심의 미디어 그룹이 장악하고 있었으며, 시청자들도 공중파 TV에서 제작하는 드라마에 익숙해져 있었기 때문에, 넷플릭스의 콘텐츠를 군이 소비할 필요가 없었기 때문이다. 또한, 브라질은 인터넷을 통해 영화를 시청하기 위한 시설 및 설비가 충분하지 않았다.

이를 해결하기 위해 넷플릭스는 먼저 현지 이동통신사와 손을 잡고 브라질에 초고속 이동통신망의 설치를 지원했다. 이후 당시 인터넷을 통한 영화 시청이라는 개념이 희박한 브라질의 시청자들에게 넷플릭스가 믿을 만한 회사라는 신뢰를 쌓기 위해 2013년 10월부터 주요 TV방송 프라임타임에 광고를 시작하면서 '넷플릭스'라는 이름을 시청자들에게 각인시켰다.

넷플릭스는 오리지널 콘텐츠 제작과 콘텐츠 제작사와의 계약을 통한 독점방영권 확보라는 두 축을 중심으로 과감한 투자를 통해 시장에 안착하는 해외 진출 전략을 구사하며, 할리우드 콘텐츠에 대한 높은 수요와 더불어 유럽 등과 비교해 심플한 라이선스 정책을 통해 브라질 시장에 진출하였다. 또한, 브라질의 불법복제, 낮은 신용카드 이용률, 고르지 못한 인터넷 회선 등의 문제를 다양한 방식으로 해결하였으며, 이는 이용자 증가의 주요 동인이 되었다.

2015년 오리지널 콘텐츠 '나르코스'의 성

그림 19 넷플릭스의 브라질 시장 공략 단계[34]

- 진출 국가의 인프라를 연구
- 이통사의 동영상 인프라 구축 지원
- 대규모 광고와 홍보를 통해 '넷플릭스'를 알림
- 진출 국가의 최고 스타를 캐스팅해 글로벌 오리지널 시리즈 제작
- 영화시상식을 열고 영화인들을 후원
- 코믹콘 등 마니아들을 위한 행사 지원

주: 넷플릭스가 어떻게 다른 문화권과 다른 지역에 진출하는지 한
눈에 볼 수 있다.
출처: 이덕주(2017)

---

34 이덕주, "[Biz Focus] 넷플릭스 한국상륙 1년…찻잔속 태풍? 이거 모릅니다", 매일경제, 2017.02.03

공 이후, 넷플릭스는 본격적으로 브라질 오리지널 콘텐츠 제작에 투자하기 시작하였다. 모든 제작과정을 브라질에서 진행하며 영어가 아닌 포르투갈어로 제작하였고, 다음으로 출시된 오리지널 콘텐츠 '3%'가 폭발적인 성공을 거두며 브라질뿐만 아니라 전 세계에서 많은 관심을 끌었다. 이러한 전략의 성공으로 2015년 기준 넷플릭스는 브라질 방송사 '글로보'를 제치고 브라질인들이 선호하는 2번째 OTT 서비스로 등극하였다. 또한 2011년 브라질 진출 이후 넷플릭스는 4년 만에 300만 명 가까운 가입자를 확보하였는데, 이는 미국, 영국, 캐나다에 이어 4번째로 큰 이용자 규모였다.[35]

(3) 호주

넷플릭스는 언어의 장벽이 낮은 영어권 국가이자, VOD 서비스 수요가 높은 호주를 아시아 태평양 지역의 첫 번째 진출 국가로 선정하였다. 넷플릭스가 정식으로 호주에서 서비스를 시작하기 전부터 호주에서는 넷플릭스가 성공할 수 있는 최적의 환경이 만들어지고 있었다. 당시 호주 케이블 시장을 독점하고 있던 호주 최대 유료 방송 스트리밍 서비스 사업자인 '폭스텔Foxtel'이 2012년을 기점으로 가격을 인상하여 가입자 증가가 둔화되고, 오히려 가입자가 이탈하는 현상마저 보여주었기 때문이다.

유료 방송사의 품질과 가격에 대한 이슈는 OTT 비즈니스 모델이 성장하는 데 큰 도움이 되었고 2011년, 넷플릭스의 비즈니스 모델을 그대로 가져온 호주의 OTT 서비스 '퀵 플릭스Quick flix'는 온라인 비디오 스트리밍 서비스를 시작했다. 이에 따라 호주인들은 생각보다 빠르게 OTT 서비스를 체험할 수 있게 되었고, 호주는 영어를 사용하는 국가였기에 자국 콘텐츠뿐만 아니라 미국/영국에서 제작된 콘텐츠를 선호하는 사용자도 많아 호주인들은 퀵 플릭스의 원조인 넷플릭스에 대한 갈망이 컸다.

하지만 호주에서 넷플릭스를 이용하려면 VPNVirtual Private Network, 가상 개인화 네트워크과 같은 편법을 사용할 수밖에 없었다. 그렇기에 2015년 넷플릭스가 정식으로 호주에서 스트리밍 서비스를 시작하자 VPN을 활용해 넷플릭스를 이용하던 40만 명의 넷플릭스 호주 사용자들이 빠르게 호주 계정으로 전환했다.[36] 즉, 상대적으로 비싼

---

[35] 이덕주, "[Biz Focus] 넷플릭스 한국상륙 1년…찻잔속 태풍? 이거 모릅니다", 매일경제, 2017.02.03

유료 방송사의 서비스, OTT 서비스에 대한 호주인들의 이해, 호주인들이 넷플릭스 진입 전부터 선호했던 넷플릭스의 콘텐츠 등이 종합적으로 작용해 넷플릭스는 성공적으로 호주 시장에 안착할 수 있었다.

그림 20 2016년 호주와 미국의 콘텐츠 선호도[37]

주: 미국의 인기 콘텐츠와 호주의 인기 콘텐츠가 유사한 것을 알 수 있는데, 미국 콘텐츠에 대한 선호도가 높았던 호주는 넷플릭스가 쉽게 진입할 수 있었다.
출처: 페럿 애널리틱스(2016)

아울러 넷플릭스는 호주 진출 과정에서 시장 환경을 고려하여 진입 당시 '1개월 무료 체험' 서비스를 제공하였으며, 기존의 북미지역의 비용보다 비교적 낮은 월 구독 비용을 적용하였다. 이를 통해 초반의 점유율을 높이고 많은 신규 가입자를 확보

---

36 김조한, "[김조한의 미디어 세상] 넷플릭스, 호주에서 성공하고 일본에서 실패한 이유", IT동아, 2016.08.31
37 김조한, "[김조한의 미디어 세상] 넷플릭스, 호주에서 성공하고 일본에서 실패한 이유", IT동아, 2016.08.31

할 수 있었다. 이와 함께, 2017년부터 넷플릭스는 호주 시장을 위한 넷플릭스 콘텐츠를 제작하거나 현지 콘텐츠를 구매하여 방영하는 방식을 통해 현지 로열티를 높이기 위해 노력했다. 이러한 노력에 2018년, 호주 퀸즐랜드 정부와 연방정부는 넷플릭스를 통해 호주 내에서 현지 콘텐츠 제작의 기회를 늘리고 고용을 창출하고자 해외 콘텐츠 제작에 대한 세금 감면 정책 등을 내세우기도 했다.[38]

(4) 일본

일본은 2015년 기준 1천만 명의 SVODSubscription Video on Demand, 주문형 구독 비디오 사용자가 있는 명실상부 아태지역 최대의 시장으로, 넷플릭스는 진출 이전부터 콘텐츠 비즈니스 시장이 크게 성장한 일본의 콘텐츠 라이센스를 수집하며 관심을 가지고 있었다. 그래서 넷플릭스는 아시아 시장 진출의 첫 시작으로 호주와 같은 해에 일본 시

그림 21 2016년 일본 SVOD 시장점유율[39]

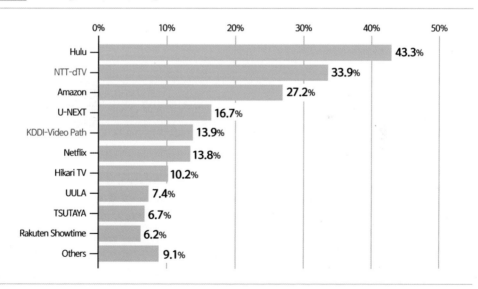

Hulu	43.3%
NTT-dTV	33.9%
Amazon	27.2%
U-NEXT	16.7%
KDDI-Video Path	13.9%
Netflix	13.8%
Hikari TV	10.2%
UULA	7.4%
TSUTAYA	6.7%
Rakuten Showtime	6.2%
Others	9.1%

주: 2016년 당시, 넷플릭스의 일본 SVOD 시장점유율은 13.8%로 6등이었다.
출처: MMD(2016)

---

[38] 정승애, "넷플릭스(Netflix) 콘텐츠 비즈니스 모델과 글로벌 확장 전략에 대한 비판적 연구", 한국외국어대학교 석사학위 논문, 2019.07
[39] 김조한, "[김조한의 미디어 세상] 넷플릭스, 호주에서 성공하고 일본에서 실패한 이유", IT동아, 2016.08.31

장에 진출하였다.

진출 당시 넷플릭스는 일본 시장 환경을 고려하여 서비스에 대한 진입 장벽을 낮추고자 일본의 3대 방송사인 후지 TV와 전략적 제휴를 진행하였다. 또한, 소프트뱅크와 공동 프로모션을 통해 다양한 프로모션을 제공하여 현지 가입자를 늘리고자 하였다. 그러나 이러한 넷플릭스의 노력에도 불구하고 일본 진출 첫 해 시장 내 점유율은 13.8%에 그치면서, 기존 해외시장에서 나타나던 약 40% 이상의 점유율에 비해 매우 낮은 수치를 기록하며 실패했다. 그에 반해 같은 미국 출신 서비스인 훌루는 넷플릭스보다 상대적으로 떨어지는 가격 경쟁력에도 불구하고 압도적인 1위가입자 1,40만 명를 고수하고 있었다.

그 이유는 일본의 영상 콘텐츠 관련 환경이 기존에 넷플릭스가 갖추고 있던 환경과 달랐기 때문이다. 일본은 케이블보다 TV 지상파 채널이 중심이 되어 사용자들도 지상파에 더욱 익숙한 환경이었다. 지상파의 시청률이 높아 인기 애니메이션조차도 제대로 된 편성 시간대를 잡을 수 없어서 새벽 시간에 방영하는 것이 현실이었고, 그만큼 유료방송 사업자들이 힘을 못 쓰고 있었다. 그러나 넷플릭스는 모바일 기기를 비롯하여 다양한 디바이스에 동기화되는 전략을 내세웠고, TV를 통한 시청은 셋톱박스, 플레이스테이션과 같은 기기를 통한 접속 방법을 사용하고 있었다. 즉, 넷플릭스가 이미 일본에서 자리 잡고 있던 지상파 방송에 밀린 것이다. 또 다른 이유는, 일본 사용자들의 콘텐츠 시청 환경과 관련이 있다. 일본 사람들은 통근에 많은 시간을 할애하기에 긴 시간 콘텐츠를 몰아보는 것보다 클립 형태의 짧은 영상을 즐기고 있었고, 일본 이용자들은 기존에 넷플릭스가 제공하던 콘텐츠 장르와 달리 연애물, 애니메이션 등을 선호하였다. 또한, 넷플릭스는 자막을 통해 콘텐츠를 제공하였지만, 일본 이용자들은 자막 읽는 것을 꺼려하고 더빙된 콘텐츠를 선호했다. 그렇기에 초기 넷플릭스에 관심을 가지더라도 바로 이탈하는 경우가 많았다.

이를 계기로 넷플릭스는 기존에 제공하던 현지화 자막을 포함하여 일본어로 된 더빙 콘텐츠를 추가하였고, 일본 현지 애니메이션에 투자하여 라이센스를 취득하기도 하였다. 그로 인해 일본 애니메이션 콘텐츠는 일본뿐 아니라 해외에서도 수요가 증가하고 있지만, 넷플릭스의 이러한 변화에도 불구하고 여전히 다른 지역에 비해 일본 시장의 수요는 낮은 편이다.[40]

(5) 한국

넷플릭스는 높은 광대역 통신망 보급률, 우수한 인프라, 높은 소비자 수준 등으로 한국 시장을 아시아 진출의 전략적 요충지로 설정하여, 2016년 공식적으로 한국 서비스를 시작하였다. 영미, 남미, 유럽 문화권에 성공적으로 진출한 후, 아시아 시장으로의 확대가 필요하다고 생각하였으며, 한류의 영향력을 가장 효과적으로 활용할 수 있는 한국 시장을 콘텐츠 제작 허브로 삼은 것이다.[41]

하지만 넷플릭스가 처음부터 한국에서 잘 나갔던 것은 아니다. 당시만 해도 국내 소비자들이 콘텐츠를 소비하는 데 있어 돈을 지불하는 것에 저항감이 높았다. 더구나 해외 콘텐츠에 익숙하지 않은 소비자에겐 생소한 면도 있었다. 또한, 넷플릭스가 한국에 진출한다고 하자 국내 스트리밍 서비스들은 넷플릭스를 견제하기 위해 가격을 인하하기도 하고, 이용자들이 선호하는 콘텐츠를 확보하기도 하고, 불편사항을 개선하는 등 넷플릭스에게 시장점유율을 빼앗기지 않기 위해 많은 노력을 했다. 그로 인해 넷플릭스는 독자적으로 서비스를 시작하였지만, 기존에 가지고 있던 오리지날 콘텐츠들이 한국 이용자들의 마음을 사로잡기에는 역부족이었기에 폭발적인 성장을 할 것이라는 예측과는 달리 고객들의 반응은 미지근했으며, 시장점유율도 미미했다.

이에 한계를 느낀 넷플릭스는 현지화 전략을 전개하였다. 국내 시장 소비자와 밀접한 관련이 있는 콘텐츠로 가입자를 늘리겠다는 것이었다. 넷플릭스는 한국 맞춤형 콘텐츠를 만들기 위해 2017년 봉준호 감독의 <옥자>에 578억 원이라는 엄청난 금액의 투자를 단행하며 한국 콘텐츠 시장의 문을 두드렸다. <옥자>의 홍보 효과는 상당했다. 앱 분석업체 와이즈앱에 따르면 '옥자'가 공개되기 전인 2017년 6월 이전에 9만 명 수준이던 넷플릭스의 가입자는 옥자 공개 이후 20만 명 이상으로 증가했다. 이후 영화뿐 아니라 <킹덤>, <좋아하면 울리는>, <첫사랑은 처음이라서>, <인간수업>, <나 홀로 그대> 등 넷플릭스 오리지널 시리즈물을 연달아 내놓으며 흥행을 이끌었다.[42]

---

40 정승애, "넷플릭스(Netflix) 콘텐츠 비즈니스 모델과 글로벌 확장 전략에 대한 비판적 연구", 한국외국어대학교 석사학위 논문, 2019.07

41 Roloy, "[사업 분석] 파괴적 혁신, Netflix 넷플릭스의 성공전략", always news, Anatomy of business, 2020.04.09

"한국 소비자들이 넷플릭스를 이용해 언제 어디서나 영화, TV 콘텐츠를 이용하도록 하겠다." 글로벌 OTT 업체 넷플릭스의 최고경영자CEO 리드 헤이스팅스는 2015년 한국시장 진출 계획을 발표하며 이같이 말했다. 그리고 5년이 지난 2020년, 헤이스팅스의 얘기는 현실이 되었다고 해도 과언이 아니다. 계속되는 콘텐츠 투자와 더불어 2020년 기준 국내 넷플릭스 유료 가입자 수는 362만 명으로 첫 해 8만 명에서 45배나 늘었다.

그림 22 넷플릭스의 한국콘텐츠 투자액과 국내 가입자 수[43]

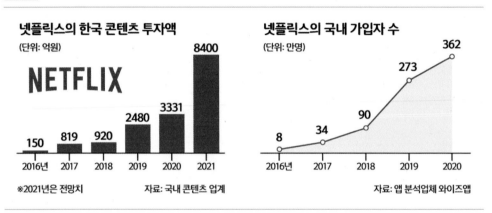

주: 점점 늘어가는 국내 가입자 수에 따라 투자액도 증가하고 있다.
출처: 김희경(2021)

넷플릭스는 자체 제작 한국 드라마 '킹덤' 출시 등을 통해 국내 진출 3년 만에 가입자 240만 명을 확보하는 등 파죽지세로 한국 시장을 잠식하고 있다. 그러나 IPTV와 케이블TV 등 유료방송 서비스를 월 1만원 미만~2만원대에 국민 대다수가 이용하는 상황이어서 넷플릭스가 국내 시청자를 늘리는 데에는 한계가 있었다. 상대적으로 저렴한 요금 체계가 넷플릭스 공세를 막는 방파제 구실을 했던 셈이다. 넷플릭스의 가장 저렴한 베이직 요금제는 9,500원이고 프리미엄 요금제는 1만 4,500원이었던 반면, 2017년 한국 유료방송 가입자당 평균 매출은 1만 336원에 불과하다.

---

[42] 김수현, 오상헌, "옥자·킹덤·인간수업…넷플릭스가 한국에 공 들이는 진짜 이유", 머니투데이, 2020.08.04
[43] 김희경, "[넷플릭스 진출 5년] 7700억원 투자, 4500편 공급으로 한국 시장 공략", 한국경제, 2021.01.12

그림 23 모바일 · 주 단위 요금제 등 '가격 파괴 요금제'

넷플릭스 한국 요금제

비고	모바일	베이직	스탠더드	프리미엄
월간 요금	6,500원	9,500원	1만 2,000원	1만 4,500원
주간 요금	1,625원	2,375원	3,000원	3,625원
동시 접속 가능	1명	1명	2명	4명
특징	스마트폰 태블릿용	SD(표준화질)	HD(고화질)	HD(고화질) 및 UHD(초고화질)

출처: 이용익, 넷플릭스, 고작 1625원…동영상시장 잠식 (매일경제, 2019.04.15.)

　하지만 최근 들어 사정이 달라졌다. 국내 방송시장과 통신시장이 융합되면서 기존 유료방송 시청자들이 모바일 전용 서비스로 빠르게 옮겨가는 추세다. 특히 5G 상용 서비스가 세계 최초로 서비스되는 등 통신 속도가 비약적으로 빨라지면서 언제 어디서나 편하게 볼 수 있는 동영상 스트리밍 서비스가 대세로 떠오르고 있다. 여기에 넷플릭스가 모바일 전용으로 월 6,500원이라는 파격 요금제를 내놓고, 일주일 단위 결제까지 실제로 도입한다면 파괴력은 엄청날 것으로 보인다.

　넷플릭스는 이러한 요금제를 시범 적용한 후, 전면 도입 여부를 결정할 방침이다. 이미 본진인 미국에서는 가격을 올리면서도 인도와 필리핀 등 동남아시아 국가에서 모바일 전용 요금제와 주 단위 결제 방식을 도입하며 가격 차별화 전략으로 성과를 낸 경험이 있다. 넷플릭스는 2016년 인도 시장 진출 당시 현지업체와 비교해 요금제가 지나치게 비싸다는 지적을 받자 이번처럼 저렴한 모바일 전용 요금제 카드를 꺼냈다. 기존 요금제 대비 절반 수준인 250루피약 4,100원라는 파격가를 매긴 것이다.[44]

---

[44] 이용익, 넷플릭스, 고작 1625원…동영상시장 잠식, 매일경제, 2019.04.15

넷플릭스의 공격적 투자는 국내 미디어·콘텐츠 시장의 지각판과 생태계도 송두리째 바꿔놓고 있다. 넷플릭스와 글로벌 대형 OTT의 공습에 맞서려는 합종연횡이 곳곳에서 일어나고 있다. 콘텐츠 제값받기 움직임도 한창이다. 전통적 '갑을 관계'인 플랫폼과 콘텐츠업체의 관계 역전 현상도 넷플릭스가 가져온 변화다. 콘텐츠 수요와 제작비 증가로 콘텐츠 사업자와 저작권자의 협상력이 강화되고 있기 때문이다. CJ ENM과 케이블 TV업체인 딜라이브 간 채널 사용료 분쟁이 대표적이다.

그림 24 넷플릭스의 국내 제휴 현황

2016년 1월	한국시장 진출 후 CJ헬로비전(현 LG헬로비전)·딜라이브와 전략제휴
2018년 5월	LG유플러스와 독점 계약
2018년 11월	U+TV에서 넷플릭스 제공
2019년 11월	CJ ENM과 콘텐츠 제작 및 글로벌 유통 위한 전략적 파트너십 체결
2019년 11월	JTBC 콘텐츠허브와 콘텐츠 유통 파트너십 체결
2020년 7월	KT와 제휴 발표, 올레tv에서 넷플릭스 제공

출처: 오상헌, 김수현, 메기? 황소개구리? 두 얼굴의 넷플릭스(머니투데이, 2020.08.04.)

넷플릭스발 미디어·콘텐츠 생태계 변화를 바라보는 시각은 엇갈린다. 넷플릭스가 콘텐츠 중심의 질적 경쟁을 자극하는 '메기' 역할을 하고 있다는 평가가 있는 반면, 외래종 포식자인 '황소개구리'처럼 국내 미디어 생태계를 교란하고 잠식할 것이란 우려가 교차한다.

콘텐츠 업계에선 넷플릭스를 타도해야 할 경쟁 상대가 아닌 국내 미디어 사업의 규모와 경쟁력을 키우는 상생 대상으로 봐야 한다는 견해가 대체로 많다. 콘텐츠 제작사 관계자는 "일일이 발품을 팔지 않아도 해외로 콘텐츠를 수출하고, 감독과 배우를 알릴 수 있는 교두보로, 또 넷플릭스의 과감한 투자는 열악한 제작 생태계에 단비가 되고 있다"며 "미디어 산업이 굉장히 좋은 기회를 맞고 있다"고 말했다.

반면, 넷플릭스와 직접 경쟁하는 국내 OTT 플랫폼 업계의 시각은 다르다. 넷플릭스에 대한 콘텐츠 유통 의존도가 커질 경우 국내 콘텐츠 사업자의 협상력이 되레 약화되고 플랫폼 사업자들도 고사할 수 있다는 우려가 크다.[45]

최근 국내 업계에서는 넷플릭스가 가장 먼저 해결할 과제로 통신망 무임승차 논란을 꼽는다. 네이버나 카카오와 같은 국내 기업들이 트래픽 용량에 따라서 사용료를 내는 것과 달리, 넷플릭스는 현재 국내에서 통신망 사용료를 내지 않고 있기 때문이다.

망 사용료는 온라인 콘텐츠 기업들이 통신사가 깔아놓은 통신망을 이용하는 대가로 내는 돈이다. 가령, 서버가 해외에 있는 넷플릭스의 경우, 사용자들이 이에 접속해 스트리밍하는 행위는 국제 망을 통해서 이뤄진다.

그런데 이용자가 과부화된다면 어떻게 될까? 당연히 트래픽이 몰려 콘텐츠의 속도와 화질이 급격하게 떨어지게 될 수밖에 없다. 실제로 지난 1월 25일 <킹덤>이 공개된 이후, 넷플릭스로 스트리밍 하는 이용자가 폭주하자, 넷플릭스 전용 캐시버서가 없는 SK텔레콤과 KT는 서비스 지연과 관련한 사용자의 항의로 진땀을 뺐다.

통신 품질에 민감한 통신사는 이를 해소하기 위해 국제회선을 증설하는 등 각종 투자를 할 수밖에 없다. 그래서 이들은 자신들이 깔아놓은 망으로 돈을 벌고 있으니, 투자를 보조하는 명목의 사용료를 지불하라고 지속적으로 주장해 오고 있다. 특히 넷플릭스의 경우 UHDUltra High Definition와 같은 초고화질 영상을 스트리밍으로 송출하는 경우가 많아, 트래픽의 급증과 관련이 있을 수 있다.

이에 최근 해외 기업 중 하나인 '페이스북'은 이러한 논란에 수긍해 SK텔레콤과 협상을 타결하기도 했다. 하지만 넷플릭스와 유튜브의 경우 아직까지 완고한 입장을 고수하는 중이다. 게다가 넷플릭스가 미국에 본사를 두고 있어 정부의 제재에도 직격탄을 맞기 어려울 전망이다. 망 사용료를 자사 가입자에게 받고 있음에도, 동시에 콘텐츠 제공업자에게 부과하는 것은 '이중부과'라는 여론도 난관 중 하나다.[46]

---

45 오상헌, 김수현, 메기? 황소개구리? 두얼굴의 넷플릭스, 머니투데이, 2020.08.04
46 조은혜, 한국 콘텐츠 시장을 흔든다, 넷플릭스(Netflix)의 '성공의 이유', 스마트PC사랑, 2019.04.11

넷플릭스의 현황 및 전망

① 넷플릭스와 코로나

신종 코로나바이러스 감염증코로나19으로 인한 사회적 거리두기 장기화는 사상 초유의 자가 격리 상황을 유발하였다. 사람들의 바깥 출입이 금지되면서 기존의 미디어 콘텐츠 공급처였던 영화관, 공연, 뮤지컬은 치명적인 타격을 입을 수밖에 없었다. 경쟁자가 사라진 채 유일한 미디어 콘텐츠 공급수단이 되어버린 OTT 서비스에 대한 소비는 폭발적으로 증가하였고, 그중 넷플릭스는 경쟁자들을 제치고 가장 높은 성장률을 기록하였다. 기존 주 소비계층인 2030세대를 넘어서 전 연령층이 이용하는 보편적인 미디어로 발전했다.

그림 25 넷플릭스의 글로벌 구독자[47]

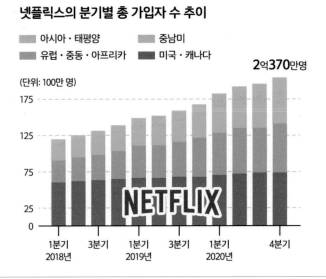

주: 월스트리트저널(WSJ)의 데이터를 분석 자료화
출처: 최혜림(2021)

---

47 장우정, "한국서만 5000억 번 넷플릭스…"세금 제대로 내고 있나?", 조선비즈, 2021.01.20

1.1 코로나가 넷플릭스에 미친 영향

영업이익

우선 코로나로 인한 폐쇄조치는 OTT 서비스 이용의 증가를 가져왔다. 코로나로 인해 혜택을 받은 넷플릭스는 서비스 결제 고객이 늘어났으며, 이로 인한 영업이익과 매출 상승은 당연한 결과였다. 넷플릭스의 영업이익은 전기 대비 21.5% 증가한 66억 4,400만 달러약 7조 3,084억 원를 기록하였고, 매출은 14.4% 늘어난 9억 5,400만 달러약 1조 494억 원를 기록했다.[48]

넷플릭스는 코로나로 인해 매출의 상승뿐 아니라 직접적인 회원의 증가효과도 누렸다. 넷플릭스가 발표한 실적에 따르면, 유료 회원 수는 2020년 4분기 기준, 전기 대비 약 3700만 명 증가한 2억 370만 명을 달성했다. 이는 사상 최대치의 증가세다. 지난 1년으로 따져도 지역별로 북미에서 7394만 명, 유럽·중동·아프리카지역에서 6670만 명, 남미지역 3754만 명, 아시아 태평양 지역 2549만 명 순으로 높았다. 특히 한국과 일본 등 아시아태평양 지역의 성장세는 전기 대비 57.1%가 증가하며 두드러진 성장세를 보여주었다.

그림 26 매출액의 증가 추이[49]

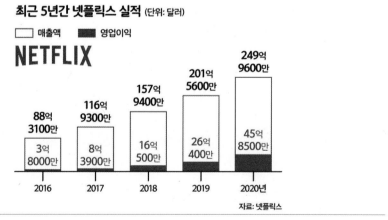

주: 매출액 증가폭에 비해 실적 증가폭이 커지고 있다.
출처: 장우정(2021)

---

48 이슬기, "넷플릭스 유료 가입자 2억명 넘었다", 조선비즈, 2021.01.20
49 최혜림, "넷플릭스, 코로나19 시대 최고 승자…가입자 사상 첫 2억 명 돌파", 이투데이, 2021.01.20

1.2 포스트 코로나가 넷플릭스에 미칠 영향

가격 조정

코로나 팬데믹 상황에서 소비자들은 넷플릭스의 서비스에 대한 가격 지불에 관대한 경향을 보였다. 코로나 팬데믹 상황에서 소비자들의 스트리밍 서비스 선택 기준은 콘텐츠의 다양성과 최신 영화 갱신 속도를 중요하게 생각했으며, 가격 중요도는 그 다음이었다. 그 예로 작년 10월, 미국의 스탠다드 플랜 월 구독료는 1달러 오른 13.99달러, 프리미엄 플랜은 2달러 오른 17.99달러로 상승하였고, 그 이후로 일본에서도 베이직 플랜을 880엔에서 990엔으로, 스탠다드 플랜의 월 구독료는 1천 320엔에 170엔 오른 1천 490엔으로 인상하였다. 영국의 경우에는 7.99파운드의 스탠다드 플랜을 8.99파운드로, 9.99파운드의 프리미엄 플랜을 11.99파운드로 인상했음에도 넷플릭스의 가파른 성장은 지속되어 왔다.[50]

하지만 코로나 이후 서비스에 대한 인식의 변화가 일어나는 것을 고려해야 한다. 소비자들의 심리 변화와 경쟁사들의 가격 정책으로 인해 소비자들의 최적 가격에 대한 변화가 나타날 수 있을 것으로 보인다.[51] 여기에 디즈니, 애플, HBO를 비롯해 코로나19 효과를 기대한 OTT 서비스업체들이 각종 할인행사 등 치열한 경쟁을 펼친 것도 한 몫을 하고 있다. 이미 지난 2019년 미국 내 넷플릭스의 성장세가 주춤했던 가장 큰 이유는 가격 인상이었다. 이후 디즈니와 애플이 OTT 서비스 시장에서 넷플릭스보다 저렴한 가격으로 뛰어들며 성장세에 타격을 입게 되었다. 비록 코로나가 발생하며 코로나 특수를 입은 넷플릭스는 전보다 더 높은 상승세를 기록하게 되었지만, 이후 코로나의 영향이 줄어들면서 다시 가격문제에 직면한 상황이다. 흥미롭게도 넷플릭스는 이러한 문제를 직면하고 있으면서도 가격이나 정책의 조정을 통해서 소비자잉여를 늘릴 생각은 없어 보인다. 한 달의 무료사용 프로모션을 중지시켰고, 미국 내에서는 계정공유 방지책까지 내놨다. 넷플릭스는 OTT 서비스를 시작한 2007년부터 무료 체험을 제공해 왔으며, 국내에서도 2016년 1월 서비스 시작과 함

---

50 채성오, "실탄 필요한 넷플릭스, 영국서 가격인상", 머니S, 2019.05.31
51 Rachel Pope, "COVID-19: Customers willing to pay more than ever for Netflix", SIMON KUCHER& PARTNERS, 2020.06.17

께 이 프로모션을 적용했지만, 2019년 멕시코를 시작으로 지난해 10월에는 미국에서도 무료 체험을 중단했다. 2021년 4월 7일, 한국 등 일부 국가를 마지막으로 넷플릭스가 진출한 전 세계 190여 개 모든 국가에서 무료 체험이 끝났다.

무료체험을 종료함과 동시에 미국 내에서는 자사 콘텐츠의 무단 시청을 막기 위해 함께 거주하고 있는 가족관계 이외의 복수 이용자들의 계정 및 비밀번호 공유를 막는 정책 테스트를 진행하고 있다. 넷플릭스의 기본 요금제월 9,500원는 단일 기기, 스탠다드 요금제월 1만 2,000원는 최대 2대, 프리미엄 요금제월 1만 4,500원는 최대 4개 기기로 동시에 스트리밍할 수 있다. 기술적으로 접속 장소나 기기에 상관없이 '동시 접속'을 최대 4명으로 한정해 놓은 것이어서 이용자들은 관행처럼 4명 이상의 지인들끼리 계정을 돌려가며 넷플릭스를 시청하기도 했다. 넷플릭스도 그간 사용자 간 계정 비밀번호 공유 문제를 묵인해 왔다. 하지만 더 이상은 아니라는 의사를 밝히며, 미국시장 내에서 시험 중이다. 시험 내용은 계정 공유가 의심되는 접근에 한해서 "If you don't live with the owner of this account, you need your own account to keep watching – 계정 주인과 같이 살고 있지 않다면 시청을 위한 자신의 계정이 필요하다"는 메시지를 전송하는 동시에 해당 계정 소유자의 문자메시지나 메일주소로 코드를 전송해 본인 확인을 요청한다. 아직까지는 경고 화면에 문자메시지나 메일주소를 통해 본인 확인을 하는 버튼 외에 인증을 다음으로 미루는 '나중에 확인' 버튼도 존재하지만 추후에는 어떻게 변경될지 몰라 미국 내 사용자들의 불만이 발생하고 있다. 더욱 큰 문제는 가족 관계라고 하여도 같은 주소에 거주하고 있지 않다면 계정 공유가 불가능하다는 것이다. 즉 반쪽짜리 '4인 공유'가 되어 버렸다. 추가로 경쟁사들은 계정공유에 대한 제재가 따로 없다.[52]

업계에서는 넷플릭스가 그동안에는 일부 수익을 포기하더라도 가입자 늘리기와 시장 키우기에 집중했다면, 이제는 디즈니플러스 등 경쟁 OTT 서비스들의 추격이 가속화되면서 경쟁을 위한 매출 확보에 나선 것으로 보고 있다. 과연 이 결정이 커질 대로 커진 몸집을 한 층 더 성장시킬지, 추격하는 경쟁사들에게 기회를 열어 줄지는

---

52 김수현, "'4인 계정공유' 원조 넷플릭스…이제 공유 막는다고?", 머니투데이, 2021.03.13

시간이 지나봐야 알겠지만 그만큼 넷플릭스가 자사의 미래에 대해서 긴장하고 있음은 틀림없다.[53]

② 넷플릭스와 경쟁사

최근 디즈니플러스 유료 가입자는 1억 명을 넘어섰다. 1억 명의 유료 가입자를 모으는 데 1년 6개월이 걸렸던 현 OTT 사업분야의 공룡 "넷플릭스"보다 2개월 먼저 달성했다. 디즈니 경영진은 디즈니플러스가 2024년까지 6,000만에서 9,000만 명의 가입자를 확보할 것으로 전망했다.[54]

다음에서는 OTT 사업분야의 공룡이라고 표현되는 넷플릭스와 그 공룡의 유일한 경쟁사로 성장하고 있는 디즈니플러스 간의 경영전략 차이를 몇 가지로 분석하고자 한다.

2.1 사업구조

가격은 소비자에게 가장 민감한 부분이며, 기업 역시 경쟁적인 가격을 무기로 삼는다. 미국 기준 프리미엄 구독 비용은 넷플릭스가 월 17.99$, 디즈니플러스는 7.79$으로 가격경쟁의 측면에서는 디즈니플러스가 우위를 점하고 있다.

미국 외에도 영국은 넷플릭스가 월 11.99파운드, 디즈니플러스가 월 7.99파운드로 책정되어 있고, 일본은 넷플릭스가 월 1920엔, 디즈니플러스가 월 700엔으로 국가별로 다르지만 대략 2배 정도 저렴하다. 게다가 디즈니플러스는 월 구독권과 연 구독권을 함께 판매하는데, 월 구독료가 7.99$인 미국의 경우, 연 구독료는 10개월분인 79.9$로 책정되는 방식으로 연 구독자의 경우 2개월분의 구독료를 절감할 수 있기 때문에 장기사용자의 경우 가격 차이는 더욱 커진다. 디즈니플러스는 2019년 11월, 북미지역에 서비스를 실시한 이후 현재까지 2021년 3월 기준 유럽과 남미, 오세아니아, 일본

---

53 채새롬, "넷플릭스, 해외서 줄줄이 가격 올리지만…국내는 당분간 조정 없다", 연합뉴스, 2021.02.05
54 나유경, "기다려, 넷플릭스" 디즈니플러스 가입자 1억 명 돌파했다, 테크플러스 2021.03.10

그림 27 해외 및 국내 주요 OTT 서비스의 가격[55]

OTT 플랫폼	운영업체	월 구독료
NETFLIX	넷플릭스	$8.99~17.99
Disney+	디즈니	$7.99
hulu		$5.99~44.99
amazon prime video	아마존	$5.99~12.99
tv+	애플	$9.99
wavve	SBS, MBC, KBS+ SK텔레콤	$6.59~11.59

출처: 기사-김지나(2019), 그림-김아랑(2019)

등 59여 개국에서 서비스를 하고 있으며, 2021년에는 한국, 홍콩, 타이완 등 아시아 시장과 동유럽 시장을 공략할 것으로 밝혔다. 이처럼 낮은 가격을 앞세워 넷플릭스와 비슷한 숫자의 국가에 서비스를 펼칠 경우, 그 성장세는 어마어마할 것이다.

반면, 넷플릭스는 디즈니플러스에 비해 콘텐츠의 공개방식과 수익구조 방식에서 고객친화적인 접근을 하고 있다. 넷플릭스는 새로운 콘텐츠를 공개할 때, 전 회차를 한꺼번에 공개함으로써 고객이 기다림 없이 콘텐츠를 즐길 수 있도록 한다. 반면 디즈니플러스의 경우, 새로운 시리즈를 주 1회차씩 개봉한다. 주 1회차씩 업로드하게 되면 수개월에 걸쳐 공개가 되기 때문에 기업입장에서는 해당시리즈를 지속적으로 시청하는 소비자들로 인해 구독 잔존율이 증가하는 효과를 볼 수 있지만, 소비자 입장에서는 해당 콘텐츠의 지속적인 시청을 위해서 수개월씩 구독료를 지불해야 하기 때문에 부담이 될 수 있다. 또한 넷플릭스는 오직 구독자의 구독료만을 통해서 수익을 벌어들이는 구조로 운영되고 있는데, 디즈니플러스의 경우에는 구독료와 더불어 광고를 통해서 수익을 벌어들이기 때문에 이용자들은 콘텐츠를 시청할 때, 영상의 시작−초반−중반−후반부 총 4번의 광고를 보아야 한다.

---

55 김지나, "해외OTT의 습격…디즈니가 끝판왕?", 뉴스핌, 2019.09.25

2.2 현지화 전략과 표준화 전략

기업의 현지화 전략은 한 기업이 글로벌 기업으로 거듭나기 위해서 매우 중요한 요소이다. 넷플릭스의 현지화 전략은 넷플릭스에서만 볼 수 있는 '넷플릭스 오리지널 시리즈'를 통해 구독을 유도하는 것인데, 대표적으로 한국의 드라마 '킹덤', '인간수업', '스위트홈' - 일본의 애니메이션 '데빌맨 메이 크라이', '격투맨 바키', '레비우스' - 대만의 '보스 프린세스' 등이 있으며, 유럽의 경우 예술의 자긍심이 높은 프랑스를 제외한 국가 대부분에서 현지화 전략이 이루어졌다.

이러한 점을 통해 넷플릭스의 현지화 전략은 매우 성공적이라고 평가할 수 있다. 또한 현지화 과정에서 가장 중요한 것은 번역인데, 이미 어떤 영화의 번역이 있다고 쳐도 각 번역마다 저작권이 있기 때문에 콘텐츠를 제공하기 위해서는 새로운 번역이 필요하다. 넷플릭스의 경우 Hermes라는 분야를 만들어 자막 및 색인을 전문적으로 다루는 전문가들에게 외주를 맡기며 번역을 구매하는 방식으로, 전 세계의 190개 국가에서 사용하는 언어들에 대해서 자막이 있다. 콘텐츠 현지화 업무를 담당하는 로크니 디렉터는 "우리는 예술과 기술이 조화를 이룰 때 나오는 힘을 믿고 있다"며 "더빙과 자막은 한국을 비롯해 다양한 언어권 출신 창작자들이 만든 훌륭한 이야기를 전 세계가 발견할 수 있게 도와준다"고 말했다.[56]

디즈니플러스의 경우 넷플릭스와는 다른 표준화 전략을 사용한다. 기존 디즈니플러스의 전략은 해당 국가의 1위 기업과 M&A를 하여 이미 검증되어 만들어진 콘텐츠를 제공하는 방식이다. 이 전략의 경우 위험 부담이 전혀 없으며 디즈니, 픽사, 마블, 스타워즈, 내셔널지오그래픽 등 이미 수익성이 검증된 콘텐츠를 유통 관리만 하면 되는 것이기 때문에 타국에 자회사를 하나 세우고 모기업에서 총괄하여 통제하는 방식을 사용하는 것이다.

하지만 표준화 전략을 펼치는 디즈니플러스가 아무리 현지화에 힘쓴다고 하여도 사라질 수 없는 애로사항이 있다. 이 약점은 바로 '검열'인데, 넷플릭스의 기업 이미지는 "가벼운 볼거리를 제공해주는 OTT 서비스"이다. 따라서 각국 정부의 규제 수준을 기준으로 하여 검열하기 때문에 영상 재편집이나 기업 자체 검열은 없는 편이

---

56 박민제, "폴란드어로 '세자 저하'…'킹덤2' 넷플릭스 흥행의 숨은 공신", 중앙일보, 2020.03.28

다. 하지만 디즈니플러스의 경우 "가족과 함께 보는 OTT 서비스"의 이미지가 매우 강해서 단어 하나에도 검열이 들어가는 경우가 있는데, 일례로 아카데미상을 받은 <내셔널지오그래픽 오리지널 다큐멘터리 - 프리솔로>의 검열에 대한 논란이 있었다. 프리솔로는 암벽등반가 중 최정상급에 있는 사람들의 1km 수직 암벽 등반 도전을 담아낸 다큐멘터리로, 영상 도중 등반가들이 죽을지도 모른다는 생각과 그것에서 오는 극심한 스트레스 때문에 자연스럽게 나오는 욕설을 2차 편집을 통해 삭제하고 더빙으로 대체한예, fucked⇒massed up 디즈니플러스의 자체 검열이 적절한 것인가에 대한 이야기가 논의되기도 했다.[57] OTT 서비스 기업의 영상 검열이 표현의 자유를 제한하고 있다는 점에서 넷플릭스와 디즈니플러스의 다른 기업문화 및 경영전략을 살펴볼 수 있고, 쉽게 판단할 수 없지만 무엇이 더 나은 전략인지는 생각해볼 필요가 있다.

2.3 오리지널 콘텐츠

이는 넷플릭스의 성장에 일등공신이라고 할 수 있는 경쟁우위의 원천이었다. 하지만 안타깝게도 오리지널 콘텐츠는 디즈니가 우세하다고 판단된다. 디즈니의 '라이언 킹'과 '알라딘', 월트 디즈니의 '겨울왕국', '모아나', '주먹왕 랄프', 픽사의 '토이스토리', '몬스터 주식회사', 마블 스튜디오의 '아이언 맨', '토르', '헐크', '캡틴 아메리카', 루카스 필름의 '스타워즈' 등 각각의 자회사별로 수많은 대표작이 존재한다. 이외에도 나열하기도 힘들 만큼 유명한 작품들이 즐비하다. 게다가 2019년, 영화 배급사인 '20세기 폭스'를 약 81조 원에 인수하며 '사운드 오브 뮤직', '나 홀로 집에', '타이타닉', '아바타' 등 영화사에 획을 그었던 영화들과 함께 20세기 폭스에서 유통했던 수많은 영화들의 판권을 가지게 되었다.[58]

여기서 주목할 점은 OTT 경쟁사들에게 저작권료를 받고 빌려줬었던 판권들을 디즈니플러스의 출범과 동시에 재계약을 거절하며 하나둘씩 디즈니플러스로 찾아오고 있다는 것이다. 런칭과 동시에 500편 이상의 영화와 7,500편의 TV 에피소드를 제

---

57 Q.V.Hough, "Disney+ Censored A NatGeo Movie", SCREENRANT, 2019.11.29
58 신진호, "'20세기 폭스' 브랜드 역사 속으로…영화 이어 TV도 퇴장", 서울신문, 2020.08.12

공하고, OTT 서비스 경쟁사와의 기존 거래가 만료됨에 따라 5년 안에 620편의 영화와 10,000편의 에피소드로 성장할 것이 예상된다.[59]

맺음말

즐거운 세상을 만들겠다는 목표로 시작된 넷플릭스는 2020년 기준, 190여 개의 국가에서 30여 개의 언어로 해당 서비스를 제공하고 있는 글로벌 기업으로 성장했다. 그 덕분에 이용자들은 인터넷 연결만 가능하다면 PC, 태블릿, 모바일 등 모든 디바이스에서 넷플릭스 서비스 사용이 가능해졌다.

넷플릭스는 공동 창업자인 리드 헤이스팅스와 마크 랜돌프에 의해 시작되었다. 초기 사업은 DVD 대여 사업으로 당시 DVD 서비스의 한계였던 높은 연체료, 다른 사람이 해당 DVD를 빌렸을 때 원하는 비디오를 바로 보지 못하고 기다려야 한다는 점, 그리고 DVD를 빌리기 위해 오프라인 매장을 방문해야 한다는 점 등을 고려하여 넷플릭스 온라인 사이트와 함께 DVD를 직접 집으로 배달하는 서비스를 도입하였다. 그 후 2007년, 본격적인 온라인 스트리밍 서비스를 도입함으로써 빠르게 변화하는 인터넷 환경에 적응해 나갔다. '온라인 스트리밍 서비스'라는 전략적 선택을 통해 넷플릭스는 당시 미디어 시장을 점유하고 있던 '블록버스터'를 무너뜨리고 많은 신규 사용자를 유치하여 '파괴적 혁신기업'이라는 타이틀과 함께 큰 성공을 이룰 수 있었다.

이러한 넷플릭스는 기획부터 유통까지 모든 역할을 담당하는 미디어 구조를 갖추어 모든 데이터에 대해 수집 및 접근의 권한을 갖도록 하였다. 이와 함께, 사용자에게는 능동적으로 소비하고 적극적으로 의견을 제시할 수 있도록 하여 기획자이자 제작자인 넷플릭스와 커뮤니케이션을 진행할 수 있는 환경을 제공하였다. 기존의 경쟁 기업과 비교할 때 넷플릭스가 갖는 가장 큰 강점은 당시 소비자들이 원하는 것을 명확히 인지하여 새로운 사업 모델로 적극적인 변화를 추진한 것이라 할 수 있다. 이것

---

[59] MAE ANDERSON, "What you get for $7-a-month Disney Plus subscription", AP NEWS, 2019.11.11

이 넷플릭스를 '파괴적 혁신기업'으로 성장하게 해준 가장 중요한 동력이기도 하다.

넷플릭스 경영의 핵심 목표는 기존 구독자는 유지하고 새로운 구독자를 유입하는 것이다. 이를 위해 넷플릭스는 3가지의 차별화된 전략을 사용했다. 첫 번째는 직접 투자를 통한 오리지널 콘텐츠 제작인데, 단순히 다른 기업에서 만든 영상 콘텐츠를 모아 보여주기만 한다면 소비자가 굳이 넷플릭스를 사용할 이유는 없다. 그래서 넷플릭스는 약 15년간 쌓여온 빅데이터의 분석을 통해 어떤 장르, 어떤 형식의 콘텐츠를 소비자들이 원하는지 파악하여, 자체 오리지널 콘텐츠를 제작하기 시작하였는데, 처음 흥행에 성공한 것은 '하우스 오브 카드'로 프라임타임 에미상 7개 부분에서 수상을 하는 큰 흥행을 거두었다.

두 번째 핵심전략은 판권계약을 통한 지역 오리지널 콘텐츠 제공으로 직접 투자한 오리지널 콘텐츠와는 다르게 이미 만들어진 콘텐츠를 판권계약을 통해 판권과 저작권을 구매하여 직접 온라인 배급을 하는 것이다. 세 번째는 알고리즘을 통한 개인 맞춤형 콘텐츠 추천으로, 넷플릭스의 알고리즘이 2억 명이 넘는 구독자들 각 개인의 선호 콘텐츠를 분석하여 개인의 선호에 맞는 콘텐츠를 추천해 주는 기능이다. 이 알고리즘은 구독자가 원하는 방향으로 계속해서 개선해 나간다는 것이 핵심인데, 구독자가 넷플릭스에 접속을 할 때마다 데이터를 수집하고 의견을 물어 점차 개선되면서 소비자가 시청할 가능성이 높은 콘텐츠를 추천해 준다. 이러한 전략을 통해 넷플릭스는 경쟁업체와 차별화된 경쟁우위를 가질 수 있었다.

이와 함께 넷플릭스는 실리콘밸리 내 많은 기업이 모방하고자 하는 뛰어난 기업문화를 갖추고 있다. 넷플릭스 기업문화의 핵심은 자율과 권한을 충분히 보장하여 직원들이 주체가 되어 일할 수 있는 환경을 만들고 전통적인 경영방식에서 벗어나 솔직하고 지속적인 소통을 통해 기업과 직원이 같은 목적을 가지고 같은 방향으로 나아가는 것이다. 이에 대해 넷플릭스는 끊임없는 보완과 수정의 과정을 거쳤고, 현재 구글, 테슬라 등 많은 글로벌 기업을 제치고 '직원 행복도' 1위에 올랐다.

넷플릭스는 미국 시장 성장의 한계를 인식하고 규모의 경제를 달성하기 위해 2010년 캐나다 진출을 시작으로 유럽, 아시아를 거쳐 2021년 현재, 190여 개의 국가에 해외 스트리밍 사업을 진행하고 있다. 해외 진출 시, 전반적인 기술과 서비스는 글로벌 표준화를 유지하되 콘텐츠 현지화를 기반으로 하여 현지 시장에서의 인지도를 높이고 신규 고객 확보를 위한 글로벌 전략을 내세웠다. 그 결과, 2017년부터 해외 가입자 수가 미국 내 가입자 수를 넘어, 2억 명이 넘는 고객을 끌어들이며 글로벌 기업으로 자리 잡았다.

이처럼 넷플릭스는 콘텐츠 투자, 철저한 고객 중심, 신속한 글로벌 시장 진출 등을 통해 성장해 왔지만, 현재 스트리밍 시장이 성장함에 따라 디즈니, 아마존, 애플 등과 같은 글로벌 기업들이 OTT 서비스에 관심 가지고 있는 만큼, 넷플릭스가 1위를 유지하기 위해서는 다양한 전략이 필요할 것으로 전망한다. 특히 디즈니플러스와의 경쟁은 2021년, 디즈니플러스의 아시아 시장 진출 이후부터 본격적으로 시작될 것이다. 넷플릭스와 디즈니플러스 중 과연 최후의 승자는 누구일까? 그리고 이젠 어떤 새로운 경쟁우위가 필요할까?

Assignment Question

1. 넷플릭스는 '구독경제'를 바탕으로 하는 비즈니스 모델을 형성하고 있다. '구독경제'와 기존의 '공유경제'의 차이점은 무엇이며, 이러한 새로운 유형의 경제 모델이 나타나게 된 배경은 무엇인가?

2. 넷플릭스는 사업구조, 발전과정, 기업문화 곳곳에서 기존의 체계를 무너뜨리고 '혁신'을 이루어 낸 기업이다. (1) 넷플릭스가 '파괴적 혁신' 기업으로 불리게 된 계기는 무엇이며, 지금의 자리까지 성장할 수 있었던 동력은 무엇이었는가? (2) 특히, 동사의 4가지 혁신전략(개방성, 롱테일 법칙, 빅데이터, 편의성)에 대해 논의해 보자.

3. 넷플릭스는 적극적인 해외 진출을 통해 규모의 경제를 이루어내고 있다. 그러나 영어권 지역에서와 달리, 일본, 한국 등에 진출할 때에는 다양한 이유로 위기를 겪기도 했다. 그 위기는 무엇이었으며, 넷플릭스는 이러한 위기를 어떠한 방법으로 극복하였는지 논의해 보자. 또한, 넷플릭스가 한국 시장을 전략적 요충지로 여기게 된 이유는 무엇인가?

4. 넷플릭스의 '(오픈) 미디어 생태계 전략'에 대해 설명해 보자.

5. 넷플릭스의 성공요인을 M. Porter교수의 '다이아몬드 모델'로 분석해 보자.

6. 넷플릭스 문화의 차별성은 무엇인가?

4차 산업혁명의 기술혁신을 통한 에어버스의 비상

학습목표

- 최근 에어버스가 경쟁사인 보잉 대비 경쟁우위의 확보를 위해 노력한 다양한 전략적 의사결정에 대해 학습한다.
- 4차 산업혁명 기술 중 항공기 제조업에 필요한 기술 및 핵심 역량과 그 비즈니스 모델에 대해 고찰해 본다.
- 포스트 코로나 시대, 항공 산업이 추구해야 할 전략에 대해 고찰해 본다.

4차 산업혁명의 기술혁신을 통한 에어버스의 비상*

"We Make It Fly"
– 에어버스 슬로건 –

"미래 항공 여행에서 에어버스가 가지고 있는 큰 비전 중 하나는
생체모방기술(Biomimicry)을 통한 지속가능성이다."
– 에어버스 이노베이션 매니저 Bastian Schaefer–

"준비된 사람은 4차 산업혁명을 통해 승리하겠지만, 뒤처진 이들은 패배할 것"
이라는 세계경제포럼 회장 클라우드 슈밥의 말과 같이, 4차 산업혁명에 뒤처진 기업
은 시장에서 불리한 위치에 있게 될 것이다. 현재 4차 산업혁명 관련 기술은 기하급
수적으로 성장하고 있으며, 그중에는 생소한 개념과 기술들도 있다. 지난 250년 동
안 일어난 세 번의 산업혁명은 인간의 삶의 방식과 생각을 바꾸었다. 각각의 산업혁
명을 거치면서 기술과 정치 시스템, 사회제도는 모두 진화했다. 신기술들은 산업의

---

* 본 사례는 정진섭 교수의 지도하에, 민병길 학생의 사례를 기반으로, 최지은, 서재완, 서지수, 홍연주, 김민석,
  이선우, 이주영 학생이 업데이트한 것이다.

모습을 변화시켰다. 그러나 4차 산업혁명이 인류발전에 미치는 속도는 과거의 산업 혁명과는 비교할 수 없을 정도로 클 것으로 예상된다.

　항공기 제작기업인 에어버스는 양자 기술, 디지털 트윈 기술 등 다른 제조업보다 훨씬 고도화된 기술을 개발하고 있다. 항공기 제작산업이 우리 생활과는 멀게 느껴지지만, 항공 기술이 머지않아 다른 운송 수단에 상용화된다면, 에어버스가 불러일으키는 변화는 가히 상상할 수 없을 정도에 이를 것이다.

에어버스

1 에어버스의 소개

그림1 에어버스 비행기 내부 및 외부[1]

　에어버스는 오랜 기간 항공기 시장점유율을 차지하던 미국의 보잉사에 대항하기 위해 유럽의 항공 회사들이 합작하여 만든 항공기 제작기업이다. 1960년대 미국 회사들과 유럽 내 항공 회사들의 경쟁이 심해지면서, 유럽의 항공기 제조 회사들이 협력하여 1967년 영국, 프랑스, 독일 정부가 300석 규모의 에어버스 A300의 개발을 위한 양해각서MOU를 체결했다.

---

1 Airbus.com, 2020.12.07

에어버스는 프랑스와 서독에 의해 구상된 합작회사이다. 1967년 프랑스 법에 근거하여 설립된 '상호 경제적 그룹' 즉 기업연합으로 불리는 경제이익단체Groupement d'intérêt économique: G.I.E.로서의 성격을 갖고 있었으며, 그 특징은 다음과 같다.

1. 법인격을 가지고 있으며 법률상의 법인으로서의 행위 능력을 갖추고 있지만, 통상의 영리 법인과는 달리 자신의 이익 추구를 위한 사업은 행하지 않는다.
2. 에어버스사의 지출과 수입은 GIE 멤버 중 수개사의 참가 비율에 비례하여 분담되고 분배된다. 따라서 에어버스사는 이윤도 손실도 보지 않고 세금을 내지 않고 영업 활동을 한다.
3. 고객과의 교섭, 서비스, 판매 활동 등은 에어버스사의 스태프에 의해 수행되지만 엔지니어링 생산에 관해서는 에어버스사가 관리·조정하고 실질적으로는 대부분 참여 기업 및 협력 파트너 기업들에 의해 수행된다.
4. 개발 활동 역시 참여 기업과 그들의 파트너 기업에 의해 추진된다.

에어버스는 참여 기업의 투자 부담과 그것에 정확히 상응하는 이익의 배분을 철저히 지킴으로써, 세계에서 찾아볼 수 없는 독특한 기업조직의 형태로 운영되었다.[2]

이후 유럽의 방위산업체들을 통합하여 European Aeronautic Defence and Space CompanyEADS 그룹을 만들고, 그 자회사로서 에어버스가 설립되었다. 그러나 모기업인 EADS가 경영난에 처하면서 2014년 에어버스 그룹으로 재출범하게 되었다. 2017년에는 다시 민항 자회사와 그룹 본사가 통합하여 Airbus SE로 재편되었다.

에어버스는 항공기 제작뿐만 아니라, 헬리콥터, 국방 및 보안, 항공 우주 산업까지 관리하고 있다. 약 180개의 지점과 12,000개의 공급 업체를 보유하고 아시아, 유럽 및 미주 전역에 항공기와 헬리콥터 생산 라인을 보유하고 있으며, 2000년 이후 6배 이상의 수주가 증가했다. 또한 세계 10위 안에 드는 방산업체이기도 하다.

---

2 Heo, Hui-Yeong, "에어버스 컨소시엄의 생성과정과 교훈", *Aerospace Industry* 38 (1996): 12-19

그림 2 주요 성과로 본 에어버스

12,626

Aircraft delivered
to airlines worldwide as per end of
December 2019

Around

12,000

helicopters
operated by approximately
3,000 customers

Top

10

Defence company
and one of the world's leading space
companies

출처: Airbus

그림 3 에어버스의 자체 R&D투자, 탄소배출 감소, 특허권

€ 3bn

Self-financed R&D
a majir global innovator

25%

Reduction in CO2 emissions
by the A350 XWB

37,000

Patents
held by Airbus worldwide

출처: Airbus

　　또한, 에어버스는 혁신을 강조하며 R&D에 30억 유로 이상을 투자하고, 탄소배출의 25%를 줄이는 것을 목표로 하고 있다. 나아가 미래 항공 산업으로 꼽히고 있는 무인 차량 및 청정 항공을 위한 하이브리드 및 전기 시스템 등 항공 산업의 미래를 위해 지속적인 혁신과 개발에 힘쓰고 있다.

　　2020년 9월, 신형 비행기 컨셉을 발표했고, 수소를 쓰는 100인승 이하의 터보프롭기, 200인승 미만의 터보팬 여객기, 200인승 이하의 전익기를 2035년에 서비스하는 것을 목표로 하며 차세대 비행기를 공개했다.

② 에어버스의 핵심 가치

에어버스는 '고객 중심Customer focus, 성실성Integrity, 존중Respect, 창의성Creativity, 신뢰성Reliability, 팀워크Team work'의 6가지의 핵심가치를 중심으로 경영한다. 먼저, '고객 중심'은 비용 및 품질을 제작할 때 고려하는 요소이다. 고객의 요구를 충족시키고, 지속가능한 혜택을 제공하기 위해 고객과 협력한다. 고객과 소통하며 고객에게 최고의 만족을 주기 위해 노력한다.

'성실성'은 항공기 제작에서 소비자의 생명과 직결되는 만큼 원칙에 기초하여 윤리적이고 정직하게 임하는 것이다. 원가 절감만 고려하는 것이 아니라, 국제적 표준에 맞춰 성실하게 항공기를 제작하기 위해 노력한다. '존중'은 일상적으로 직원과 고객, 직원과 직원, 직원과 제품 간 모든 관계에서 원활한 의사소통을 하고 포용하는 자세이다. 정확한 의사소통을 통해 개성을 존중하면서 모든 이해관계자를 대하고자 노력한다.

'창의력'은 지속적인 발전을 위해 다양한 아이디어와 협업을 장려하는 자세이다. 모든 직원이 상상력과 열정으로 아이디어를 발전시킬 수 있도록 시간, 공간 및 도구를 제공한다. 또한, 아이디어가 활발하게 제시될 수 있도록 용기를 심어주고, 조직적으로 창의력을 중시하는 프로세스를 구축한다. '신뢰성'은 브랜드의 명성을 입증하고 확고히 하도록 노력하는 것이다. 항공기 제작뿐만 아니라, 다양한 분야에서 과학 발전 기여하고, 그 결과에 책임지기 위해 노력한다. 또한, 협업하는 파트너에게 신뢰성을 제공해 지속가능한 관계를 유지한다.

'팀워크'는 협업을 중시하는 자세이다. 글로벌 커뮤니티의 모든 수준에서 팀워크를 통해 더 빠른 의사결정, 관료주의 감소, 협업 강화 및 효율성 향상을 추구한다. 다양한 관점이 모였을 때, 새로운 솔루션과 혁신에 도달한다고 믿고, 팀워크 강화에 힘쓰고 있다.

에어버스 6개 핵심가치[3] 그림 4

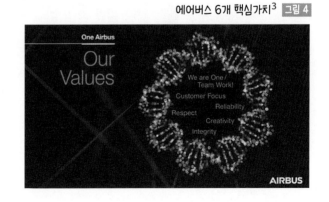

---

3 Airbus.com

③ 경쟁사 비교: 보잉과 에어버스

표 1 Boeing and Airbus

	BOEING	AIRBUS
창립	1916년	1970년
본사	미국 시카고	프랑스 툴루즈
CEO	1인(미국)	2인(프랑스&독일)
성격	민간기업	국영기업 성격
제품	표준형	맞춤형
제작방식	표준화	맞춤 생산
노동력의 유용성	유연적	제한적
아웃소싱	• 생산체제의 세계화 • 부품완성부터 조립까지 • 3일 완성계획	• 낮은 아웃소싱률 • 유럽 내에서만 자체생산

그림 5 보잉, 에어버스 항공기 판매 추이[4]

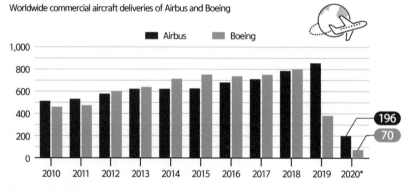

Aircraft Deliveries in Steep Descent Amid COVID-19 Crisis

Worldwide commercial aircraft deliveries of Airbus and Boeing

*As of June 30, 2020
Sources: Airbus, Boeing

---

4 정현진, "보잉 추락에…에어버스, 8년 만에 세계 민항기 1위 꿰찬다", *아시아경제*, 2020년 01월 02일,
https://www.asiae.co.kr/article/2020010211091097388.2021년 4월 21일 접속

에어버스의 가장 큰 경쟁자는 미국의 보잉이다. 보잉은 에어버스보다 50년 먼저 창립되어 항공기 시장점유율이 가장 높았다. 그러나 2019년 기준으로 보잉의 주력 항공기인 보잉 737과 에어버스의 주력 항공기인 A320의 판매 대수를 비교해 보면, 에어버스의 A320이 약 2배 정도 많음을 알 수 있다. 또한, 항공 수송 및 배달 분야에서 2020년 기준 에어버스가 소폭 앞서가고 있음을 확인할 수 있다.

그림 6 2020년 항공 수송 및 배달 시장점유율[5]

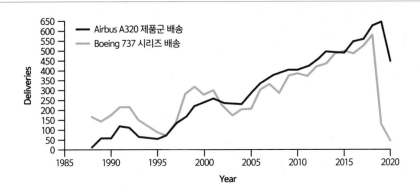

이처럼 항공업계의 후발업체인 에어버스가 보잉사를 추격할 수 있었던 요인들은 무엇일까? 물론 유럽의 다양한 기업들이 컨소시엄으로 힘을 합쳐서 원활한 기술 및 자원의 공유 합작이 가능했지만, 에어버스가 성장할 수 있었던 중요한 요인은 '4차 산업혁명의 기술력'에 대한 우위에 있다. 에어버스는 항공 산업에서 3D프린터와 스마트 팩토리, 클라우드 컴퓨팅 등 4차 산업혁명의 근간이 되는 기술들을 최적으로 활용했다. 다음에서는 몇 가지 추가적인 요인들을 살펴보고자 한다.

첫째, '운항사 부담 대행 제도'를 시행했다. 항공기 제조업자가 완성된 항공기를 발주자인 운항 회사에 인도할 때 여러 기기가 탑재된다. 이때 요구되는 것 중 하나인 여객용 오락 시설 좌석 BEFBuyer Furnished Equipment에 대하여, 항공기 제작사가 기술적인 면을 대행하는 서비스를 운영했다. 에어버스사는 장비 제작자를 엄선하여 고객인

---

5 Martin Armstrong, "Aircraft Deliveries in Steep Descent Amid COVID-19 Crisis", *Statista*, Jul 15, 2020, https://www.statista.com/chart/19713/airbus-vs-boeing-deliveries. accessed 10 May 2021

운항사에 다양한 카탈로그를 보내고 운항사는 그중에서 필요한 장비를 골라 에어버스사에 보내면 발주, 납품, 장비의 전 과정을 철저하게 관리하여 운항사에 인도하는 것이다. 이 제도의 시행은 에어버스사의 장비품의 표준화와 품질의 고급화를 꾀할 수 있었고, 생산계획이나 취항 후의 품질보증이 가능하여 신용을 쌓을 수 있었으며, 운항회사는 비전문 분야를 대행시킴으로써 좋은 조건과 저비용으로 장비를 구할 수 있었다.

둘째, '객실 내 공기의 질을 개선'했다. 에어버스사는 여객기 객실 내 공기의 최저 환기량과 공기의 질에 관한 엄격한 기준을 지키는 동시에, 공기 일부는 외부에서 들여오지만, 일부는 순환식으로 정화하여 이용한다. 또한, 엄격히 규제된 이산화탄소량에 대해서도 규제량의 절반을 유지하는 동시에 오존 제거 장치를 가동함으로써, 쾌적한 기내를 만들었다.

셋째, '항공기 품질 보증 제도'를 확실하게 만들었다. 최근 추락 사고를 발생시킨 보잉과는 달리 에어버스가 안정적이었던 점은 이런 이유에서 기인한다. 에어버스사에서 제작된 여객기에 대한 품질보증은 유럽의 툴루즈와 함부르크의 공장에서 조립하는 동시에 두 공장이 같은 조건으로 작업을 시행하고, 그 결과에 대하여 동일한 조건의 품질보증을 한다. 에어버스는 2000년대 초부터 장비의 점검이나 시험을 끝내고, 안정성에 문제가 없음을 증명하는 작업을 꾸준히 해 왔다.[6]

④ 에어버스 성공 요인

4.1 연구개발에 집중 투자

에어버스는 사업 규모에 비해 R&D 투자에 많은 비용을 지출하고 있다. 에어버스는 스타트업을 수용하는 혁신센터를 설립하고, 자율성, 전기화 및 보완과 같은 특정 분야의 스타트업에 기술 및 자금 지원을 제공함으로써, 스타트업에 더 많은 것을 기대하고 혁신적 노력을 광범위하게 진행하고 있다. 물론, 경쟁사인 보잉에 비해서도

---

[6] 서병홍, "에어버스의 성장전략과 개발현황", *Aerospace Industry* 68 (1999): 10-13

에어버스는 더 많은 비용을 연구개발에 투자하고 있다. 이는 에어버스가 신기술 개발을 중시하고 있음을 보여주는 단면이다.

그림 7 연구 개발: 에어버스 vs 보잉[7]

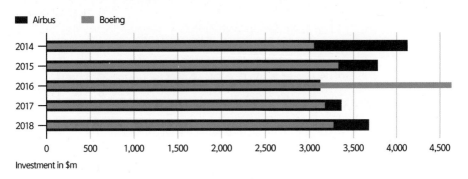

R&D Investment: Airbus vs Boeing
Airbus is strategically investing more aggressively in R&D to overtake its competitor

Chart: Praveen Duddu · Created with Datawrapper

4.2 불필요한 비용의 감소

에어버스는 조종사의 입장을 제품에 반영했다. 에어버스의 항공기는 조종 계통의 상호 호환성이 높아서, 승무원의 기종 간 전환 교육에 드는 시간을 상당히 단축할 수 있다는 장점이 있다. 예컨대, A320 조종사가 A330의 조종 자격을 취득하는 데 필요한 교육Cross Crew Qualification 시간은 단 1주일 정도밖에 안 되며, 항공 정비기간 또한 다른 비행사에 비해 짧다. 에어버스는 승무원의 교육 시간과 그에 따른 비용을 절감함과 동시에, 항공기 정비 시간까지 단축해 불필요한 비용을 최소화했다.

---

7 Praveen Duddu, "AAirbus vs Boeing: a tale of two rivals", *Aerospace*, Jul 31 2020, https://www.aerospace-technology.com/features/airbus-vs-boeing. accessed at May 10 2021

4.3 지속적인 보완

에어버스의 큰 특징 중 하나는 취역한 기종의 엔진, 연료 탱크, 소프트웨어 등을 개선하여 지속적 보완을 위해 노력한다는 점이다. 이는 보잉이 대략 10여 년의 주기로 차세대 기종으로 대체하는 것과는 그 성향이 다르다. 가령 최초에 등장한 A300은 취역 후 30년이 지난 2003년까지 엔진 개선형이 나왔으며별도 인증을 거친 파생형만 18종에 달한다, A330 역시 지속해서 개선해 왔다. 2015년에 취역한 A350 또한 주문 사양에 따라 세부 성능이 다른데, 과거에 인도한 기종조차 약간의 개조로 개선 사양 적용이 가능하다.

이러한 지속적인 개선으로 A300은 취역 시 단 1200nmi에 불과했던 표준 항속거리가 최종형인 −600R에서 4000nmi까지 늘어났으며, A300−600 이전에 생산된 3인 승무 구형 A300도 2인 승무 개조가 가능했다. 즉, 에어버스는 새로운 기체를 생산하는 것보다 기존의 기체를 개량하는 노력을 게을리하지 않았다.

❺ 위기에 빠진 항공기 제작산업

2020년 코로나가 발발한 이후에 물적 이동이 제한되었고, 그 결과로 항공 산업은 큰 위기를 맞았다. 에어버스도 이 영향에서 벗어날 수 없었다. 에어버스사는 2020년 매출이 499억 유로약 66조 6,700억 원로, 전년보다 29% 감소했다고 밝혔다. 에어버스의 상업용 항공기 주문은 2019년 768대에서 2020년 268대로 절반 이상 줄었으며, 2020년 한 해 동안 인도한 항공기는 총 566대라고 밝혔다.[8] 또한 위기 극복을 위해 전 세계적으로 15,000개의 일자리를 삭감, 혹은 소셜 파트너와의 정보 및 상담 프로세스를 계약하는 등 코로나 시대를 이겨 내기 위한 다양한 조치를 계획했다.[9]

2021년 3월, 세계 최대 항공기 리스업체인 아일랜드의 에어캡은 제너럴 일렉트릭

---

[8] 김정호, "1조4700억 손실 에어버스 CEO "위기는 아직 끝나지 않아", *한국경제*, 2021년 2월 18일, https://www.hankyung.com/society/article/2021021818647. 2021년 4월 3일 접속

[9] Airbus plans to further adapt to COVID-19 environment, Airbus, June 20, 2020, https://www.airbus.com/newsroom/press-releases/en/2020/06/airbus-plans-to-further-adapt-to-covid19-environment.html. accessed at April 4, 2021

GE의 항공기 리스 부문 자회사인 GE캐피털 항공 서비스Gecas를 인수했다. 따라서 보 잉과 에어버스가 합병사와도 항공기 수주 경쟁을 해야 할 것이라고 월스트리트저널 WSJ이 분석했다. WSJ는 현재 전 세계 여객기의 절반이 리스용 항공기라며, 에어캡과 Gecas의 합병은 보잉과 에어버스에 타격을 줄 것이라고 진단했다.

그림 8 주차별 항공기 이용량[10]

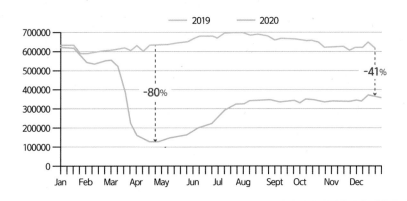

4차 산업혁명을 통해 바라본 에어버스의 전략

❶ 에어버스의 미래공장, 스마트 팩토리

세계경제포럼의 핵심주제인 '4차 산업혁명의 이해'에서, 제조업 분야 발전의 핵심 과정으로 '스마트 팩토리Smart Factory'를 제시했다. 4차 산업혁명의 특징은 단독으로 이뤄지는 것이 아니라, 다양한 기술들이 연결된 초연결성이다. 스마트 팩토리는 이

---

[10] Airbus, *Statistical-Analysis-of-Comercial-Aviation-Accidents-1958-2020*, 2021

러한 초연결성을 바탕으로 다양한 기술들이 서로 결합하여 이전에 불가능했던 공정들을 가능하게 만들어준다.

기존 제조업 공장에서는 '설계'와 '생산'을 별도의 영역으로 간주했다. 설계와 생산을 별도로 관리하면서 공정 과정에서 문제가 발생한 이후, 사후 조치를 위해 설계 부서와 생산 부서가 정보를 공유했다. 그러나 이러한 프로세스는 복잡성이 높은 제품을 따라가기엔 역부족이었다. 복잡성이 높은 제품은 어디에서 문제가 발생했는지

그림 9 미래 스마트 팩토리의 모습[11]

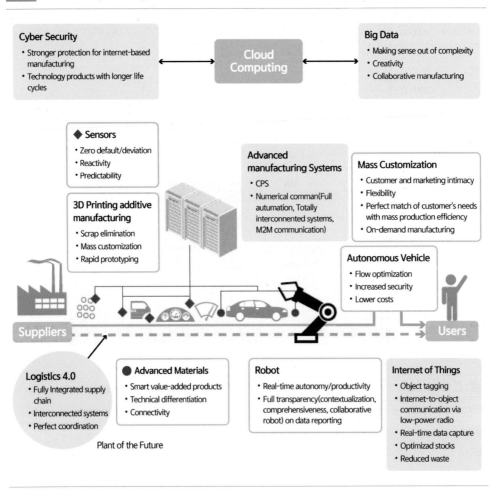

---

11 이인재, "제조업 혁신을 위한 미래 스마트팩토리 추진 방향", 정보통신기획평가원, 2018

찾기가 어려웠으며 전문성이 높은 제품일수록 높은 정확도를 요구하게 되는데 이러한 공정에서 정확도는 낮아질 수밖에 없었다.

스마트 팩토리는 기존의 제조업 경쟁력을 높이고, 변화하는 시장 환경에 적극적으로 대응하기 위해 기존 제조 산업에 ICT를 결합하였다. 스마트 팩토리를 통해 제품의 기획, 설계, 생산, 유통, 판매 등 전 과정을 ICT 기술로 통합함으로써 최소의 비용과 제작 시간의 감소, 고객 수요 만족 등 새로운 환경에 능동적으로 대응하는 차세대 공장 구축이 가능하게 된 것이다.

스마트 팩토리를 구축하는 데 필요한 4차 산업혁명의 핵심 기술에는 대표적으로 IoT 사물인터넷, 클라우드 컴퓨팅, 데이터 분석 기술, 3D프린터, 인공지능 등이 있다.

스마트 팩토리는 공급망 관리부터, 생산 공정 자동화, 고객 맞춤형 제품 생산에 이르기까지 제조업 내 전 과정을 효율적으로 처리한다. 또한, 고객 맞춤화 제품을 생산하는 방식도 가능하여, 최적의 제조 솔루션을 찾을 수 있다.[12]

이러한 전통적 제조업 상황에서 에어버스는 2012년부터 '미래의 공장Factory of the Future'이라는 슬로건을 걸고 가상현실, 사물인터넷IoT, 3D프린터 기술 등을 받아들이기 시작했다. 부품 조립 공정에 IoT 기술을 접목하여 현재 진행되고 있는 공정에 맞춰 필요한 부품 목록과 부품 위치를 각각 직원들의 태블릿PC에 표시되도록 했으며, 부품 운반도 로봇을 상용해 상당 부분 자동화했고 부품 설계 과정에 가상현실 기술을 접목해 개발 시간을 단축하기도 했다.[13]

에어버스의 커넥티드Connected 스마트 팩토리는 제품 설계에서부터 시뮬레이션, 생산 과정에 이르는 모든 프로세스를 디지털 정보로 연결하는 통합 플랫폼을 활용한다. 이러한 통합 플랫폼은 에어버스의 스마트 팩토리 시스템이 단순한 자동화가 아닌 실시간으로 현장의 상황을 감지하고 데이터를 공유해 모든 제조 과정이 연결되어 있다는 것을 의미한다.

---

[12] Roland Berger Strategy Consultants, "INDUSTRY 4.0: The new industrial revolution How Europe will succeed", 2013

[13] 조귀동, "자율주행, 3D프린팅, 로봇 등 결합 '4차 산업혁명'의 꽃은 '스마트 팩토리'", 2016년 03월 28일, http://economychosun.com/client/news/view_print.php?t_num=9420&tableName=article_20. 2021년 05년 03일 접속

에어버스의 메커트로닉스 기술 책임자MTL, Mechatronics Technology Leader인 Sebastian Boria는 미래공장의 목표는 '스마트 생산과 발전된 로봇 공학'이라고 말했다. 또한 커넥티드 시스템을 이용해 현장 오류를 사전에 방지하는 스마트 작업장 구축 또한 주요 과제가 될 것이라고 말했다.

다음에서는 에어버스 미래공장의 핵심 기술을 담당하는 IoT, 3D프린터, 디지털 트윈 기술을 살펴보면서 에어버스가 어떻게 활용 및 수요에 대응했는지 살펴보고자 한다.

그림 10 에어버스 미래공장[14]

1.1 사물인터넷(IoT)

사물인터넷Internet of Things은 세상에 존재하는 유형 혹은 무형의 객체들이 다양한 방식으로 서로 연결되어 개별 객체들이 제공하지 못했던 새로운 서비스를 제공하는 것을 말한다. 사물인터넷은 연결되는 대상에 있어서 책상이나 자동차처럼 단순히 유형의 사물에만 국한되지 않으며, 교실, 커피숍, 버스정류장 등 공간은 물론 상점의 결제 프로세스 등 무형의 사물까지도 그 대상에 포함한다. 즉, 두 가지 이상의 사물들이 서로 연결됨으로써 개별적인 사물들이 제공하지 못했던 새로운 기능을 제공하는 것이다.[15]

그림과 같이 사람과 사물 간 통신을 하는 M2M의 개념에서 확장되어 사람과 사물뿐만 아니라, 사물과 사물, 현실과 가상세계를 포함한 모든 정보와 상호작용할 수 있는 개념으로 진화하고 있다.

---

14 Future Factory of Airbus, https://www.youtube.com/watch?v=CIAijpyN3_4. accessed at April 4, 2021
15 [네이버 지식백과] 사물인터넷이란? (국립중앙과학관 - 사물인터넷)

그림 11 M2M과 IoT 비교[16]

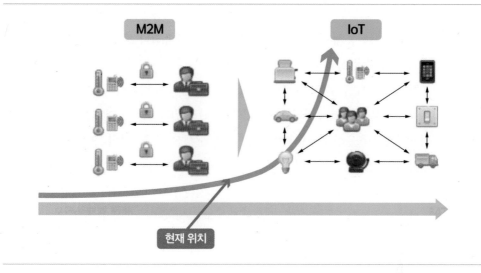

IoT를 효과적으로 사용하기 위해서는 센싱 기술, 네트워크 인프라 기술, 인터페이스 기술이 필요하다. 센싱 기술은 전통적인 온도, 습도, 열 등의 센서를 포함해서 원격 감지, 모션 등 유형 사물과 주위 환경의 물리적 정보를 포함하는 센서를 말한다. 이미 센싱한 데이터로부터 특정 정보를 추출하는 가상 센싱 기능도 포함되고, 점차 기술이 발전하며 추출하는 정보가 더욱 지능적이고 고차원적으로 발전하고 있다.

유무선 통신 및 네트워크 인프라 기술은 기존 인간과 사물, 서비스를 연결할 수 있는 모든 유·무선 네트워크를 의미한다. IoT 서비스 인터페이스 기술은 서비스 제공을 위해 인터페이스저장, 처리, 변환 등 역할을 수행한다.

IoT 기술 활용 사례

에어버스의 헬리콥터는 9,000개의 부품과 2,000여의 제작 공정으로 구성된다. 에어버스 헬리콥터 기종은 약 50여 종이어서 상당히 복잡하다. 또한, 1,400개의 자재 공급업체로부터 적시에 공급받아야 하는데, 이러한 과정 때문에 헬리콥터 한 대를 생산하는 데 매우 복잡하고 다양한 문제들이 발생한다.

---

16 민경식, "사물 인터넷(Internet of Things)", NET Term, 한국인터넷진흥원, 2012

이러한 기술적인 문제를 해결하기 위해 에어버스사는 업무 프로세스의 표준화, 가격 최적화, 제조시간 감소, 품질 향상, 제품 추적 기능을 활용했으며, 실시간 정보 공유 프로세스를 통해 모든 정보를 디지털화하여 컴퓨터나 모바일 기기로 쉽게 접근할 수 있도록 하였다.

또한 공장 상태를 누구나 파악할 수 있게 하고, 문제가 발생하더라도 다양한 사람들이 협력하여 문제 해결에 걸리는 시간을 크게 단축했다. 그리고 다양한 사람들의 참여로 의사결정의 효율성이 증대되어, 비용 감소와 생산 시간의 감소를 꾀할 수 있었다.

항공기 제작에는 그림처럼 대부분의 조립 작업에 여러 단계의 드릴링 프로세스, 조임 프로세스가 필요하다. 드릴링, 조임 작업은 여러 단계를 포함하거나 여러 작업 또는 조립 라인에서 분산된 작업이다. 따라서 지능적 전동 공구를 통해 특정 작업에 대한 도구를 동적으로 구성하여, 관련 도구를 지능적으로 연결하여 프로세스를 개선할 수 있다.

항공사 수익 부문에서 가장 중요한 요소 중 하나는 항공기가 땅에 머물러 있는 시간을 최소화하는 것이다. 항공사는 비행기를 계속 운용할 수 있어야 비용이 줄고, 수익이 증가한다. 만약 항공기에 문제가 자주 생긴다면, 항공기 정비에 따른 손실이 기하급수적으로 증가한다. 항공기 정비에 따른 시간당 손실은 약 1만 달러에 달한다. 즉, 땅에 머물러 있는 시간이 길수록 비용이 든다.

에어버스는 이러한 부문에 주목하여 항공기 정비 시간을 줄이기 위해 노력했다. 에어버스의 주력 항공기인 A320은 항공기 정비 시

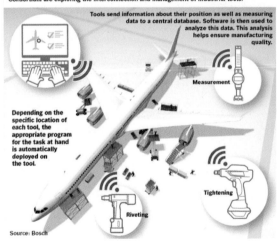

그림 12 IoT와 항공기 제작[17]

Connected tools in manufacturing

In the international Track and Trace project, Bosch and its partners in the Industrial Internet Consortium are exploring the interconnection and management of industrial tools.

Tools send information about their position as well as measuring data to a central database. Software is then used to analyze this data. This analysis helps ensure manufacturing quality.

Measurement

Depending on the specific location of each tool, the appropriate program for the task at hand is automatically deployed on the tool.

Tightening

Riveting

Source: Bosch

---

[17] Bosch, "track and trace connected tools in manufacturing bosch", BoschConnectedWorld Bolg, https://blog.bosch-si.com/industry40/airbus-factory-future/track-and-trace-connected-tools-in-manufacturing-bosch. accessed at April 4, 2021

간을 업계 절반 수준인 25분으로 줄여, 많은 항공사가 선호하는 기종이 됐다. 이렇게 정비 시간을 줄이는 데 사용한 기술이 바로 클라우드 기술이다. 클라우드 컴퓨팅 기술은 정보통신기술ICT에서 중추적인 역할을 담당하고 있는데, 이러한 클라우드 컴퓨팅 기술 도입을 통해 에어버스의 항공기 제작 효율성 증대 및 기업 혁신이 가능해졌다.

36만 개 이상 부품으로 이루어진 A320 항공기 위치, 정비 상황, 필요한 부품, 필요한 기술자 등 최적화된 정보를 애플리케이션을 통해 적재적소에 전달함으로써, 장비 효율과 안정성을 높였다. 만약 기존의 방법대로 수행했다면, 실시간으로 최적화된 정보를 얻기 어려웠을 것이다. 하지만 클라우드 기술을 바탕으로 에어버스는 항공기 정비 시간을 크게 줄였다.[19]

그림 13 IoT를 활용한 Airbus 서비스 개선[18]

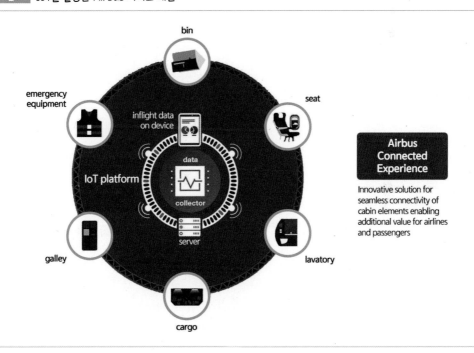

18 조용수, "똑똑한 인공지능의 현주소, 글로벌 기업들의 인공지능", *LG 경제연구원*, 2015.07.29
   http://www.lgeri.com/uploadFiles/ko/pdf/ind/LGBI1364-02_20150729130728.pdf
19 '4차 산업혁명' 큰 물결, 클라우드는 메가트렌드, 매일경제, 2020.12.07
   https://www.mk.co.kr/news/it/view/2016/08/568418/

에어버스는 항공기 제작에 IoT 기술을 활용할 뿐만 아니라, 혁신적인 비행과 소비자 만족을 위해 비행기 자체적으로 객실용 IoT 플랫폼을 적용하여 최상의 서비스를 제공했다.

승무원은 객실 전체에 데이터를 상호 교환할 수 있고, 승객은 개인화된 서비스를 받을 수 있으며, Connected Bin은 승객의 수화물을 더 빨리 넣을 수 있는 여유 공간을 나타낼 뿐만 아니라, 공간 관리를 가능하게 하여 승객이 가방을 위한 공간을 예약할 수 있다. 또한 Connected Galley는 승객이 선호하는 음식과 음료에 대한 전담 예측을 통해 승객의 만족도를 높이며, 원격으로 승객과 의사소통을 촉진하여, 신속하고 전문적으로 개인화된 서비스를 제공한다.

1.2 인공지능(AI)

인공지능은 인간만이 가능했던 상황을 인지하거나 판단하고 의사결정을 하는 것을 기계가 대신하는 것을 말한다. 2030년에는 인공지능이 감성적, 창의적 기능까지 갖출 것으로 예상되고 있다. 인공지능은 단순한 신기술이 아닌 산업과 사회 구조에 광범위한 변화를 불러오는 4차 산업혁명의 핵심 동력이다. 현재는 사람이 기계를 학습시키는 정도지만 2030년에는 기계가 스스로 학습하는 수준이 된다. 디지털이 지능을 가지려면 결국 기계가 학습해야 하는데, 이와 관련해서 딥러닝Deep Learning, 머신러닝Machine Learning 등의 기술이 있다.

'딥러닝'은 인공신경망을 이용하여 데이터를 군집화하거나 분류하는 데 사용하는 기술이다. 인간의 뇌에서 사물을 인지하는 과정을 컴퓨터가 따라 하도록 데이터를 입력시켜 주면서 학습하게 만드는 것이다. 딥러닝은 인간이 눈, 귀, 입을 통해 받아들인 자극을 통해 논리를 만들 듯, 기계 또한 뉴런 네트워크를 구성하여 영상, 시각 데이터를 통해 기계가 스스로 논리를 만들도록 설계한 것을 말한다. 논리를 가르치는 것이 아니라 논리를 스스로 만들도록 알고리즘을 만들고, 자가 학습을 시키는 것이다.

'머신 러닝'은 경험적 데이터를 기반으로 학습을 하고 예측을 수행하고 스스로의 성능을 향상시키는 시스템과 이를 위한 알고리즘을 연구하고 구축하는 기술이다. 머신 러닝의 알고리즘들은 엄격하게 정해진 정적인 프로그램 명령을 수행하는 것이라 기보다, 입력 데이터를 기반으로 예측이나 결정을 끌어내기 위해 특정한 모델을 구축하는 방식을 취한다.[20]

현재 글로벌 기업들은 인공지능을 음성인식, 번역 등 다양한 분야에 사용하며 구체적인 결과를 만들어내고 있다. 또한 글로벌 기업들은 인공지능을 모두 미래의 최대 성장 동력으로 보고 있으며, 인공지능 적용 분야는 IT, 제조업뿐만 아니라 의료기술 향상, 유전자 분석, 신약 개발, 금융거래 등으로 빠르게 확대되고 있다.[21] 특히, 제조업 분야에서 인공지능은 연결된 장비들이 주고받는 공장 IoT 데이터를 분석하고, 딥러닝 네트워크의 일종인 반복 네트워크를 활용하여 작업량과 수요를 예측할 수 있다.[22]

인공지능 기술의 활용 사례

에어버스Airbus는 2018년 6월 국제우주정거장 사령관 임무를 맡은 독일인 우주비행사 알렉산더 거스트Alexander Gerst를 보조하기 위해 IBM 왓슨을 기반으로 인공지능 우주비행사 지원 시스템인 CIMONCrew Interactive Mobile Companion을 개발했다.

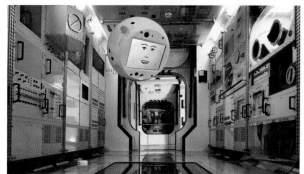

인공지능(AI) 우주비행사 지원시스템 CIMON[23] 그림 14

CIMONCrew Interactive Mobile CompanioN은 우주비행사가 일상적으로 수행하는 업무를 ISS국제우주정거장에서 지원할

---

[20] 머신러닝, https://terms.naver.com/entry.naver?docId=3347329&cid=40942&categoryId=32845

[21] SAS, 인공지능, https://www.sas.com/ko_kr/insights/analytics/what-is-artificial-intelligence.html. accessed at April 4, 2021

[22] Manufacturing Tomrrow, "Airbus Gets on Board with 3D Printing", *Manufacturing Tomrrow*, Jul 08, 2018, https://www.manufacturingtomorrow.com/article/2018/08/airbus-gets-on-board-with-3d-printing/11936. accessed 05 May, 2020

[23] 에어버스, 인공지능(AI) 우주비행사 지원시스템 'CIMON' 개발, http://www.aitimes.kr/news/articleView.html?idxno=11449, 2018년 3월 9일

수 있도록 설계된 모바일 및 자율 지원시스템이다. CIMON은 왓슨의 이미지와 음성 인식 기술의 도움을 받아 우주비행사의 얼굴을 알아보고 목소리를 구분할 수 있으며, 자연어 처리 능력을 통해 우주비행사가 텍스트나 음성으로 물어보는 질문에 대해 근거를 가지고 답을 제시할 수 있다.

1.3 3D프린팅

3D프린터는 3차원으로 디자인된 모형을 열가소성 수지, 액상 수지 또는 파우더 등의 재료를 사용하여 조형하는 기술이다. 현재까지 가장 많이 보급된 기술인 FDMFused Deposition Modeling은 열가소성 수지를 녹이면서 적층하여 조형하는 방식이다. 3D프린터가 새로운 혁신이라고 불리는 이유는 전통적인 제조업 체계에서는 불가능했던 것을 가능하게 만든 3D프린터만의 장점 때문이다.

첫 번째, 디자인에 구애받지 않고 복잡한 형상의 제품을 만들 수 있다. 전통적인 절삭 방법으로 불가능했던 디자인이 3D프린터를 통해 형상에 구애받지 않고 비교적 빠른 시간으로 제작할 수 있다. 그리고 수작업이 아니라 모두 자동으로 이루어진다.

두 번째, 여러 소재와 색상, 다양한 형상의 제품을 동시에 출력할 수 있다. 전통적인 제조 방식에서 한 가지 형상을 한 가지 재료로밖에 만들지 못했고, 다양한 형상을 만들기 위해선 많은 시간이 필요했다. 3D프린터는 하나의 형상을 플라스틱, 고무, 투명 재료 등 다양한 재료로 출력할 수 있다.

표 2 3D프린터의 장점

3D프린터의 장점
1. 디자인에 구애받지 않고 복잡한 형상의 제품을 생산할 수 있다.
2. 여러 소재와 색상, 다양한 형상의 제품을 동시에 출력할 수 있다.
3. 조립을 필요로 하지 않는다.
4. 대형 설비를 필요로 하지 않는다.
5. 다품종 소량 생산으로 고객 맞춤화가 가능하다.

세 번째, 조립이 필요하지 않다. 전통적인 제조업에서 복잡한 작업의 부품들의 경우 가공 및 레이저 절단 작업을 통해 생산된 부품을 조립했지만, 3D프린터는 최소한의 조립으로 디자인하고, 조립에 드는 시간과 비용을 줄일 수 있다.

네 번째, 대형 설비가 필요하지 않다. 3D프린터는 제품의 크기에 맞는 3D프린터를 선정하여 운용할 수 있다. 따라서 크기에 구애받지 않고, 필요한 부품을 생산할 만한 최소한의 시설로 운영할 수 있다.

다섯 번째, 다품종 소량 생산 즉, 고객 맞춤화가 가능하다. 제조업 분야의 가장 큰 숙제가 다품종 소량 생산으로 고객의 요구에 맞춤화하는 것이다. 3D프린터는 저렴한 비용으로 제작할 수 있고, 다품종 생산이 가능하여 고객의 요구에 맞게 맞춤화가 가능하다.

3D프린터 기술의 활용 사례

3D프린터에서 적층 방식Additive Technologies은 입력된 데이터 값에 따라 노즐을 움직여서 찰흙을 쌓듯 한 층 한 층 쌓아 디자인을 완성하는 방식이다. 이러한 적층 방식은 개인 맞춤형 제품, 소량 제품을 만드는 데 사용하는데, 항공 제조산업에서 적층 방식은 전통적인 방식처럼 공구 생산이 필요하지 않기 때문에, 기존 전통적 제조 방식보다 시장 출시 기간을 단축할 수 있다.

에어버스는 제조 공정의 속도를 높이고 비용을 절약하기 위해 벨기에의 3D프린팅 회사인 머티어리얼라즈Materialize와 제휴하여, 에어버스의 상용 항공기 캐빈Cabin에 배치되는 스페이서 패널을 3D프린터를 이용해 도입했다.

"스페이서 패널은 생체 설계 인증을 획득한 부품으로, 기존 생산 방식을 사용한 패널과 3D프린팅 패널을 비교했을 때, 3D프린팅 패널이 약 15% 더 가볍다. 에어버스는 3D프린터 기술의 활용으로 복잡한 내부 구조로 인한 추가 비용을 줄이고, 경량 바이오닉 패널을 통해 항공기의 전체적인 무게를 줄일 수 있게 된 것이다."

스페이서 패널 제작 과정[24] `그림 15`

---

24 Manufacturing Tomrrow, "Airbus Gets on Board with 3D Printing", *Manufacturing Tomrrow*, Jul 08, 2018, https://www.manufacturingtomorrow.com/article/2018/08/airbus-gets-on-board-with-3d-printing/11936. accessed 05 May, 2020

<그림 15>의 스페이서 패널 제작 과정을 보면, 1번 과정은 3D프린터의 적층 방식으로 기본 패널 디자인을 제작하는 것이다. 만들어진 디자인을 에어버스의 승인된 재료로 2번 과정처럼 도색과정을 거친다. 모든 과정을 거치면, 3번처럼 3D프린터로 빠르고 가볍게 만든 스페이서 패널이 제작된다. 이처럼 3D프린터를 통해 리드 타임을 줄일 수 있고, 무게도 낮출 수 있다.

에어버스는 단순히 3D프린터를 통해 리드 타임만 줄인 것이 아니라, 철저한 품질 관리 시스템으로 전체적인 품질 향상에도 노력하고 있다. 에어버스사 미래공장의 전체적인 시스템을 통해 문제가 발생할 경우, 문제의 근본 원인을 추적하여 문제를 해결한다.

항공기의 무게와 연료 소비의 차이는 비례한다. 항공기의 무게가 많이 나갈수록 연료의 소비도 그만큼 크다. 따라서 항공기를 구매하는 항공사로서는 조금 더 가벼운 항공기가 장기적으로 큰 이윤을 가져다준다. 에어버스는 이러한 고객의 요구를 맞추기 위해 3D프린터를 통해 무게를 최적화하고, 비용을 절약하고 연료를 덜 소모하는 항공기를 제작하고 있다.

또한, 3D프린팅으로 부품에 가벼운 소재를 사용하여 탄소배출을 줄이고 있다. 에어버스의 CTO인 비타디니는 "전 세계 항공사의 항공기 보유 대수는 거의 15년마다 두 배로 늘어난다. 사업으로 보면 이보다 더 좋을 수는 없다. 문제는 그만큼 탄소 배출량도 두 배, 소음도 두 배, 연료 소비량도 두 배로 늘어난다는 것이다. 에어버스는 적절한 프린팅 재료를 넣기만 하면 최대 55%까지 무게를 줄일 수 있는 3D프린터를 통해 무게를 낮추고 탄소 배출량을 지속해서 감소시키기 위해 노력하고 있다.

1.4 디지털 트윈 기술

디지털 트윈Digital Twin은 실시간에 가깝게 실제 사물 혹은 프로세스의 디지털 이미지를 만드는 기법으로, 제품의 설계 및 개발부터 제품 라이프 사이클 끝까지 제품 전반에 대한 디지털 흐름을 보여준다. 즉, 가상공간에 실물과 똑같은 물체, 시스템, 환경 등을 만들어서 다양한 시뮬레이션을 통해 검증하는 기술이다. 이러한 디지털 트윈의 위력은 물리적 세계와 디지털 세계 사이에서 거의 실시간으로 종합적 연결을 가능케 하는 것이다.

아래 그림과 같이 디지털 트윈은 개념 구조는 크게 6단계로 나뉜다. '생성' 단계는 중요한 입력값을 측정하는 수많은 센서를 공정에 설치하는 과정이다. '전달' 단계는 물리적 프로세스와 디지털 플랫폼 간 매끄러운 양방향 통합 및 연결성을 지원한다. '종합' 단계는 입력된 데이터를 데이터 저장소로 이관하는 단계로, 데이터를 분석하기 위해 준비하고 가공한다. '분석' 단계는 데이터가 분석되고 시각화된다. '인사이트' 단계는 디지털 트윈 세계와 아날로그 세계 사이를 분석하여 추가적인 조사와 변화가 필요한 영역을 제시한다. 마지막으로 '행동' 단계는 분석과 인사이트에서 얻은 피드백을 반영하여 디지털 트윈을 실현하는 단계다.

그림 16 디지털 트윈 개념 구조[25]

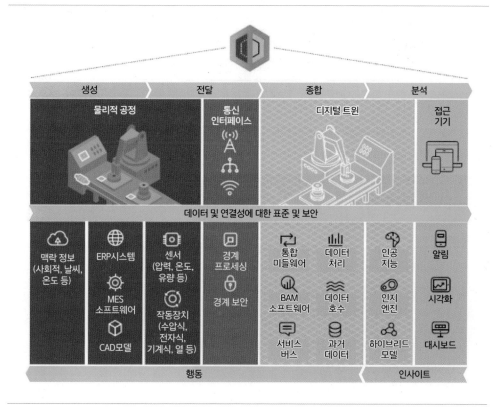

25 Deloitte University Press, https://www2.deloitte.com/content/dam/Deloitte/kr/Documents/insights/deloitte-newsletter/2017/26_201706/kr_insights_deloitte-newsletter-26_report_02.pdf

디지털 트윈 기술을 통해 지속적인 품질 향상 및 결함을 빠르게 고칠 수 있고, 운영비용의 절약과 신제품 도입 및 리드 타임을 절약할 수 있다.

디지털 트윈 기술의 활용 사례

사람의 생명과 직결되는 항공기, 자동차 등의 제품들은 제품 기획 단계에서부터 철저한 품질 관리를 위한 계획을 수립한다. 이러한 계획을 바탕으로 개발 단계에서 수많은 프로토 제품을 만들어보고 테스트를 진행한다. 특히 항공 산업은 항공기가 운항 중에 문제가 발생하면 많은 사람의 목숨이 위험하므로, 더욱 철저한 계획 수립이 필요하다.

따라서 작은 결함 하나라도 놓치지 않기 위해 R&D부터 제품 테스트까지 다양한 상황을 고려하고, 복잡하고 높은 기준을 설정한다. 복잡한 테스트 과정을 수없이 반복하면 필연적으로 R&D 비용이 상승하고, 출시 기간도 길어지게 된다.

에어버스는 가상현실VR과 증강현실AR 기술을 디지털 트윈과 접목하여, 제품 설계 및 개발과 유지 보수 활동에 적극적으로 활용하고 있다. 첫 번째로 '고객 요구 사항 관리 영역의 활용 사례'이다. 고객 요구 사항을 받아 만드는 수주 제품의 경우 고객의 요구와 완성품이 일치하는 것이 중요하다. 만약 고객 요구와 완성품이 다르다면 신뢰를 잃고, 고객도 잃을 수 있기 때문이다.

에어버스의 헬리콥터 MRH-90 모델은 사용자가 VR 헤드셋을 쓰고, 실내 공간을 실제와 같이 구현한 3D 가상 환경에서 다양한 장비들을 장착해 보거나, 실제 운영하는 모습을 시뮬레이션으로 진행할 수 있다. 예를 들어, 의료 헬리콥터를 주문

그림 17 VR 기술을 활용한 MRH-90 헬리콥터[26]

---

[26] Australian Aviation, https://australianaviation.com.au/2018/09/airbus-using-vr-and-ar-to-support-helo-maintenance-highlight-potential-upgrade-options/

하려는 고객은 디지털 트윈 기술의 활용으로 가상의 헬리콥터 캐빈 안에 환자 이송 공간 및 산소 탱크, 검사 장비 등 최적의 맞춤 공간을 구성할 수 있다.

이처럼 디지털 트윈 기술을 통해 고객의 요구 사항을 즉각 반영하고, 반영된 요구 사항을 고객에게 VR로 시각화하면서 지속적인 피드백을 통해 고객이 원하는 제품을 만들 수 있다. 이로 인해 불필요한 피드백 과정이 줄어들고, 고객의 수요 그대로 만들었기 때문에 고객의 만족도 또한 높아지게 된다. 또한, 시행착오도 줄어들어 결국 제품을 생산하는 데 시간과 비용 모두 절약할 수 있게 되는 것이다.

두 번째는 '제품 개발 및 생산에서의 활용 사례'이다. AR 기술을 활용해 물리적인 부품 위에 가상의 부품을 결합하여 디자인 리뷰 및 기계적인 동작 성능을 실시간으로 검증할 수 있다.

<그림 18>처럼 AR 기술을 활용하여, 실제 물리적인 부품 위에 증강현실의 부품을 결합하여 성능을 점검할 수 있다. 또한, 디자인 측면에서 색상과 모양을 실시간으로 확인함으로써 심미적인 부분까지 개선할 수 있다.

부가적으로 디지털 트윈을 통해 마케팅, 디자인, 개발, 생산 등 부서 간 의사소통 및

AR 기술을 활용한 디지털 트윈[27]　그림 18

의견 조율 또한 쉽게 가능해진다. 기존에는 각자 부서의 업무를 숙지하지 못해 의견 조율에 많은 시간이 소요되고, 시행착오도 많았지만, AR 기술을 활용하여 시각적으로 실시간 확인이 가능하고, 발생한 문제에 대한 즉각 대응이 가능해진다.

제조 과정에서는 개발 데이터, 상세 설계 정보를 바탕으로 제조 업무와 검사

---

27 Airbus(에어버스)의 3D프린팅 도입, K-Smartfactory, http://www.k-smartfactory.org/dokuwiki/doku.php?id=airbus%EC%9D%98_3d_%ED%94%84%EB%A6%B0%ED%8C%85_%EB%8F%84%EC%9E%85

업무에 활용할 수 있다. 에어버스는 2011년부터 현장 엔지니어에게 항공기 3D 모델을 확인할 수 있는 휴대용 장비를 공급하고, 부품의 사이즈, 위치, 센서 값 등을 실시간으로 확인할 수 있게 하여 생산 및 검사 업무에 활용하고 있다. A380 기체는 약 60,000여 개의 브라켓 부품이 있는데, 이 중 단 하나에만 결함이 있어도 항공기는 추락 사고의 위험이 있다. 디지털 트윈 기술 도입 이전에는 이를 모두 검사하는 데 3주의 시간이 걸렸지만, 기술 도입 이후 단 3일 만에 모두 검사할 수 있게 되었다. 이처럼 디지털 트윈은 제조 및 검사 과정에 획기적인 시간 절약을 가져왔다.

마지막 활용 사례는 '서비스 영역'이다. VR, AR 기술이 발전하고 보편화되면서, 서비스 관점에서 특정 부품을 AR 디바이스로 비추면 정비 지침 및 수리 방법이 자동으로 디지털화되어 표시되고, 예상되는 문제 및 해결 방법을 추천해 준다.

② 친환경 기술

과도한 자원의 사용으로 인한 이상기후로 인해 전 세계적으로 환경에 관한 관심이 점점 높아지면서 EU 회원국들은 탄소 중립을 선언하거나 환경을 법의 영역에 포함하는 등 환경보호에 대한 적극적인 의지를 보이고 있다. 또한, 많은 나라들이 탄소 중립을 선언했다. 탄소 중립은 기후변화 위기를 극복하기 위해 온실가스 순 배출배출량-흡수량을 '0'으로 하겠다는 목표. EU와 일본은 2050년, 중국은 2060년까지 탄소 중립 실현을 선언했고, 미국 역시 바이든 정부가 출범하면서 탄소 중립을 공언했다. 한국은 2020년 10월, 2050년까지 탄소 중립 목표를 선언했다.[28]

에어버스 역시 친환경 부문에 관심이 많다. 그리고 초점 중 상당 부분은 제트기 자체와 관련이 있다. A220, A320neo, A350 및 A380과 새로운 A330neo를 포함한 회사의 최신 제품들은 모두 연료 효율성이 뛰어나 사용자에게 비용을 절감하는 동시에 CO_2 배출량을 줄였다. 이에 그치지 않고 에어버스는 환경에 미치는 영향을 더욱

---

[28] 탄소 중립, https://biz.chosun.com/site/data/html_dir/2021/04/18/2021041800168.html?utm_source=naver&utm_medium=original&utm_campaign=biz

줄이기 위해 "cradle-to-cradle" 접근 방식을 채택했다. 또한, 에어버스는 설계에서 재활용 및 재사용에 이르기까지 항공기의 전체 수명주기를 고려하는 제품과 기술을 개발하고 있다.

그림 19 에어버스의 항공기 라이프 스타일 관리 모델[29]

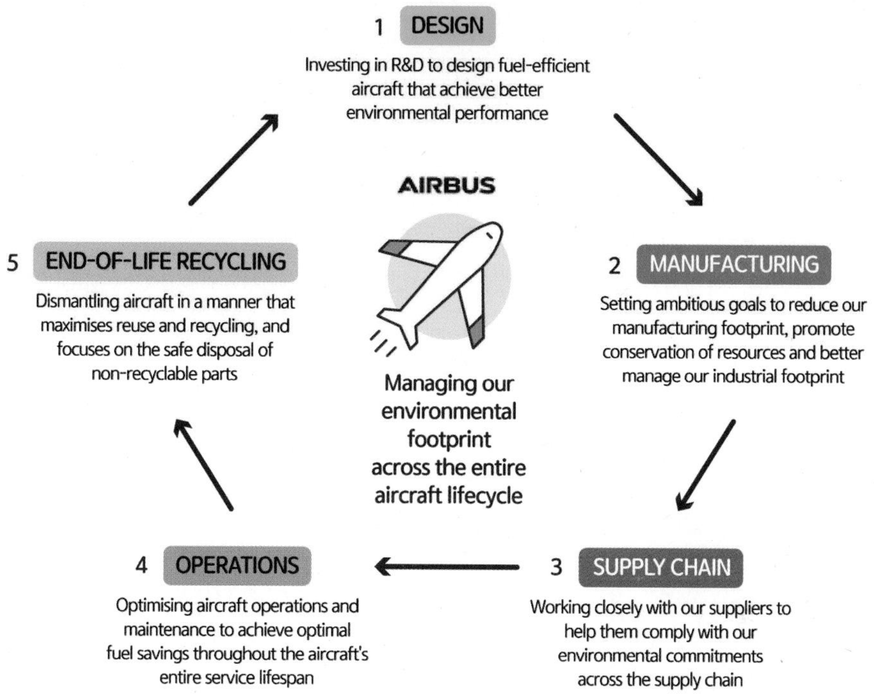

1 DESIGN
Investing in R&D to design fuel-efficient aircraft that achieve better environmental performance

AIRBUS

Managing our environmental footprint across the entire aircraft lifecycle

5 END-OF-LIFE RECYCLING
Dismantling aircraft in a manner that maximises reuse and recycling, and focuses on the safe disposal of non-recyclable parts

2 MANUFACTURING
Setting ambitious goals to reduce our manufacturing footprint, promote conservation of resources and better manage our industrial footprint

4 OPERATIONS
Optimising aircraft operations and maintenance to achieve optimal fuel savings throughout the aircraft's entire service lifespan

3 SUPPLY CHAIN
Working closely with our suppliers to help them comply with our environmental commitments across the supply chain

[29] https://www.airbus.com/aircraft/passenger-aircraft/environment.html

2.1 전기에너지

일반적으로 인공적인 CO_2 배출량의 약 2%가 항공운송에서 발생한다.[30] 또한 점차 항공운송 CO_2의 배출량은 증가하고 있다. 점점 늘어가는 CO_2 배출로 인해 지구온난화가 가속화되자 에어버스는 항공 산업에서 전기 비행기가 CO_2 배출량을 줄이는 것에 도움이 되는 것을 인식하고, 탈탄소화를 위해 전기에너지 개발에 전념하고 있다.

전기에너지의 활용 사례

2010년, 에어버스는 세계에서 엔진 4개를 장착한 가장 작은 항공기인 cricri를 시작으로 전기 비행기를 개발하고 있다. 그중 CityAirbus는 4인승 전기 수직이착륙 항공기이며, 최대 120km/h로 비행이 가능하다. 이에 그치지 않고 CityAirbus는 환경 및 사회적 문제를 해결하기 위해 계속해서 개량되고 있다.

그림 20 CityAirbus[31]

CityAirbus는 완전히 전기나 배터리로 작동하는 만큼, 배기가스가 방출되지 않는다. CityAirbus는 대규모 배터리에 전기에너지를 효율적으로 저장할 방법을 위해 다양한 방법을 시도하고 있으며, 안전한 비행을 위해 이미 100회 이상의 엄격한 비행 테스트를 성공적으로 마쳤다. 그리고 상용화를 위해 여러 대의 비행 실험을 통해 얻은 데이터로 개발을 추진하고 있다. 만일 상용화가 된다면 지상에서의 교통체증이 심한 도심에서 최대한 시간단축에 기여할 수 있을 것이다.

---

30 IATA, "Fact sheet - climate change & corsia", 2018.05

31 https://www.airbus.com

그림 21 전기 기술 활용 사례[32]

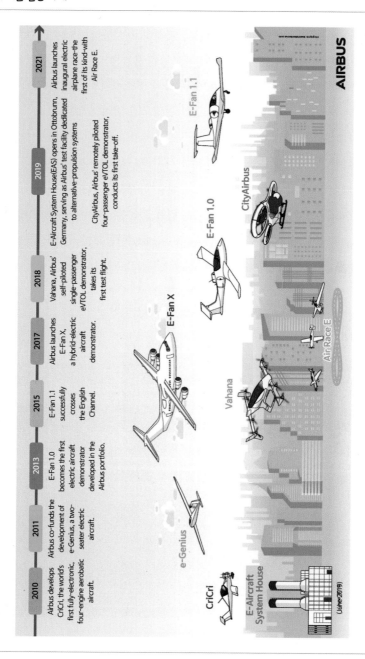

[32] https://www.airbus.com/innovation/zero-emission/electric-flight.html

2.2 수소에너지

수소에너지는 수소 형태로 에너지를 저장하고 사용하는 에너지원으로 석유나 석탄을 대체하는 미래의 궁극적인 청정에너지원 중 하나이다. 수소에너지의 원료가 되는 물은 지구상에 풍부하게 존재하며, 수소를 연소시켜도 산소와 결합하여 극소량의 질소와 물로 변하므로 공해 물질로 인한 환경오염 염려는 없다.[33]

수소에너지 활용 사례: 에어버스의 ZEROe (Zero Emission)

에어버스는 수소를 주 에너지원으로 하는 항공기를 띄워 이산화탄소 배출량을 최대 50%까지 줄인다는 계획으로 수소를 원료로 하는 터보팬turbofan 항공기, 터보프롭 turboprop 항공기, 블렌디드 윙바디blended-wingbody 항공기를 주축으로 하여, 이산화탄소 배출을 0으로 하겠다는 목표를 가지고 있다.

그림 22 수소항공기 모델 ZEROe[34]

---

33 [네이버 지식백과] 수소 에너지 [Hydrogen energy] (물리학백과)

34 https://www.airbus.com/

2.3 태양에너지

태양에너지는 태양으로부터 방출되는 모든 종류의 에너지를 통틀어 이르는 말이다. 태양에너지의 원천은 고온, 고압 상태의 태양 내부에서 일어나는 수소 원자 간의 핵융합 반응이다. 태양에너지는 지구의 대기와 물의 순환에 커다란 영향을 주며, 생물의 생명 활동의 근원이 되는 에너지이다. 산업적으로는 고갈의 염려가 없는 재생 가능 에너지renewable energy이며, 발전과정에서 공해가 발생하지 않고, 사용 가능한 에너지의 크기가 매우 크므로, 미래의 주 에너지원으로 주목받고 있다.

태양에너지의 활용 사례

에어버스는 태양광 전지 기술을 발전시켜 무인 항공기가 태양광만을 에너지로 사용해 항공기가 장기간 성층권에 머물 수 있도록 하는 기술을 개발했다. 태양광 패널은 가볍고 면적당 많은 에너지를 포착하여 전기에너지로 변환시킨다. 에어버스의 태양열 무인 항공기 Zephyr S는 다른

태양열 무인 항공기 Zephyr S[35] 그림 23

무인 항공기와 달리 확실한 강점을 지니고 있다. Zephyr S는 태양식 에너지 충전으로 이륙했을 시, 몇 달간 비행이 가능하고 주간에 충전된 에너지로 야간 비행에 전력을 공급하는 방식을 따르면서 태양광 에너지를 이용해 탄소를 배출하지 않는 친환경 항공기이다. Zephyr S는 25일 23시간 57분의 최장 비행시간을 기록했다.

---

[35] 에어 버스 Zephyr 태양열 항공기 최장 비행 기록 갱신, 2018년 10월 작성,
http://mehansa.com/index.php?mid=b112&document_srl=9555&listStyle=viewer

❸ 양자 기술

3.1 양자 컴퓨팅

기존의 컴퓨터는 정보 처리의 최소 단위로 0과 1을 사용한 1비트bit를 사용했다. 이러한 방식은 연산을 할 때 저장소의 상태가 0과 1중에 분명히 한 가지만 존재해야 하는 방식이다. 하지만 양자 컴퓨팅은 0과 1의 상태가 동시에 나타날 수 있는 확률적 상태 즉, 양자 중첩 현상을 활용한다. 양자 역학에서 빛과 물질이 입자이자 파동인 상태로 존재할 수 있다는 것과 마찬가지로, 연산 저장소의 데이터가 0이거나 1일 수 있다는 것과 통하는데 0과 1이 동시에 존재할 때 기존과는 다른 새로운 개념인 큐비트Qubit, Quantum bit가 정보 처리의 최소 단위로 사용된다. 양자 컴퓨팅에서는 0과 1의 두 상태의 중첩이 가능해짐에 따라 정보 단위를 단순히 'bit'가 아닌 더 고차원적인 'matrix' 형태로 표현할 수 있고 데이터 처리의 속도를 가속할 수 있는 것이다.[36]

에어버스에서의 양자 컴퓨팅

항공우주 산업은 유체 역학, 유한 요소 시뮬레이션, 공기 역학, 비행 역학 등의 분야에서 복잡한 계산이 요구된다. 에어버스는 이러한 영역에서 고급 컴퓨팅 솔루션을 적극적으로 사용한다.

3.2 양자 통신

양자 통신 기술은 양자 암호 통신 기술과 양자 전송 및 네트워크 기술로 나눌 수 있다. 양자 암호 통신 기술은 복제 불가능한 양자의 성질을 이용한다. 양자 전송 및 네트워크에서는 얽힘의 상관관계를 이용하여 양자 상태를 전송할 수 있고, 여러 경로를 연결할 수 있는 기술이지만 아직은 기초기술 연구에 머물러 있다.[37]

---

[36] 컴퓨터 기술의 퀀텀 점프! 양자컴퓨팅 (Quantum computing), 이재용, 삼성디스플레이 뉴스룸, 2020년 2월 19일 작성, https://news.samsungdisplay.com/22262/
[37] 박성수, 송효영, 양자정보통신 기술 현황과 전망, 2019 Electronics and Telecommunications Trends, 2019

에어버스에서의 양자 통신

비대칭 키를 통해 널리 사용되는 암호화와 같은 오늘날의 암호화 알고리즘은 미래의 양자 컴퓨터에 의한 공격을 지속할 수 없을 것이다. 에어버스의 목표는 보안 강화 양자 정보 기술알고리즘, 인증, 키을 기반으로, 항공우주 플랫폼을 위한 미래 보안 통신 인프라를 개발하는 것이다.[38]

3.3 양자 센서

양자 센서 기술은 초 고정밀 분광학 및 현미경, 위치 정보 시스템, 시계, 중력계, 전기장 및 자기장 감지 센서, 파장보다 정밀한 해상도의 광학 장치에 이르기까지 적용 범위와 미칠 영향이 커서 물리, 화학, 생물 등 기초과학과 의학, 데이터 기술 등에 널리 응용될 수 있다. 양자광학, 원자·분자물리학, 전자스핀Spin, 핵스핀, 초전도 등 다양한 물리 현상의 연구가 양자 센서기술의 토대가 된다.

보통 영상은 대상체에 쬐어 반사돼 오는 빛을 모아서 만드는데, 양자 이미징이란 압축광, 얽힘 등 다양한 광원을 양자 광학적[39]으로 준비해오는 기법이다. 두 광자를 얽히게 해 광자 하나는 대상체와 반응하고, 다른 광자는 대상체와 만난 적도 없지만 영상을 만들게 하는 유령 영상ghost imaging 기법도 양자 이미징 방법 중 하나로, 대상체에서 반사돼 나오는 빛을 직접 모으기 어려운 경우에 유용하다. 기존 레이더로는 스텔스 기능이 있는 물체를 탐지하기 어려운데, 얽힌 마이크로파를 사용해 스텔스로 감춰진 물체도 잡아내는 양자 레이더 연구가 현재 진행 중이다.[40]

에어버스에서의 양자 센서

양자 센서는 주파수, 가속도, 회전 속도, 전기장과 자기장, 온도 등 물리량을 상대

---

[38] Airbus, https://www.airbus.com/innovation/industry-4-0/quantum-technologies.html

[39] 빛을 구성하는 근본적 단위인 광자를 이용해 광학 현상을 설명하는 이론으로 파동광학과 물리광학의 모든 결론을 포함

[40] [김재완의 21세기 양자혁명] 양자 센서와 하이젠베르크 한계, 김재완, 한국경제, 2021년 1월 14일 수정, https://www.hankyung.com/opinion/article/2021011392171

적이고 절대적인 정확도로 측정하는 데 효과적이다. 에어버스는 이것이 위치 데이터를 달성하기 위해 정밀한 가속 측정이 사용되는 항법시스템을 개선하는 데 직접 응용될 수 있다고 믿는다. 또한, 양자 센서는 인공위성의 기후 역학 또는 항공기에서 측량하는 지하자원과 같은 다양한 응용 분야에 대한 페이로드Payload 역할을 할 수 있다.[41]

④ 에어버스의 지속가능한 비전

에어버스는 현재의 기술에 만족하지 않고, 지속가능성이라는 목표를 이루기 위해 끊임없이 R&D에 투자하고, 다양한 기술 개발에 전념하고 있다. 지속가능성의 분야로 크게 환경과 건강 및 안전이 있고, 그 외 인권이나 데이터 측면에서도 지속가능한 비전을 추구하고 있다.

항공기의 무게와 환경은 큰 연관성이 있다. 항공기의 무게가 많이 나갈수록 탄소배출량이 증가한다. 따라서 무거운 항공기는 그만큼 환경오염을 시킬 가능성이 높다. 따라서 지속가능한 사업과 환경을 고려하는 항공기 제조사는 환경을 보호하기위해 항공기의 경량화를 중요한 목표로 삼는다.

그림 24 에어버스의 지속가능 사업[42]

---

[41] Airbus, https://www.airbus.com/innovation/industry-4-0/quantum-technologies.html
[42] Airbus.com

에어버스는 지속가능한 비전을 가지고, 새로운 기술을 도입하기 위해 다양한 시도를 한다. 생체모방기술을 활용한 부품 제작과 AI 챌린지를 통해 시각적 데이터 활성화 등 다양한 방면으로 미래의 항공기 산업을 대비하고 있다.

4.1 생체모방기술

에어버스는 미래 항공 여행에 있어서 가장 큰 비전 중 하나가 지속가능성임을 강조했다. 제품 제조 방법, 항공 및 제품 자체 등 제품 라이프 사이클에 대해 연구하면서 항공기 설계에 있어 생체모방기술Biomimicry로 향하는 새로운 시도를 진행하고 있다.

생체모방이란 오랜 시간 동안 시행착오와 선택이라는 진화 과정을 통해 살아남은 생명체들을 모방하거나, 이들로부터 영감을 얻어 탄생한 기술이다. 대표적으로 벨크로Velcro와 같은 생활용품이 있다.[43]

> 비행기를 타고 휴가를 가는 상상을 해보라. 갑작스러운 난기류를 피하기 위해 비행기 날개 모양이 변한다. 혹은 비행기가 비행 도중 충돌했는데, 그 충격으로 생긴 구멍이 눈앞에서 메워진다. 또한, 비행기 본체가 투명해져서 모든 방향을 내다볼 수 있다.
>
> 에어버스 컨셉 캐빈(Concept Cabin)의 비전

에어버스 컨셉 캐빈이 제시하는 미래 항공의 모양은 지금 생각으로는 공상과학과 같을 수 있다. 날개 모양이 변하고, 눈앞에서 구멍이 메워지고, 본체가 투명해지는 모습은 마치 과학 영화와 같다. 그러나 이 3가지에는 공통점이 있다. 바로 생명체가 가지는 특징이라는 점이다. 갑각류는 탈피를 거치면서 새로운 다리가 생기기도 하

---

43 첨단 분야에도 활용되는 생체모방 기술, The Science TImes,
https://www.sciencetimes.co.kr/news/%EC%B2%A8%EB%8B%A8-%EB%B6%84%EC%95%BC%EC%97%90%EB%8F%84-%
ED%99%9C%EC%9A%A9%EB%90%98%EB%8A%94-%EC%83%9D%EC%B2%B4%EB%AA%A8%EB%B0%A9-%EA%B8%B0%EC%8
8%A0/ 2020.08.11

고, 몸의 형태가 변하기도 한다. 생명체는 세포의 반응을 통해 다쳤던 상처가 자연적으로 회복된다. 피부가 투명해 장기가 보이는 생명체도 있고, 주변 환경에 맞게 자신을 위장하는 생명체도 있다. 이처럼 생명체가 가진 특징을 비행기에 적용해서 새로운 혁신을 이뤄내기 위해 노력하고 있다.

에어버스는 생체모방의 대상으로 점균류를 주목했다. 점균류는 단세포 진핵생물로, 땅에서 먹이를 찾아 기어 다니면서 모든 방향으로 뻗어나간다. 이러한 생체시스템에 영감을 받아 몸체와 주변 식량원 사이에 연결되듯 에어버스의 기술에서 중복연결 네트워크를 만든다.

이러한 것에 영향을 받아 만들어진 것이 바이오닉 파티션이다. 파티션은 비행기내부에 설치하는 가림막으로, 바이오닉 파티션의 무게는 약 30kg으로 기존 파티션대비 45% 가벼워 결과적으로 연료와 탄소 배출량을 크게 줄일 수 있다. 바이오닉 파티션은 그 디자인이 점균류라 불리는 단세포 유기체를 기반으로 하고 있다.

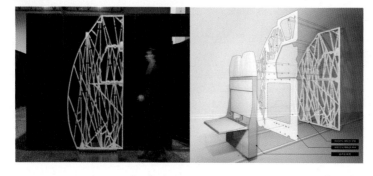

그림 25 바이오닉 파티션[44]

알고리즘을 이용하여 파티션의 모든 인터페이스 지점들을 비행기 기본 구조에 연결할 뿐만 아니라, 승무원들의 좌석을 지탱하기 위해 파티션 내부까지 연결한다. 파티션 외부와 내부가 연결되어 구조적 중층 네트워크를 구성한다.

바이오닉 파티션을 제작할 때 초기 설계 변수에서 빅데이터 분석을 기반으로 반복 설계 수를 줄이고, 제작에 들어갈 최고 성능의 최종 설계를 선정했다. 기존의 방식이라면 하나하나 설계하고 연구하면서 많은 시간이 소요됐겠지만, 빅데이터 기술을 활용해 설계에 들어가는 시간을 단축할 수 있었다.

---

44 RedShift.com

마지막 완성 단계에서도 에어버스는 지속가능성을 고려했다. 바이오닉 파티션은 생체모방 기술 영역에 기반을 둔 제품으로, 결국 수명을 다했을 때 재활용할 수 있도록 제작했다. 수명이 다하고 폐기 처분하는 것이 아니라, 이를

바이오닉 파티션 설계 과정[45] 그림 26

다시 재활용하여 사용할 수 있도록 환경을 고려했다.

4.2 AI 챌린지

또한 에어버스는 미래 지속가능성을 위해서 AI 챌린지를 추진하고 있다. AI 챌린지는 회사의 성장과 기술혁신을 위해 AI 플랫폼을 만들어서 학교, 연구소, 개인 등과

그림 27 AI 챌린지와 도전 과제[46]

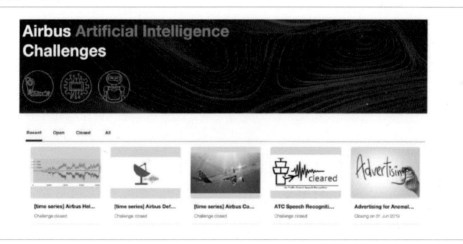

---

[45] RedShift.com

[46] Airbus.com

협업하는 사업이다. AI 챌린지는 AI 짐AI Gym에서 담당하여 과제를 수행하고 있다.

AI 짐은 인공지능으로 해결해야 할 에어버스와 관련된 과제를 제시하고 해결하는 온라인 플랫폼이다. 항공업계로선 도전적이고 중요한 문제들을 풀어가는 시도를 진행하고 있다. 2018년 12월 프로젝트 중 하나는 헬리콥터, 위성, 상업용 항공기의 데이터 세트를 활용해 비정상을 탐지하는 것을 목표로 했으며, 좋은 성과를 내고 있다. 2019년에는 시계열 분석에 중점을 두어 연구를 진행했다.

이러한 AI 관련 프로젝트에는 두 가지 비즈니스적 함의가 있다. 첫째로 비정상 탐지는 인간의 실수나 인지 능력 바깥의 탐지이기 때문에, 적극적으로 AI 도입을 고려한다는 것이다. 인간의 지각도 중요하지만, AI라는 기계적 판단과 알고리즘에 대한 신뢰가 존재한다. 둘째로 데이터 기반 접근으로 이미 성공한 사례를 바탕으로 한다는 것이다. AI 챌린지를 통해서 에어버스의 데이터를 외부 전문가들에게 공개하는데, 이는 외부 전문가들에게 자사의 데이터를 공개하는 것이 큰 이득이자 장점으로 여긴다는 점이다.[47]

이러한 비즈니스적 함의를 바탕으로 에어버스는 미래 지속가능한 사업을 위해 AI 챌린지를 운영하고 미래를 대비하고 있다.

맺음말: 5차 산업혁명, 에어버스의 지속적 비상을 기대하며...

코로나 팬데믹으로 인하여 세계 항공 민수시장은 향후 5년간 침체가 예상된다. 항공사마다 코로나19로 운항 중단, 운휴하는 항공기가 늘고 있는 가운데 무리하게 신기재 도입을 할 필요가 없다고 판단해, 주문을 취소하고 있는 데 따른 예측이다.

에어버스는 코로나 팬데믹 영향으로 전년 대비 수익이 35% 감소했지만, 2020년 11월 말 기준, 경쟁업체인 미국 보잉사를 압도적으로 따돌리고 있어, 선두 자리는 흔들리지 않을 것으로 보인다. 에어버스 납품 물량은 520대를 넘어섰으며2020년 11월 말

---

47 AI의 결정에 '감정적 거리감' 느낀다면, DBR, https://dbr.donga.com/article/view/1206/article_no/9213/ac/magazine, 2020.12.11

기준, 업계 관계자들은 2021년 최종적으로 550~560대에 이를 것으로 보고 있다. 2020년 1~11월 납품실적은 477대였다. 같은 기간 보잉은 118대에 그쳐 큰 차이를 보였다. 경쟁업체인 보잉사에 비해 항공산업에서 우위를 점한 것은 사실이지만 코로나19 전의 수익에 비해 이후의 수익은 현저하게 감소했다. 이들은 코로나19 사태로 인한 현 사태에 맞추어 새로운 방안을 모색해야 할 것이다.

꾸준하게 성장할 것만 같던 항공기 제조산업도 코로나라는 예상치 못한 위험요소를 만나 항공산업이 큰 어려움을 겪고 있다. 코로나 등장 이후 여러 산업 곳곳에서 불확실성이 증가했다. 모든 산업이 어렵지만, 특히 전염의 특성으로 사람들의 여행이 제한되어 항공기 수요가 급감했다. 코로나 이후 기업이 불확실성을 관리하는 전략이 필요해졌다. 기존과 같은 상황만 고려하는 것이 아니라, 예기치 못하게 발생하는 위험요소를 미리 대비하는 능력이 필요하다. 이제는 앞으로의 불확실성에 대비하고, 지금 환경에 적응하여 새로운 길을 찾아야 한다.

그 해답의 하나를 4차 산업혁명 기술 안에서 찾을 수 있다. 기술 발전 이전에 실현 불가능했던 것들이, 기술이 발전되면서 실현되고 있다. 에어버스는 3D프린터를 통해 길이 약 4m, 무게 20kg의 드론무인 항공기을 제작했다. 이를 통해 비행기는 조립해야 한다는 관점에서 비행기를 찍어낸다는 관점으로 바뀌고 있다. 기술의 발전으로 사람들의 기존 생각이 바뀌고 있다. 앞으로 기술의 발전을 주목하면서, 기업이 혁신적으로 활용할 만한 기술을 포착하고 적용해야 한다.

에어버스는 2050 Smarter Skies 비전을 세우고, '무엇을 날릴 것인가?'뿐만 아니라 '어떻게 날릴 것인가?'를 고민하며 최적의 운용 환경을 고려하고 있다. 최근 연구에 따르면 항공기에 탑재된 항공교통관제 시스템과 기술이 최적화되면, 유럽 및 미국 내에서의 비행이 평균 13분 짧아질 것이라고 예상된다. 이는 연간 비행 편수가 천만 편이라고 가정했을 때, 연료를 매년 9백만 톤씩 절감할 수 있고, 이산화탄소 배출량 2천 8백만 톤을 줄일 수 있다는 말과 같다. 이와 같이, 에어버스는 지속가능한 경영을 위해 장기적인 비전을 세우고, 그것을 이루기 위해 4차 산업혁명의 기술을 활용하고 있다.

에어버스는 '미래의 공장'이라는 슬로건 통해 4차 산업혁명 기술들을 접목해 공정에 필요한 부품 목록 및 위치를 직원에게 빠르게 공유하며, 부품 운반 또한 로봇을 통한 자동화를 구축하였으며, 부품 설계 과정에 가상현실 기술을 접목하였다. 빅데이터를 활용해 공장 상태에 누구나 빠르게 접근할 수 있으며, 인공지능을 통해 실시간 데이터를 기반으로 한 자율적인 작업 계획 및 제어를 할 수 있게 했다. 또한 3D프린터와 디지털 트윈을 통해 지속적인 품질 향상 및 결함을 빠르게 고칠 수 있고, 운영비용의 절감과 신제품 도입 및 리드 타임을 절약한다. 이렇듯 4차 산업혁명 기술은 에어버스의 경쟁우위 창출을 가능하게 하고 있다.

또한 에어버스는 새로운 기술을 바탕으로 사업 분야를 넓히고 있다. 하늘을 날아 출·퇴근을 하거나 원하는 목적지로 가는 에어택시 시장에 도전했다. 에어버스의 자회사 붐은 남미 지역에서 주문형 비행 서비스를 시작할 계획이라고 밝혔고, 2035년까지 세계 25개국에서 연간 200만 명의 승객 확보를 목표로 하고 있다.

에어버스에게 긍정적인 소식은 코로나 백신이 개발됐다는 소식이 들리면, 항공 주가가 크게 상승한다는 것이다. 현재 사람들의 여행에 대한 갈망은 점점 커져가고 있다. 오랜 시간 사회적 거리두기와 전염병으로 인해 사람들의 정신적 피로감이 많이 쌓여있기 때문이다. 아직은 코로나로 인해 여행이 어렵지만, 코로나 이후 급격하게 증가할 여행 수요와 이에 따라 항공기 수요에 대비해야 한다.

코로나 시대는 에어버스가 직면한 갈림길과 같다. 코로나19의 위기를 잘 이겨내면 이전과 같이 비상할 수 있지만, 만약 코로나19의 위기를 잘 이겨내지 못하면 추락할 수 있다. 지금의 위기를 잘 이겨 내고 에어버스가 다시 비상할지, 아니면 추락할지... 4차 산업혁명 시대를 넘어 향후 5차 산업혁명 시대에, 에어버스의 미래는 어떻게 될 것인가?

에어버스의 비상을 기대하며...

Assignment Question

1. 4차 산업혁명, 포스트 코로나 등 지속적으로 변화하는 시장에서, 향후 우리나라의 제조업 방향에 대해 논의해 보자.

2. 최근 항공기 제조 산업에서 관심을 두고 있는 미래 산업에 대해 논의해 보자. 이에 대한 사례도 고찰해 보자.

3. 최근 ESG(Environmental, Social and Governance); 환경, 사회, 지배구조)에 대한 논의가 많이 나타나고 있다. 이러한 이슈에 대한 에어버스의 노력에 대해 탐구해 보자.

인공지능 분야의 선구자, 센스타임

학습목표

- 중국 혁신기업의 차별화된 경영전략을 이해하고, 벤치마 킹할 수 있는 전략적 시사점을 발견할 수 있다.

- 센스타임의 사례를 통해, 혁신기업이 갖추어야 할 역량에 대해 논의해 본다.

- 4차 산업혁명 시대에서, 기술 발전의 당위성과 개인의 정 보보호에 대해 생각해 본다.

인공지능 분야의 선구자,
센스타임*

4차 산업혁명 시대의 혁신기업

① 혁신기업의 중요성

4차 산업혁명의 시기를 맞이하고 있는 현대사회에서는 인간의 편의를 위한 기술의 발전과 더불어 가상과 현실의 융합이 신속하게 발생하고 있다. 4차 산업혁명으로 인간의 삶에 큰 변화가 오고 있으며, 이제껏 상상하지 못한 세계가 눈앞에서 펼쳐지고 있다. AI의 발전은 물론 로봇, 자율주행, 사물인터넷IoT, 빅데이터 등 첨단 기술이 우리의 생활에 영향을 미치고 있다. 앞으로는 산업 간 또는 기술 간 융·복합이 개별 기업의 성장과 혁신에 더욱 중요해질 것이다. 따라서 정부 정책 측면에서도, 단순히 산업 단위의 지원보다는 전반적인 성장과 일자리 창출, 혁신을 주도하는 혁신기업과 비즈니스 생태계에 초점을 두어야 할 것이다.

4차 산업혁명 시대에서 성장 주체는 '혁신기업'이다. 대표적인 예는 미국의

---

* 본 사례는 정진섭 교수의 지도하에, 김대순 학생의 사례를 기반으로, 이다솔, 신유진, 이다인, 엄선홍, 신다은, 서유진, 조은비, 곽예진, ZOLZAYA 학생이 작성한 것이다.

그림1 FAANG: Facebook, Amazon, Apple, Netflix, Google[1]

그림2 BATH: Baidu, Alibaba, Tencent, Huawei[2]

FAANGFacebook, Amazon, Apple, Netflix, Google, 중국의 BATHBaidu, Alibaba, Tencent, Huawei이다. FAANG와 BATH는 4차 산업혁명의 핵심 분야에서 '플랫폼'을 독점하여 막대한 가치를 창출하고 있다. 이러한 기업들은 기업가의 혁신 사고를 바탕으로 기술과 서비스를 개발해 기업가치를 극대화한다. 일방적인 기업의 창업에 비교해 기술 개발과 시장 진입에 필요한 시간은 줄고 자본은 상대적으로 많다. 이러한 혁신기업은 천문학적인 가치를 창출하면서, 개별 기업이 아닌 산업 전체에 혁신의 패러다임을 끌어낼 수 있다.

과거 대기업, 제조업이 주도하여 발생했던 혁신과 가치 창출은 새롭게 등장하는 혁신기업들이 주도하는 형태로 빠르게 변화하고 있다. 그리고 새로 등장하는 혁신기업들의 혁신 지향성은 전체의 비즈니스 생태계 변화에 큰 영향을 미치고 있다.

❷ 한국에서 혁신기업 육성의 어려움

'혁신'이라는 것은 쉽지 않기 때문에 하루아침에 '혁신기업'이 이루어질 수 없다. 또한, 실패율도 높을뿐더러 성공을 이뤄냈더라도 그 성과를 유지하기 어렵다. 따라서 기존에 성공한 기업의 전략과 방식을 모방하는 시도에서 벗어나 지속적으로 혁신기업을 육성해야 한다. 이를 위해서는 기본적으로 2가지가 필요한데, 첫째는 새로운 아이디어와 기업가 정신을 가진 '창업가의 육성'이고, 둘째는 창업가와 혁신기업을 육성하기 위한 '비즈니스 인프라 및 생태계의 조성'이다. 그러나 한국의 경우, 경직된

---

[1] 한국경제 TV, "팡(FAANG) 기술주 12개월간 25% 오른다", 2021.03.03
[2] ZDNetKorea, '억' 소리 나는 중국 IT 기업 연봉, 2018.08.27

체제, 복잡한 규제, 체계적이지 못한 지원 제도, 부족한 창업문화, 작은 내수 시장 등으로 인해 혁신기업의 탄생과 기업의 혁신 활동이 다소 어렵다는 비판이 있는 것도 사실이다.

국내 혁신기업 육성의 어려움으로는 크게 3가지를 들 수 있다. 첫째, 혁신기업 육성을 위한 인프라가 부족하다. 대표적으로 미래 자동차 산업을 이끌 자율주행 사업의 법적 인프라 부족을 그 예로 들 수 있다. 현재는 자율주행 자동차에 대한 지역별 통신 신호 기준이 다르기도 하고, 안전법규의 보완 또한 필요한 실정이다. 한미 FTA로 북미 자가인증제도 적용을 받는 테슬라와 달리 현대차는 과거 형식승인제도에서 자기인증제도로 완전히 전환되지 못한 국내 법규를 따라야 한다. 즉, 상대적으로 국내 기업이 가혹한 규제를 받는 것이다. 또한 우리나라의 법적 체계는 할 수 있는 것을 정해놓고 이외의 모든 것을 규제하는 포지티브 규제이다. 하지만 중국, 미국 등 자율주행을 비롯한 신기술이 발전하기 위한 최적의 법적 인프라는 네거티브 규제를 적용하니,[3] 상대적으로 불리할 수밖에 없다. 물론, 최근 규제샌드박스, 규제자유특구 등을 통해 이를 극복하려는 노력이 나타나고 있다.

둘째, 벤처기업 및 스타트업의 성장을 위한 기업여건이 다소 어렵다. 무엇보다도 국내 벤처·스타트업이 혁신기업으로 성장하기 위해서 크게 두 가지 어려움이 있다. 먼저 벤처·스타트업의 인수합병에 대한 막대한 세금 부과이다. 스타트업 인수합병이 활발한 외국과 달리 우리나라는 비상장 주식을 교환하는 과정에서 큰 금액의 세금을 지불해야 하는 부담으로 인해, 국내 인수합병이 활발하지 않은 편이다.[4] 따라서 스타트업이 초기 성장한 뒤 좋은 가격으로 기업을 판매하거나 더 큰 성장을 이루기 쉽지 않은 시장이다. 다음으로, 국내 벤처·스타트업은 대기업과의 경쟁에서 인재 확보가 어렵다. 중소 벤처·스타트업 입장에서 우수 인력의 채용과 유지를 위해 연봉을 올리는 것은 경제적으로 부담이다. 따라서 연봉 협상이 되지 않은 우수 인재는 많이 대기업으로 이직한다. 이러한 현상은 새로운 기술 혁신 개발과 글로벌 시장 진출을 위한 걸림돌이 되고 있다.

셋째, 혁신기업에 대해 강력한 개인정보 규제가 존재한다. 페이스북, 구글, 알리바바

---

3 etnews, "빠르면 혁신, 늦으면 비용" 규제 완화 한 목소리, 2021.05.25
4 아주경제, K-유니콘 "'제2의 쿠팡' 위해선 규제 완화 필요해", 2021.05.27

등 전 세계 혁신기업들의 주된 공통점은 4차 산업혁명 기술을 중심으로 성장했다는 것이다. 4차 산업혁명 기술의 발전을 위해 가장 필요한 것 중 하나는 '데이터 확보'이다. 우리나라는 과거 대규모 개인 정보 유출 사고가 날 때마다 다양한 규제들이 데이터를 '보호'하는 것에 집중하다 보니 데이터를 '활용'하는 데는 장애물로 작용하고 있다.[5] 물론 최근에는 '데이터 3법' 등 기업들의 데이터 활용이 보다 용이한 생태계 구축에 노력 중이다.

이러한 규제 정책은 특히 신기술·신산업 분야를 다루는 기업의 혁신 창출을 저해한다. 혁신보다는 단순 제조만 중시한다고 간주하던 중국이 공격적인 정책 지원, 과감한 규제 완화, 거대한 내수 시장을 바탕으로 세계적인 혁신기업들을 육성하고 있다. 우리나라도 중국의 적극적인 정부 정책과 규제 완화 등을 벤치마킹하면서, 혁신기업 육성을 위한 비즈니스 생태계를 조성에 박차를 가할 필요가 있다.

지금과 같이 경쟁이 치열한 비즈니스 시장에서, 다른 기업의 혁신전략을 단순히 모방하는 것으로는 그 기업만의 경쟁력을 확보하기 어렵다. 이제는 어떠한 목표를 두고 혁신을 추구할 것인가를 시작으로, 자사만의 가치를 창출하고, 그 결과로 얻어낸 가치를 어떻게 유지할 것인지, 시대의 흐름과 급속도로 변하는 환경의 흐름에 발맞춰 어떠한 변화를 이뤄내고, 혁신적 생태계를 구축을 도모할 것인지 고민할 필요가 있다.

③ 중국의 혁신기업

전 세계 유니콘 기업은 약 500개 정도이다. 미국의 투자 조사기관인 CB 인사이츠에 따르면, 2020년 10월 기준 전 세계 유니콘 기업은 미국 기업이 242개, 중국이 119개, 한국은 11개로 전 세계 유니콘 기업의 대부분을 미국과 중국이 차지하고 있다.

미국은 다양한 산업에서 유니콘 기업이 존재하는 반면, 중국은 모빌리티, 엔터테인먼트, 전자상거래 업종 등 온라인 시장을 중심으로 유니콘 기업이 다수 탄생하고 있다. 전문가들은 향후 신재생에너지, 자율주행 및 전기·수소 자동차, 인공지능, 헬스케어, 온라인교육 분야에서 유니콘 기업이 다수 등장할 것으로 예측하고 있다. 특히 더 많은 중국 기업이 세계 선두를 차지하는 데 필요한 것은 기존 온라인 시장을 중

---

5 뉴스1, 첫째도 둘째도 셋째도 AI라는데…'세계 100대 AI 스타트업'에 한국 '0', 2019.07.16

심으로 전개하던 사업을 보다 넓은 다양한 분야로 확장하는 것으로 판단하고 있다.[6]

중국 정부가 '대중창업 만인창신大衆創業 萬人創新'을 발표한 이후, 중국의 스타트업은 빠른 속도로 증가하고 있으며, 일부 스타트업start-up은 이미 유니콘 기업으로 성장해 스케일업scale-up 단계[7]로 진입했다.

주요국에서는 오래전부터 스케일업을 위한 정책을 수립했으며, 중국도 스케일업으로 인한 성과들을 창출하고 있다. 특히 4차 산업혁명과 혁신이 강조되고 있는 현재, 스케일업이 더욱 중요해진 이유는 시장과 고용 창출에 직접적인 영향을 미치기 때문이다. 스타트업은 새로운 아이디어의 탄생에 기여하는 과정이고, 스케일업은 곧 이러한 아이디어가 가치 실현으로 이어지는 과정이다. 따라서 혁신 성장은 창업 후 실질적으로 성장과 고용이 이루어지는 스케일업을 통해 가능해진다. 과거 유니콘 기업에서 대기업 반열에 올라선 중국 기업들은 투자유치 등과 같은 긴밀한 협력으로 이러한 스타트업을 스케일업시키는 특징을 가진다. 즉, 유니콘 기업들이 성장한 이후 다른 신생기업을 후원하는 유니콘 생태계를 구축하고 있다. 이는 곧 다양한 산업에서 기업의 무한 성장을 도모하며, 글로벌 시장에서 경쟁 우위를 창출하는 원동력이 되고 있다.

다음에서는 4차 산업혁명 시대의 흐름을 적극적으로 활용한 중국의 혁신기업으로서, 중국 최대 AI 기업 '센스타임'에 대해 고찰하고자 한다. 특히, 센스타임이 어떻게 '스타트업'을 넘어 '스케일업'하게 되었는지 분석하고자 한다.[9]

스타트업과 스케일업의 차이[8] 그림 3

DIFFERENCES BETWEEN

STARTUP	SCALEUP
Smaller team	Bigger team
Less risk-adverse	More risk-adverse
Less structured	More structured

출처: Iylia Aziz(2017). "What Is A Technology Scaleup? We Explain.", Vulcan Post

---

6 한국경제, '기업가치 1조' 세계 유니콘 기업 500개 중 한국은 11개, 2021.03.29
7 최근, 스타트업(신생 벤처기업) 중에서 빠르게 성장하는 고성장 벤처기업이란 의미로 통용된다.
8 Iylia Aziz(2017). What Is A Technology Scale-up? We Explain. Vulcan Post

인공지능의 선구자, 센스타임

"인공지능 분야에서 항상 최초의 기술을 개발하겠다."

센스타임의 중문 회사명인 '상탕商湯'은 최초의 한문 기록이 존재하는 중국 왕조인 상나라의 창업 군주 '탕왕'을 의미한다. 상탕은 최초의 기술을 개발하려는 뜻으로 명명했다고 한다.

❶ 기업소개[10]

센스타임은 하루에도 몇 번씩 중국 사람들의 얼굴을 들여다보고 있다. 홍콩에 본사를 둔 센스타임Sense Time, 商湯科技은 홍콩중문대 컴퓨터공학과 탕샤오어우湯曉鷗 교수와 그 제자인 쉬리徐立가 함께 창업했으며, 중국 최대 AI 스타트업에서 세계적 AI 기업으로 급성장한 기업이다. 센스타임은 2014년 설립됐으며, 특히 얼굴인식 분야에서 세계 정상급 기술력을 자랑하고 있다.

센스타임의 직원들은 칭화대학, MIT, 스탠퍼드 출신 박사 연구원들과 구글, 마이크로소프트MS, 레노버, 바이두 출신 엔지니어들로 구성되어 있는데, 1,200여 명의 직원 중 800명이 연구 인력에 이를 만큼, 기술 개발을 중시하고 있다.

센스타임은 2014년 자체 개발한 딥러닝 기반 이미지 인식 기술Image recognition을 바탕으로 Image Net에서 구글에 이어 2위를 기록했고, 이후 2015년에는 관찰 수치 및 정확도 2개 분야에서 아시아 최초로 동시 1위를 기록했다. 또한, 2016년에는 CVPR 2016에 16편의 논문을 발표하고 Image Net에서 사물 인식, 영상물체 인식, 상황 분석 등 세 항목에서 우승하며, 글로벌 일류 인공지능 기업으로 거듭났다. 2016년 말부터 본격적인 투자유치와 중국 정부의 '인공지능 발전 계획'의 전폭적인 지원

---

9 참고로 다음 챕터에서는, 전 세계 유니콘 기업가치 1위인 '바이트댄스', 세계 드론 시장을 독점한 'DJI'도 이러한 목적을 가지고 함께 고찰하고자 한다.

10 AI 타임스, 센스타임 홈페이지

을 받으면서, 비약적인 발전을 이루게 되었다. 이후 센스타임은 딥러닝 및 컴퓨터 비전 기술을 기반으로 교육, 의료, 스마트시티, 자동차, 통신 및 엔터테인먼트 등 산업 전반에 진출을 이뤄냈다.

센스타임 로고[11] 그림 4

현재는 홍콩, 베이징, 선전 상하이, 청두, 항저우, 교토, 도쿄, 싱가포르에 지사가 존재하며, 우리나라한컴MDS와 제

휴를 포함, 홍콩, 중국 본토, 일본, 싱가포르, 인도네시아, 사우디아라비아, 아랍에미리트, 대만, 마카오 등에 진출하여, 전 세계에 1,100개 이상의 고객과 파트너를 두고 있다.

1.1 비즈니스 모델

센스타임은 인공지능 스타트업으로 인공지능 기술을 보유한 중국의 유니콘 기업 중 최고의 기업가치를 지니며, 2019년 '세계 AI 분야 스타트업' 순위에서 1위를 차지했다.[12] 현재 센스타임의 기업가치는 약 85억 달러로 세계 최고의 몸값을 지닌 AI 기업이 되었다.[13]

센스타임의 비전은 '더 나은 내일을 위한 AI'이다. 더 나은 내일을 위해 세계 경제와 사회, 인류를 발전시키는 AI 기술을 개발하는 것을 목표로 한다는 것이다. 그리고 센스타임의 슬로건 첫 번째는 'AI 기술 분야에서 원천기술을 고집하겠다'이다. 이는 AI 기술 알고리즘 플랫폼 등에서 오픈 플랫폼을 사용하지 않고 자체 기술력으로 자체 플랫폼을 만들고, 자체 알고리즘 개발 등을 원칙으로 고수한다는 것이

---

[11] http://chinafocus.co.kr/view.php?no=33046
[12] 한컴인텔리전스, IT업계 엔지니어가 이야기하는 인공지능 기업 '센스타임(SenseTime)', 그리고 안면인식(얼굴인식), 2020.5.31
[13] 조선일보, 세계 최고 몸값 AI 유니콘 중국서 탄생…얼굴인식 센스타임 30억 불 돌파, 2018.04.09

다. 두 번째는 'AI 기술로 인류 사회에 문명을 더 앞당기겠다'는 것으로, AI 기술로써 인류 사회의 생산력을 더욱 높이고 삶의 질을 보다 높이겠다는 포부가 담긴 것이다.[14]

센스타임의 딥러닝 및 컴퓨터 비전 기술은 이미 교육, 의료, 스마트시티, 자동차, 통신 및 엔터테인먼트 전반에 진출했으며, 현재 세계적인 문제를 다루기 위해 전 세계 3,500명 이상의 파트너를 두고 있다.[15] 그리고 홍콩, 베이징, 선전, 상하이, 청두, 항저우, 서안, 일본, 싱가포르, 두바이, 아부다비에 지사를 설립했고, 2018년 9월에는 박사 후 과정을 인가받아 방문학자 제도를 운용하고 있다. 현재 센스타임은 홍콩, 마카오, 대만, 일본, 한국, 싱가포르, 말레이시아, 태국, 인도네시아, 필리핀, 사우디아라비아, 아랍에미리트, 중국 본토 시장에 진출하였다.[16] 또한, 센스타임은 다양한 종류의 이미지 인식 기술을 바탕으로 ① 스마트시티, ② 스마트폰, ③ 엔터테인먼트, ④ 스마트 카, ⑤ 디지털 헬스케어, ⑥ 온라인 비즈니스 및 금융, ⑦ 교육, ⑧ 광고 등의 영역에서 700여 개 기업을 대상으로 인공지능 기반의 서비스를 제공하고 있다.

센스타임의 비즈니스 모델은 크게 B2G 모델과 B2B 모델로 구분할 수 있다. 대표적으로 B2G 모델은 중국 정부와의 협업을 통한 스마트시티다. 스마트시티 영역에서 지능형 보안, 교통 허브, 항공 및 수송, 지능형 장치, 원격 감지 서비스를 구축하고 있다. CCTV 영상 속 보행자의 얼굴을 정확하게 인식하는 안면인식 기술을 개발하여, 중국 내 40여 개 공공기관에서 범죄 용의자를 찾는 데 활용하는 등 우수한 기술력을 바탕으로 공공 서비스 분야에서의 입지를 확고히 하고 있다.[17] 최근에는 코로나19의 영상 의료 영역과 CCTV 영상 역학조사를 위해 활용되고 있다.

다음은 B2B 모델이다. 센스타임의 B2B 거래 사례는 다음과 같다.

① 스마트폰 영역: 센스 메트릭스, 포토, 모지, ID, AR, 비디오, 마스 기술을 활용

---

[14] 한국능률협회 블로그, 중국 인공지능 기술의 지위와 현주소 센스타임, 2019.07.15

[15] sensetime.com

[16] sensetime.com

[17] 조선비즈, 알파고도 울고 갈 세계 최고 AI는 중국 기업, 2018.04.11

하며, 중국 스마트폰 제조업체 샤오미, 비보, 화웨이에 기술을 제공한다.

② 엔터테인먼트 영역: 센스 AR, 센스 포스쳐, 센스 아스테리아 기술을 X 콜렉티브, Moviebook, TLC, Hisense 등에 제공하고 있다.

③ 스마트 카 영역: 지능형 조종을 위해 운전자 분석 시스템, 몸짓 인식, 얼굴인식 인증, 데이터 분석 플랫폼, 통합 DMS 애프터마켓 솔루션을 제공한다. 혼다와 함께 2025년에 자율주행 실현을 목표로 완전자율주행차를 개발하고 있다. 또한 센스타임의 얼굴인식 클라우드 서비스와 아이덴티티 인증 기술을 통해 메르세데스-벤츠 파이낸셜서비스, 카셰어링 등으로 사업을 확장했으며, 얼굴인증 서비스를 통한 대출, 렌터카, 운전 서비스를 제공한다.

④ 디지털 헬스케어 영역: 센스케어 스마트헬스 플랫폼을 제공하며, 기술을 바탕으로 최근 출입통제 시스템을 구축했다. 칭다오 서해안 신지역 인민병원, 상하이 종합 병원, 상하이 제9 인민병원, 히스토 병리진단 센터에 기술을 제공한다.

⑤ 온라인 비즈니스 및 금융 영역: 센스 ID 인증 서비스를 통해 은행 VIP 고객 인식, 자산 관리 운영 보조원, 오프라인 금융 서비스 솔루션, 오프라인 스마트 네트워크, 센스 데이터 금융 빅데이터 서비스를 제공한다.

⑥ 교육 영역: 초등 AI 교육, AI 기반 교육 서비스를 칭다오 교육국, 대기업 클라이언트, 중국의 35개의 고등학교 등에 제공한다.

⑦ 광고 영역: 광고 분석 플랫폼인 센스 포커스에 대화형 광고 키오스크 센스 U를 제공한다.

센스비디오를 통한 감시 네트워크 서비스[18] 그림 5

---

18 글로벌 비즈 24, 중국 'AI 유니콘' 센스타임과 메그비, 정부 의존도 탈피 급선무, 2020.11.10

❷ 경영전략

2.1 성공 요인

(1) 중국 P2P 대출서비스의 붐

센스타임의 공동창업자 겸 CEO인 '쉬리'는 센스타임의 본격적인 성장이 중국 P2P 대출 서비스의 붐을 기점으로 시작되었다고 말한다. 2016년을 기점으로 금융 서비스들이 매우 보편화함에 따라 많은 IT 그리고 금융회사들에 디지털 신원확인 니즈가 발생하였고, 이들이 센스타임을 찾아오기 시작한 것이다. 금융 서비스를 제공하던 기업들은 센스타임의 기술을 활용하여 서비스 사용자와 정부가 발행한 신분증 상의 사람이 동일인인지에 대한 식별이 가능해졌다. 그전까지 이런 일들은 일일이 사람의 손을 통해 처리해야만 했다.

쉬리는 얼굴인식 분야의 성숙과 P2P 대출 서비스의 성장 사이에 중요한 교차가 일어났다고 보았다. 중국에서는 전통 소비자 금융 및 은행 서비스의 발전 속도가 늦었기 때문에 핀테크가 발전할 수 있었고, 이는 센스타임의 기술이 즉시 상용화될 수 있는 기폭제가 되었다.[19]

(2) 수십억 개의 데이터로 학습된 얼굴인식 알고리즘

쉬리는 중국의 얼굴인식 기술이 급속도로 발전할 수 있었던 이유를 두 가지로 꼽는다. 첫째는 롱테일의 발달이다. 중국의 스마트폰 제조사들은 얼굴인식 잠금 해제 또는 독특한 카메라 성능 등 우리가 보기에는 별것 아닌 요소들로 차별화를 시도한다. 이 또한 시장 규모가 큼에 따라 수요가 존재하기 때문에 가능한 시도이며, 결과적으로 센스타임은 이러한 디바이스 모두에 얼굴인식 기술을 제공할 수 있게 된다. 이는 스마트폰 제조사와 모델이 적은 외국 시장에서는 흔히 생각할 수 없는 기회이다.

둘째는 고성능 감시 기술에 대한 정부의 거대한 수요이다. 중국에 설치된 감시카메라 수는 2012년부터 연평균 13%씩 성장하여 현재는 1.76억 개에 이른다. 참고로 글로

---

[19] Medium, 조용히 중국인들을 지켜보는 AI 스타트업, 센스타임, 2018.07.25

벌 연평균 성장률은 2%이다. 매출 기준 글로벌 감시 장비 시장의 46%를 중국이 점유하고 있다. 이러한 수요는 자연히 센스타임의 성장으로 이어진다. 센스타임은 광저우, 심천, 윈난성 등의 보안당국과 파트너십을 맺은 상태이며, 이 지역들의 경찰에 실시간 신원 식별 기술을 제공하여 범죄 예방 또는 범죄자의 검거에 공헌하고 있다.[20]

(3) 2천여 명이 넘는 R&D 연구인력, GPU Supercomputing Cluster 시스템, 자체 개발한 딥러닝 플랫폼 '패럿' 보유

센스타임의 얼굴인식 기술의 정확도는 99%에 달한다고 한다. 쉬리는 전 직원 가운데 AI 기술 개발을 담당하는 인력이 약 40%에 달한다고 밝히기도 했다.

(4) 중국 정부의 지원과 치열한 경쟁

2030년 AI 세계 1위 강국이라는 목표를 가진 중국은 이를 위해 앞으로도 센스타임 등 인공지능 기업에 아낌없는 지원을 제공할 것이다. 센스타임은 700여 개 이상의 기업들을 고객사로 두고 있지만, 정부와 진행하는 사업이 전체 매출의 40%가량을 차지할 정도로 회사의 주요 고객은 중국 정부이다. 이처럼 정부와 진행하는 부문의 높은 매출 비중을 보면, 중국 정부가 실제로 전폭적인 지원을 하는 것으로 판단된다. 이와 더불어, 메그비Megvii와 같은 경쟁자들과 치열한 시장 경쟁을 진행함에 따라, 더 높은 기술력을 확보하기 위해 쉬지 않고 노력하고 있다.[21]

(5) 중국 정부의 정책목표

① 중국의 천인계획

'천인계획千人計劃'이란 중국의 해외 우수인재 영입 프로그램으로, 2008년부터 5~10년 안에 과학기술 발전 등에 필요한 인재를 육성하는 정책이다. 이를 통해 7,000여명의 해외 정상급 과학자를 중국으로 데려왔다.[22] 탕 교수도 천인계획의 지원으로 홍

---

20 Medium, 조용히 중국인들을 지켜보는 AI 스타트업, 센스타임, 2018.07.25
21 한컴인텔리전스 블로그, IT업계 엔지니어가 이야기하는 인공지능 기업 '센스타임', 2020.05.31
22 dongA.com, 中, 해외 인재 영입 '천인계획' 美 반발에 '수정', 2021.03.23

콩중문대학교로 부임하여 중국과학원의 선전기술원 부원장까지 겸임하였다.

② 중국의 AI 인재 육성정책

중국은 2018년 '대학 AI 혁신 행동계획'을 발표하고 고등교육기관 중심의 AI 기술 혁신과 인재양성 세부 방안을 마련했다. 이를 위해 대학이 보유하고 있는 AI 과학기술 혁신시스템을 개선하고, AI 분야 훈련 시스템을 추가로 마련했다. 더불어 AI 적용을 확대하기 위해 'AI+X 이니셔티브'를 구현하고 대학을 스마트 캠퍼스 기반 디지털 캠퍼스로 전환하는 데 집중했다. 같은 해 '대학 AI 인재 국제양성계획'을 공개하여 2023년까지 AI 교수 500명과 인재 5,000명 양성을 목표로 북경대학교, 중국 과학원 대학교, 국방과기대학교 등에서 AI와 관련된 프로그램을 개설·운영하고 있다.[23]

③ 중국 정부의 데이터 접근권

중국 정부는 중국판 뉴딜 정책을 위해 센스타임의 AI 감시 솔루션을 하나의 디지털 인프라로 형성하고자 하였다. 이를 위해 센스타임에 14억 명의 인구 데이터와 공공장소에 설치된 감시카메라 기록 데이터에 대한 접근을 허용했다. 센스타임이 보유 중인 20억 개의 데이터 대부분을 정부가 얻었으며, 중국 정부 B2G 모델은 수익의 약 40%를 차지하고 있다.[24] 현재 센스타임의 AI 기술이 적용된 얼굴인식 카메라 시스템 등은 중국의 127개 도시에서 감시 활동 등에 사용되고 있다.

중국의 리서치 회사 IDC 소속으로 중국 인공지능 산업을 연구하는 취칸촤는 센스타임의 성공에 중국 정부의 데이터 지원이 지대한 영향을 미쳤다는 점을 인정한다. 그리고 이를 통해, 센스타임과 다른 중국의 이미지 인식 기업들이 글로벌 경쟁자들 대비 훨씬 더 뛰어난 알고리즘을 가지게 된 상황이라는 점을 강조한다.

2.2 주요성과

센스타임의 주요 성과는 다음과 같다.

---

23 GLOBAL EPIC, 글로벌 AI 신흥강자 '중국', 인재 확보 앞장선다, 2021.02.02
24 인터비즈, 무섭게 성장한 中 안면인식 기술 스타트업 '센스타임'…중국판 '판옵티콘'의 탄생?, 2018.11.26

표 1 센스타임의 시기별 주요 성과

시기		주요 성과
2014	6월	• 안면 인식 기술 자체 개발 성공
	8월	• A라운드 투자 유치 성공(천만 USD)
	9월	• 이미지 인식 분야의 국제 대회 ImageNet에서 구글에 이어 2위 기록
2015	6월	• 컴퓨터 비전 분야의 권위적인 학술대회 CVPR에 9편의 논문 발표 • A+라운드 투자 유치(천만 USD)
	11월	• 자체 개발한 빅데이터 신경망 분석을 위한 딥러닝 컴퓨팅 플랫폼 Parrots 출시
	12월	• ImageNet에서 관찰 수치 및 정확도 2분야 1위 기록(중국 최초)
2016	4월	• '중관춘 10대 혁신성과' 수상, 'IDC 중국 100대 인터넷 기업' 선정, GTC 신흥기업상' 수상
	7월	• CVPR 2016에 16편의 논문 발표
	9월	• ImageNet 2016에서 사물인식, 영상물체 인식, 상황 분석 3항목 우승
	12월	• '헤이마 2016년 인공지능 혁신기업 Top 50' 선정 • '창예방 2016년 중국 혁신성장기업 Top 100' 선정 • '이어우방 중국 인공지능 창업기업 Top 50' 선정 • 'Fast Company 2016 중국 최고 혁신기업 Top 50' 선정
2017	6월	• 리커창 총리에 의해 얼굴인식 기술, 지능형 로그인 시스템의 기술적 성과를 중국 국무원에 시연하기 위해 초청
	7월	• B라운드 투자 유치(4억 1천만 USD)
	11월	• 스마트 폰 브랜드 Vivo에 얼굴 잠금 해제 기술 제공
	12월	• 일본 자동차 제조업체 혼다와 L4 자율주행 솔루션 개발, 스마트 AI 자동차 연구개발 프로세스 가속화 등을 위한 장기 협약을 체결
2018	3월	• 알리바바로부터 투자유치(6억 USD)
	5월	• 미국 MIT와 센스타임 간 AI 연구 협력 계획 발표, MIT의 IQ(Inrtelligence Quest) 프로젝트 참여 • 피델리티 인베스트먼트와 호푸 캐피털, 신벌 레이크 및 타이거 글로벌, 퀄컴 벤처스로부터 추가 투자유치(6억 2,000만 USD)
	8월	• 미국 뉴저지에 AI의료 분야 세계 최고 권위자인 Dimitris Metaxas가 참여하는 스마트 의료 실험실 설립
	9월	• 중국 과학기술부는 Ali Cloud, 바이두, Tencent, 커따쉰페이(科大訊飛)사에 이어 센스타임을 5번째 국가 AI 개방형 혁신 플랫폼으로 발표
2019	1월	• 일본 쓰쿠바 지역 부근에 자율주행 테스트센터 설립 계획 발표
	3월	• 센스타임이 개발한 자율주행 소형 로봇 센스로버 X(SenseRover X), '레드닷디자인 어워드(RedDot Design Award) 수상
	11월	• 중국공업신식화부, 차세대 AI 개방혁신 플랫폼 15개에 센스타임(이미지 인식) 포함
2020	5월	• 양회(兩會·전국인민대표대회와 전국인민정치협상회의) 기간 2025년까지 10조 위안 (1천 727조원)을 투자 유치[25]

---

25 연합뉴스, 중국 최대 AI기업 센스타임, 트럼프 제재후 급성장세, 2020.08.19

❸ 기술역량

　센스타임의 대표적인 기술은 다음의 10가지이다. 첫 번째는 얼굴 및 신체 분석 기술이다. 즉, 얼굴 확인, 얼굴 특징점 위치 지정, 얼굴 신원 확인, 얼굴 속성, 면 그룹화, 생동감 감지, 초상화 미화/화장, 보디 사진 포인트의 8가지 주요 기술이 있다. 주요 기술을 통해 얼굴 측면 프로파일, 흐릿한 얼굴 이미지, 저조도 및 백라이트 시나리오, 표정 변화, 360° 파노라마 등 다양한 환경에서 얼굴을 서로 다른 각도로 확인할 수 있다. 99% 이상의 정확도로 이미지의 동일성 여부를 결정하고, 실시간 메이크업 효과를 제공한다.

　두 번째는 의료 이미지 분석이다. 즉, 다중 모드 이미지 등록, 병변/신체 부위 분할 및 정량적 분석, 양성 및 악성 구분 및 질병 등급 산정, 병동 분류, 초점/근원 감지 및 위치 파악의 5가지 주요 기술이 있다. 주요 기술을 통해 정확한 정성적 등급 부여와 병변 정량적 분석이 가능하며, 수동 일러스트레이션 작업을 최소화하고, 양적 진단과 개인화된 수술 계획에도 도움을 준다. 또 유사 병변의 오진을 최소화하고, 진단 프로세스를 보다 효율적으로 수행할 수 있게 한다.

딥러닝 기술을 기반으로 한 센스케어 렁 프로(SenseCare-Lung Pro) SW는 코로나19에서 나타나는 폐 결절과 폐렴 같은 이상을 자동으로 검출하고 폐 양쪽의 병변 양과 밀도 등 폐 질병 관련 심각도를 측정해 소견을 제시한다. 또 병변 분류, 리스크 평가, 계량화, 일반 구조화 보고서 등을 종합적으로 제공함으로써 폐 관련 진단 효율성과 정확성을 향상시킨다.
센스타임은 앞서 센스케어 폐 솔루션을 중국 의료영상 클라우드 서비스 플랫폼과 제휴해 후베이성을 비롯한 중국 각지의 병원에 원격으로 솔루션을 지원해 왔다. 이 솔루션은 베이징, 상하이, 톈진, 산둥, 허베이, 푸젠성 등 다른 지역 병원과 의료기관에서도 사용되고 있다. 이 SW는 중국에서 코로나19가 창궐할 때 베이징, 상하이, 톈진 등 12개 도시에서 코로나19 의심 사례를 탐지할 수 있도록 더욱 업그레이드됐다.
센스케어 렁 프로 솔루션은 여러 애플리케이션으로 구성된 센스타임의 '센스케어 스마트 헬스 플랫폼(Sense Care Smart Health Platform)'의 일부다. 센스케어 스마트 헬스 플랫폼은 흉부, 심혈관계, 간 등 13개 이상의 장기 및 신체 부위를 위한 일련의 의료 애플리케이션을 제공하는 AI 기반 플랫폼이다. 이 AI 플랫폼은 진단·3D 수술 계획에서 재활 추적에 이르기까지 방사선과·병리학과·흉부외과, 정형외과 의사들의 수술 및 방사선 치료에 필요한 다양한 요구를 충족시킨다.[26]

세 번째는 AI 슈퍼컴퓨팅 플랫폼이다. AI 슈퍼컴퓨팅 플랫폼, 고성능 AI 스토리지, 자체 개발한 AI 훈련 프레임워크, 고성능 이기종 컴퓨팅의 4가지 주요 기술이 있다. 주요 기술을 통해 AI 애플리케이션 특성에 맞게 최적화하고 수천억 개의 파일을 저장할 수 있는 스토리지를 지원하며 초당 100만 개 이상의 파일을 읽을 수 있다.

> 센스타임은 2014년 처음 딥러닝을 이용한 안면인식 기술로 모바일폰을 언로크하는 기능을 상용화하는 등 스마트시티, 모바일폰 등 다양한 산업과 업종에서 다양한 기능으로 기술을 보급해 왔고 정확도를 지속적으로 개선해 왔다. 세계적으로 4억 대 이상의 스마트폰이 센스타임의 AI 알고리즘을 탑재하고 있다.

네 번째는 비디오 및 이미지 처리 개선이다. 디헤이징, 비디오 스타일화, 필터링, 포스트 포커싱, 초점 밖 복원, 단일 이미지 HDR, 다크 라이트 강화, 급속 소음 감소, 초해상도 복원의 주요 기술이 있다. 이러한 기술을 통해 짙은 안개와 아지랑이를 제거하거나 다양한 특수 이미지 효과를 이용할 수 있다. 딥러닝 기술을 통해 필터, 밝기, 소음, 복원 등을 사용자 맞춤형으로 이용할 수 있다.

> 센스타임은 이 슈퍼컴퓨팅 인프라를 기반으로 자체 딥러닝 프레임워크를 구축했다. 대부분 업체가 구글, 페이스북, 텐센트 등 오픈소스 소프트웨어를 기반으로 AI 연구를 수행하지만, 센스타임은 센스패럿(SenseParrots)이라 부르는 독자적인 딥러닝 플랫폼을 만들어 코드 레벨부터 모든 것을 자체적으로 개발한다. 이를 통해 1,000개 이상 레이어에 뉴럴 네트워크를 구축할 수 있다. 이것은 오픈소스 프레임워크에서는 불가능한 규모다. 센스타임은 자체 툴 체인을 이용해 신속하게 AI 알고리즘, 딥러닝 모듈을 업데이트하고 제품에 적용할 수 있도록 한다.

다섯 번째는 자율주행이다. 카메라 인식, 레이더 인식, 멀티 센서 융합, 차량/보행자/자전거의 이동 예측, 경로 계획, 의사결정 및 제어, HD 지도 및 현지화, 메인스트림 칩을 사용한 모델 배치의 주요 기술이 있다. 이러한 기술을 통해 여러 모듈, 차량 이동 및 주변 환경을 통합하여 복잡한 주행 환경에서 안전하고 원활한 의사결정 및

---

26 조선비즈, 오광진 정보과학부장

경로 계획 프로세스와 정확한 차량 제어 서비스를 제공한다.

카메라 기반 인식기술, AI 부문의 유니콘 스타트업 센스타임이 'Automotive World 2020'에서 그들의 운전자 모니터링 시스템의 로드맵을 밝혔다. 2026년 레벨 4 자율주행을 목표로 DMS와 ADAS 애플리케이션을 고도화하고 있다. 또한, 센스타임 재팬은 1월 15일부터 사흘간 도쿄 빅사이트에서 개최된 '오토모티브 월드 2020(Automotive World 2020)'의 카 일렉트로닉스 기술전에 출전해 그들의 안면인식 기술을 활용한, 더욱 업그레이드된 '센스 드라이브 DMS', '페이스 엔트리(Face Entry)' 차량 도어 액세스 시스템, 그리고 자세 및 제스처 인식기술을 이용한 '액션 인터페이스(Action Interface)' 차량 제어 시스템을 소개했다.[27]

여섯 번째는 대용량 비디오 이해 및 마이닝이다. Ultra HD 비디오 초고해상도, 2D~3D 비디오 변환, 비디오 요약, 비디오 콘텐츠 구조, 짧은 비디오 라벨 표시, 비디오 콘텐츠 리뷰의 6가지 주요 기술이 있다. 이런 기술을 통해 저해상도 비디오를 고화질 비디오로 변환하거나 2D에서 3D로 자동 변환할 수 있다. 또 적절한 비디오 광고와 폭력 및 음란물을 포함한 콘텐츠를 정확하게 식별하여 비디오 콘텐츠 검토 프로세스의 효율성을 크게 향상시킬 수 있다.

일곱 번째는 로봇 감지 및 제어이다. 로봇 시뮬레이션 플랫폼, 3D 비전 유도 로봇 랜덤 빈 피킹, 비전 구동 로봇 객체 조작의 3가지 주요 기술이 있다. 이러한 기술을 통해 자료수집을 빠르게 할 수 있어 학습 기반 자율적 알고리즘 개발과 평가에 도움이 된다. 또 충돌 감지 및 동작 계획 알고리즘을 제공하며, 비전 센서에 기반을 둔 다중 객체 조작 작업으로 하드웨어, 시스템 통합 비용을 절감할 수 있다.

센스타임의 첫 자체 개발 로봇인 센스로버 X는 센스타임이 보유한 자체 핵심 기술인 로봇 감지 및 내비게이션 기술을 내장하고 있다. 이 로봇은 센스타임이 AI 학습을 위해 만든 제품으로 2차 개발을 지원하는 것으로 독일의 권위 있는 디자인상인 '레드닷 디자인상'를 수상했을 뿐만 아니라 쑤저우산업단지 산업 기술학교와 같이 이미 다양한 현장에 적용되고 있다.

---

27 센스타임, 2024년 다기능 탑승자 모니터링 시스템(AEM), https://www.autoelectronics.co.kr/article/articleView.asp?idx=3515

여덟 번째는 표준화된 전문적인 이미지 인식이다. 객체 인식, 차량 라이센스 인식, 텍스트 인식이다. 이와 관련되어서는 내추럴 씬Natural Scene, 카드, 영수증, 차량 유형 인식, 시나리오 인식, 원격 영상 감지 및 해석, 의류 속성 인식의 주요 기술이 있다. 이러한 기술을 통해 내추럴 씬, 카드, 영수증에서 텍스트 정보를 자동으로 추출할 수 있다. 또한 사진 검색 및 분류 작업 시간이 단축되며, 장면이나 사물의 더욱 눈길을 끄는 디스플레이 광고 제작에도 도움이 된다.

아홉 번째는 SLAM 및 3D 비전이다. 경량 크로스 플랫폼 AR/VR 엔진, 조명 평가, 실시간 밀도 3D 재구성, 동작 구조SFM, 동시 위치 파악 및 매핑SLAM, 플랫/3D 객체 인식 및 추적의 6가지 주요 기술이 있다. 이러한 기술을 통해 아바타의 다양한 표현 중심 얼굴 애니메이션을 가능하게 하며, 신속하고 안정적인 실시간 객체 추적을 통해 가상현실을 완벽하게 실현할 수 있다.

열 번째는 인텔리전트 캐빈이다. 시각 인식, 카메라 구성, 자동차 실내 산업의 메인스트림 칩, 품질관리시스템의 4가지 주요 기술이 있다. 주요 기술을 통해 이미지 품질에 최적화된 정량적 지표를 형성하고, 컴퓨팅 리소스를 활용하여 대기 시간을 줄이고 CPU/메모리 사용량을 줄일 수 있다.[29]

센스타임 자율주행 로봇 '센스로버 X'[28] 그림 6

[28] 로봇신문, 中 센스타임 자율주행 로봇, '레드닷 디자인 어워드' 수상, 2019.03.27

[29] sensetime.com

④ 전략적 제휴

센스타임은 자체적인 역량뿐 아니라, 다양한 기업과 제휴를 통해 역량을 강화시키고 있다. 다음은 일부 예이다.

(1) LG CNS와 협력해 '얼굴인식 출입 통제 솔루션' 개발

얼굴인식 출입 통제 솔루션은 AI 기술로 얼굴 정보를 분석해 신분인증과 출입 제어를 하는 출입 서비스이다. 얼굴인식부터 정보 조회, 신분 파악, 출입 게이트 개방 여부까지 0.3초 만에 끝나는 게 특징이며, 마스크·안경·화장·얼굴각도 등 현실 속 다양한 제약에도 99% 이상 정확도로 본인을 확인한다. 현재 서울 마곡 LG사이언스파크 내 본사 출입 게이트 26곳에 도입했다. LG CNS와 오픈 이노베이션을 통해 CCTV 등 영상 영역과 통제구역 침입 탐지 등의 다양한 분야로 사업을 확대할 예정이다.[30]

(2) 일본 자동차 업체 혼다와 협력해 자율주행차 카메라 소프트웨어 개발

센스타임의 '딥러닝심층 학습' 기술을 이용한 물체 인식기술을 기반으로 진행한다. 2025년까지 완전자율주행 차량 출시를 목표로 하고 있으며, 자율주행뿐만 아니라 로봇 분야에서도 공동으로 연구개발을 진행하고 있다.[31] 그리고 일본 최대 해운회사 미쓰이OSK해운MOL과 공동으로 '신형 선박 영상 인식 및 기록 시스템'을 개발하고 있다. 신형 선박 영상 인식 및 기록 시스템은 선박을 자동으로 인식해 충돌하지 않도록 방지하는 역할을 하며, 이는 닛폰 마루 크루즈 선박에도 장착될 예정이다.[32]

(3) 한컴 DMS와 파트너십 계약을 체결하여 '비전 AI 2019' 세미나 개최

센스타임의 얼굴인증 서비스 '센스ID', 차량용 운전자 모니터링 솔루션 '센스DMS', 안면·신체 인식 기반 지능형 광고 솔루션 '센스인사이트' 등의 제품을 국내에

---

30 디지털 타임즈, 마스크 써도 얼굴인식… LG CNS, AI 출입 시스템 개발, 2020.02.11
31 오토 데일리, 日 혼다 차, AI 이용 완전자율주행 2025년 실현을 위해 홍콩 '센스 타임'과 공동 연구, 2017.12.11
32 ZDNetKorea, 美 압박에도 日 기업, 中 AI 기술 속속 도입, 2019.10.11

공급했다.[33] 한컴 DMS는 이를 바탕으로 운전자 모니터링 시스템, 지능형 통합 관제, 모바일 엔터테인먼트, 스마트 매장 운영 시스템 등 다양한 분야에서 국내 시장을 주도해 나갈 것으로 기대된다.[34]

(4) 인포뱅크 내부 스타트업 아이모터스와 기술적 제휴를 맺고 '위패스' 공동 개발

위패스는 딥러닝을 통해 이미지를 이해하고 처리할 수 있는 비전 AI 기술 기반 얼굴인식 통합 솔루션으로, 스마트시티 인프라 구축 필수 요소인 보안 인증과 더불어 출입 알림, 방문자 관리, 마스크 착용 여부 감지 및 관리, 출입자 발열 감지 및 관리, 보안 출입 구역 관리 시스템 등에 다양하게 활용될 예정이다.[35]

❺ 사업다각화

한편, 센스타임은 활발한 관련다각화 전략을 펼치고 있다. 이는 현재의 사업과 관련이 있는 분야에 진출하여 상승효과가 있는 경영 자원과 기술을 공유함으로써, 성장 기회를 확장하려는 기업 경영전략이다.[36] 센스타임은 대표적인 기술인 AI, 딥러닝 기술을 바탕으로 다양한 사업으로 확장하고 있다.

먼저 의료 사업으로의 확장이다. 센스타임은 '센스케어 폐 솔루션'을 중국 의료영상 클라우드 서비스 플랫폼과 제휴해 후베이성을 비롯한 중국 각지의 병원에 원격으로 솔루션을 지원해 왔다. 이 솔루션은 베이징, 상하이, 톈진, 산둥, 허베이, 푸젠성 등 다른 지역 병원과 의료기관에서도 사용되고 있다.

최근 센스타임은 자체 개발한 AI 기반 코로나19 신속 진단 솔루션이 유럽의 CE 마크 인증을 받아 유럽지역에서 코로나19를 신속히 진단해 줄 제품을 상용화할 수 있는 요건을 갖추게 되었다. 이를 통해 센스타임은 중국에서 시작해 유럽을 비롯한

---

[33] New1, 한컴MDS, 中 센스타임 'AI 안면인식' 제품 국내 공급, 2019.02.22
[34] 로봇신문, 한컴MDS, 중국 AI 안면인식 업체 '센스타임'과 협력, 2019.02.22
[35] 인공지능신문, 인포뱅크, 中 센스타임과 공동개발… AI 기반 얼굴인식 통합 솔루션 '위패스' 출시, 2021.01.14
[36] 네이버 국어사전

전 세계 의료시장으로 확장하고 있다.[37]

다음은 교육 사업으로의 확장이다. 홍콩의 사우스차이나모닝포스트SCMP에 따르면, 센스타임은 코로나19로 재택 학습을 하는 학생들을 위해 AI 분야 학습 프로그램을 무료로 제공하겠다고 밝혔다. 코로나19 사태로 개학이 연기됨에 따라 등교할 수 없게 된 중국의 학생들을 위한 조치다.

센스타임이 무료로 제공하는 AI 분야 학습 프로그램은 AI 분야 공개 강의 이외에도 코딩을 통한 실험, 교사들을 위한 원격 강의 교육 등 다양하다. 센스타임은 전국 단위로 교육 프로그램을 무료로 제공하는 것은 이번이 처음이다. 센스타임의 기본 AI 교육 커리큘럼은 지난 학기 중국 주요도시의 250여 개 초등학교와 중학교에서 채택될 정도로 인기가 높다. 센스타임은 성명을 통해 "오늘의 교육은 내일의 기술이 되고, 모레는 경제적 이익을 가져다줄 것"이라고 AI 분야 교육 프로그램을 무료로 제공하게 된 배경을 설명했다. 중국의 교육 콘텐츠업체들도 온라인 강좌를 무료로 수강할 수 있도록 하는 등 코로나19와의 전쟁에 적극적으로 동참하고 있다. 코로나19 사태로 인해 중국의 온라인교육 시장은 주목받고 있다.[38]

그림 7 센스타임 얼굴인식 통합 솔루션 '위 패스(We Pass)'[39]

또한, 중국 정부와의 협업을 통해 수익을 창출하던 B2G 모델을 외국 정부로 확장하여 글로벌 시장에도 진출하고 있다. 2019년 센스타임은 말레이시아 정부와 기술 통합, 인재 육성, 데이터관리, 기술 연구개발, 비즈니스를 통합할 수 있는 AI 생태계 조성을 위한 '디지털 생태계 시스템'을 시작했다. 이 시스템을 바탕으로 말레이시아의 여러 기업과 정부, 은행, 보안과 관리, 감독 영역에 영향을 미쳐 공공과 개인, 학술 영역에 활

---

37 AI 타임스, 中 센스타임, 코로나19 진단 SW로 CE 인증 통과, 2020.11.05
38 연합뉴스, 중국 최대 AI 스타트업, 재택학습용 프로그램 무료제공, 2020.02.19
39 사진_포토뉴스_인공지능신문

용될 예정이다.[40]

마지막으로, 문화/관광 사업으로의 확장이다. 센스타임은 중국 고궁 박물관과의 협력을 통해 '센스AR 플랫폼'을 이용하여 중국 고대문화에 'AI' 차원을 접목하려는 과감한 시도로 인터랙티브 전시를 보인다. AI 기술을 중국 전통문화에 도입해 예술 형태를 다양화하고 젊은 관람객의 증가를 목표로 한다. 또한 센스타임은 MoCA 상하이와 얼굴인식, 3D 얼굴 재구성, 신경 스타일 전송, 바디 센싱, 데이터 시각화 기술을 통해 미술과 AI에 관한 총 4개의 크로스오버 프로젝트를 공개했다. 정적 전시물 외에도 증강현실AR 게임 영역으로도 확장하며 예술과 AI의 융합을 보여줬다.[41]

⑥ 한계 및 발전방향

6.1 한계점

센스타임의 한계 요인은 크게 3가지로 요약될 수 있다. 첫째, 규제환경의 변화이다. 미 상무부는 중국 신장 위구르 자치구의 인권탄압과 관련한 이유로 센스타임을 경제 블랙리스트에 올렸다. 또 미국 유수 대학의 인공지능, 기계 학습, 딥러닝 관련 학과의 중국 유학생 선발과 비자 발급을 제한하는 등 인재 및 지식 유출에 대한 견제를 강화했다.[42]

둘째, 중국 정부에 대한 높은 의존도이다. 미국의 제재에도 센스타임은 코로나19를 계기로 중국 내 수요가 급증하여 매출이 증가했다. 이는 중국 정부의 '감시 비즈니스'를 주요 수익창출원으로 두는 것이다. SCMP는 "새로운 기업들이 이 업계에 속속 진입하면서 AI를 활용한 '감시 비즈니스' 시장 내 경쟁은 더욱 치열해질 것"이라고 분석한다. 즉, 현재의 중국 정부 이외의 시장으로의 사업다각화를 더욱 확대해야한다.[43]

---

[40] ZDNetKorea, 中-말레이시아 1조 투자 AI 인재·기술 육성 'AI 파크' 조성, 2019.04.15
[41] sensetime.com
[42] 조선비즈. 중국 견제하려……. 백악관, 기업들과 'AI 서밋', 2018.5.12
[43] 중앙일보, 中 AI 업체 "숨도 못 쉰다"…美 제재보다 무서운 적 따로 있었다, 2020.11.21

셋째, 지속가능한 비즈니스 모델에 대한 의문이다. 센스타임은 더욱 확장적인 사업다각화 전략이 필요하다. 센스타임은 현재 중국 정부를 대상으로 얻은 약 400건의 AI 분야 특허를 보유하고 있다. 이 기술을 바탕으로 다양한 B2G 모델로 확장하기 위해서는 현지국의 규제와 법률, 문화에 맞는 활용이 필요하다. 현재 사생활 침해에 관한 규제로 많은 국가가 AI 감시 비즈니스의 우려를 표명하고 있다. 이러한 상황에서 센스타임은 법률, 규제와 기술을 융합한 발전과 보완이 필요하다.

6.2 발전방향

센스타임의 향후 미래 가능성은 무궁무진하다. 인간은 더 나은 삶을 위해 기술을 개발한다. 센스타임의 안면인식 기술은 개별적인 생체의 특성을 인식해 보안시스템에 활용한다. 이는 망막, 지문, 음성, 얼굴 등을 포함하는데, 센스타임은 이를 활용해 적외선 측정으로 체온을 재는 기술과 안면인식을 결합한 기술로 방역 현장에 뛰어들었다.

현재 코로나19로 인해 AI 클라우드 분석 솔루션이 주목받고 있으며, 센스타임은 정확도 99%, 오차율 1%라는 높은 기술력을 보유하고 있다. 갑작스러운 환경변화에 대응하여 공공장소에서 마스크를 쓰지 않은 사람을 식별해 공안 등 담당자에게 통보하는 기술까지 개발했다.

이러한 센스타임 AI '안면인식' 기술은 중국 각지 지하철역에 등장하고 있으며, 한국, 일본 등 글로벌 사업으로 확장할 수 있을 것이다. 중국 정부가 최근 신 인프라 구축을 강조하고 있는 가운데, 중국의 인공지능AI 분야 유니콘 기업으로 손꼽히는 센스타임이 '신 인프라'와 관련해 눈에 띄는 행보를 보여 주목된다. 안면인식 기술의 보급은 중국뿐 아니라 세계 곳곳에서도 가속화되고 있다.

센스타임은 보유한 강력한 기술력을 바탕으로 여러 국가에서 다양한 사업다각화 전략을 펼칠 필요가 있다. 예를 들어, 최근 개인 맞춤형 전략이 기업의 경쟁력이 되면서 센스타임의 AI 기술과 다양한 포트폴리오는 전 세계 기업과의 협업을 성사할 수 있을 것이다. 보유한 데이터와 기술력, 포트폴리오를 바탕으로 다른 국가의 스마트시티 구축을 위한 사업으로 확대할 수도 있다.

한편, 관련 규제와 법률은 중요한 제약조건이다. 그러나 지혜롭게 잘 대응한다면 경쟁우위로 재탄생시킬 수도 있을 것이다. 즉, 현대사회에서 내 몸에 담긴 비밀번호라는 '생체인식'을 바탕으로 했다는 점에서 보안성과 상업적 효과는 높지만, 사생활과 인권침해 논란이 크기도 하고, 개인 정보가 악용될 우려가 존재한다.[44] 이러한 제약조건을 해결하는 방안을 마련하여 스마트 팩토리, 스마트홈뿐만 아니라 생체 데이터를 기반으로 한 E-커머스 시장으로의 확대, 기존의 종이 입장권의 모바일화, 오프라인 무인 매장 등 다양한 B2B 모델로의 사업 확장도 필요해 보인다.

센스타임은 이러한 제약조건과 경쟁우위 속에서, 지속가능한 기업이 될 수 있을 것인가?

Assignment Question

1. 중국의 대표적 혁신기업인 센스타임의 경쟁우위가 무엇인지 고찰해 보자.

2. 향후, 지식혁명의 시대에서 끊임없이 변화하는 소비자들의 욕구(needs)에 대응하기 위해, 센스타임은 어떠한 전략을 펼쳐야 할까? 특히, 어떻게 사회적 가치 또는 ESG 경영을 실현하고, 지속가능경영을 유지할 수 있을까?

3. 4차 산업혁명 기술인 AI 기술이 인권침해라는 문제를 가지고 있어 해외진출에 제재를 받고 있다. 이에 대해 중국 혁신기업의 대처방안으로는 무엇이 있는지 논의해 보자. 한편, 한국의 경우, 유사한 비즈니스가 규제로 인해 발전시키기기 어렵다. 그에 대한 대응전략도 논의해 보자.

---

[44] 서울경제 안면인식, 첨단기술의 축복인가 저주인가…, 홍병문 기자

Paradigm Shift를 위한
4차 산업혁명 시대의 경영사례 II

세계 최초의 헥토콘 기업, 바이트댄스

학습목표

• 중국 혁신기업인 바이트댄스의 차별화 전략을 이해한다.

• 바이트댄스의 사례를 통해, 최근 비즈니스 모델의 변화를
  고찰한다.

• 4차 산업혁명 시대에서 혁신기업 육성을 위해서 우리가
  노력해야 할 점과 기업 및 정부의 역할에 대해 생각해 본다.

세계 최초의 헥토콘 기업,
바이트댄스*

바이트댄스

"세계 최초의 헥토콘 기업"

바이트댄스의 기업가치는 지난 2018년 750억 달러에서 33% 증가해 1,000억 달러를 돌파하면서 세계 최초로 '헥토콘' 반열에 올랐다. 헥토콘이란 '헥토'와 '유니콘'의 합성어로, '헥토'는 숫자 100을 의미하고 '유니콘'은 기업가치 10억 달러 이상의 스타트업을 말한다. 즉, '헥토콘'은 100개의 유니콘과 맞먹는 스타트업, 다시 말해 기업가치가 1,000억 달러가 넘는 스타트업 기업을 말한다.

---

* 본 사례는 정진섭 교수의 지도하에, 김대순 학생의 사례를 기반으로, 이다솔, 신유진, 이다인, 엄선홍, 신다은, 서유진, 조은비, 곽예진, ZOLZAYA 학생이 작성한 것이다.

① 기업소개

1.1 기업의 탄생

바이트댄스는 중국의 인공지능AI 콘텐츠 스타트업 기업으로서, 2012년 3월 소프트웨어 엔지니어 출신 창업자 장이밍이 설립했다. 중국 사명은 쯔제티아오둥字節跳動으로, '쯔제'는 컴퓨터 기억용량의 최소 단위인 '바이트', '티아오둥'은 '뛰면서 움직인다'는 뜻이다. 대표적인 서비스로 뉴스 추천 플랫폼인 진르터우탸오, 쇼트클립 플랫폼인 더우인과 더우인의 해외 버전인 틱톡이 있다. 바이트댄스는 기존의 대기업들이 모바일 인터넷 시장으로 진출한 방식과 달리 '정보가 사람을 찾아가는' 맞춤형 뉴스 추천 시스템을 개발하여, 2012년 8월에 서비스를 출시하면서 뉴스 제공 시장의 판도를 변화시켰다.[1]

특히, '더우인틱톡'은 대표적인 쇼트클립 플랫폼이자 소셜 미디어로서, 사용자가 급격히 증가했다. 인터넷의 발달과 스마트폰의 보편화에 따라 모바일 중심의 미디어 콘텐츠 소비가 급속히 증가하면서 모바일 시대에서 주목할 만한 미디어 콘텐츠는 동영상이다. 바이트댄스의 틱톡은 생활 리듬이 빠른 현대인들이 원하는 즉흥적이고 찰나적인 동영상의 취향을 파악하였다. 또한 거대한 트래픽에 의지한 마케팅 수법을 잘 활용하여 유력한 광고 플랫폼으로 급속히 부상하고 있다.[2]

바이트댄스는 2018년 기준 기업가치가 750억 달러로 평가받으며, 미국의 우버를 제치고 세계 최대의 유니콘 기업으로 등극했다. 바이트댄스는 일본 소프트뱅크와 미국 사모펀드PEF인 KKR, 제너럴 애틀랜틱으로부터 30억 달러의 투자 유치에 성공하며, 기업가치가 더욱 상승했다.[3]

---

[1] 네이버 지식백과, 바이트댄스 (시사상식사전, pmg 지식엔진연구소)
　　ANQI BA, "중국 더우인(TikTok) 이용 동기 및 광고에 대한 인식이 광고 태도와 광고 회피 행동에 미치는 영향에 관한 연구", 국내석사학위논문 연세대학교 일반대학원, 2020. 서울

[2] ANQI BA, "중국 더우인(TikTok) 이용 동기 및 광고에 대한 인식이 광고 태도와 광고 회피 행동에 미치는 영향에 관한 연구", 국내석사학위논문 연세대학교 일반대학원, 2020. 서울

[3] 네이버 지식백과 바이트댄스 (시사상식사전, pmg 지식엔진연구소)

그림 1 바이트댄스와 틱톡의 로고[4]

1.2 창업 배경

바이트댄스의 창업주 장이밍은 3명의 창업 멤버와 기업용 오피스 시스템을 개발 후 스타트업을 설립하였지만, 관련 시장이 제대로 형성되지 않아 실패하였다. 이후 2006년에 여행 정보를 제공하는 버티컬 검색엔진인 '쿠쉰'에 소프트웨어 엔지니어로 입사하여, 기차의 여석 정보를 자동으로 검색해 알려주는 프로그램을 설계하였다.

2008년 마이크로소프트로 이직한 장이밍은 지금까지의 경험을 바탕으로 그 해 중국판 트위터인 '판퍼우'를 출시하였고, 2009년에는 부동산 검색 엔진 '주주팡'을 런칭하여 큰 성과를 얻었다. 이때 그는 모바일 인터넷 플랫폼을 경험하면서 모바일 시장을 이해하였고, 개별 맞춤형 정보에 대한 수요는 모바일 환경에서 더 높게 나타난다는 것을 깨달았다. 이후 2012년 바이트댄스를 설립하여 8월부터 사용자 맞춤형 뉴스 큐레이션 서비스를 제공하는 진르터우탸오今日頭條를 런칭하였다.[5]

---

4 바이트댄스 홈페이지
5 백서인, 손은정, 김지은(2020), 4차 산업혁명 분야 중국 혁신기업의 성장요인 분석: 센스타임, 바이트댄스, DJI 를 중심으로, 기업경영연구, 27:1, 75-100

❷ 바이트댄스의 비즈니스 모델

기존 모바일 시장에서 활용하는 큐레이션은 방대한 양의 정보를 분류·구조화하여 이를 필요로 하는 사람에게 전달되는 과정으로 이루어진다. 물론 이 과정에 사람의 개입도 필요하다. 바이트댄스는 기존의 것을 알고리즘으로 대체하여 인공지능AI 큐레이션을 만들었다. <그림 2>에서 볼 수 있듯이, 사용자의 나이, 성별, 거주 지역과 같은 인구통계학적 데이터를 수집하고, 그들의 SNS에서 나타나는 '읽기 행위'를 분석한다.

그림 2 바이트댄스의 인공지능(AI) 큐레이션

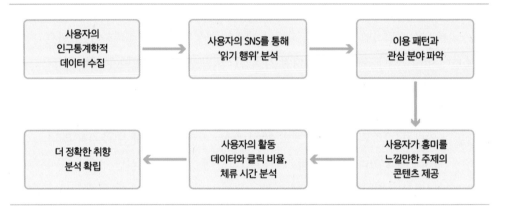

이를 통해 사용자 각각의 이용 패턴과 관심 분야를 파악하고, 사용자에게 알맞은 콘텐츠를 제공한다. 바이트댄스는 사용자에게 콘텐츠 제공 후, 사용자의 활동 데이터, 클릭 비율, 체류 시간 등을 분석하여 더욱 개인화된 정확한 취향으로 분석한다.

이러한 인공지능 기술에 기반하여 '큐레이션'은 바이트댄스의 핵심 기술경쟁력이 되었다. 사용자가 특정 콘텐츠를 접할 때마다 새로운 구성으로 콘텐츠를 전달하고, 취향을 분석하는 것뿐만 아니라, 민감성, 광고성 내용의 정보를 구분하는 과정도 인공지능을 통해 구성된다.

그리고 이 모든 과정 즉, 소비자가 선호하는 양질의 콘텐츠를 선별하고 제공하는 데 몇 분밖에 소요되지 않는다.

③ 성공전략 및 주요성과

3.1 성공전략

(1) 빠른 라이프 사이클 전략

바이트댄스는 빠른 라이프 사이클 전략 아래, 소비자의 선택에 맡기는 전략을 사용하였다. 완벽하게 준비된 하나의 서비스를 제공하기보다는 시장에서 고객이 어떤 서비스를 더 선호하는지 선택할 수 있도록 다양한 선택지를 발 빠르게 제공했다. 시장의 타이밍을 놓치지 않는 과감함을 보인 것이다.[6]

'빠른 라이프 사이클 전략Fast Lifecycle Strategy'이란 급변하는 소비자와 시장 환경에 대응하기 위한 기업의 전략으로서, 미래를 위해 차근차근 준비하는 '느린 라이프 사이클 전략'과 대비되는 개념이다. 이는 빠르게 급변하는 환경 속에서 기업이 받아들일 수 있는 수준의 적절한 위험을 감수하면서도 새로움을 원하는 소비자들에게 주기적으로 신선한 자극을 선사할 수 있는 브랜드 관리, 신제품 개발 및 마케팅 전략이다.

'빠른 라이프 사이클 전략'을 실천하는 마케팅 방법론의 하나로 '숏케팅Shortketing' 이 있다. 이는 빠르고 짧다는 의미의 'short'와 'marketing'의 합성어로, 고객의 니즈, 기술, 시장 환경이 급변함에 따라 치고 빠지는 식의 단발적 마케팅 캠페인을 중요시하는 것이다. 예를 들어, 코로나19로 인해 장기적인 미래 예측이 불가능해진 현재의 경우, 사람들은 기존의 미래지향적이었던 삶의 방식을 바꾸어 보다 현재에 집중하는 '빠른 라이프 사이클 전략'을 선택할 가능성이 높아진다.[7]

이러한 전략을 사용한 틱톡이 처음부터 이렇게 뜨거운 인기를 모았던 것은 아니다. 당시 중국에는 틱톡보다 인지도가 높은 콰이 서우가 업계 1위를 달리고 있었다. 이미 강자가 존재하는 숏폼short form 영상 플랫폼 시장에서 틱톡의 모회사 바이트댄스Byte Dance字节跳动는 대중의 입맛을 테스트해보는 전략을 사용했다. 2016년 5월부터 2017년 6월까지 시과, 틱톡, 훠산 세 개의 서비스를 출시했다. 각 플랫폼은 모두 틱톡처럼 짧은 영상을 중심으로 서비스를 제공했다. 다만, 영상의 길이와 콘텐츠에는

---

6 선택은 고객에 맡기는 틱톡, '빠른 생애사 전략을 공략하라', 2020.12.10
7 김난도 외, 트렌드 코리아 2021, 미래의 창, 2020.10.14, p271~273

차이가 있었다.

바이트댄스가 각각 다른 특징을 가진 시과, 틱톡, 휘산을 동시 출시한 이유는 무엇일까? 처음부터 완성된 서비스를 내놓는 것이 아니라 여러 서비스 중 성공 확률이 가장 높은 곳에 역량을 집중하기 위함이다. 바이트댄스는 어떤 브랜드에 집중할 것인지 소비자에게 그 선택권을 넘겼다. 출시 초기 이용자 수가 비슷하던 세 어플은 2018년 상반기에 들어 격차가 벌어지기 시작했다. 현재 시과, 휘산은 틱톡과 통합했고, 통합된 틱톡은 콰이 서우를 넘어선 세계 최대 숏폼 영상 플랫폼이 되었다. 다양한 서비스를 시장에 내놓은 뒤 소비자가 자신이 원하는 브랜드를 선택하게 하는 바이트댄스의 전략이 통한 것이다.[9]

그림 3 4대 쇼트클립의 일평균 신규 이용자 수[8]

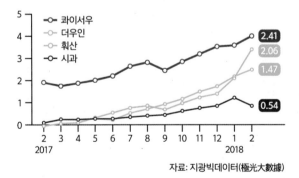

출시일	서비스명	특징
2016년 5월	시과	영상 길이 3분 내외, 전문가 제작 콘텐츠
2016년 9월	틱톡	영상 길이 15초~60초, 음악과 춤 중심 콘텐츠
2017년 6월	휘산	영상 길이 15초, 사용자가 제작하는 일상 콘텐츠

4대 쇼트클립 일평균 신규 이용자 수
단위: 백만명/기준일: 2017년 2월 1일~ 2018년 2월 25일

자료: 지광빅데이터(極光大數據)

---

8 지광빅데이터

9 한주원, 선택은 고객에 맡기는 틱톡, '빠른 생애사 전략을 공략하라', 사례뉴스, 2020.12.10

(2) 알고리즘을 이용한 개인 맞춤형 서비스 제공

바이트댄스의 '오늘의 헤드라인'이라는 뜻인 진르터우탸오今日頭條는 인공지능AI 기술을 활용해 이용자의 뉴스 소비 패턴을 분석하고 맞춤형 뉴스를 제공하는 특징이 있다. 정보 홍수의 늪에 빠진 모바일 이용자들은 바이트댄스의 자동화 뉴스 추천 방식에 열광했다. 기존 언론사의 일방적인 편집 기능을 없애고 독자 스스로 그날의 톱 기사를 정하도록 한 것이다. 해당 어플은 뉴스 어플이지만 기자가 없다. 60만 곳에 이르는 미디어, 기관, 기업, 개인이 창작한 콘텐츠를 개인의 선호도에 맞춰 메인에 표시하는 방식이다. 콘텐츠 추천뿐만 아니라 사용 경험도 인공지능화시켜 텍스트와 동영상의 위치, 크기도 조절할 수 있다.[10]

또한 바이트댄스 틱톡 앱의 "For You" 페이지는 사용자가 이전에 보거나 참여했던 비디오를 기반으로 추천된 새로운 동영상으로 계속 채워진다. 이용자들은 간편한 사용자 인터페이스UI를 이용해 재미없는 영상은 바로 넘기면서 다양한 클립을 즐긴다. 좋아하지 않으면 위로 스와이프 하고 좋아하면 시청하는 것, 딱 두 가지 선택이 있다. 따라서 틱톡은 반응하지 않더라도 여전히 사람들의 정보를 받으며, 콘텐츠 선호도가 무엇인지 알 수 있도록 했다. 이것이 바이트댄스의 알고리즘이 매우 강력한 이유다.[11]

사용자가 관심을 보인 후속 비디오들은 사용자 취향의 또 다른 데이터를 제공하면서, 알고리즘이 점점 더 개인화된 콘텐츠를 제공하고 사용자를 계속 몰입시키도록 만든다. 틱톡 알고리즘은 단순히 사용자가 볼 수 있는 콘텐츠를 추천하는 것이 아니라 사용자가 스스로 콘텐츠를 만들도록 권장하여 바이럴 해시태그viral hashtags, 챌린지challenges 및 밈memes으로 구성된 실행 카탈로그를 제공한다. 이러한 알고리즘을 통한 사용자 맞춤형 추천은 바이트댄스의 핵심 기술이자 전략으로 자리 잡고 있다.

---

10 백진규, 틱톡+진르터우탸오 앞세워 세계 유니콘 1위 오른 중국 바이트댄스, 뉴스핌, 2018.11.28
11 틱톡(TikTok)과 바이트댄스(ByteDance)에서 배운 세 가지 고객 경험 교훈, By Digital Marketing Korea, 2021.01.21

(3) 디지털 콘텐츠의 주 소비층인 Z세대를 집중 공략한 전략

과거 TV나 컴퓨터를 이용해 동영상을 시청하던 것과 달리 영상 콘텐츠 소비 패턴이 스마트폰 중심으로 바뀌면서 영상 콘텐츠 이용자들은 1시간이 넘는 TV 드라마나 영화 대신 짧게 어디서나 끊어서 볼 수 있는 숏폼 콘텐츠를 선호하기 시작했다.

숏폼 콘텐츠의 주요 소비자는 '디지털 네이티브'인 Z세대들이다. Z세대는 태어날 때부터 디지털 환경에서 자라 스마트폰을 쥐고 성장했다는 뜻을 가진 '포노 사피엔스phonosapiens'라고도 불린다. 또한 2005년 선보인 유튜브와 함께 자라 '유튜브 세대'라고도 불린다. 그러다 보니 이들은 호흡이 긴 TV보다는 상대적으로 길이가 짧은 유튜브에 더 익숙하고 이동 중에 볼 수 있는 짧은 영상 콘텐츠를 선호한다. 이는 수치로도 확인된다.

메조미디어가 조사한 '2020 숏폼 콘텐츠 트렌드'에 따르면, 동영상 시청 시 선호 길이는 10대는 15.5분, 20대는 15.0분이었다. 15분을 넘으면 Z세대들의 선택을 받기 어렵다는 뜻이다. 결국 틱톡의 인기는 Z세대의 숏폼 영상 선호를 틱톡이 발 빠르게

그림 4 동영상 시청 시 선호 길이 연령별 비교, 틱톡 연령별 분포[12]

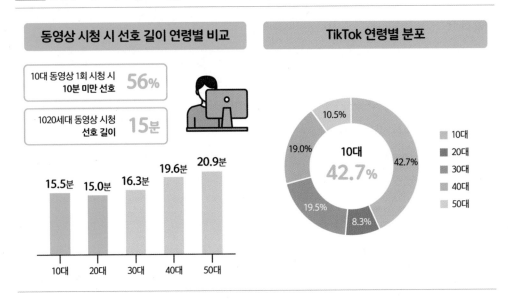

---

12 메조미디어, '2020 숏폼 콘텐츠 트렌드'

캐치했기 때문이라고 할 수 있다.[13]

이러한 Z세대는 디지털 문화에 익숙하며 짧고 감각적인 영상을 선호한다. 틱톡이 15초짜리 영상을, 그것도 스마트폰을 가로로 돌리지 않고 세로로 찍어 올릴 수 있는 간편한 사용자 인터페이스를 구현한 것이 통했다.

3.2 주요 성과

터우탸오頭條는 출시된 지 3개월 만인 2012년 8월에 1천만 명을 돌파했으며, 1년 6개월 만에 9천만 명이 넘는 사용자를 확보했다. 2018년 6월 기준, 진르터우탸오는 중국 모바일 뉴스 시장점유율 10.1%를 기록하며 텐센트47.7%에 이어 2위를 차지했다. 2017년 6월 점유율3.9%보다 3배 가까이 늘어난 것이다. 2018년 11월 기준 진르터우탸오의 누적 이용자 수는 6억 명을 돌파했으며, 매일 6,600만 명이 넘는 이용자가 진르터우탸오에 접속하고 있다.[14]

2020년 1월, 틱톡은 전 세계에서 가장 많이 다운로드된 앱으로 성장했다. 디지털 마케팅 기업 모비 데이즈가 'PRE－MAX Conference'에서 발표한 내용에 따르면, 틱톡은 동남아시아에서만 약 1억 2,000만의 월간 활성 사용자를 보유하고 있다. 미국은 약 8,400만 명, 중국에서도 약 6,500만 명이 틱톡을 적극적으로 사용하고 있는 것으로 추정된다. 유럽약 1,500만 명과 한국약 430만 명을 포함하면 틱톡의 글로벌 사용자 수는 10억 명을 넘을 것으로 추정된다.[15]

---

[13] 장재웅, 부담 없이 z세대 홀리는 '15초 마법' '더 재미있게' 숏폼 플렛폼 춘추전국 시대, dong a business review, 2020.12.02

[14] 백진규, 틱톡+진르터우탸오 앞세워 세계 유니콘 1위 오른 중국 바이트댄스, 뉴스핌, 2018.11.28

[15] 이종철, 미래 세대의 유튜브, 틱톡(Tik Tok), skhynix newsroom, 2020.09.07

그림 5 전 세계의 틱톡 월간 활성 사용자[16]

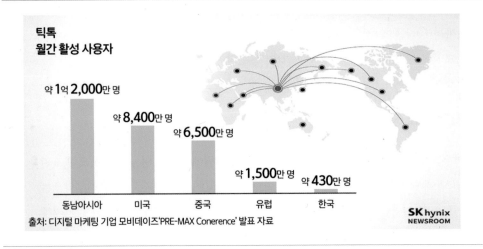

틱톡
월간 활성 사용자

약 1억 2,000만 명

약 8,400만 명

약 6,500만 명

약 1,500만 명

약 430만 명

동남아시아   미국   중국   유럽   한국

출처: 디지털 마케팅 기업 모비데이즈 'PRE-MAX Conerence' 발표 자료

SK hynix
NEWSROOM

④ 바이트댄스의 AI 기술

바이트댄스의 대표적인 기술 역량은 4차 산업혁명 시대에 맞는 인공지능AI 기술
이다. 인공지능 기술은 다른 미디어 플랫폼과의 차별화를 이루며 다양한 도전을 통
해 발전하고 있는데, 대표적으로 3가지가 있다.

첫째, 미디어와 엔터테인먼트 부문의 바이트댄스 서비스들이다. 이는 사용자가
직접 만든 콘텐츠와 이러한 콘텐츠의 바이럴리티를 특징으로 하고 있으며, 바이트댄
스만의 고도로 정교한 알고리즘 추천 엔진으로 확산되었다. 코로나 팬데믹으로 많은
사람들이 이전보다 더 많은 시간을 집에서 보내면서 바이트댄스의 미디어와 엔터테
인먼트 서비스들의 사용에 가속도가 붙어 국제적인 성공을 이뤘다.

둘째, 터우탸오의 초개인화Hyper-personalization 서비스이다. 바이트댄스는 틱톡으로
가장 잘 알려져 있지만, 터우탸오가 첫 중점분야였다. 터우탸오는 바이트댄스의 권
장 알고리즘을 활용하여 외부 제공 콘텐츠를 큐레이션하는 과정을 거친다. 그 결과
사용자들의 과거 행동에 따라 분석하는 초개인화된 서비스가 등장하였다. 이는 운영

---

16 이종철, 미래 세대의 유튜브, 틱톡(Tik Tok), skhynix newsroom, 2020.09.07

5년 만에 일일 사용자 수가 120만 명이 넘으며 전 세계에서 가장 많이 시청하는 뉴스 서비스 중 하나로 성장하였다. [17]

셋째, 바이트댄스는 최근 AI 기술을 활용하여 바이오 사업과 반도체 사업에 도전했다. 바이트댄스 AI 연구소는 2016년부터 AI 중심 연구개발을 수행하고 있는데, 이는 틱톡 등 콘텐츠 서비스를 제공하기 위해 마련되었다. 바이트댄스는 머신러닝 기술을 활용하는 신약 개발팀을 만들어 사업을 진행할 계획이다.[18] [19]

또한 AI 칩 개발에 착수하여 사업 기회를 개척할 것이라고 밝혔다. 블룸버그는 바이트댄스가 반도체 분야로 진출하면 데이터 처리나 인공지능 추천을 위한 맞춤형 반도체 칩을 만드는 데 도움이 될 것이라고 분석했다. 중국과 미국의 '기술 전쟁'이 지속되어 중국 정부가 반도체 '자급자족'을 추진하는 상황에서 바이트댄스의 AI칩 진출 선언이 나온 것이어서 많은 관심을 끌고 있다.[20]

이처럼 바이트댄스는 인공지능AI 기술을 활용하여 4차 산업혁명 시대에 맞게 다양한 사업에 도전하고 있다. 그리고 그 발전 가능성 또한 높다. 은행, 게임업체, 연예 사업에서 AI를 통한 사업다각화 전략은 기업들의 트렌드가 되고 있다. 국내의 경우 카카오는 AI를 통한 B2B 사업을 다각화하여 인공지능 플랫폼의 기술을 확대하는 혁신적인 솔루션을 개발하고 있다.

그러므로 바이트댄스의 AI를 핵심역량으로, 중요 성장분야로 다각화하는 전략은 그 성공 가능성이 높고, 이 시대의 벤처 창업자들에게 시사하는 바가 크다.

한편, 바이트댄스는 인수합병과 전략적 제휴에도 적극적이며, 결국 사업다각화를 진행하고 있다. 이제는 점차 그 성공여부가 주목된다.

---

17 Happist, 틱톡으로 유명한 바이트댄스가 세계 최대 유니콘이 될 수 있었던 이유 3가지, 꿈꾸는 섬, 2020.06.30
18 장미, '틱톡' 바이트댄스, AI 신약 개발 추진한다, IT조선, 2020.12.24
19 김나은, '틱톡' 바이트댄스, 반도체로 사업영역 확장하나, 이투데이, 2021.03.16
20 정재용, 중국 바이트댄스, AI칩 개발 착수… "반도체 자립에 호응", 연합뉴스, 2021.03.17

❺ 인수합병 및 전략적 제휴

5.1 인수합병

(1) 립싱크 앱 뮤지컬리 인수

바이트댄스가 10대들이 즐겨 사용하는 립싱크 앱인 뮤지컬리Musical.ly를 인수했다. 인수 금액은 8만 달러약 9,200억 원인 것으로 추정된다. 인수업체인 바이트댄스는 중국의 온라인 뉴스 매체인 터우탸오를 보유하고 있다. 터우탸오는 2017년 초에 뮤지컬리의 경쟁업체인 Flipagram도 인수한 바 있다. 터우탸오의 단편 동영상 플랫폼 더우인은 뮤지컬리와 공동으로 기술 및 제품 개발을 추진하되 각자의 브랜드는 계속 유지할 것이라고 밝혔다.

한편, 인수된 뮤지컬리는 바이트댄스의 AI 기술과 결합해 중국과 아시아 시장을 공략할 계획이다. 또한, 우수한 현금화 능력을 가진 터우탸오가 제품 및 서비스 상업화에 약한 뮤지컬리의 매출 증대에 일조할 것으로 기대된다.[21]

(2) 비디오 게임사 문톤 인수

바이트댄스가 인기 게임 '모바일 레전드 뱅뱅' 개발사인 중국 모바일게임업체 문톤테크놀로지이하 문톤를 인수했다고 밝혔다. 인수가 마무리된 후에도 문톤은 독립적으로 운영되며 위안칭 문톤 최고경영자CEO 경영권도 그대로 유지된다. 시장에선 이번 M&A로 바이트댄스가 동남아시아 MOBA팀 기반 진지 점령전 게임 시장에서의 입지를 굳힐 수 있을 것이라고 전망했다. 오웬 소이 스트랩 컨설팅 창업자는 "문톤 인수는 e스포츠 시장에 진출하기 위한 큰 도약"이라면서 바이트댄스가 e스포츠와 동남아시아 지역으로의 확장을 위해 더 많은 인수를 시도할 수 있을 것으로 내다봤다.[22]

---

[21] 이용규, 중국계 인공지능업체 바이트댄스, 립싱크 앱 뮤지컬리 인수, techneedle, 2017.11.10
[22] 최예지, "동남아 게임 시장 잡아라" 中바이트댄스, 문톤 인수에 '통 큰 결단', 아주경제, 2021.03.23

5.2 전략적 제휴

(1) 중국의 6개 주요 영화사들과 협력

중국의 쇼트클립 앱 더우인TikTok, 抖音이 안러安乐, 완다万达, 광시엔光线, 아리阿里, 신리新丽, 잉황英皇 등 6개 영화사들과 전략적 제휴 관계를 맺었다. 중국 대표 IT기업 바이트댄스 CEO 쯔잉支颖은 영화산업과 쇼트클립 산업은 동영상이라는 동일 범주 내에 있으므로 상호 시너지효과가 클 것으로 전망했다.

이들은 향후 1년 동안 영화 40편을 공동 제작하여 더우인에서 차별화 전략을 통해 홍보할 예정이다. 또한 더우인은 광고 컨텐츠, OST 등 여러 방면에서 영화사들과 협력을 강화하여 각 장르에 맞는 세밀화된 마케팅을 펼칠 예정이며, 모든 앱 이용자들이 영화 소비자가 될 수 있기 때문에 영화 홍보에 있어서 영화업체와 소비자들 간의 격차를 완화할 전망이다.[23]

(2) 수협은행과 전략적 제휴를 맺어 디지털 채널 마케팅 진출

수협은행이 중국 스타트업 바이트댄스가 운영하는 비디오 앱 '틱톡'과 손잡고 디지털 채널 마케팅에 나서기로 했다. 비대면 채널을 확대해 시중은행에 비해 영업점이 적은 수협은행의 한계를 극복하겠다는 전략이다. 은행은 보수적이라는 편견을 깨고 젊은 층과 소통을 확대하는 데 효과적일 것이라고 기대된다. 수협은행장은 "은행업무가 모바일 위주로 옮겨간 게 오히려 기회가 될 수 있다"라며 "제휴를 통해 고객 접점을 늘리면서 신규 고객을 빠르게 유치하는 게 목표"라고 말했다.[24]

6 사업다각화

(1) 더우인페이

숏폼 플랫폼 틱톡의 운영사 바이트댄스가 결제 서비스인 '더우인페이더우인즈푸抖音

---

23 中 최대 쇼트클립 앱 더우인, 주요 영화사들과 전략적 제휴 맺어, kita.net, 2019.04.24
24 정지은, 수협은행이 '틱톡'과 손잡은 까닭, 한국경제, 2019.05.08

支付'를 론칭했다. 바이트댄스의 전자상거래 사업 진출을 위한 시도로 보인다. 앞서 바이트댄스는 전자상거래 사업 확대를 위해 결제 수단에 손을 뻗었다. 이를 위해 지난해 UI페이 사업자인 우한 헤중 이바이오 테크놀로지를 인수하고 결제 기능을 강화했다. 더우인페이는 그 결과물이다.

중국의 제3자 결제 플랫폼 시장은 알리페이와 위챗페이가 장악하고 있다. 이 중 알리페이 점유율은 지난해 2분기 기준 55.39%로 시장의 절반 이상을 차지한다. 이외에도 JD 페이, 바이두 월렛, 메이투안 페이 등이 있다.[25]

바이트댄스는 2021년 1월 18일 더우인에 '더우인페이'와 '전자지갑' 기능을 추가했다. 전자지갑에 돈을 넣어놓거나 신용카드·체크카드를 등록하면 결제에 활용할 수 있다. 더우인페이는 중국 10개 은행 카드와 연동해서 이용할 수 있으며 알리페이와 위챗페이의 사용 방식과 동일하다. 다만 시작 단계에서는 온라인 결제에서만 활용할 수 있다. QR코드를 활용한 오프라인 결제는 차후 오픈할 것으로 예상된다.[26]

(2) 과과룽쓰웨이

바이트댄스가 틱톡, 진르터우탸오今日頭條를 출시하며 중국 소셜 생태계를 장악했다면, 이번엔 온라인 교육시장을 선점하기 위해 관련 애플리케이션을 출시했다. 창업자 장이밍은 "교육 자체에 거대한 잠재력이 있다"면서 "예전에는 시공간적 제약이 따랐지만, 최근 코로나19로 온라인 교육 열기가 뜨거워지고 있다"라고 전했다. 이어 "인공지능AI 등 최첨단 기술을 결합하면 시너지 효과를 발휘할 수 있을 것"이라면서 "이상적인 교육 플랫폼이야말로 '훌륭한 선생님'이기 때문에 양질의 교육 플랫폼을 만드는 데 박차를 가하겠다"라고 강조했다.

바이트댄스는 지난 2020년 4월 12일, 3~6세를 겨냥한 수학 강습 플랫폼인 '과과룽쓰웨이'를 출시했다. 2020년 4월 7일 2~8세용 영어 플랫폼인 과과룽영어를 내놓은 지 닷새 만이다. 바이트댄스는 "교육 플랫폼을 조사한 결과 초등학교 1학년부터 고등학교 3학년까지를 대상으로 하는 이른바 'K12' 시장과 성인 대상 온라인 교육업

---

25 장미, 바이트댄스, 더우인페이 출시…알리페이·위챗페이와 경쟁, chosun, 2021.01.20
26 조상래, "위챗페이, 알리페이 양강구도 흔든다" 바이트댄스', 결제사업 진출…'더우인페이' 론칭, platum, 2021.01.20

체는 많지만 2~8세용 온라인 교육 플랫폼은 아직 많지 않다"라고 설명했다. 중국에서 아직 2~8세 어린이를 대상으로 만든 전문 교육 플랫폼이 소수이기 때문에 단시간 내 시장을 선점할 수 있을 것이다.

바이트댄스가 교육 플랫폼에 뛰어든 건 이번이 처음은 아니다. 지난 2018년 5월, 바이트댄스는 4~12세용 온라인 영어 강습 플랫폼 고고 키드GoGoKid를 일찍이 출범했다. 하지만 중국 온라인 교육업체 VIP 키드의 높은 장벽에, 출범한 지 1~2년 만에 대규모 감원을 단행하는 등 실패의 쓴맛을 맛봤다.[27]

(3) 누버스

쇼트클립 영상 플랫폼 '틱톡'으로 잘 알려진 중국 바이트댄스가 게임 홈페이지를 정식으로 열고 게임 사업을 본격화한다. 24일 중국 언론 터우쯔졔에 따르면 바이트댄스는 자사 공식 게임 서비스 홈페이지 '누버스nuverse, 중국명 차오시광녠'를 오픈했다.

바이트댄스는 2015년부터 게임 사업을 개발했으며, 2017년 누버스를 인수해 소리 없이 게임 서비스를 준비해 왔다. 지난 6년간, 바이트댄스의 게임 관련 인력은 이미 2,000명에 이른다고 터우쯔졔는 전했다. 게임이 여러 플랫폼 등에도 발행되기 시작했다. 공식 홈페이지 소개에 따르면, 세계 사용자와 개발자를 위한 게임 연구개발 및 발행을 하겠다고 밝혔다. '비아오런', '쵠밍싱지더우' 등 게임도 공개됐다. 중국풍 무협게임과 MMORPG, 전략 카드게임 등 게임 종류도 다양하다.

바이트댄스가 만든 첫 게임 '인위에치우치우'은 2019년 2월 발표됐으며, 이후 iOS에 등재돼 중국 게임 다운로드 2위에 오르기도 했다. 2019년 3월엔 상하이 모쿤을 인수해 게임 개발을 진행했다. 2018년엔 베이징에 설립한 '여우이커지'를 통해 게임 발행 플랫폼 오하유Ohayoo를 보유한 '비터만부'를 인수하기도 했다.[28]

---

27 최예지, [코로나 집콕시대]바이트댄스도 도전...커지는 中온라인 교육 시장, 아주경제, 2020.04.15
28 우효정, 中 바이트댄스, 게임 사업 본격화...개발 인력만 2000명, zdnetkorea, 2021.02.24

❼ 발전방향 및 한계

7.1 향후 발전방향

중국 바이트댄스 산하 연구·개발R&D과 배급 회사 및 브랜드 누버스Nuverse는 글로벌 게임 개발자에게 자금과 맞춤형 서비스를 제공하기 위해 누버스 인스퍼레이션 펀드NIF, Nuverse Inspiration Fund를 2021년 2월 23일 설립했다.

바이트댄스는 게임 활로를 빠르게 배치하면서, 게임 개발자들과 함께 성장하고 바이트댄스 플랫폼 이용자들에게 더 다양하고 고품질의 게임을 선택할 수 있도록 하는 게 목표다. 바이트댄스는 게임 개발자에게 높은 수준의 이익을 배분하고 있다. 천산갑의 해외 게임 비즈니스 책임자 쭝러钟乐는 베이징 국제게임 혁신대회2020BIGC의 오션엔진巨量引擎 전용 홀에서 바이트댄스가 1년간 게임 개발자들의 배분율을 230%에서 최대 300%까지 올렸다고 밝혔다.[29] 이 외에도 바이트댄스는 최근 '바이트 인공지능'의 상표를 신청한 것으로 알려졌으며, 업계에서는 바이트댄스가 인공지능과 클라우드 컴퓨팅 기술을 축적하고 클라우드 게임 배치를 추진할 것으로 전망된다.[30]

중국이 시작한 쇼트클립 트렌드는 글로벌 시장에서 열광적 인기를 누리고 있다. 오늘날 스마트폰의 상용화와 초고속 무선 네트워크 기술의 발달로 인터넷을 통한 교류가 활발히 이뤄지고 있다. 특히 동영상을 통해 정보를 공유하는 방식은 젊은 세대들에게 각광을 받고 있다. 또한 온라인 쇼핑몰과 같은 전자상거래 업계는 쇼트클립을 통한 마케팅으로 소비자에게 홍보하는 것이 중요해졌다. 바이트댄스는 이러한 시대의 선두주자에 서 있고, 틱톡 앱을 통한 입지가 굳건해지고 있다. 앞으로 쇼트클립의 대중화가 예상되는 만큼 바이트댄스는 경쟁사에 대한 대응과 새로운 고객 및 기존 고객에게 매력을 이끌 수 있을지, 그 결과가 궁금하다.

---

[29] 바이트댄스, 누버스 인스퍼레이션 전용 게임 펀드 출시로 글로벌 게임 스타트업 지원, 2021.03.18
[30] 이태웅, 반도체, AI이어 게임 시장도 노린다…바이트댄스 "누버스 게임펀드 출시", 뉴스퀘스트, 2021.03.18

7.2 한계점

바이트댄스는 비상장 기업가치 기준 세계 1위의 혁신기업으로 거듭났지만, 여러 가지 해결할 과제를 지니고 있다.

첫째, 새로운 사용자를 확보할 방안을 마련해야 한다. 모바일 보급이 성숙기에 접어들면서 중국 내 사용자를 새로 유치하는 것이 점점 어려워지고 있다. 또한 중국 내 거대 인터넷 기업들이 틱톡과 비슷한 기능을 출시하면서 경쟁이 심화되고 있다. 이를 해결하기 위해서 바이트댄스만이 독보적으로 내세울 수 있는 개인화 시스템을 더 확립하고 새로운 기능을 탐색해야 할 것이다.

둘째, 불특정 다수가 콘텐츠를 생산하고 유통하는 것에 사람의 개입이 없어 법적·윤리적 문제가 발생한다. 바이트댄스는 인공지능 기술에 기반한 큐레이션을 활용하여 콘텐츠를 제공할 때 사람의 개입이 없다. 그러므로 미디어의 불법 복제, 무단 도용, 재산권 분쟁이 쉽게 발생할 가능성이 있다. 또한 여러 국가에서 선정성, 불법 개인정보보호 이슈를 안고 있다. 2018년에는 인도네시아 정부가 틱톡 금지령을 내렸고, 이외에도 여러 국가에서 아동의 개인 정보를 불법 수집하여 큰 과징금을 낸 것으로 알려지면서 중국 정부의 정부 제공 의무, 개인 정보 유출, 국가 안보 등에 대한 우려가 점점 커지고 있다. 이를 해결하기 위해서는 바이트댄스 자체 내에서 사용자들이 안심하고 사용할 수 있도록 하는 보안 인공지능 시스템을 갖추어야 하며, 미디어의 잘못된 활용 역시 제한하기 위한 제도를 확립해야 할 것이다.[31]

셋째, 중국의 엄격한 통제를 무시할 수 없다. 바이트댄스의 쇼트클립 앱은 애초부터 중국 국내용더우인과 글로벌용틱톡 두 가지 버전으로 만들어졌다. 세계시장으로 뻗어나가는 동시에 중국 대륙의 엄격한 통제를 위반하지 않는 길이었다. 하지만 2017년 연말부터 중국 관리 당국의 비판과 벌금 처분의 대상으로 지목되어 회사 이미지가 훼손되었고, 그 외에도 판권 문제의 발생으로 중국 동영상 스트리밍 업체인 아이치이에게 소송을 당하는 사건도 있었다.

바이트댄스는 첨단 기술과 결합한 다양한 콘텐츠를 제공하여 우리의 삶을 간편하

---

[31] 백서인, 손은정, 김지은(2020), 4차 산업혁명 분야 중국 혁신기업의 성장요인 분석: 센스타임, 바이트댄스, DJI 를 중심으로, 기업경영연구, 27:1, 75-100

고 풍요롭게 만들어 주고 있다.[32] 하지만 사용자 중심의 서비스가 주목받는 지금, 이용자가 많을수록 그만큼의 책임도 무거워진다. 세계 1위의 스타트업 자리에 오른 바이트댄스는 자신들만의 기술과 도전으로 극복할 것으로 생각한다.

Assignment Question

1. 기술의 발전이 빠른 만큼, 끊임없이 변화하는 소비자들의 욕구(needs)에 대응하기 위한 바이트댄스의 기본 전략은 무엇일까?

2. 최근 ESG 경영과 같은 사회적 가치와 지속가능성에 대한 관심이 뜨겁다. 이에 대한 바이트댄스의 대응 방안은 무엇일까?

3. Porter(1990)의 다이아몬드 모델 분석을 통해, 바이트댄스의 현재 및 미래 전략에 대해 논의해 보자.

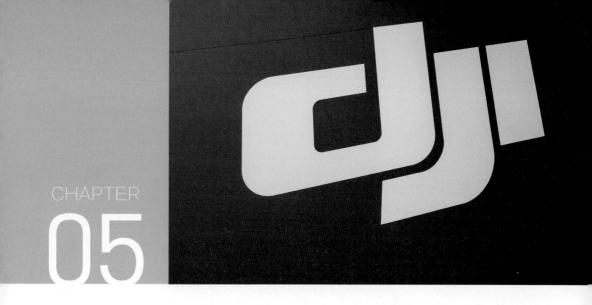

전 세계 드론 시장의
절대적 강자, DJI

학습목표

- 드론 시장의 최강자인 DJI의 성공요인 중 벤치마킹할 수 있는 전략적 시사점을 발견할 수 있다.

- DJI의 사례를 통해 혁신기업의 역량과 성공적인 비즈니스 모델을 이해한다.

- 4차 산업혁명 시대에서, 비즈니스 생태계 관점으로 기업을 고찰할 수 있다.

CHAPTER 05

전 세계 드론 시장의
절대적 강자, DJI*

DJI

❶ 기업소개

"DJI는 인재들의 꿈을 현실로 이루어줄 도구를 제공한다."

"형태는 기능에 따른다."[1]

기존의 테크산업에서 중국기업들이 성능보다는 가격으로 주목받는 포지션을 취하고 있었다면 DJI은 완전히 다르다. 차별화된 전략으로 저가부터 고가까지 전 세계 드론 시장에서 70% 이상의 절대적인 시장을 점유하고 있다.

---

* 본 사례는 정진섭 교수의 지도하에, 김대순 학생의 사례를 기반으로, 이다솔, 신유진, 이다인, 엄선홍, 신다은, 서유진, 조은비, 곽예진, ZOLZAYA 학생이 작성한 것이다.

[1] 이는 DJI의 명제로서, DJI의 제품은 고급 기술과 역동적인 디자인의 결합체임을 강조한다.

1.1 기업소개

DJIDJI 테크놀지는 최고경영자CEO이자 최고기술책임자CTO인 왕타오汪滔, Frank Wang 에 의해 2006년도에 설립된 드론 및 짐벌 전문기업이다. DJI의 정식 명칭은 대 강창신과기유한공사大疆创新科技有限公司이다. '대강大疆'의 중국식 발음 '다장DaJiang'과 'Innovation'의 앞 글자를 결합하여 'DJI'라는 사명이 완성되었다. 사명의 '다장'은 '위대한 야망에는 경계가 없다'는 의미로서, 무한 혁신을 기업의 비전으로 삼고 있다.

현재 다장 테크놀지는 세계 상업 드론 시장의 약 77%를 차지하고 있다. 일반 소비자를 겨냥한 저렴한 모델부터 전문가 및 상업용 고급 모델까지 출시하며 다양한 산업에서 사용되고 있다. 이는 드론 시장 내 경쟁력을 압도적으로 선점하게 된 결정 적 요인이다. DJI의 등장 이전, 기존의 드론 시장은 군수용으로 제한되어 왔다. DJI 는 기존 드론 시장에 개혁을 일으키며 혁신기업으로서 이미지를 공고히 하게 되었 다. 드론 시장의 소비자층을 확대함으로써, 드론의 용도를 민간용, 상업용, 공공용 등으로 다각화하며 드론 시장에서의 경쟁력을 독보적으로 선점하기 시작했다. 드론 은 현재 의료, 군사, 행정, 환경용 등 다양한 용도로 쓰이며, DJI는 드론업계 세계 1 위의 자리를 공고히 하고 있다.

또한 취미활동을 위한 제품뿐 아니라 비행 기술과 촬영 기능의 결합을 통해 다른 분야의 산업 수요도 창출했다. 최고 수준의 비행 제어 기술에 항공 촬영에 최적화된 짐벌gimbal, 수평유지 장치 및 카메라 기술을 장착하여 촬영 기능을 향상함으로써, 방송·영상 업계뿐만 아니라 관측, 지도제작 등의 산업에서도 큰 성공을 거두었다.[2]

DJI의 차별화된 해외 시장 진출 전략은 중국뿐 아니라 세계적인 드론 시장의 기 업으로서 발돋움하게 된 요인 중 하나로 평가된다. 내수 시장을 공략하여 제품력을 인정받은 후, 해외에 진출하는 중국 글로벌 기업들의 일반적 전략과 달리, DJI는 세 계 최대 시장인 미국을 먼저 공략하고 자국 및 다른 국가를 공략하는 전략을 전개했 다. 2012년에 미국 LA에 첫 지사를 설립한 이후, DJI는 해외에서 기업의 전체 매출 의 약 80%가량을 올리고 있다.[3] 2020년 기준, DJI의 기업가치는 1600억 위안약 27조 5

---

[2] 머니투데이, 세계 드론시장 절대강자 DJI 비결은 '쉬지않는 혁신, 2018.10.23
[3] 백서인, 손은정, 김지은(2020), 4차 산업혁명 분야 중국 혁신기업의 성장요인 분석: 센스타임, 바이트댄스, DJI

천억 원에 이른다. 중국 외에도 한국, 미국, 일본, 홍콩, 독일 등에 17개의 해외 지사를 두고 있다.

DJI의 대표적 제품으로는 일반인 사용자 및 민간 촬영용 드론 '팬텀Phantom', 전문가 및 상업용 촬영을 위한 고품질 항공 영상 제작 드론 '인스파이어Inspire', 모바일 짐벌 'DJI OM오즈모 모바일', 초소형 스마트폰 짐벌 'DJI Pocket' 등이 있다.

DJI 로고[4] 그림 1

1.2 창업배경

2006년, DJI 창업자 왕타오는 대학에서 비행 헬기 조종 및 원격 제어 연구에 함께 전념하던 동기 두 명과 함께 DJI를 설립했다. 이후 왕타오는 DJI를 독보적인 기술력과 디자인을 기반으로 드론 시장의 강자로 만들었으며, 현재까지 전 세계 드론 시장의 트렌드를 이끌고 다양한 제품을 끊임없이 출시하고 있다.

사업의 성공과 함께 창업자 왕타오는 포브스 아시아 최연소 억만장자로 선정되었다. 사실, 왕타오는 초창기에 헬기의 자동 제어시스템을 사업 아이템으로 잡아, 기업을 모형 헬기 회사로서 성장시키고자 했다. 그러나 이후 그는 한 중개상의 조언을 통해 비행 제어시스템 구매자의 대부분이 드론을 이용한다는 사실과 더불어, 향후 드론 사업의 유망성과 가능성을 인지하게 되었으며, 이를 계기로 회사의 중심 사업 아이템을 드론으로 바꾸었다.

왕타오는 드론 시장에 상용화되어 판매되는 모델 대부분이 사용자가 부품을 직접 소지하고 드론이 필요할 때마다 꺼내서 조립하는 방식의 'DIY 조립형'이라는 점에 주목했다. 2013년 1월, 왕타오는 DIY 조립형 드론 모델의 불편함을 개선하여 본체, 조종기, 소프트웨어가 완벽히 설정된 일체형 드론 '팬텀1'을 출시했으며, 이는 DJI 기

를 중심으로, 한국기업경영학회 [기업경영연구] 제27권 제1호(2020) pp.75-100
[4] https://worldvectorlogo.com/logo/dji-1

업의 혁신과 성장의 계기가 되었다.

'팬텀'의 특징은 최초의 완제품 드론으로서 사용자가 조립하지 않아도 되는 프레임, 설정이 완료된 소프트웨어 등을 갖춘 혁신적인 제품이었기에, 전 세계 드론 시장과 소비자의 반응은 뜨거웠다. 기존 드론 시장의 확대에 있어 주요 장애 요인이었던 '불편함'에 주목을 하게 된 계기에는 창업자 왕타오의 어린 시절, 부모님께 모형 헬기를 선물 받았지만, 조종의 어려움으로 인해 헬기가 추락하여 망가졌던 경험이 반영되어 있다. 당시 느낀 기존 모형 헬기의 단점을 개선하여 그는 '누구든지 쉽게 조종할 수 있는 드론'을 개발하고자 했고, 이는 혁신기업으로서 발돋움하는 원동력이 되었다.

그림 2 DJI의 CEO 왕타오(汪滔)[5]

또한, 당시에 항공 촬영을 위해서는, 전문 카메라를 따로 드론에 장착해야만 했다. 이에 DJI는 자사의 '인스파이어' 모델과 같이, 카메라 일체형 드론을 전문가용 고급형 모델로서 새롭게 출시했으며, 이는 드론 시장의 혁신을 초래하여 영상, 교통 등 다양한 산업에서 적극적으로 활용되며 DJI 모델에 대한 전 세계적인 신뢰를 공고히 하게 되는 계기가 되었다.

❷ 경영전략

2.1 차별화된 전략: 해외 시장이 먼저!

DJI의 차별화된 해외 진출 전략은 중국뿐 아니라 세계적인 드론 시장의 기업으로

---

5 주간동아, 세계 최대 드론업체 中 DJI, '인권탄압' 의혹받고 美 제재 대상에 올라, 2020.12.23

서 발돋움하게 된 요인 중 하나로 평가된다. 내수 시장을 공략하여 제품력을 공인받은 뒤, 비로소 해외에 진출하는 중국 글로벌 기업들의 일반적 전략과 달리, DJI는 세계 최대 시장인 미국을 먼저 공략하고, 자국 및 해외 타국을 공략하는 전략을 전개했다. 2012년에 미국 LA에 첫 지사를 설립한 이후, 해외에서 기업의 전체 매출의 약 80%가 발생했다.[6]

이어 DJI는 자사의 독자적인 기술을 바탕으로, 제품의 높은 품질, 가격 경쟁력, 차별화된 전략을 활용하여 전문가뿐 아니라 일반인이나 아마추어까지 겨냥 소비자층을 확장함으로써 민간용 드론 시장을 개척하고, 동종업계 다른 기업들 사이에서 신속하고 독보적으로 경쟁력을 차지할 수 있었다.

기술을 기반으로 한 혁신을 적극적으로 추구하는 DJI의 경영전략은 미국의 '애플' 기업의 행보와 유사하다는 평가를 받고 있다. 그 이유 중 하나는 기업의 제품 생태계 조성이다. 2015년, DJI는 개발자 전용 드론인 M100을 출시하며 공개한 자사 소프트웨어 개발자 도구SDK가 DJI 생태계 형성의 시작으로 평가된다. DJI는 드론 완성품을 판매하는 것에서 나아가, 드론의 기본 기능을 갖춘 M100에 세계 각지 고객이 해당 소프트웨어 SDK를 활용해 원하는 기능을 추가하여 개인 맞춤형 드론을 만들 수 있도록 한 것이다. SDK를 전 세계 기술 개발자들에게 공개해 각자의 플랫폼에서 더욱 다양한 수요 창출을 극대화하는 전략을 전개했다는 점에서 애플과 DJI는 유사한 면을 보인다. 소비자는 각자의 필요에 맞게 맞춤형 드론을 제작할 수 있으므로, 기존 드론의 사용처에서 나아가 농업·건설·토지 측정·수색 구조 등 다양한 분야로 확장할 수 있다.[7]

2.2 제품혁신

전술했듯, DJI는 2013년 구매자가 별도의 조립 과정을 거치지 않고 바로 사용할 수 있는 완제품 형태의 드론을 출시하며, 드론 시장의 판도를 바꾸었다. '팬텀1'의

---

6 백서인, 손은정, 김지은(2020), 4차 산업혁명 분야 중국 혁신기업의 성장요인 분석: 센스타임, 바이트댄스, DJI를 중심으로, 한국기업경영학회 [기업경영연구] 제27권 제1호, 75-100
7 일요주간, 세계 제1위 드론생산 'DJI사' 심층분석(하편), 2018.04.13

출시는 드론 시장의 패러다임을 완벽히 바꿔 드론의 이용 범위를 전문가용에서 민간용·상업용으로 확대하고 소비 시장을 확장하는 결정적인 계기가 되었다.

DJI는 설립 초기 완제품보다는 무인 비행체와 카메라를 연결하는 영상 안정화 장치인 '짐벌' 등 각종 부품 개발에 주력했다. 짐벌이란 '외부 충격으로 인한 비행 물체의 흔들림을 보완하고 카메라의 기울기를 유지시키는 역할을 하는 기구'이다. 2008년, 짐벌을 주축으로 한 드론을 출시했으나, 매출 부진을 겪게 되었다. 이는 소비자가 촬영을 위해서는 카메라, 영상 송수신기 등을 따로 구하여 조립해야 하는 등 드론이 전문가용으로 국한되어 있었기 때문이다. 따라서 DJI는 전략을 전환하여 드론의 하단부에 카메라를 탑재한 '팬텀' 모델을 시리즈로 출시했고, 이를 바탕으로 본격적인 혁신과 성장을 시작했다.

이렇듯 DJI는 소비자 중심에서 다방면의 욕구를 충족하기 위해 STP 전략[8]을 보다 다각화하여 드론 모델을 개발하고, 다양한 모델을 출시해 왔다. 드론 사용자의 촬영 목적에 따라 필요한 기능에 대한 심화한 이해를 기반으로, 제품마다 사용 목적에 적합한 비행 기술을 탑재함으로써 공통적으로는 보다 넓은 범위의 산업과 고객의 만족을 최우선으로 도모하였다.

즉, DJI는 시장의 트렌드를 빠르게 읽고, 소비자의 불편함을 적극적으로 반영한 혁신을 도모하였고, 이를 통해 기업의 신뢰도를 높이고 시장점유율을 확대해 왔다. 드론 사용자가 공통으로 추구하는 영상의 높은 품질, 드론의 안전한 비행, 편리한 작동법, 소지의 편의성 등을 중심으로 제품을 지속해서 다양하게 개발하므로, 기존 DJI의 소비자는 물론, 신규 드론 소비자들도 지속해서 유입되며 DJI 제품을 선택하게 되었다. 소비자들에게 다양한 모델을 통해 본인의 목적에 맞는 다양한 선택지를 제시하며, 다른 기업 드론 제품의 불편 사항을 자사 기술로써 보완하는 전략은 드론 제조기업 간 경쟁우위를 선점하는 원동력이 되었다.

동사는 드론 입문을 포함하여 다목적 용도로 개발된 '팬텀Phantom' 라인에서 나아가, 촬영 기능에 더욱 특화된 전문가용으로 '인스파이어Inspire' 라인, 방제용 '아그라스Agras' 라인, 산업용 다목적 드론인 '매트리스Matrice' 라인 등 제품 영역을 다변화했

---

8   시장세분화(Segmentation), 표적 시장 선정(Targeting), 위치화(Positioning)의 3단계 과정을 STP 전략이라 한다.

다. 뿐만 아니라 2014년 4월에 출시된 '팬텀2 비전플러스'는 항공촬영에 필요한 3축 짐벌촬영 시 흔들림을 교정해주는 장비, FPV1인칭 영상 송출장치 등을 모두 갖춘 올인원 기기였는데, 이 제품을 계기로 DJI는 액션캠뿐만 아니라 오즈모Osmo, 로닌Ronin과 같은 촬영용 장비 라인까지 독자적으로 마련하게 되었다.[9] 최근에는 교육용 로봇 시장과 자율주행용 센서 시장에도 본격적으로 진출하며, 하드웨어 기반의 첨단 제품 영역으로 사업다각화를 적극 추진하고 있다.

최초 일체형 드론 DJI 'Phantom 1'[10] **그림 3**

2.3 혁신적인 신제품의 신속하고 지속적인 출시

DJI는 수백 개에 이르는 특허 기술로 평균 5~6개월마다 새로운 디자인과 기능을 갖춘 신제품을 선보인다. 이는 다른 드론업체의 신제품 출시와 비교했을 때, 높은 품질의 신제품을 출시하는 속도가 범접하기 어려운 '혁신의 속도'라 할 수 있다. 따라서 이는 DJI 제품이 드론 시장을 선점하고 경쟁력을 보일 수밖에 없는 결정적 요인 중 하나이다.

DJI가 보유한 미국 특허는 총 197건2017.05.25 기준이며, 그중 순수 영상처리 기술 및 데이터 처리 기술 등 일부 건을 제외하면 대부분 무인기 관련 특허다. DJI가 미국에 출원한 드론 관련 특허는 총 172건이다. 이는 미국 내 출원된 드론 관련 전체 특허총 2,424건의 7.1%를 차지한다. 미국 내에서 100건 넘는 특허를 보유한 출원인으로는 DJI가 유일하다.[11]

DJI의 가격 경쟁력의 주요 원동력 중 하나는 중국 내 '선전' 지역의 뛰어난 하드웨

---

9 백서인, 손은정, 김지은(2020), 4차 산업혁명 분야 중국 혁신기업의 성장요인 분석: 센스타임, 바이트댄스, DJI 를 중심으로, 한국기업경영학회 [기업경영연구] 제27권 제1호(2020) pp. 75-100

10 http://www.betanews.net/article/629174

11 ipdaily, [최승욱 변리사의 드론 대해부] ④ 세계 최대 드론 업체 중국 DJI, 2020.02.14

어 가치사슬이다.[12] 왕타오는 DJI를 중국 1위 디지털 도시이며, 규모의 경제를 실현할 수 있는 '선전'에서 창업하였는데, '선전' 지역이 제조업 중심의 역동적인 혁신도시라는 점에서 수많은 혁신 스타트업의 성공에 기여하고 있다. 이런 이유로 DJI의 성공 이후, 수많은 드론업체가 선전 지역에 입지를 두고 있다.

2.4 기술력 확보와 R&D를 위한 전폭적인 투자

DJI가 단순 공중 촬영 기능을 하던 드론을 단시간에 인공지능AI 기능을 장착하여 자체 정보 처리까지 가능토록 한 것은 연구개발R&D 투자의 확대가 결정적인 요인이다. R&D 연구에 대한 막대한 투자는 기술력과 제품의 완벽한 품질을 최우선으로 추구하는 CEO 왕타오의 경영철학이기도 하다. DJI는 '기업의 규모가 확대되어도, 연구 인력의 비중을 3분의 1로 유지한다'는 철학 아래, 기업의 연 매출액의 7%가량을 연구개발에 투자하고, 전체 직원 중 약 30%에 달하는 인력을 드론기술 연구원으로 채용함으로써, 약 2,600여 명 전문 인력이 드론 기술력 확보와 R&D 연구개발에 전념하게 하는 시스템을 갖추고 있다.

이외에도 R&D 센터에 경쟁 시스템을 도입함으로써, 연구원의 직급과 연차에 무관하게 누구나 아이디어를 제안하고 제품을 기획할 수 있는 기회를 갖게 한다. 2012년 대학생 인턴이던 천이치陳逸奇가 공중에서 360도 회전 촬영이 가능한 방안을 제시하자, 왕타오는 그에게 수천만 위안의 연구비를 지원하고 100여 명 연구팀의 지휘권을 부여한 사례는 기업이 추구하는 인재상을 보여주는 대표적 일례이다. 이외에도, 실전에 강한 연구 인력 저변을 확보하기 위해 2015년부터 중국 대학생 로봇 대회 '로봇 마스터스'를 후원하고 있다.

나아가 미국 실리콘밸리 R&D 거점에 이어 2017년 여름 도쿄 시나가와 역 주변에 일본 R&D 센터를 열었다. 스웨덴의 명품 카메라 기업인 하셀블라드, 전문 반도체 회사인 미국 모비디우스 등 해외 유명 기업 및 연구소와 공동 연구를 진행하는 등 글로벌 연구 네트워크를 강화하고 있다. 이는 DJI가 제품 판매 등 비즈니스 확장에만

---

[12] 조선비즈, Case Study: DJI, 신흥산업 '퍼스트 무버'로 날아오르다, 2018.01.16

그치지 않고, 연구개발에 대한 투자를 확대하며 더욱 적극적으로 기술을 확보하고 있다는 뜻이다.

2.5 DJI의 지역적 · 환경적 이점

중국은 정부 차원의 기술 수용적 정책 기조와 보조금 지급 등에 힘입어 드론 산업이 빠르게 성장했고, DJI, 이항과 같은 기업의 성공으로 세계 최대 드론 생산지의 입지를 굳히고 있다. 특히 DJI가 위치하고 있는 광둥성 선전시는 중국의 개혁 개방 메카로서 1980년도에 중국 최초의 경제특별구역으로 지정되었고, 현재 아시아의 실리콘밸리로 불리며, IT 스타트업들과 중국 전체 드론업체400여 개 사의 75%인 300여 개 기업이 밀집되어있다.

선전 지역은 '기술혁신기업의 산실'로 평가되는데, 수많은 글로벌 기업을 배출한 요인 중 하나는 선전지역 주변 글로벌 기업들의 생산 공장이 위치하여 우수한 제조업 인프라를 구축하고 있다는 것이다. 따라서 제품의 기획에서 설계 · 제조까지의 과정이 매우 신속하다. 이렇듯 선전 내 본사와 공장이 인접한 환경은 DJI의 경우에게도 제품 및 부품의 운송 · 제조비용, 원가 절감, 신속한 제품 설계 및 제조 과정에서 규모의 경제의 실현을 가능하게 했다. 나아가 수많은 인재의 유입도 용이하다. DJI는 선전이 제공하는 하드웨어의 가치 사슬에서 창출한 원가 우위와 차별화를 통해, 타사 대비 합리적 가격의 제품을 출시하였고, 따라서 가격 경쟁력과 더불어 전체적 경쟁 우위를 지니게 되었다.

③ 기술역량

DJI가 전 세계 드론 시장에서 독보적인 점유율을 유지할 수 있는 이유로는 차별적인 기술력을 기반으로 한 제품혁신을 말할 수 있다. CEO 왕타오는 창업 초기에 '자동 항법제어장치'를 집중 연구하여 드론의 '저가 · 소형화 · 저전력'을 실현하면서, 과거 전문가들의 영역으로 간주되던 항공 촬영의 진입 장벽을 낮출 수 있었고, 이를 통해 더욱 다양한 소비자들을 매료시킬 수 있었다.[13]

DJI는 드론업계 최초로 팬텀4 드론에 전방 감지 센서를 적용하여 비행 중 장애물이 감지되면 정지하게 함으로써, 드론 시장 내 혁신의 아이콘으로 자리 잡았다. 즉, DJI는 해당 기술을 통해 비행 중 장애물 충돌로 인해 촬영 과정에서 문제가 되었던 기존 드론의 한계를 보완하게 된 것이다. DJI는 이후에도 적외선 감지 센서, 장애물 감지 센서를 제품의 다방향에 장착하여 출시함으로써, 보다 발전된 드론의 비행 기술을 제품에 적용하기 위해 노력해 왔다.

한국드론산업협회에 따르면, 공중 촬영을 하려면 안정된 상태를 유지해야 하는데, DJI의 팬텀은 정지 비행 시 오차 범위가 플러스마이너스± 40cm로 경쟁사 드론들의 3분의 1 미만이며 짐벌 기술도 최고 수준이다. 이는 비행체와 카메라를 융합하는 핵심 기술에서 세계 드론 시장에서 1위의 기술력을 보유하고 있음을 의미한다.[14]

'팬텀1'의 출시 이후 탄생한 '팬텀2'의 경우, 충돌 방지 장치와 3축 짐벌을 탑재해 공중촬영의 정밀도를 높였으며, 2015년 나온 '팬텀3' 3개 모델은 비행 안정성 향상에 성공했다. 2019년 3월에 출시된 '팬텀4'에선 기존 성공적 모델에서 나아가 전방에서의 장애물 회피 기능과 피사체를 뒤에서 추격하는 기능까지 탑재한 채 출시되었다.

2017년 10월, 접이식 드론으로 출시된 '매빅 프로'의 경우, 사용자가 평소 소지가 가능할 정도의 소형으로 드론을 제작하였음에도, 피사체의 전방까지 추격할 수 있는 기능을 탑재했다. 또한, 2020년 11월에 출시된 '팬텀4 프로'의 경우 좌우 측면 추격 기능뿐 아니라, 장애물 회피 기능까지 장착했다. 나아가, DJI는 빅데이터 기술을 기반으로, 제품이 피사체를 기체가 스스로 식별할 수 있는 기능을 모델에 적용했다.

이어 DJI는 인간의 달 착륙 '아폴로 임무'에도 참여했던 카메라 및 사진 장비업체인 '핫셀블라드'사를 인수했다. DJI는 자사의 드론 개발 기술과 핫셀블라드의 카메라 기술력의 융합하여 하이엔드 카메라 드론 출시를 제조하고자 인수를 단행했다. 실제로, 2018년에 두 기업의 기술력이 결합된 DJI Mavic2 Pro와 Zoom이라는 제품이 출시되어 전 세계의 큰 주목을 받았다. Mavic 2 Pro의 경우에는 드론 제품 최초로 기체의 사면 모두에 충돌 방지 센서가 탑재된 채 출시되었다.

---

13 주간동아, 중국의 드론 굴기, 2018.11.23
14 Chosun Biz, 세계 하늘 장악한 중국 '드론 괴물', 2018.01.22

이렇듯, 중국 기업 DJI가 상업용 드론 시장의 1위를 독점할 수 있는 이유는 빠르게 변화하는 트렌드에 발맞춰 다양한 산업에서 활용될 수 있는 범위를 확대하기 위해 첨단 기술을 기반으로 제품의 기능을 다각화하되, 신제품을 지속적으로 출시했기 때문이다.

드론을 구성하는 핵심 부품은 비행 컨트롤러FC, Flight Controller이다. FC는 드론이 비행할 수 있도록 제어함으로써 비행을 위한 핵심적 부품들인 고도 센서, 지자계센서 등이 포함되어 있다. 창업 초창기에 FC 제조를 중심으로 사업을 전개하기도 했던 DJI는 GPS위성항법장치를 통해 드론이 사용자의 위치를 인지한 채 이를 유지하기 위해 기체의 모터를 작동시키도록 제작했다. 따라서 사용자는 해당 기술을 통해 드론을 공중으로 밀거나 날려도 다시 제자리로 돌아오기 편리한 특

DJI PHANTOM 4 PRO  그림 4

DJI INSPIRE 2 [15] 그림 5

성을 누릴 수 있게 된다. 뿐만 아니라, FC는 드론이 급격히 빠른 속도로 움직이거나, 비행 중 외부 방해요인 등의 영향이 있더라도 공중에서 안정적으로 유지된다.[16]

한편, DJI만이 가진 독자적 기술이자 자사 드론 모델 중 하나인 '스파크'에 적용된 첨단 기술 중 하나는 인텔리전트 플라이트 기능이다. 해당 기능을 통해 '스파크'는 피사체를 인지하고 이에 초점을 맞춰 추적하며 찍을 수 있다. 단순히 피사체를 인식하는 것뿐 아니라 사람, 자동차, 물체 등도 구분할 수 있다. 이는 DJI의 제품에 적용되

---

15 https://www.dji.com/kr
16 매일경제, [Biz Focus] '드론계의 애플' DJI…첨단 기술로 새처럼 날다, 2017.07.14

는 독자적인 소프트웨어 기술 때문이다.

특히, 인공지능AI 머신러닝은 드론의 인식 기능에 큰 성공 요인으로 작용했다. DJI의 민간용 제품으로 출시된 셀프 카메라용 드론은 사람 행동을 인식해 움직이며, 사용자가 손가락으로 사진기 모양을 만들면, 이를 인식하고 자동으로 촬영한다. 또한 별도의 컨트롤러가 없이도 사람 손바닥을 인식하여 드론을 움직이는 것도 가능하다. 모델 '스파크'의 특징은 항공촬영에서 주로 쓰이는 다채로운 촬영기법을 소프트웨어를 통해 구현한 것이다. 사용자를 중심으로 드론이 360도 회전하면서 영상을 촬영할 수 있는 기능 또한 그 일례이다. 위 기능을 통해 아마추어도 충분히 DJI 모델을 통해 전문적인 촬영이 가능해졌다.

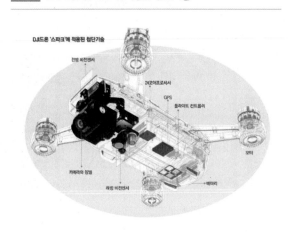

그림 6 DJI 드론 '스파크'에 적용된 첨단기술[17]

이렇듯 DJI는 하드웨어의 발전뿐 아니라 자체 소프트웨어의 개발을 지속적으로 발전해 나가며 드론 시장에서 DJI의 입지를 강화하고 동종업계 다른 기업이 대체 불가한 제품을 출시하고 있다. 실제로 DJI는 해외 유명 기업·연구소와 글로벌 연구 네트워크 구축에도 총력을 가하고 있다. 기체 충돌 회피 기능 보강을 위해 세계 최고 화상인식 전문 반도체 회사인 미국 인텔 모비디우스와 1년 넘게 공동 연구를 진행하였으며, 연구 결과를 2014년 출시한 전문가용 드론 '인스파이어' 등에 녹여냈다. DJI는 미국 캔자스주립대와 함께 밭의 영양과 수분 상태를 드론으로 모니터링하여 비료와 물 사용 비용을 줄이고 수확량을 늘리는 기술도 개발하는 등 미국 실리콘밸리 R&D 거점 및 해외 각지에 DJI의 R&D 센터를 열며 기술력을 확보하기 위한 노력을 최우선으로 하고 있다.[18]

---

17 매일경제, [Biz Focus] '드론계의 애플' DJI…첨단기술로 새처럼 날다, 2017.07.14
18 인민망, 세계 하늘 장악한 중국 '드론 괴물'…DJI의 '굴기 비밀', 2018.01.22

④ 전략적 제휴

오늘날 글로벌 경영환경은 끊임없는 변화를 거듭하고 있으며, 동시에 소비자의 욕구 또한 복잡하고 다양해지고 있다. 즉, 전 세계적으로 발생되는 기업 간의 무한 경쟁과 급변하는 경영 환경 속에 적응하며 살아남기 위해 기업은 자신들의 새로운 경쟁우위를 찾아 경쟁기업보다 빠른 시일 내에 질 높은 제품과 서비스를 제공해야 한다. 그러나 기업이 독자적으로 새로운 경쟁우위를 찾고 이를 발전시켜 나가는 것은 시간과 비용이 많이 소요되기 때문에, 다른 기업의 역량을 활용하는 하나의 방법이 바로 전략적 제휴이다.

이제 전략적 제휴는 기업들이 지속적인 혁신을 통한 성장을 도모하기 위해서 필수적인 경영전략이 되었다. 기업들은 동종 산업, 이종 산업, 지역의 구분 없이 서로의 목적을 달성할 수 있을지의 여부가 확실하고, 최신 트렌드에 적합한 파트너십이 될 수 있다면 상호 전략적 제휴를 추구한다. 앞으로도 기업은 산업과 기술의 고도화, 점점 더 증가하는 경쟁기업의 수, 혁신 주기의 가속화 등에 대비하기 위해서는 그에 상응하는 노력이 필요하다. DJI는 어떤 기업들과의 전략적 제휴를 통해 동사의 경쟁력을 높였는지 살펴보자.

4.1 마이크로소프트와의 전략적 제휴

DJI는 소프트웨어 개발도구SDK와 MS의 '애저 IoT 엣지Azure IoT Edge' 서비스 등을 통해 인공지능과 학습능력을 드론에 부여하여 '스마트 드론'을 개발하는 전략적 제휴를 체결했다. 이 제휴는 상업용 드론 개발 플랫폼의 생태계 확장을 위한 차원에서 이뤄진 것이다. 양사가 공개한 SDK 프로그램은 DJI의 드론 비행 기술과 MS의 애저Azure 클라우드 서비스가 만나 농업, 공공 안전, 건설, 소방 등 다양한 분야에서 새로운 드론 솔루션들을 도입할 수 있는 개발 도구이다. SDK의 가장 큰 장점은 다양한 산업 분야에 맞춰 드론에 내장되는 프로그램을 제어할 수 있다는 것이다. 또한 업계 최고 수준의 머신러닝 기술을 자랑하는 MS의 애저를 사용하면 방대한 양의 항공 이미지와 동영상 데이터를 분석해 다양한 산업 분야에 활용할 수 있다. 즉, 드론으로 촬영한 데이터를 전 세계 약 7억 개의 윈도우10 기기에 전송할 수 있게 되는 것이다. 개발자는 DJI 드론을 원격으로 조종할 수 있는 윈도우 앱을 구축할 수 있을 뿐만 아니라 개발자가 직접 애플리케이션에 대한 수정 및 디버그가 가능하다. 이에 뤄전화羅鎭華 DJI 총재는 "DJI의 비행 플랫폼과 마이크로소프트의 개발 시스템이 결합되면서 윈도우 개발자들이 이른 시일 내에 DJI의 SDK를 이용해 드론에 AI와 학습 능력을 탑재할 수 있을 것이며 전 세계 윈도우 개발자들이 인공지능, 머신러닝 기술을 이용한 비행 로봇을 제작해 기업들에 시간과 비용을 절약하는 방안을 제공할 수 있게 됐다"라고 밝혔다.

한편 DJI와 MS의 협력은 이것이 첫 번째가 아니다. DJI와 MS는 이미 정밀 농업 기술 분야에서 MS의 팜비트FarmBeats 솔루션 프로젝트로 협력하고 있다. 해당 솔루션은 애저 IoT 엣지에서 실행되는 AI 모델을 사용해 항공 및 지상 센서의 데이터를 집계하고 분석한다. MS 팜비트는 DJI의 PC 그라운드 스테이션 프로 소프트웨어와 매핑 알고리즘을 통합해 실시간 히트맵을 애저 IoT 엣지에서 생성한다. 이렇게 생성된 히트맵은 씨의 발아에 알맞은 토양 상태가 되었는지 알려주고, 농부의 경작을 돕는 등의 방식으로 사용될 수 있다. 이와 같이 이미 두 기업이 실시한 협업으로 판단할 때, 이 전략적 제휴 또한 앞으로 드론 기술이 산업 현장의 주역이 되는 데 큰 도움이 될 것으로 보인다.[19]

4.2 SK텔레콤과의 전략적 제휴

DJI는 드론 촬영 영상을 이동통신망 기반으로 실시간 중계하는 서비스를 확대하기 위해 2018년 SK텔레콤과 MOU를 체결했다. 본 제휴는 이동통신망 기반 드론 영상 관제 제품, 솔루션 공동개발과 세일즈, 마케팅에 대한 업무 협약에 관한 내용을 담고 있다. 협약에 따라 SK텔레콤은 자사 영상 중계 장비 'T 라이브 캐스터' 기반의 실시간 영상 스트리밍 인코더, 모바일 앱, 서버 포스트 웨어 등 관련 솔루션을 제공한다. SK텔레콤의 LTE 이동통신망 기반 고화질 영상 관제 솔루션은 스마트폰의 카메라, 통신 모듈을 사용할 수 있어 경제적이고, 다양한 촬영 장비에 스트리밍 인코더를 빠르게 설치할 수 있다는 장점이 있다.

---

19 박경일, "DJI, MS와 드론 개발 플랫폼 생태계 확장한다", 로봇신문, 2018.05.09

이러한 장점으로 인해 DJI 제품으로 촬영한 영상의 전송 지연율을 줄이고, HD급 고화질로 실시간 전송이 가능해진다. 이를 위해 양사는 DJI 드론 조종 앱 'DJI GO'와 SK텔레콤의 스트리밍 앱 'T 라이브 캐스터 스마트'의 기능 통합을 논의할 예정이다. 또한, 기업이나 정부 기관에서 더욱 효율적으로 드론을 운영할 수 있도록 SK텔레콤의 영상 수신, 관제 서버 솔루션 'T 라이브 스튜디오'와 DJI의 드론 관제 솔루션인 'DJI Flight Hub'의 기능을 통합하고 고도화하는 방안도 검토할 계획이다.

이 협약으로 출시될 실시간 영상 관제 솔루션은 산업용 드론 시장은 물론 개인에게도 긍정적인 파급 효과가 예상된다. 농업, 물류, 탐사 등에 활용되는 상업용 드론 영역, 사회안전망 구축, 시설물 영상 관제 영역, 실시간 영상 중계를 활용한 미디어, 엔터테인먼트 영역 등에 기술을 폭넓게 적용할 수 있기 때문이다.

한편 양사는 LTE 통신 인프라가 잘 갖춰진 한국, 미국, 일본에 우선 적용해 가능성을 타진한 뒤, 점진적으로 다른 국가까지 확대해 나갈 계획이다. 또 5G 상용화 시점에는 5G 스마트폰과 태블릿도 이 기술을 적용해 드론 촬영 영상을 4K, 8K 이상의

그림 7 SK텔레콤-DJI 협업 이미지

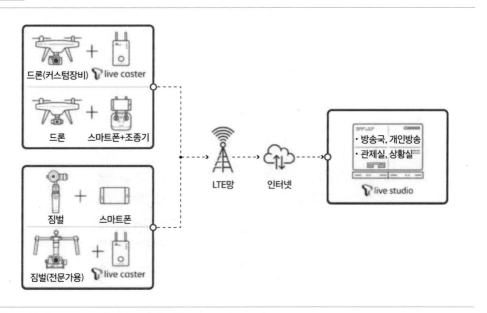

출처: 김윤희, "SKT-DJI, 드론 영상 생중계 위해 '맞손'", 지디넷코리아, 2018.06.10

초고화질로 스트리밍할 수 있도록 제품 및 솔루션을 고도화를 추진할 것이다.[20]

4.3 라인프렌즈와의 전략적 제휴

DJI는 2018년 8월, 라인프렌즈의 인기 캐릭터 '브라운'을 모델로 한 첫 캐릭터 드론을 출시하는 브랜드 파트너십을 체결했다. 파트너십을 통해 만들어진 제품은 '라인프렌즈 스파크 RC 콤보'이다. 이 제품은 손바닥 위에 이륙할 수 있을 정도의 미니 사이즈 드론으로 간편한 촬영 기능과 공유 기능을 제공한다. 또한 스파크는 카메라를 조종기 없이 손바닥의 움직임만으로도 조종할 수 있는 소비자용 드론이다. 2축 기계식 짐벌과 1/2.3인치 CMOS 센서를 갖춰 12메가 픽셀 사진 및 1080p 동영상을 흔들림 없이 촬영한다. 최대 5m 내의 장애물을 감지할 수 있는 센서까지 장착되어 있어 아직 조작이 익숙하지 않은 드론 입문자에게도 드론에 대한 장벽을 낮춰준다.

석지현 DJI 시니어 커뮤니케이션 매니저는 "스파크는 가장 작고 휴대가 간편하면서도 강력한 성능으로 꾸준한 드론의 대중화에 크게 기여한 제품이다. 드론이 빠른 속도로 라이프스타일 액세서리로 자리 잡고 있는 만큼, 라인프렌즈와 캐릭터 파트너십을 통해 더 많은 소비자가 드론을 쉽고 즐겁게 접할 수 있기를 바란다"라고 말했다. 라인프렌즈는 가장 빠르게 성장하고 있는 글로벌 캐릭터 브랜드 중 하나로 모바일 메신저 운영 회사 '라인'의 계열사이다. 라인 모바일 앱에서 캐릭터 이모티콘으로 탄생한 라인프렌즈는 2011년부터 독립적으로 캐릭터 사업을 시작했고

그림 8   라인프렌즈 스파크 RC 콤보

출처: "DJI, 라인프렌즈와 손잡고 캐릭터 드론 출시", 중앙일보, 2018.08.06

---

20 김윤희, "SKT-DJI, 드론 영상 생중계 위해 '맞손'", 지디넷코리아, 2018.06.10

현재 전 세계적으로 108개의 스토어를 가진 글로벌 브랜드로 성장했다. 이번 제품은 DJI 글로벌 플래그십 스토어 4곳과 북미, 중국, 홍콩, 한국 DJI 공식 온라인 스토어에서 주문할 수 있다.[21] 라인프렌즈는 한국에서의 인기는 물론이고 중국의 광군제에서 매해 역대급 매출을 갱신 중이며, 북미에서도 밀레니얼 세대들의 관심을 사로잡으며 글로벌 캐릭터 브랜드로서의 영향력을 넓혀나가고 있다. 이에 따라 DJI 캐릭터 드론의 귀엽고 친근한 이미지로 인한 성공적인 판매가 기대된다.

4.4 로젠바우어 인터내셔널과의 전략적 제휴

DJI는 더 나아가 오스트리아에 본사를 둔 세계 3대 소방차 및 소방차 장비 제조 업체인 로젠바우어 인터내셔널과의 전략적 제휴를 통해 응급 대응 서비스 향상을 도모했다. 로젠바우어의 소방 작업 관리 시스템은 소방 안전 지도, 위험 물질 데이터, 차량 구조 표 등의 관련 정보로 현장에 출동한 소방대원들을 지원하는 시스템이다. 이에 DJI의 드론 편대 관리 소프트웨어인 '플라이트 허브FlightHub'의 데이터가 로젠바우어의 작업 관리 시스템에 원활하게 통합되어 최종 의사 결정자에게 추가적인 시각 및 열화상 데이터를 제공할 예정이다.

인력, 차량, 기타 장비 등 자원의 효율적이고 안전한 배치와 관련한 정보가 이후 태블릿으로 사건 현장에 전달되거나 지휘 본부의 모니터에 표시되어 전체적인 상황 파악을 도와 결정을 실시간으로 내릴 수 있다. 또한 데이터 보안이 무엇보다 중요하기 때문에 로젠바우어 작업 관리 시스템에 실시간으로 전달되는 모든 정보와 DJI 플라이트 허브로부터 받는 정보는 유럽 내 주요 통신회사의 보안 서버에 저장되며 데이터 트래픽은 보안화 및 암호화된다. 그뿐만 아니라 배치 중 데이터는 모든 모바일 엔드 디바이스와 동기화되어 각 작업팀이 동일한 정보를 갖게 되며, 폐쇄 루프 안에 보관된다.

로젠바우어 인터내셔널 CEO 디터 지겔은 "응급 서비스 팀이 시간 압박 속에서 결단력 있는 판단을 내리기 위해서는 현재 상황에 대한 완벽한 이해와 신속성이 요구된다. 우리는 이미 효율적인 차량 관리부터 내비게이션에 이르기까지 다양한 IT

---

21 "DJI, 라인프렌즈와 손잡고 캐릭터 드론 출시", 중앙일보, 2018.08.06

솔루션으로 응급 서비스 팀을 지원해 왔다. 하지만 이번 DJI와의 제휴를 통해 포괄적인 데이터를 기반으로 소방 및 재해 관리를 위한 통합 기술을 개발하며 디지털 선구자로서의 포지션을 강화할 수 있게 됐다"라고 의의를 전했다.

이에 DJI 뤄전화羅鎭華 총재는 "로젠바우어의 탁월한 소방차 생산 기술과 소방관에게 응급 대응 및 재난 구호를 위한 최고의 도구를 제공하겠다는 비전에 DJI의 드론 솔루션이 도움이 되어 기쁘다. DJI는 안정적이고 확장 가능한 드론 솔루션을 제공해 소방관, 수색 구조팀, 공공 안전팀이 드론 기술을 활용할 수 있도록 하는 것이 목표다. 매일 인명을 구하고 시간과 자원을 절약하는 데 드론을 활용한 기술의 역할이 점점 커지고 있다. 양사의 기술 통합은 이번 장기 제휴에 있어 중요한 단계이며, 우리의 다짐이 소방전문가를 위한 드론 도입 및 활용이 무르익고 있다는 사실을 보여준다"라고 밝혔다. 2019년에 맺어진 제휴는 어떤 사람이든 디지털 응급 대응 관리 혜택 대상이 될 수 있도록 더 빠르고 안전하며, 효율적으로 개선될 전망이다. 그뿐만 아니라 비가 오나 눈이 오나 출동하는 소방서는 물론이고 공항이나 산업시설에서 이 시스템을 사용할 민간 업체에게도 가장 안전하고 신속한 상황 분석과 그에 따른 인력 배치 판단을 내릴 수 있게 될 것으로 보인다.[22]

그림 9 로젠바우어 소방차와 DJI 드론

출처: "DJI - 로젠바우어, 응급 서비스 대응 디지털화 위한 협력 체결", 테크데일리, 2020.03.31

---

[22] 문상현, "DJI - 로젠바우어, 응급 서비스 대응 디지털화 위한 협력 체결", 테크데일리, 2020.03.31

⑤ 사업다각화

사업다각화는 기업이 기존 사업과 관련 있는 분야로 진출하거나 혹은 기존 사업과 전혀 관련 없는 분야로 진출하면서 사업 영역을 넓혀가는 것을 말한다. 드론 시장 점유율의 70%를 차지하고 있는 드론업계 1위 기업 DJI는 사업다각화를 통해 세계무대에서의 영향력을 넓히기 위한 노력을 하고 있다. 관련 다각화와 비관련 다각화 중 어떤 것이 더 좋다고 딱 잘라 말할 수는 없지만, 기업이 사업 영역을 넓혀감으로써 새로운 수요와 성장 동력을 찾아 기업의 성장성을 유지하거나 발전시키기를 원한다면 무분별한 문어발식 사업 확장에서 그치는 것이 아니라 안정적으로 수익을 제고할 수 있어야 하고, 기업의 기술과 자원을 얼마나 효율적으로 활용할 수 있을지에 대해 중점적으로 생각해 보아야 한다.

과거와는 달리 현재의 기술 발달 속도는 눈 깜짝할 사이에 이루어질 정도로 빠르고, 혁신 수준 또한 높아졌기에 새로운 사업 영역에서 얻을 수 있는 수익원을 신속하게 찾아야 한다. 또한 기존에 영위하던 사업이 통제할 수 없는 외부환경에 의해 위험에 처하게 될 때는 사업다각화로 피해를 상쇄시킬 수 있어야 한다. DJI도 사업다각화의 중요성을 인지하고 드론이라는 하나의 분야에서만 역량을 발휘하기보다는 여러 시장으로 진출하면서 기업의 성장 기회를 창출하고 있다. 다음에서는 DJI의 다각화 사례를 살펴보고자 한다.

5.1 액션캠 시장 진출

DJI는 드론 시장에서의 성공을 발판 삼아 2019년 5월 액션캠 시장에도 첫발을 내디뎠다. DJI의 액션캠 '오즈모 액션'은 459,000원의 가격으로 전 세계적인 판매를 시작했다. 액션캠은 익스트림 스포츠 및 레저 활동을 즐기는 소비자들에게 활동 중 자유롭게 사진과 영상을 찍을 수 있도록 만들어진 마니아층의 수요가 주를 이룬 제품이었지만, DJI는 최근 일상 VLOG 영상을 업로드하는 유튜버들이 많아짐을 고려해 유튜버를 겨냥해 제품을 낸 것으로 보인다. 오즈모 액션이 다른 기업의 액션캠과 다른 점도 바로 전면 스크린이 있어 자신의 모습을 수시로 확인하면서 안정적인 촬영을 할 수 있다는 것이다.

이에 DJI 관계자는 "기존 액션캠은 전면 디스플레이가 없었고, 있다 해도 메뉴 선택만 할 수 있는 정도였다. DJI는 유튜버, 일반인들이 쉽게 영상을 기록할 수 있도록 시장을 읽고 반영한 것이다"라며 DJI의 액션캠 시장으로의 진출 이유를 밝혔다.

시장조사기관 크리던스리서치는 2018년을 기점으로 액션캠 시장이 매년 평균 12.6%씩 성장하면서 2026년이 되면 시장 규모가 102억 5000만 달러약 12조 원 수준으로 커질 것으로 예상했다.[24] 액션캠 시장에는 87%의 점유율을 자랑하고 있는 고프로가 있지만 DJI는 전면 카메라 기능과 손 떨림 방지 기술EIS인 '록스테디Rocksteady'가 있기에 향후 액션캠 시장 규모가 커짐에 따라 DJI의 성장이 기대된다.

그림 10 DJI 오즈모 액션캠[23]

5.2 로봇공학 교육분야 진출

2013년 로보마스터 대회를 시작으로 로봇공학 교육에 지속적인 투자를 이어오고 있던 DJI는 2019년 5월 액션캠 시장에 진출한 뒤 곧바로 같은 해 6월에 교육용 코딩 로봇 시장에도 진출했다. 정식 명칭은 '로보마스터RoboMaster S1'으로 소비자가 직접 코딩으로 로봇을 작동시킬 수 있다. 로보마스터 S1은 총 31개의 센서를 통해 주변의 환경을 매핑할 수 있고, 소리를 인식해 반응할 수 있으며, 다른 로보마스터 S1 로봇으로부터 신호를 수신할 수 있다.

고급 기능을 원하는 소비자는 파이썬 3.0을 사용해 로보마스터의 움직임 향상, 4개의 바퀴의 토크[25]까지 최적화하면서 자신만의 기능을 프로그래밍할 수 있다. 이 로봇은 교육용 공학로봇이지만 스마트폰 화면을 통해 1인칭으로 로봇끼리 전투할

---

23 https://www.nocutnews.co.kr/news/5151518
24 장우정, "中 드론 제조사 DJI, 액션캠 출사표… 유튜버 겨냥 전면스크린 최초 탑재", 조선비즈, 2019.05.15
25 물체에 작용하여 물체를 회전시키는 원인이 되는 물리량

수 있는 배틀 모드를 갖춰 학습과 재미를 동시에 추구한다. 로봇은 코딩에 내용에 따라 상대 로봇을 향해 적외선 광선을 발사하거나, 젤 형태의 탄환을 발사할 수 있다.

예를 들어, 'Hit and turn back' 기술을 실행하면 로보마스터가 뒤에서 공격을 받는 즉시 회전해 반격하는 식이다. 왕타오는 "DJI는 기술의 한계를 넓히고자 노력하는 열정적인 엔지니어들이 이끌어가는 회사다. 기술에 대한 열정만큼 어린 시절부터 기술을 접하고 학습할 수 있는 기회가 주어

DJI 로보마스터 S1[26] 그림 11

지는 것 또한 매우 중요하다. 로보마스터 S1은 차세대 혁신자들을 염두에 두고 개발한 제품으로, 로봇 공학과 프로그래밍을 접하는 발판이 되는 동시에 즐겁고 교육적인 경험을 제공한다"라며 로보마스터를 출시한 이유를 설명했다. 향후 DJI는 학교, 로봇 공학 동아리 등 유관 기관과 협력하며 해당 분야에서 위상을 높여갈 예정이다.[27]

5.3 자율주행 시장 진출

DJI의 사업다각화는 여기서 그치지 않고 자율주행 산업에도 진출하기 위해 준비하고 있다. 2019년 12월 DJI는 L3/L4급 자율주행 자동차 부품을 개발하여 자율주행 영역에 진출했고, 자율 주행 기술 연구를 거쳐 이미 테스트 면허를 발급받았으며, 잠재 자율주행차 고객과 접선하고 있다.

2020년 1월에는 자율주행 자동차에 탑재되는 핵심 센싱 기술 중 하나인 레이저레

---

[26] https://biz.chosun.com/site/data/html_dir/2019/10/16/2019101600831.html
[27] 김태헌, "DJI, 드론 넘어 로봇까지…'로보마스터 S1' 국내 출시", 스포츠서울, 2019.10.16

이더 판매를 개시하면서 관련 부품업 진출에 정식으로 나섰다. DJI의 자율주행 기술 팀은 수십 명의 규모로 이뤄졌으며, 전前 테슬라 오토파일럿팀 엔지니어 책임자 대런 리카르도를 부총재로 임명했다. 또한 DJI의 자율주행 사업 움직임이 보다 가시화되면서 차량 제어 엔지니어, 센서 알고리즘 엔지니어, 기능 안전 엔지니어, 자율주행 엔지니어, 자동차 전자공학 엔지니어, 차량용 소프트웨어 엔지니어 등 관련 직무를 공개 채용하고 있다.

그뿐만 아니라 DJI는 중국 대표로서 2019년 11월에 열린 자율주행 미래 국제 표준 'ISO 21448 예기 기능 안전포럼회의'에도 참여하며 적극적인 시장 진출 움직임을 보이고 있다. 럭스 리서치에 의하면 향후 자율주행 자동차 시장은 2030년까지 그 규모가 880억 달러에 이를 것으로 예상하였고, 시장점유율은 92%를 차지할 것으로 전망했다.[28] 이에 최근 중국 자율주행 시장은 바이두, 텐센트, 알리바바 이외에도 징둥닷컴, 디디, 그리고 화웨이가 정식으로 뛰어든 상태로, 향후 DJI의 참여로 관련 시장 경쟁이 더욱 치열해질 것으로 전망되고 있다. DJI의 경우 드론에 개발한 기술을 접목하면서 경험과 노하우를 쌓아왔고, 이미 자체 센싱과 의사결정 알고리즘 등의 기술을 보유했다는 점이 강점으로 작용할 것으로 보인다.[29]

⑥ 발전방향과 한계점

6.1 발전 방향

DJI가 중국을 비롯한 전 세계에서 인정받는 드론 공룡기업이 될 수 있었던 이유는 무엇일까? 무엇보다도 중국 정부의 적극적인 지원 정책 덕분이다. 중국 정부는 드론 산업을 4차 산업혁명의 상징으로 판단하고, 드론 산업에 대한 발 빠른 지침 마련과 규제 완화를 실행했다. 2003년에는 DJI 본사가 위치한 선전시에서 '통용 항공 비행 관제 조례'를 제정해 민간에서의 드론 활용을 폭넓게 허용했고, 2009년에는 국

---

28 이지현, "실리콘밸리에서 미래자동차의 모습을 보다 – ③ 4차 산업혁명 시대 융복합 기술의 결정체: 자율주행 자동차", Kotra 해외시장뉴스, 2020.04.28
29 유효정, "드론 공룡의 변신…中 DJI, '자율주행' 시장 진출", 지디넷 코리아, 2019.12.29

가 차원에서 '민간용 무인기 관리에 관한 문제의 잠정 규정', '민간용 무인기 관리 회의 개요' 등을 발표해 드론 비행 신청 계획부터 사용 항공지역 등의 요건을 명확히 규정해 자국 드론 산업이 확산하는 데 기여했다.[30] 이에 대해 DJI는 중국 정부의 적극적인 지원을 발판 삼아 DJI를 지금의 자리에 있게 해준 R&D 투자를 소홀히 하지 않으며 드론 산업이 진출할 수 있는 분야는 무엇인지 지속적인 관심을 쏟고 있다. 중국은 이미 드론 선진국이지만 그 속에서도 1위의 자리를 굳건히 하기 위해서는 중국 정부가 DJI에게 달아준 날개를 이용해 보다 질 높은 특허를 만들고, 국민 사생활 침해 및 기업의 안보에 대한 문제를 간과하지 않고 다양한 방면의 부단한 노력이 필요할 것이다.

한편, 드론은 인간이 수행하기에 위험도가 높은 일을 안전하고 편리하게 도와줄 수 있기 때문에 기존의 단순한 취미용 장난감에서 벗어나 활동 영역이 점차 확대되고 있다. 활동 영역이 다각화된 드론은 항공사진 촬영, 코로나19 방역, 물류 배송, 재난대응, 범죄 예방, 보안 강화, 건설업, 방송, 교통 관리, 광산, 통신 등 기타 여러 응용 분야에 사용되고 있다.

PwC에 의하면, 2020년 드론의 산업별 부가가치 창출 규모는 인프라 452억 달러, 농업 324억 달러, 교통 130억 달러, 보안 100억 달러, 방송·오락 88억 달러, 보험 68억 달러, 통신 63억 달러, 광산 44억 달러로 총 경제적 가치 창출은 약 137조 원이다. 미국시장조사기관 프론트앤 설리번은 전 세계 드론시장은 2018년 37억 달러약 4조 3,970억 원에서 오는 2023년에는 1,037억 달러약 123조 4,030억 원로 성장하며, 중국 제조업체가 그 절반을 차지할 것으로 예상했다.[31] 이렇듯 무섭게 성장하는 드론 시장규모와 각 분야에서의 수요로 미루어 보아 드론 산업의 일인자라고 할 수 있는 DJI의 미래는 밝다고 볼 수 있다. 드론의 영향력이 뻗치지 않은 분야가 없는 오늘날 DJI의 기업가치 창출은 지속될 것이며, 이를 위한 혁신은 지속되어야 할 것이다.

---

30 오대석, "DJI 급성장 배경에는…중국 정부 발빠른 드론 정책", 전자신문, 2018.09.27
31 이성원 "DJI 드론 가격 경쟁력의 비결은?", 로봇신문, 2020.09.03

6.2 한계점

DJI의 몇 가지 위협 및 한계점은 다음과 같다. 첫째, 현재 DJI가 직면한 가장 큰 위협은 미국의 무역 제재이다. 무엇보다도 2020년 12월, 미국 상무부는 DJI를 무역 블랙리스트에 올렸다. DJI의 기술이 중국 위구르족의 인권 유린에 광범위하게 활용되고 있다고 판단했기 때문이다. 나아가, 미국은 DJI의 미국 부품 및 기술의 사용을 임시로 금지했다. 2021년 1월, 미국 내무부는 약 1,000대의 중국산 민간 드론 사용을 임시 중단시키기도 했다. 이를 고려했을 때, 중국 기업에 대한 미국의 제재 강도가 심화되는 과정에서 DJI 또한 직접적인 타격을 받고 있다.

2020년, 일본 또한 자국의 정보 보안을 위해 정부 차원에서 중국산 드론 제품의 구입을 배제할 것을 밝혔다. 로이터 통신에 따르면, 일본 정부의 DJI 드론에 대한 규제 방침은 미국과 마찬가지로 선진 정보 기술이 중국에 유출되어 군사적 용도로 사용되는 등 사이버 보안, 공급망, 지적 재산권 측면과 같은 부문에서, 정보 유출로 인한 보안 문제 방지를 위해 제재를 심화하기 시작했다. 이렇듯 미국, 일본 등에서 본격적으로 DJI에 대한 규제를 심화하고 있는 원인은 보안 문제로, DJI가 제조 및 판매하는 드론이 사용자 개인 또는 조직의 정보를 수집하고 당국에 유출할 위험 가능성이 높다고 판단했기 때문이다.

DJI의 실제 제품 제조 시 사용되는 대부분의 부품이 미국산이기에, DJI가 기존에 유지해 온 생산구조는 미국의 경제 제재에 큰 위협을 받고 있다. 닛케이에 따르면, 매빅에어2는 저장 장치에 삼성전자, D램에는 SK하이닉스의 반도체 제품을 사용하고 있다. 이는 미국이 화웨이에게 가한 위협과 유사한 상황이 DJI에게도 발생 가능함을 시사한다. 미국 정부가 자국의 반도체 기술 및 장비가 사용된 제품을 DJI에 납품을 금지하는 등 규제를 더욱 심화할 수 있기 때문이다.

또한, DJI의 가격 경쟁력의 근원은 자사 제품에 미국산 상용 부품을 약 80%를 사용하여 원가 절감이 가능함에 있다.[32] DJI의 드론 제품에 사용되는 통신 부품은 미국 반도체업체 코르보Qorvo를 사용하고, 전원 부품은 미국 텍사스인스트루먼트TI 반도체

---

[32] 주간동아, 세계 최대 드론업체 中 DJI, '인권 탄압' 의혹받고 美 제재대상에 올라, 2020.12.23

칩을 사용하고 있다. 해당 반도체는 드론의 무선 통신 신호를 강화해 주고 간섭을 없애주는 DJI 모델의 핵심 칩이다. 이렇듯 드론을 구성하는 핵심 부품들은 대부분 미국산으로, 이는 무역 제재가 그동안 기업 선호도의 결정적 요인 중 하나인 가격 경쟁력 및 높은 제품력에도 긴밀히 연관되어 있음을 시사한다.

나아가, 무역 제재로 인한 기업 경영 환경의 불안정성은 DJI 테크놀로지의 지속적인 인력 유출을 야기하고 있다. 로이터통신에 따르면, DJI의 북미 지사 임직원 200여 명 가운데 3분의 1이 회사를 떠났다고 한다. 2020년, DJI의 미국 제재 이후 R&D센터 책임자가 사직하고, 팔로알토 R&D센터의 10여 명의 연구원 또한 해고되는 등 기업의 핵심 기술 인력을 잃고 심지어 경쟁 드론업체로 유출되는 문제를 겪고 있다. 이는 기존에 DJI가 굳건히 지키던 시장 장악력이 흔들릴 가능성을 의미한다.

둘째, 전 세계 드론기업 경쟁사들이 DJI를 추격하고 있다. 드론 시장은 4차 산업혁명을 견인할 대표적인 산업 분야로 주목받고 있다. 국토교통부에 따르면, 2026년 전 세계 드론 시장의 규모는 820억 달러에 달하는 부가가치를 생산할 것으로 전망된다. 미국 내 아마존, 구글 등의 유수한 글로벌 기업들이 드론 산업으로의 투자를 늘리고 있으며, 알파벳, UPS 등의 드론 상업 배송을 허용하기 시작했다. 일본 또한 국가전략특구 제도를 통해 산림감시, 택배 등 점차 다양한 분야에 드론을 활용하고 있으며, 2030년까지 드론 산업을 육성하기 위한 장기 계획을 국가적으로 실행하고 있다. 이렇듯 의료, 농업, 교통, 건설, 물류 등 다양한 산업 분야에서 수요가 증가함으로써 상업용 드론 시장은 더욱 확대되고 있다.

유닉Yuneec, 이항Ehang 등 DJI의 후발 경쟁기업들의 경우, 제조 인프라가 풍부한 지역에 본사와 공장을 두고 판매 가격을 낮추며 DJI와 동일한 성공 전략을 사용하여 DJI를 뒤쫓기 위해 총력을 다하고 있다.[33] 중국의 농업용 드론 전문 기업인 지페이 XAG의 제품은 현재 세계 19개 국가에서 사용되고 있으며, 보잉은 우버와 협력하여 항공 택시 서비스를 2023년에 출시하는 것을 목표로 최근 시험비행에 성공했다. 이 외에도, DJI의 경쟁기업인 프랑스 드론업체 패럿과 미국의 스타트업 스카이디오는 자율비행 드론 유니콘 기업으로서 DJI의 대체재로 급부상하고 있다.

---

[33] 중앙일보, 보잉, '우버 에어' 성공적 시험비행…2023년 상용화 목표, 2019.01.24

드론은 향후 인력 및 인프라 부족 등의 문제를 보완하고 드론의 하드웨어와 접목시킬 수 있는 첨단 기술의 종류도 매우 다양하기 때문에, 그 응용 범위가 매우 넓다. 즉, 4차 산업혁명과 더불어 드론 시장의 향후 성장 가능성이 무궁무진하기에 전 세계적으로 수많은 DJI의 드론 경쟁기업들이 출현하고 있는 현상은 보안 및 무역 제재로 인한 문제를 겪고 있는 DJI에게 큰 위협으로 작용하고 있다.

셋째, 드론에 대한 국가별 다른 규제 또한 장애요인으로 작용한다. DJI의 대대적인 성장은 중국 정부의 적극적인 드론 산업 육성 방침하에 전국적 규제 완화 및 정보 개방을 바탕으로 하고 있다. 그러나 최근 중국 기업에 대해 국가 및 개인의 보안, 드론 비행의 안전성 등의 문제가 세계적으로 대두되며, DJI 또한 드론을 통한 정보 유출 및 보안 문제로 다양한 국가에서 제재 및 규제가 심화되고 있으며, 이에 따라 기존의 시장을 잃고 있는 상황이다.

2018년 말, 일부 공개된 국제표준화기구ISO의 드론 포함 무인항공기의 비행 규칙에 관한 최초의 국제 표준 초안에 따르면, 비행 기록을 남길 수 있는 로그 탑재, 공항 근처의 비행 제한 지역 설정과 정부 기관 등에 접근하지 못하도록 하는 지오펜스 Geo-Fence 설치, 프라이버시 보호와 비행 시 발생할 수 있는 인적 오류로 인한 사고를 방지하는 안전 확보 기구인 페일 세이프Fail Safe 구비 등의 의무가 명시되어 있다. 이는 국가 간 공통적 규칙을 바탕으로 드론으로 인해 대두되는 문제를 개선 및 방지하기 위해 규제가 국제적으로 강화될 가능성을 시사한다.

대표적으로, 드론 산업을 적극 육성하는 EU 또한 2019년부터 모든 드론에 대해 전자 등록을 의무화하였고, 개별 드론을 전자적으로 식별할 수 있고, 특정 구역에서의 비행 동선을 실시간으로 파악할 수 있는 지오펜싱 기술을 도입하는 등의 방식으로 드론 관련 안전 관련 규제를 강화했다. 미국은 재인증법 제384조를 고지해 공항 주변의 비행 제한 구역을 확대했다. 이에 DJI는 지오펜싱 시스템 'GEO2.0'을 도입하는 등 규제 대응을 위한 기술 개발 및 보급에 앞장서고 있다.[34] 반면, DJI GEO 시스템은 현지 규정을 올바르게 준수하며 안전하게 비행하는 일은 온전히 드론 사용자의 책무로 간주하며, 사전에 각 관할 구역마다 적용되는 규정을 파악할 것을 공지했다.

---

[34] DJI뉴스, DJI, 공항 안전 강화를 위한 지오펜싱 시스템 'GEO 2.0' 국내 발표, 2019.02.28

국가마다 유망한 드론 산업을 육성하되 보안 및 안전 관련 규제를 구체화하고 강화하는 상황에서, 개발 국가와 시장에 걸맞게 기술을 개발하고 도입하는 것이 DJI에게는 애로사항이자 향후 더욱 신중을 가해야 할 사안이 됐다.

미국의 무역제재, 인재 유출, 경쟁사 위협의 협공은 DJI에게 전례 없는 위협으로 작용하고 있다. 따라서 DJI는 기업이 직면하게 된 경영환경의 급격한 변화와 정치적·경제적 위기에 대해 합리적이고 구체적인 대응 방안을 전개해야 할 것이다. 미국과 일본 등 해외에서 DJI 및 중국 기업에 대한 경제 제재가 강화되고 있는 시점에서, 자사 제품의 생산과 공급 구조에서 해외 시장에 대한 의존도가 높은 DJI는 미국산 핵심 부품의 대체재 모색, 사업다각화, 드론 산업 확장 등 DJI의 세계시장 장악력을 상실하지 않기 위한 돌파구를 찾아내야 할 것이다. 미국이 화웨이에게 가한 직격탄이 DJI에게도 향후 점진적으로 발생 가능하다고 예측되기 때문이다. 즉, DJI가 현재 직면하고 있는 기업의 인재 유출, 경영 및 생산, 경쟁사 추격 등의 문제는 기업이 해당 문제를 직면하고 적극 개선하되, 향후 발생 가능한 기업의 내·외부 경영 환경의 변화를 예견하고, 이에 대응하는 새로운 경영전략이 필요할 것이다.

중국 혁신기업에 대한 소고: 센스타임, 바이트댄스, DJI

혁신을 최우선으로 추구하는 경영전략의 성공을 통해 '센스타임'은 AI 시장, '바이트댄스'는 콘텐츠 플랫폼 시장, 'DJI'는 드론시장에서 대체 불가능한 기업으로서 자사 생태계를 공고히 하고 있다. 위 세 기업은 공통적으로 4차 산업혁명 시대의 신흥산업을 주도하고 있는 중국의 혁신기업으로서, 단기간에 스타트업에서 스케일업으로 성공했다. 세 기업의 공통적 성공 요인은 다음과 같다.

첫째, 센스타임, 바이트댄스, DJI는 산업과 시장의 경계를 뛰어넘는 **협업**을 통해 사업다각화 전략을 전개했다는 점에서 공통점이 있다. 위 기업들은 기업 내부의 자체적인 혁신을 추구할 뿐 아니라 외부 기업과의 협력을 도모함으로써 새로운 기회를 확보하고 자사 생태계를 확장해 나가고 있다. 즉, 전혀 다른 분야 산업의 기업들과도 전략적 제휴·인수·합병·투자 등의 방식을 통해 협업하여 제품 및 서비스를 기술적으로 발전시키고 사업을 다각화했다. 이를 통해 기업의 제품·서비스가 더욱 다양한 산업에서 활용되고, 기존 소비자뿐 아니라 지속해서 신규 고객을 유입하고 있다는 점에서 탁월한 성과를 보이고 있다.

나아가, 위 기업들의 핵심 전략 중 하나는 '소비자 맞춤형' 제품과 서비스를 제공하기 위해 최적화된 기술과 비즈니스 모델을 필요에 따라 지속적으로 새롭게 도입한다는 것이다. 하나의 기존 제품 및 서비스 제공 방식에 고착화되지 않고, 끊임없이 소비자의 새로운 니즈needs를 충족시킴으로써 신규 수요가 지속적으로 증가하며, 기존 고객의 유출을 방지하는 목적도 추구했으므로, 이러한 전략은 성공적으로 전개되었다.

둘째, **중국 정부의 적극적인 지원**은 기술 혁신기업의 성장에 결정적인 원동력으로 작용하였다. 위 세 혁신기업 모두 중국 정부 및 중국 내 경제특구 '선진' 지역 등의 적극적인 구조적 지원을 통해 도전적인 연구 및 개발에 전념할 수 있었다. 중국의 경우 국가 주도로 AI 및 첨단 기술 인재 육성에 대규모로 투자하고 있으며, 정부 차원에서 기업에 대규모 데이터베이스 접근할 수 있는 권한을 자체적으로 부여하는 등 첨단 기술 발전과 시장 확대를 위한 막대한 지원이 기업의 성장에 중요한 역할을 하고 있음을 증명하고 있다. 특히 최근 중국 중앙 정부는 대외 개방을 극대화하고 개혁을 강조하며, 지역별 첨단 글로벌 기업에 대해 더욱 전폭적으로 지원하고 있다. 이에 따라 현재 중국은 글로벌 유니콘 기업의 산실로 평가되고 있으며, 향후에도 세계 시장의 판도에 영향을 미치는 신흥 혁신기업이 대규모 출현하고 성장함에 있어, 중국 정부의 구조적 지원은 결정적 역할을 할 것으로 예상된다.

셋째, 센스타임, 바이트댄스, DJI 모두 스타트업으로 시작해서 국내외 기업들의 대규모 투자유치를 발판 삼아 가치 창출을 극대화하며, 혁신기업으로서 성장했다는 점에서 공통점을 가진다. 중국 스타트업에 투자하는 벤처투자금액에서 BAT바이두, 알리바바, 텐센트가 차지하는 비중은 약 40%에 달하며, 디지털 분야의 선순환 생태계 또한 잘 조성되어 있다. 이러한 혁신기업들은 해외 유수의 스타트업과의 협력 및 자체 기술 개발을 바탕으로 창업 초반 국내외 투자 유치에 성공할 수 있었고, 유니콘 기업으로의 성장 과정에서 대형 벤처 캐피털의 투자를 통해 스케일업을 실현했다.

그러나 이렇듯 4차 산업혁명 시대와 함께 급변하는 산업의 흐름을 적극적으로 활용하여 새로운 산업의 패러다임을 선두하고 있는 세 기업에게도 위험요인은 존재한다. 후발 기업들의 성장성, 중국 기업에 대한 규제와 제재, 중국과 미국의 과학기술 경쟁 등이 그것이다. 전 세계 기업들이 4차 산업혁명을 주도할 것으로 기대되는 AI 시장, 드론 시장, 미디어 플랫폼 시장에 많은 기업들이 뛰어들고 있으며, 해당 시장을 독점하고 있는 위 중국 혁신기업들을 뛰어넘기 위해 경영전략을 벤치마킹하고, 인프라를 구축하며 우수한 기술력을 위해 투자하며 경쟁력을 확보하고 있다.

따라서 시장 장악력을 유지하되, 기존 기술의 한계를 극복하고 다른 기술과 협력을 통해 지속해서 차별화된 경쟁력을 갖추는 것은 더욱 중요해졌다.

특히, 국가 안보 문제로 인해 전 세계적으로 중국 기업에 대한 규제와 제재가 강화되고 있다. 최근 미·중 무역 분쟁과 기술 경쟁으로 인해 센스타임과 DJI는 사업을 전개하는 최대 시장 중 하나인 미국에 강력한 제재를 받으며 한차례 기업의 존망 위기의 기로에 놓인 바 있다. 자국의 기술 역량 확보를 명분으로 중국 기업의 지나친 정보 수집과 정치적 활용은 미국뿐 아니라 더욱 많은 국가에서 규제를 강화할 수 있을 것이다. 이렇듯 무역 제재의 심화가 전 세계적으로 지속된다면 중국 기업의 미국 활동뿐 아니라 세계시장에서의 점유율 확대는 보다 더 어려워질 것으로 예상한다. 따라서 이와 같은 위험요인에도 불구하고 혁신기업으로서의 자리를 지키기 위해서는 위험을 직면하여 불안정한 경영 환경에 대한 새로운 전략을 수립하고 패러다임의 전환에 소홀히 하지 말아야 할 것이다.

끝으로, 이러한 중국 혁신기업의 고찰을 통해, 한국의 기업, 정부, 대학 및 연구기관 등에서 어떤 부문을 벤치마킹해서 어떻게 우리의 경쟁력을 향상할 수 있을지, 어떻게 우리 기업들이 스타트업에서 스케일업으로 신속하게 성장할 수 있을지, 다시 한번 고민해 보는 계기가 되길 기대한다.

1. 중국 혁신기업의 경쟁우위가 무엇인지 고찰하고, 한국 혁신기업의 사례들과 비교하여, 한국 혁신기업의 현황, 발전 방향, 벤치마킹해야 할 점에 대해 논의해 보자.

2. 급변하는 경영환경 속에서, DJI는 어떻게 변화해야 할 것인가? 특히, 지속가능성과 ESG 경영, 사회적 가치와 관련된 동사의 전략은 어떻게 전개되어야 할 것인가?

3. 규제에 대한 중국 정부의 혁신기업에 대한 대처방안을 논의해 보자. 특히, 한국이 벤치마킹할 점은 무엇인지 탐색해 보자.

4. Porter(1990)의 다이아몬드 모델 분석을 통해, DJI의 향후 발전 전략을 모색해 보자.

모방에서 혁신으로 호랑이가 된 카피캣, Tencent

학습목표

- 중국 ICT 산업의 성장 배경에 대해 고찰한다.
- 텐센트의 성장 배경 및 성장 전략에 대해 탐구해 본다.
- 텐센트의 모방형 혁신 전략과 한국 기업의 전략을 비교해 본다.
- 텐센트의 사회적 공헌을 통한 비전을 학습한다.

모방에서 혁신으로
호랑이가 된 카피캣, Tencent*

"우린 작은 회사였습니다. 성장을 위해 거인의 어깨 위에 올라탈 수밖에 없었죠. 하지만

생각했어요. 단순히 모방만 해서는 성공할 수가 없잖아요. 해외의 좋은 아이디어를 빌려오더라도

그걸 중국 상황에 맞게 바꿔야 한다. 그것이 저의 착안입니다. 현지화와 더 좋은 기능을 추가하자.

그게 우리의 전략이었습니다."

"짝퉁도 창조다."

"빨리 베껴 중국화하면, 그게 창조다. 모방이란 결코 부끄러운 일이 아니다. 그것은 새로운 방식의 창조로 이루어질 수 있기 때문이다. 다만 모방하려는 대상과 시기를 잘 잡는 그것이 중요하다."

"바보야, 중요한 것은 먼저 시작한 것이 아니라, 지금 사용자들이 좋아하느냐의 문제야"

텐센트 건물[1] 그림 1

---

* 본 사례는 정진섭 교수의 지도하에, 이현승 학생의 사례를 기반으로, 정대훈, 강재훈, 김규진, 김노영, 김민구, 백지우, 송동원, 이승택, 조아라 학생이 작성한 것이다.

1 https://www.coindeskkorea.com/news/articleView.html?idxno=71118

그림 2 마화텅 회장[2]

이 말들에 마화텅馬化騰 회장이 어떻게 창업 20년 만에 아시아 최대 기업을 일굴 수 있었는지에 대한 힌트가 들어있다. 기업이 발전하기 위해서는 아이디어를 짜내어 만들어 내고, 상황에 맞게 상용화시켜야 한다. 그러나 처음부터 세계적인 아이디어를 도출하고 그것으로 뭔가를 이루는 것은 현실에서 쉽게 일어나지 않는 일이다.

그래서 텐센트는 후자에 주목했다. 다른 기업이 도출한 아이디어를 가져와 현지 상황에 맞게 창조적 모방을 하는 것이다.

중국 인터넷 산업의 성장과 텐센트의 성공

❶ 중국 인터넷 산업 성장 배경

그림 3 IT산업 초기 첨단산업 생산액 비교[3]

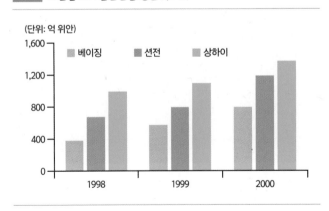

(단위: 억 위안)

중국 ICT 산업의 특징은 정부가 강력한 정책을 통해 성장 목표를 제시하고, 인프라를 강화하는 조치를 지속적으로 추진한다는 점이다. 중국 정부는 1988년 횃불 정책을 통해 닫혀있던 시장의 개혁과 개방을 추진하여

---

2 https://blog.naver.com/victoria2012/221895881063 (검색일: 2020/12/4)
3 이은미(2002), 중국 IT산업의 정책과 시사점, 정보통신정책 제14권 23호, 12p

첨단 기술 상품과 국제화를 촉진했다. 횃불 정책은 "과학의 발전을 통한 국가 부강"이라는 방침하에, 첨단기술산업개발구의 건설과 발전, 중국 내부의 인재 유출 방지하기 위한 하이테크 창업 서비스센터를 통해, 외국 유학생들에게 창업의 기회를 제공했다.

1990년대에 들어서 전 세계적으로 ICT 산업이 발전하면서, 중국 정부 또한 경제발전의 가속화, 과학기술의 발전, 정보화를 추진하는 데 있어서 인터넷의 중요성을 인식하기 시작했다. 1993년 중국 정부가 국가 정보인프라 건설계획인 골든 프로젝트金字工程[4]를 추진하면서, 인터넷 보급과 전국 네트워크 시스템이 구축되기 시작했다. 골든 프로젝트는 유·무선 통신, 전자상거래, 은행 결제시스템 등 중국 인터넷 산업 발전을 위한 인프라를 제공했다. 1996년 9.5계획[5]에서 중국 정부는 제조업과 더불어 인터넷을 국가의 기간산업으로 설정하고, 국민경제의 정보화 추진을 제시했다.

표 1 골든 프로젝트의 예시[6]

Golden Bridge Project	중앙부처와 국유기업을 정보제공 네트워크를 연결해 지원하는 정책
Golden Card Project	신용카드 인증 절차와 결제 시스템을 제공해서, 카드 사용의 기반을 만드는 정책
Golden Tax Project	납세와 자금 유통을 전산화하는 정책
Golden Gate Project	국무원과 무역회사, 세관을 네트워크로 연결해, 수출입 관리를 개선하려는 정책

이러한 중국 정부의 산업 육성정책에 힘입어 9.5계획 기간 동안 ICT 산업은 연평균 약 30% 성장률을 달성했다. 또한 중국 정부는 인터넷 산업이 비효율적인 국유기업에 의해 발전되기 어려운 산업이라고 인식하고 기간 통신과 인프라를 제외한 기술, 서비스, 콘텐츠 등 다양한 영역에 대한 외자 기업 및 민영기업의 진입을 허용했다. 1998년 '외상투자 지도목록'[7]에서 외국 기업에 기술 서비스 분야를 개방함에 따라, 외국 기업들이 중국에 합자合資 혹은 합작合作의 형태로 진출해 중국 기업들에 기

---

[4] 지방정부와 국유기업의 네트워크 구축, 정부기관 및 관련 기업 연결, 금융기관 네트워크 건설을 통한 결제 시스템 기반 구축, 세금 전산화 등 중앙정부, 지방, 기업의 전산화를 골자로 하는 프로젝트

[5] 중국은 1953년부터 5개년 계획을 지속적으로 실행하고 있으며, 국민경제 발전의 목표와 방향을 결정하는 중기 계획이다.

[6] 이은미(2002), 중국 IT산업의 정책과 시사점, 정보통신정책 제14권 23호, 14p.

[7] 중국이 외국 기업의 투자를 유치하기 위한 가이드라인으로 중국은 각 산업을 장려 분야, 제한 분야, 금지분야로 나누어 관리하며, 3가지 항목에 포함되지 않는 사업에 대해서는 국가의 허가가 필요하다.

술이전이 이루어지기 시작했다. 해당 시기 중국 정부는 외국 기업에 대해 시장과 기술 교환이라는 개혁개방의 정책적 기조를 유지하였고, 이에 따라 많은 외국 기업의 중국 진출이 이루어졌다. 2005년 중국 정부는 인터넷 산업의 발전을 촉진하기 위해 장기 국가 정보화 프로젝트인 '국가 정보화 발전전략2006-2020'을 제시했다. 산업화와 정보화를 경제성장의 원동력으로 설정할 것을 골자로, 균형성장을 통한 '전면적 샤오캉 사회 건설'[8]을 목표로 하는 전략의 일환으로 추진되었다. 해당 전략은 중국 인터넷 산업 정책의 기본 방향성을 수립하는 역할을 담당했다.

❷ 기업소개

그림 4 텐센트 로고[9]

중국 심천에 소재한 텐센트는 1998년 11월 설립된 중국 최대의 인터넷 서비스 기업이다. 텐센트의 중국식 이름은 '騰'오를 등 + '迅'물을 신이다. 즉, '오를 등'자에 정보를 의미하는 '물을 신'자를 써서 '솟구치는 정보'라는 뜻을 담고 있다. '騰迅'의 중국식 발음은 '텅쉰'인데, 해외시장으로 진출할 때 외국인들이 발음하기 어렵다고 생각하여, 당시 문자 한 통이 10센트인 것을 참작하여 텐센트라고 짓게 된다. 이러한 텐센트 이름 유래에서도 알 수 있듯, 텐센트는 '모든 것의 연결'이라는 전략적 목표 아래 QQ, Weixin/WeChat, QQ.com, Tencent Games, Qzone, Tenpay 등 우수한 플랫폼들을 통해 다양한 부가가치서비스를 제공하고 있다.

---

8 16차 공산당 전국 대표 회의에서 확정한 국가 발전 전략 목표로, 2020년까지 1인당 GDP가 3,000달러 달성하고 모든 국민이 풍족한 삶을 누릴 수 있는 사회 건설을 목표를 핵심으로 하는 전략

9 https://www.coinreaders.com/9235 (검색일: 2021/04/10)

한편, 텐센트의 비전은 '가장 존경받는 인터넷 기업이 되는 것'이다. 2007년, 텐센트는 중국 인터넷 기업 최초로 '텐센트 자선공익 기금회'를 설립하였고, 사회에 대한 기업의 책임을 완수하고자 올바른 인터넷 문화의 정착을 위해 노력하는 등 공익사업에 적극 참여하고 있다. 코로나가 한창이던 2020년에는 'International Anti–COVID–19 Service Package'를 출시하여 1억 달러 규모의 기금을 설립하고, 코로나19 정보 플랫폼을 출시하는 등 전 세계적 코로나 팬데믹에 대항하는 방역시스템 구축에 앞장서기도 하였다.

그림5 International Anti–COVID–19 Service Package[10]

---

[10] https://intl.cloud.tencent.com/covid (검색일: 2021/04/10)

❸ 창업 및 성장 과정

1994년 공식적으로 중국에 인터넷이 도입되면서, 국가경제의 활성화 정책으로 인터넷을 활용해 혁신을 주도하는 신생 기업들이 나타났다. 그중 텐센트는 중국 정부의 개혁개방 중심지인 선전시에서 탄생한 회사로서, 1998년 11월 11일 마화텅과 그의 학교 동기 장지동에 의해 설립되었다.

창업자 마화텅은 텐센트의 회장을 맡고, 동기인 장지동은 현재 텐센트의 전무이사 및 최고기술경영자CTO 역할을 담당하고 있다. 창업 초기 텐센트는 다른 기업에게 무선호출기Beeper 관련 기술을 지원하는 벤처기업으로 시작했으며, 텐센트가 본격적으로 기업 이름을 알린 것은, 당시 이스라엘의 미라빌리스사에서 개발한 메신저 프로그램인 'ICQ'를 모방한 메신저 프로그램인 'OICQ'를 내놓은 후부터이다.

그림 6 OICQ[11]

2001년 텐센트는 ICQ 측의 항의로 인해 OICQ의 명칭을 'QQ 메신저'로 변경하였고, QQ 메신저의 성장을 도모하기 위해서 대한민국에서 인기를 끌고 있던 싸이월드의 아바타 아이템을 모방·활용하여, 아바타 꾸미기 시스템을 제공하는 전략을 폈다. 그리고 이는 소비자에서 큰 화제를 불러일으키며 성공을 거두게 되었다.

덕분에 QQ 메신저는 2000년도에 500만 명의 고객을 확보할 수 있었으며, 불과 1년 후에는 5,000만 명, 그 다음 해에는 1억 명의 고객을 확보하며 국민 메신저로 급부상했다. 인터넷 기반 콘텐츠 사업이라는 신규 시장진입 전략을 활용해 기회를 포

---

11 https://m.blog.naver.com/businessinsight/221472317947 (검색일: 2020/12/4)

착한 것이 텐센트의 성공 요인이었다. QQ 메신저는 2011년에 텐센트가 새로운 메신저 프로그램인 '위챗Wechat'을 출시하기 전까지, 독보적인 입지를 유지하였다.

텐센트가 QQ 메신저를 통해 급성장을 이룬 후, 이들은 엔터테인먼트 산업에 본격적으로 진입하였다. 2003년 8월, 인터넷 게임 플랫폼인 'QQ 게임'을 개발했으며, 고객은 순식간에 2억 명을 넘겼다. 그 당시 중국은 인터넷 관련 기술이 부족했고 자체적인 기술 개발 능력도 떨어졌으므로, 해외의 콘솔 및 미니 게임 등을 융합하여 새로운 플랫폼을 구축하는 것이 비교적 안전한 방법이었다. QQ 게임은 해외 유명 게임이나 자체 개발 게임을 유통 및 배급하며 중국 내·외 고객들을 유치했고, 결과적으로 모방형 혁신을 통해 엔터테인먼트 영역에 성공적으로 안착할 수 있었다.

이후 텐센트의 고객은 지속해서 증가했고, 게임 비즈니스도 빠른 속도로 발전했다. 2007년에는 텐센트의 연구 기관인 '텐센트 연구원'이 중국 내부의 첫 번째 인터넷 전문 연구기관으로 창립되었고, 이 기관을 통해 정보 안전, 지적 소유권, 엔터테인먼트 산업과 경영을 주제로 연구를 진행하고 있다. 이 연구원에서 텐센트의 전략적 투자, 모방형 혁신, 인수합병 이론의 기본적인 개념과 전략적 방향성이 모두 창출되었다.

텐센트는 이후 글로벌 확장으로 눈길을 돌렸다. 2010년에는 러시아 DST 투자 회사에 3억 달러를 투자하고 장기적으로 관련 기업의 합작을 시작했으며, 같은 해 6월에는 미국의 네트워크 통신회사인 '시스코 시스템스'와 글로벌 파트너 관계를 체결하는 등 글로벌 산업에서 다양한 역할을 하는 기업에 과감한 투자를 진행하면서, 안정적인 성장을 유지해 나갔다. 2011년에는 중국 내 유명한 미디어 기업인 '화이 브라더스華誼兄弟'에 7,000만 달러를 투자하여 4.6%의 주식을 획득하였으며, '예용藝龍' 여행 웹 사이트에도 8,440만 달러를 투자하여, 16%의 주식을 확보하기도 했다.

또한 텐센트는 같은 해 1월, 새로운 모바일 메신저인 '위챗' 서비스를 시작했다. QQ 메신저의 과도한 현금서비스 유도, 복잡한 UI에 질린 사용자들은 대부분 위챗으로 넘어갔고, 위챗은 모바일 결제 및 송금, 오프라인 결제, 음식 배달, 쇼핑, 공과금 납부 등 일상생활과 밀접하게 관련된 각종 생활 서비스를 제공하면서, 중국 내 국민 메신저로 새로이 급부상했다. 텐센트는 위챗을 통해 자사 및 타사의 다양한 게임을 홍보하는 등 이를 적극적으로 활용하고 있다.

그림 7 WeChat[12]

이렇게 텐센트는 2012년 이후 교통, 여행, 음악, 의료, 금융, 전자제품 등으로 사업 기반을 확장했지만, 여전히 창업 및 성장 과정의 핵심인 엔터테인먼트 콘텐츠의 두 축, 즉 게임과 미디어에 주력하는 모습을 보이고 있다. 2018년 3월에는 대만연합발전과학기술

주식회사와 R&D를 위해, 공동 모바일 게임 및 기타 레크리에이션recreation 제품의 개발 및 최적화를 위한 전략적 제휴를 맺기도 했다. 텐센트가 이렇게 게임과 미디어에 주안을 두는 이유는 2012년 중국 정부가 엔터테인먼트 산업을 국가의 문화 산업으로 공식 인정하고, 적극 지원을 시작했기 때문이다.

텐센트는 창업한 지 23년밖에 되지 않았지만, 한국 최고의 기업인 삼성전자보다 약 350조 원 더 높은 시가총액을 보유하고 있다. 즉, 텐센트의 시가총액은 2021년 4월 기준, 863조 6,000억 원에 이르며, 이는 세계 기업 중 시가총액 7위에 해당하는 금액이다.

④ 조직문화 및 최고경영진 특성

4.1 텐센트의 4대 가치관

1998년 창업 당시, 텐센트는 기업 문화의 가치관을 정직Integrity, 진취Proactivity, 합작Cooperation, 혁신Innovation의 네 가지로 규정했다. 텐센트가 정직을 내세운 이유는 당시 중국 시장 경제 속에서 인터넷 산업은 신규 산업이었기에, 정부의 사업 촉진을 토대로 많은 기업이 부정적인 수단을 통해 과열 경쟁을 벌이고 있었기 때문이다. 불

---

[12] https://www.wechat.com/en/ (검색일: 2021/04/09)

확실한 정보와 낮은 품질이 난립하는 상황에서 텐센트는 정직 이념을 토대로 고객의 신뢰를 얻는 데 성공했다.

텐센트는 2019년 창업 21주년을 맞아 '정직'과 '진취'라는 가치 이외에, '합작'과 '혁신'을 '협업Collaboration'과 '창조Creativity'로 보완·발전시켰다. 텐센트의 경영진은 정직과 진취를 통해 고객의 신뢰와 인정을 받는 데 성공했다고 자부했지만, 성장하면서 합작과 혁신만으로는 조직의 성장을 일깨울 수 없다고 판단했다. 텐센트가 꾸준히 성장하면서 다양한 사업 아이템을 선보였지만, '모방, 개선, 합작을 통해서만 성과를 발휘하고 있다.' 등의 비판에 시달렸기 때문이다.

텐센트 경영진이 내세우는 합작과 협업은 비슷하지만 두 개념은 미묘한 차이가 있다. 합작은 두 기업이 같은 경영 목표를 달성하기 위해서 Win – Win 하면서 이익을 추구하는 방식을 의미하지만, 협업은 두 기업의 이익 추구와 함께 사회적 공헌까지 담겨 있는 가치다. 또한, 창조 역시 혁신보다 더 높은 열정과 노력을 요구한다고 경영진은 강조한다.

표 2 텐센트의 4대 가치관[13]

정직(Integrity)	원칙과 윤리, 개방과 공정함을 유지 → 고객 신뢰 확보
진취(Proactivity)	긍정적 기여 추구, 사회적 책임 수행, 획기적 혁신을 갈구
협업(Collaboration)	포용·협업으로 진보와 진화를 위해 노력 → 기업 간 이익 추구와 함께 사회적 공헌도 추구
창조(Creativity)	파괴적 혁신을 위해 노력, 미래의 가능성 탐구 → 모방형 혁신을 넘어 창의성을 활용해 시장 선점·지배

4.2 민주적·수평적인 조직문화

1998년 텐센트 창업 당시, 창업자이자 최고경영자인 마화텅은 자금력이 풍부해 더 높은 지분을 가지고 회사를 독식할 수 있었음에도 자신의 지분율을 47.5%로 정해 놓았다. 이는 그가 독재하는 경영이 아닌, 균형적인 경영을 하기 위한 것이었다. 즉, 마화텅이 자신의 결정을 통과시키려면 다른 주주 2명의 동의가 필요하며, 창업 멤버

---

[13] https://www.tencent.com/en-us/about.html#about-con-2 (검색일: 2021/04/30)

4명이 연합하면 그의 결정을 제지할 수도 있다. 이는 텐센트가 민주적인 기업임을 여실히 보여준다. 또한, 텐센트는 매우 수평적인 조직문화를 가지고 있다. QQ 쇼의 경우, 처음에 마화텅은 이를 반대했지만 다른 임원들은 수익성이 있는 사업이라고 주장하였다. 당시 사업 책임자가 기획안을 작성해 QQ 쇼의 수익성을 마화텅에게 설득하였고, 이후 마화텅도 성공을 확신하여 QQ 쇼가 등장하게 되었다. 이렇게 출시된 QQ 쇼는 수억 명의 사용자를 모으며, 크게 성공하게 된다.[14]

경영진 사이뿐만 아니라, 인턴과 임원이 크게 싸우기도 할 정도로 일선의 일반 직원들 사이에도 수평적인 문화가 정착되어 있다. 이처럼 경영진과 직원들의 관계가 수평적이기 때문에, 직원들이 회사 내부 통신 시스템을 통하여 마화텅과 직접 소통한다. 일례로, 연말 파티에서 마화텅과 직원들이 함께 춤을 추는 등 수평적 문화를 정착시키기 위해 노력하고 있다.[16]

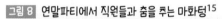
그림 8 **연말파티에서 직원들과 춤을 추는 마화텅**[15]

4.3 경쟁하는 조직문화에서 협력하는 조직문화로

텐센트는 오랜 기간 모방형 혁신을 통해서 성공을 거두었다. 그러나 텐센트는 꾸준히 비난받았던 모방형 혁신에서 벗어나 경영진이 향후 지향하는 파괴적 혁신과 창의성을 통해 시장을 선점하고 지배하려는 목적 달성을 위해 노력하고 있다. 최고경영진의 창조와 협업이라는 의제가 주목받음에 따라, 텐센트의 문화 역시 효율성, 집중력에서 효과성, 유연성을 요구하는 방향으로 변화되고 있다. 과거 텐센트의 조직

---

14 천펑쉬안, 이현아 옮김(2015), "텐센트, 인터넷 기업들의 미래", 이레미디어, 26-27쪽

15 http://news.chosun.com/misaeng/site/data/html_dir/2016/10/20/2016102000911.html (검색일: 2021/04/08)

16 http://news.chosun.com/misaeng/site/data/html_dir/2016/10/20/2016102000911.html (검색일: 2021/04/10)

문화는 치열한 내부적 경쟁을 장려하는 경주競走식 문화였으나, 2018년 이후로는 부서 간의 협력과 기술 공유를 장려하는 조직문화로 변화하는 중이다. 기존의 경주식 문화는 경쟁을 통해 신속하고 효율적인 개발을 가능하게 해주었으며, 실제로 성공적인 채팅 서비스인 위챗을 두 달 만에 개발하는 원동력이 되기도 했다.

그러나 제품에만 초점을 둔 근시안적 조직문화는 부서 간의 협업과 정보 공유를 저해시켰고, 조직의 잠재력도 낮추는 부작용을 초래했다. 게다가, 클라우드 컴퓨팅 시장에서는 알리바바가 독주하고,[17] SNS 서비스 시장에서는 이전에는 존재하지 않았던 '쇼트클립' 플랫폼인 틱톡이 등장하며 선풍적인 인기를 끌고 있는 등 여러 도전적 요인에 직면하게 되면서 기존의 조직문화를 180도 뒤집는 과감한 결단을 내렸다. 협력하는 조직문화를 조성함으로써 내부 마찰과 자원 낭비를 감소시켜 생산성을 증대시키고, 창의성이 필요한 새로운 제품·서비스 개발이 원활히 이루어질 수 있도록 변화하고 있다.[18]

4.4 최고경영진 특성

텐센트의 핵심 최고경영진은 최고경영자 마화텅, 총재 류츠핑, 수석부총재 장샤오룽을 꼽을 수 있다. 이들을 한마디로 요약하자면, 마화텅은 텐센트의 아버지, 류츠핑은 뛰어난 전략가, 장샤오룽은 천재적인 소프트웨어 개발자라고 할 수 있다.

마화텅은 인터넷 업계에서 항상 시대를 앞서간다는 평가를 받고 있다. 그는 2013년에 인터넷과 실물경제를 융합한 '인터넷＋' 개념을 제시했으며, 최근에는 '완전히

총재 류츠핑[19] 그림 9

---

17 https://www.canalys.com/newsroom/canalys-china-cloud-services-adoption-Q1-2020 (검색일: 2021/04/10)

18 https://www.thestar.com.my/tech/tech-news/2018/11/14/tencent-seeks-to-kill-silo-culture-that-gave-it-wechat-as-it-expands-into-ai-big-data (검색일: 2021/04/10)

19 https://www.tencent.com/en-us/about.html#about-con-4 (검색일: 2021/04/10)

20 https://platum.kr/archives/156616 (검색일: 2021/04/10)

그림 10 수석부총재 장샤오룽[20]

상호 연결된 인터넷全眞互聯網'이라는 또 다른 새로운 개념에 대한 기고문을 쓰기도 했다.[21] 또한 직원들이 그를 '최고 경험책임자'라고 부를 만큼 마화텅은 제품을 직접 체험하는 데에 많은 시간을 투자하며, 실제로 텐센트가 QQ 이메일을 출시했을 때도 혁신 포인트의 절반 이상을 마화텅이 내놓은 바 있다. 사내 주요 행정 사무를 독단적으로 처리하지 않고, 총재나 COO에게 위임하였기에 직접 사용·참여하는 것이 가능했다. 직원들에게 마화텅은 쌀쌀한 이미지와 높은 지위의 상관이 아닌 다정한 아버지에 가깝다.[22]

총재를 맡은 류츠핑은 맥킨지와 골드만삭스 출신의 기업가이다. 골드만삭스 시절 텐센트의 홍콩 증시 상장을 담당했던 그는 텐센트의 미래 도약을 확신하고 2005년에 텐센트의 전략 투자 책임자CSO로 합류했다. 입사 후 1년 만에 총재로 승진한 그는 현재 텐센트의 투자 활동과 전략을 진두지휘하고 있다. 류츠핑은 뛰어난 직감과 추진력을 가졌다는 평을 받고 있으며, 슈퍼셀 인수, 게임 및 위챗 등 서비스의 해외시장 개척 등과 같은 성과를 올렸다.[23]

수석부총재 장샤오룽은 10억 명의 글로벌 사용자 수를 보유한 세계 최대의 앱 '위챗'을 탄생시킨 주인공이다. 그는 텐센트 입사 이전에도 마이크로소프트의 '아웃룩'과 유일하게 경쟁이 가능했던 '폭스 메일'을 개발한 이력이 있다. 텐센트 입사 후, 'QQ 메일'을 중국 최대의 메일 서비스로 발전시켰으며, 이후 메신저 서비스가 모바일 시장의 미래라고 판단하여 마화텅을 설득해 위챗을 개발하게 된다. 장샤오룽은 높은 기술적 완성도와 더불어, 사용자의 근본적·감성적 욕구 충족이 가능한 제품 개발을 지향한다. 그는 위챗에 음성 전달 서비스语音, 휴대폰을 흔들어 친구 맺기搖—搖, 주변 친구 찾기查找周围的人 등의 개성적이고 감성적인 기능들을 추가하였고, 이와 같은 차별화된 서비스를 통해 위챗은 기존의 'KIK', '토크박스'에 비해 늦게 출시되었음에도 더욱 큰 성공을 거두었다.[24]

---

21 http://sh.xinhuanet.com/2020-12/04/c_139562226.htm (검색일: 2021/04/10)
22 천펑쉬안, 이현아 옮김(2015), "텐센트, 인터넷 기업들의 미래", 이레미디어, 27쪽
23 https://www.newspim.com/news/view/20171114000160 (검색일: 2021/04/10)
24 https://platum.kr/archives/76231 (검색일: 2021/04/10)

5 텐센트의 핵심 비즈니스

중국 최대의 미디어 엔터테인먼트 기업인 텐센트는 자사의 콘텐츠를 유통하기 위한 다양한 플랫폼을 보유하고 있다. 텐센트의 대표적인 콘텐츠 유통 플랫폼으로는 크게 ① 디지털 콘텐츠, ② 커뮤니케이션 및 사회, ③ 핀테크 서비스, ④ 도구가 있다. 디지털 콘텐츠는 대표적으로 텐센트 비디오, 텐센트 픽처스, 텐센트 게임이 있으며, 커뮤니케이션 및 사회는 위챗과 QQ, 그리고 핀테크 서비스는 위챗 페이가 있다. 끝으로 도구에는 텐센트 PC 매니저가 대표적이다.

5.1 디지털 콘텐츠

(1) 텐센트 비디오

그림 11 텐센트 비디오[25]

---

[25] https://blog.naver.com/hhmszu/221641600049 (검색일: 2021/04/13)

텐센트 비디오는 사용자의 경험을 높여야 한다는 사명을 갖고 다양한 콘텐츠와 강력한 오리지널 콘텐츠 포트폴리오를 구축하고 있다. 초반에는 경쟁기업인 유쿠에 밀렸지만, 2019년 기준 중국에서 가장 많이 다운로드한 앱 10위, 유료회원 수는 1억 명의 회원 수로 아이치이에 이어 2위를 기록했다. 이러한 텐센트 비디오의 성장 비결을 살펴보면, 먼저 위챗을 볼 수 있다.

위챗은 세계 최고 규모의 SNS 앱이다. 한국의 카카오톡과 같은 앱으로, 위챗에 게시물을 올리기 위해서는 먼저 텐센트 비디오를 다운로드해야 한다. 위챗이라는 안정적인 장치가 텐센트 비디오의 성장에 도움을 준 것이다.

이뿐만이 아니라, 넷플릭스와 같은 전략으로 공급 콘텐츠의 질적 향상을 추구하고 있다. 이는 유료 구독자 수 중심의 수익모델을 바탕으로, 플랫폼의 자체 개발 콘텐츠 즉, 자체 제작 드라마 등으로 유료회원 가입자 유인 및 충성고객을 확보한 것이다. 요약하면, 콘텐츠의 자체 제작으로 구독자를 전략적으로 관리를 해서 유료회원의 수에 강점을 갖게 된 것이다.

또한, 다른 경쟁기업이 영화나 드라마와 같은 영상 콘텐츠에만 집중할 때 텐센트 비디오는 게임 스트리밍 영상을 방영하면서 중국에 게임 사용자 유입을 꾸준히 증가시켰으며, 아이치이가 2014년 한국에서 '별에서 온 그대'를 수입·유통해 사용자 수를 크게 확대한 사례처럼, 텐센트 비디오도 빅뱅 등 우리나라 인기 가수들이 소속된 YG엔터 관련 콘텐츠를 독점 방송하는 공식 채널을 만들어, 한류를 이용한 서비스를 통해 사용자 수를 확대시켰다.

무엇보다도, 텐센트 비디오가 중국의 영상 플랫폼 경쟁기업인 아이치이, 유쿠와 차별성

그림 12 텐센트 비디오 협약 사업발표회[26]

26 http://www.newspim.com/news/view/20160531000243 (검색일: 2021/04/13)

을 가진 점은 화질 옵션의 다양성이다. 화질의 해상도 조절에서 더 나아가 동영상 음량 증폭, 색감 조절 등 다양한 옵션을 제공한다. 중국의 3대 영상 플랫폼은 사업 영역의 경계가 모호하지만 앞서 이야기한 화질의 다양성은 이러한 모호함 속에 차별화되는 강점이다. 이를 종합해 보면, 텐센트 비디오는 여러 플랫폼에서 풍부한 콘텐츠와 HD 매끄러운 시청 경험을 제공하며, 중국을 대표하는 동영상 플랫폼 사이트가 되었다.[27]

텐센트 비디오는 다른 플랫폼과의 파트너십을 통해 사용자의 경험을 높이면서 경쟁력을 확보하고 있다. 텐센트는 자사의 동영상 스트리밍 플랫폼인 텐센트 비디오와 중국 온라인 티켓팅 플랫폼인 '마오옌'을 통합해 종합 엔터테인먼트 플랫폼을 만들 것이라고 발표했다. 마오옌과 텐센트 비디오는 통합 멤버십 프로그램 운영, 데이터 공유를 통해 통합한다. 마오옌은 텐센트 비디오의 독점 티켓팅 파트너로, 텐센트 비디오 플랫폼에 내장돼 온라인 및 오프라인 티켓팅 서비스를 제공한다. 두 회사는 또한 플랫폼 통합을 통한 양질의 콘텐츠 공유를 통해 더 많은 이용자를 확보할 계획이다. 각종 데이터도 공유한다. 마오옌은 텐센트 비디오의 자체 제작 콘텐츠를 위해 사용자 검색과 관련 데이터를 제공한다. 더불어 두 회사는 양질의 라이브 공연을 함께 제작하고 관련 영상 프로그램을 공동 개발할 예정이다.[28]

그러나 텐센트 비디오는 미국의 집중 견제로 세계 시장에서 어려움도 겪고 있다. 대만 당국은 중국 텐센트 비디오의 서비스를 금지했다. 그 이유는 불법 운영으로 현지 방송사의 콘텐츠에 대한 불법 복제를 일삼고 있다는 것이다. 이러한 정부 규제로 인해 세계 시장에서 중국의 앱 서비스들이 함께 어려움을 겪고 있다.[29]

---

[27] https://m.post.naver.com/viewer/postView.nhn?volumeNo=17166215&memberNo=11778559 (검색일: 2021/04/13)

[28] https://www.kobiz.or.kr/new/kor/commBoard/news/commNewsView.jsp?seq=3046&blbdComCd=601001 (검색일: 2021/04/13)

[29] https://biz.chosun.com/site/data/html_dir/2020/08/20/2020082001887.html (검색일: 2021/04/13)

(2) 텐센트 픽처스

2015년 설립된 텐센트 픽처스는 게임, 애니, 문학, 음악, e스포츠와 함께 텐센트의 창조 전략에 콘텐츠와 문화 생태계를 형성하고 있다. 그리하여 이제는 고품질의 비디오 콘텐츠를 위한 오픈 플랫폼으로 자리 잡고 있다. 현재 전 세계 영화 시장에서 549억 파운드 이상의 수익을 올린 35편의 영화의 출판과 배급에 관여하고 있다. 또한, 현재 25개의 텔레비전 프로그램 출판과 배포에도 관여하고 있고, 온라인 영상의 조회 수는 827억 번 정도 조회되었다. 텐센트 픽처스의 사명은 '새로운 시대에 중국의 이야기를 들려주며, 중국 문화의 상징을 만들어낼 수 있는 다문화 콘텐츠를 구축하는 것'이다.[30]

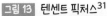 **그림 13** 텐센트 픽처스[31]

텐센트 픽처스의 가장 큰 무기는 인기가 검증된 콘텐츠이며 이는 텐센트 픽처스의 지적재산권이다. 10년 이상 게임 사업을 하며 우수한 IP를 많이 확보한 텐센트는 인기 IP를 통해 더욱 큰 가치를 만들어내기 위해, 다른 장르로 플랫폼을 확대할 것이다.[32]

(3) 텐센트 게임즈

텐센트 게임즈는 2003년에 출시되었으며, 이후 중국에서 가장 큰 온라인 게임 커뮤니티의 운영자뿐만 아니라 게임 개발자, 퍼블리싱 및 운영자를 위한 선도적인 글로벌 플랫폼으로 성장하였다. 그것은 모든 참가자에게 매력적이고 고품질의

---

[30] https://www.tencent.com/en-us/business.html (검색일: 2021/04/13)

[31] https://www.tencent.com/en-us/business.html (검색일: 2021/04/13)

[32] https://news.joins.com/article/18815921 (검색일: 2021/04/13)

대화식 엔터테인먼트 경험을 제공하는 데 전념하고 있다. 텐센트 게임즈는 현재 200개 국가와 지역에 걸쳐 140개 이상의 자체 개발 및 라이선스 게임을 제공하고 있다.

그림 14 텐센트 게임즈[33]

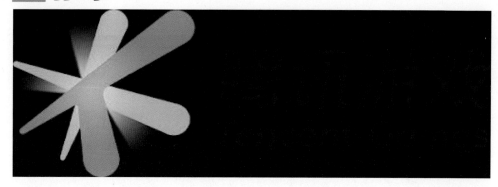

이는 수억 명의 사용자에게 플랫폼 간 대화형 엔터테인먼트 경험을 제공한다. Honor of Kings, PUBG Mobile배틀그라운드 모바일, League of Legends리그 오브 레전드는 전 세계적으로 가장 인기 있는 타이틀 중 하나이다. 또한, 문학, 애니메이션, 영화 및 텔레비전에 걸쳐 있는 텐센트 내의 풍부한 IP 자원을 활용하여 고품질의 대화형 엔터테인먼트 경험을 창출하는 게임의 잠재력을 최대한 탐색하기 위해 노력하고 있다. 나아가 텐센트 게임즈는 SEA, 넷마블, 슈퍼셀 등 해외 게임 퍼블리셔와 적극적으로 전략적 제휴를 맺고 신작 게임을 출시했다.

텐센트 게임즈의 매출을 보면 텐센트의 2019년 게임 매출이 1,147억 위안약 20조 7,331억 원을 기록했다. 대표 게임인 '화평정영'과 '왕자영요'가 중국에서 독보적인 인기를 누렸고, '배틀그라운드 모바일'과 '콜 오브 듀티: 모바일'은 해외에서 좋은 성과를 거뒀다. 모바일 게임이 게임 매출 성장을 이끄는 가운데, '던전앤파이터'를 비롯한 PC 게임 매출은 다소 감소했다.

텐센트의 2019년 실적이 연 매출 약 68조 2천억 원을 기록했고, 영업이익은 약 20조 7,164억 원을 기록했다. 그중 게임 매출은 약 20조 7,331억 원으로, 전체 매출

---

[33] https://www.tencent.com/en-us/business.html (검색일: 2021/04/13)

의 약 30%를 차지했다. 게임 매출을 견인한 것은 2019년 5월에 중국에 출시된 모바일 게임 '화평정영'과 2019년 가을에 중국을 제외한 전 세계 주요 국가에 출시된 '콜 오브 듀티: 모바일'이었다. 텐센트의 대표 게임인 '왕자영요'는 중국에서 여전히 높은 인기를 누리고 있다.

그림 15 중국판 배틀그라운드 화평정영[34]

5.2 커뮤니케이션

(1) 위챗

2011년에 출시된 Weixin/WeChat은 혁신적인 기능을 통해 수억 명의 사용자의 삶을 향상시켰다. 가장 널리 사용되는 중국 통신 및 소셜 플랫폼으로 인스턴트 메시징 및 소셜 엔터테인먼트를 통합하여 사용하기 쉬운 앱에서 모바일 디지털 라이프 스타일을 제공한다. 사용자는 무료 텍스트 및 멀티미디어 메시지를 통해 실시간 통신에 참여하거나 음성/화상 통화를 하거나 "모멘트"에서 사진을 공유한다.

Weixin/WeChat은 사용자의 요구를 해결하기 위해 지속해서 진화하는 개인과 기업이 오리지널 콘텐츠를 공유하고 Weixin의 오픈 플랫폼에서 서비스를 제공할 수 있는 공식 계정, 사용자의 최종에서 다운로드할 필요 없이 WeChat 사용자와 서비스 제공업체를 원활하게 연결하는 미니 프로그램, 모바일 결제 서비스 Weixin Pay를

---

[34] https://m.news.zum.com/articles/52516696 (검색일: 2021/04/10)

제공하여 이동 중에도 디지털 및 스마트한 생활 경험을 창출한다.

위챗 앱[35] 그림 16

Weixin/WeChat은 2020년 3월 기준, 월간 활성 사용자 수가 12억 명 이상이다. 위챗은 업계 전반에 걸쳐 커넥터 및 개방형 플랫폼으로 발전하여, 사용자를 스마트 장치 및 비즈니스 서비스와 연결한다.

(2) QQ

1999년 2월, 텐센트가 시작한 QQ는 PC 및 모바일 사용자를 위한 인스턴트 메시징 IM 및 소셜 플랫폼이다. QQ는 온라인 채팅, 화상 및 음성 통화, 포인트 투 포인트 파일 전송, QQ 메일 및 기타 여러 기능을 지원한다. 이 플랫폼은 사용자의 요구와 관심사에 따

휴대전화로 QQ 실행하기[36] 그림 17

라 빠르게 네트워크를 확장할 수 있도록 하는 KuoLie와 사용자와 콘텐츠를 정확하게 어울리는 콘텐츠 소셜 네트워킹 플랫폼인 KanDian과 같이 젊은 사용자의 요구를 충족하는 새로운 기능을 지속해서 혁신하고 도입하고 있다. 또한 텐센트는 TIMQQ의 오피스 버전을 제공하여 엔터프라이즈 효율성을 개선하는 데 도움을 주고 있

---

[35] https://www.yna.co.kr/view/AKR20210121134200009?input=1195m/ (검색일: 2021/04/10)
[36] https://36kr.com/p/1722607648769/ (검색일: 2021/04/10)

다. QQ는 2020년 3월 기준, 스마트 기기에서 월간 활성 사용자 계정 7억 6,800만 개 이상을 기록했다.

5.3 핀테크 서비스: 위신/위챗 페이

그림 18 제로페이 가맹점에서 위신/위챗 페이 결제 가능[37]

해외 시장에서 WeChat Pay라고 불리는 Weixin Pay는 2013년 Weixin과 Tenpay가 공동으로 출시한 모바일 결제 솔루션이다. Weixin Pay 계좌를 은행 카드와 결합한 후, Weixin Pay 사용자는 빠르고 편리하게 안전한 방식으로 거래를 완료할 수 있다. 중국에서 Weixin Pay는 일상생활의 거의 모든 측면을 터치하여 온라인 및 오프라인 서비스를 제공하고, 특히 소매, 식사, 운송, 의료 및 레저 등에서 매우 효율적이고 지능적인 결제 경험을 제공한다. Weixin/WeChat Pay 서비스는 60개 이상의 시장에서 사용할 수 있으며, 17개 통화로 거래를 지원한다.

5.4 도구: 텐센트 PC 매니저

텐센트 PC 매니저는 바이러스 및 컴퓨터 관리로부터의 보호 서비스를 제공하고 사용하기 쉬운 단일 인터페이스로 결합하여, 사람들의 디지털 생활을 더 안전하게 만드는 데 전념하고 있다. 텐센트는 독자적인 TAV 바이러스 백신 엔진을 사용하여 AV−C, AV−T, VB100, 웨스트 코스트 등과 같이 국제기관에서 인정받고 있는 국제적 최상위 바이러스 백신 제품을 보유하고 있다. 이는 사용자가 컴퓨터의 보안 위

---

[37] https://news.naver.com/main/read.nhn?oid=030&aid=0002904982/ (검색일: 2021/04/10)

험을 방지하고 관리할 수 있도록 돕는 데 중점을 둔다. 그 기능에는 바이러스 백신, 실시간 보호, 취약점 해결, 시스템 정리, 컴퓨터 속도 가속, 소프트웨어 관리, 권한 레이더 및 보호자 제어가 포함된다.

그림 19 텐센트 PC 매니저의 홈페이지 제품 소개[38]

| 보안 | 청소 속도 향상 | 소프트웨어 관리 | 게임 어시스턴트 | 사무 보조 |

⑥ 성장전략: 모방형 혁신

6.1 모방형 혁신이란?

기업 경영의 가장 중요한 목표는 존속과 성장에 있다. 이를 위해 기업들은 자신들의 경영 실정에 맞는 적절한 전략을 수립하고 실행하며, 가치를 끌어올리기 위한 전방위적인 노력을 기울인다.

빠르게 변화하는 세상에서 혁신은 가장 중요한 성장 요소가 되었다. 그러나 새로운 아이디어를 발굴하고 이를 성공으로 이끄는 과정은 새로운 사업을 창출하는 만큼이나 어려운 작업이다. 이 때문에 기존의 성공한 많은 기업은 선도 기업을 모방하면서 혁신에 필요한 역량과 지식, 기술력 등을 확보할 수 있는 이른바 '모방형 혁신' 전략을 도입해 왔다.

모방형 혁신은 선도 기업이 아닌 기업이 기존 제품 및 서비스를 개선하거나 해당 업계를 이끄는 선도기업의 전략을 모방하여 시장에 진입하고, 그 과정에서 시행착오를 거쳐 자체적으로 학습한 기술과 지식을 소화하면서, 혁신을 만들어 내는 전략이다. 모방은 후발 기업이 선도 기업을 따라잡기 위한 효율적인 대안이 될 수 있으며,

[38] https://guanjia.qq.com/product/home/v12/?tab=1&mod=t_sytj/ (검색일: 2021/04/10)

실제로 이 과정에서 후발 주자에 속한 기업들은 역량이나 기술력을 단기간 내 확보할 수 있다.[39] 즉, '모방 전략'의 보다 멋진 다른 표현은 바로 '벤치마킹 전략'이며, 그 성공의 핵심은 '단순 모방 + 혁신'이다.

6.2 텐센트의 모방형 혁신

텐센트는 '모방형 혁신'을 창업 초기부터 가장 중요한 전략으로 여기면서, 해당 산업을 성장시켰다. 특히 텐센트의 CEO인 마화텅은 '최초 기록'이 의미가 없으며, 안정성을 위해서는 제품의 품질과 기능이 일단 좋아야 함을 주장했다. CEO의 전략적 방향성을 토대로 텐센트는 시장에 처음 진입할 때, 실험을 기반으로 한 '창조적 혁신' 대신 '모방형 혁신'으로 기존 제품과 유사한 서비스를 출시했다. 이런 배경 속에서 텐센트는 엔터테인먼트를 포함한 다양한 분야에서 안정적으로 지속적인 성공을 달성해 나갔다.

예를 들어, 텐센트 초기 성장의 상징 제품인 PC 메신저 QQ와 모바일 메신저 위챗은 기존 제품을 모두 모방해서 수정한 후, 시장에 내놓은 제품이다. 대신 기존 제품의 모방 이후 결제 시스템 조기 도입, 검색, 광고, 쇼핑 등 관련 영역을 통해 메신저의 플랫폼을 확대하는 혁신적 행위로, 중국 전역을 단기간에 장악하는 데 성공했다. 텐센트 내부에서는 모방형 혁신이라는 용어에 대해 '재개발'이라는 용어로 대체해서 표현하고 있다.

2003년 포털사업인 QQ닷컴qq.com을 출시했을 때에도 기존 포털의 다양한 노하우를 접목, 모방해서 한때 비난을 받기도 했다. 그러나, 뉴스 배달 서비스 도입, 가상 아이템 판매 등으로 기존 포털과의 차별화에 성공했다.

텐센트는 자체적으로 기술과 고객 중심의 체험을 결합하기 위해서 선도 제품을 모방하되, 이를 개선하고 텐센트만의 서비스를 보완하여 혁신하는 것이 가장 중요한 성공 요인이라고 강조한다.

엔터테인먼트 영역 중 핵심인 텐센트의 게임 플랫폼인 QQ 플랫폼은 당시 중국

---

[39] 권상집 외 2명(2020), "엔터테인먼트 콘텐츠 기업 텐센트의 성장 전략: 모방형 혁신과 M&A를 중심으로", 한국엔터테인먼트산업학회논문지 제14권 제3호, 2-3p

연중 게임을 모방했지만, 이후 다양한 텐센트 고유의 음악, 채팅, 검색 등의 기능과 결합하여, 중국 내 압도적 지위를 유지하고 있다. 아직까지 글로벌 시각에서는 텐센트의 성공을 카피캣에 불과하다고 보는 시각이 많다. 그러나 텐센트는 선도 기업을 적극적으로 벤치마킹해서 그 틀을 유지하되, 분명히 텐센트의 고유한 서비스를 추가·보완하는

텐센트의 모방형 제품 표3

기존 제품	텐센트의 모방형 제품
MSN	텐센트 TM
연중 게임 플랫폼	텐센트 게임 플랫폼
Maplestory	QQ 삼국
PPlive	QQ live
Baidu 음악	QQ 음악
Alipay	QQ 지갑, Tenpay
Sogou 입력 프로그램	QQ 입력 프로그램
UC Talk	QQ 단체 음성 채팅

혁신을 가미하여 시장에 진출하였다. 2017년 말, 아시아 최고의 시가총액 기업으로 텐센트가 올라선 이유도, 해외의 탁월한 경영전문가들이 텐센트를 단순히 모방하는 기업으로 인식하지 않고, 혁신하는 과정에 있는 창조 기업으로서 높게 평가하고 있기 때문이다.

6.3 텐센트의 모방형 혁신에 대한 비판

텐센트의 모방형 혁신에 대해 비판이 존재하는 것도 사실이다. 텐센트의 서비스 또는 제품이 MSN 메신저와 비슷하고 초창기에 내놓은 QQ는 이스라엘 벤처기업이 내놓은 ICQ와 크게 다르지 않다는 의견 역시 대두되었다. 실제로 중국 내부에서도 텐센트는 복제, 표절 등으로 네티즌들에게 거센 비난을 받기도 했다. 그러나 중국은 한국과 달리 정부 차원에서 언론과 인터넷을 철저하게 검열하고 있으며, 참신한 아이디어, 창의적인 사업 기획 등은 정부와 마찰을 겪을 수 있다. 그러므로 모방을 바탕으로 안정적인 혁신을 취하는 것이 텐센트에게는 가장 합리적인 성장전략이라고 할 수 있다. 또한 텐센트가 선도 기업을 단순 모방하는 데만 그친 건 아니다. 철저하게 중국 정부의 보호와 관리 아래 있는 다른 기업들과 달리 텐센트는 선도 기업의 모방에 따른 비난을 극복하기 위해 자체적으로 S/W의 부피를 감소시키고 모바일 메신저 Pay를 최초로 도입하는 등 '모방'에서 '혁신'으로 나아가는 모습을 꾸준히 보여주었다.

표 4 모방형 혁신의 과정

단계	모방형 혁신 과정
1	시장에 있는 제품 학습
2	수정된 제품 도출
3	고객 욕구 분석(설문 및 무료 체험)
4	고객 욕구를 반영한 제품 도출
5	텐센트 연구원의 최종 점검 및 재개발
6	모방형 혁신 제품의 최종 도출

표 5 차별화 포인트

제품	차별화 포인트
위챗	신기능의 지속적 추가 (송금, 배달, 택시 호출, 게임 등)
QQ 게임	우수한 고객관계관리 (자국 내 게임 사업에 필요한 저작권, 수익 배분 등)
텐센트 비디오	동영상 음량, 색감 조절 옵션 개인 스트리머 콘텐츠 제작 지원
텐센트 픽처스	자체 제작 콘텐츠 공급 계획
텐센트 뮤직	온라인 뮤직 사용자 경험 기반 콘텐츠 제공

텐센트는 모방에서 혁신을 추구하기 위해, 늘 고객 무료 체험과 설문조사, 고객의 직접 평가를 진행한 후, 모방한 제품을 개선하여, 시장에 출시한다. 텐센트의 모방형 혁신 과정은 지속적인 순환 과정을 거쳐 형성된다.

예를 들면, 텐센트의 모방형 혁신 과정은 단순 모방 → 1차 수정 → 고객 욕구 반영, 2차 수정 → 텐센트 연구원의 재개발이 포함된 3차 수정으로 완료·형성된다. 해당 과정을 지속적으로 순환시켜 모든 사업 분야에 진입·장악하는 것이 텐센트의 성장전략임을 추론할 수 있다.

6.4 모방형 혁신 사례

(1) 싸이월드 아바타에 약간의 아이디어를 입힌 QQ 쇼

메신저 앱인 QQ의 이용자 수가 1억 명을 돌파하자 텐센트의 창업주 마화텅은 QQ의 수익모델을 놓고 심각한 고민을 하게 된다. 그때 그의 눈에 들어온 것이 한국의 싸이월드였다. 싸이월드가 아바타에 입힐 예쁜 아이템을 파는 것에 주목한 그는 여기에 약간의 아이디어를 입혀 QQ에 접목한다. QQ에서는 아바타에 진짜 옷을 입히기로 한 것이다. 즉, 브랜드와 컬래버레이션을 진행해서 진짜 옷을 파는 작업을 한 것이다. 이 방식은 패션 브랜드와 이용자들의 열광적인 반응을 끌어내면서, 수억 명의 이용자를 모으는 획기적인 전환점이 되었다.

그림 20 QQ 쇼[40]　　　　　　　　　　　　　　그림 21 싸이월드 미니미[41]

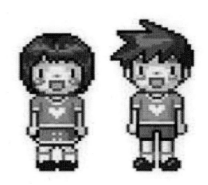

(2) 카카오톡의 짝퉁 위챗, 10억 명의 삶을 바꾸다.

QQ로 정상에 도달하고 보니 인터넷 메신저의 시대가 저물어 가고 모바일 메신저의 시대가 열리고 있었다. 미국에서는 2009년 5월에 나온 와츠앱이란 앱이 미국과 캐나다를 중심으로 폭발적인 인기를 끌고 있었고, 한국에서는 2010년 3월에 카카오톡이란 앱이 출시되어 좋은 반응을 얻고 있었다. 이에 모방의 달인인 마화텅은 와츠앱과 카카오톡을 비교·분석한 후 카카오톡을 모방하기로 결정했다. 우리가 잘 알듯이 카카오톡은 무료 문자메시지 서비스로 출발했지만, 이후 다양한 기능이 추가되었다. 무료 음성통화와 영상통화, 거기에 사진, 동영상, 음성 메일 서비스를 제공하며, 일대일 및 그룹 채팅 기능도 지원된다. 그러나 결정적으로 카카오톡도 카카오페이 서비스를 실시는 하였으나, 한국의 특성상 카카오페이는 별 영향력을 발휘하지 못하였다. 반면, 텐센트에서 내놓은 위챗은 중국인의 입맛에 맞는 맞춤형 서비스는 물론 위챗페이가 선풍적인 인기를 끌게 된다. 13억 인구의 잠재력을 바탕으로 위챗페이는 은행 결재 서비스를 능가하는 거대한 성공을 거두게 된다. 현재 위챗은 10억 명의 사람들이 이용하고 있는 세계 최대의 앱 중 하나가 되었다.

---

[40] https://newsimg.hankookilbo.com/cms/articlerelease/2020/06/05/202006051888034625_5.jpg (검색일: 2021/04/10)

[41] https://m.blog.naver.com/dgubiz/220189276473?view=img_4 (검색일: 2021/04/10)

그림 22 위챗페이[42]   그림 23 카카오페이[43]

(3) 짝퉁으로 게임 세계를 평정한 '영광의 왕'

텐센트의 가장 큰 사업 분야는 게임이다. 텐센트에서 게임에 관심을 가진 것은
상당히 오래전 일이지만 본격적으로 게임으로 수익을 내기 시작한 시점은 다른 나
라의 게임을 수입해서 배급하면서부터다. 처음에는 한국의 게임을 주로 수입했다.
2003년에 3D 온라인 게임인 세피로스를 시작으로 스마일 게이트의 크로스 파이어,

그림 24 영광의 왕[44]

넥슨의 던전 앤 파이터, NC소
프트의 블레이드 앤 소울 등이
중국에 소개되었다. 그 이후로
미국 블루홀의 배틀그라운드
를 수입해, 좋은 반응을 얻었
다. 2011년에는 리그오브레전
드의 개발사인 라이엇 게임즈
를 인수했고, 현재 세계 최대
의 게임회사가 되었다.

---

[42] https://platum.kr/wp-content/uploads/2020/01/wechatpay_xinyong.jpg (검색일: 2021/04/09)

[43] https://platum.kr/wp-content/uploads/2018/05/kakaopay-1024x686.jpg (검색일: 2021/04/09)

[44] http://www.horsebiz.co.kr/news/photo/202003/64928_81323_524.jpeg (검색일: 2021/04/10)

이러한 상황에서 텐센트는 자체 게임 개발을 준비했다. 처음 선보인 것은 QQ 탕과 QQ 스피드였다. 일본 허드슨의 봄버맨을 재탕한 크레이지아케이드를 삼탕한 것이 QQ 탕이다. 또 닌텐도의 마리오카트를 재탕한 카트라이더를 삼탕한 게임이 QQ 스피드다. 마화텅의 첫 짝퉁 게임들은 조악하기 이를 데 없었지만, 게임을 개발하는 투자와 노력은 멈추지 않았다. 그 결과 그동안의 다양한 내공과 더불어, 강력한 게임 개발자로 변신했다. 작년에는 영광의 왕왕자영요이 세계 최고의 게임 타이틀이 되는 등 텐센트 수익 중 가장 많은 부분을 게임이 차지하고 있다. 영광의 왕 역시 리그오브레전드를 모바일에 옮긴 짝퉁 게임이다.

이제 텐센트는 세계 최대의 게임 개발사이자 유통사이다. 게임업계의 전통 강호인 소니, 닌텐도, 액티비전블리자드는, 이제 텐센트에게 '게임'이 되지 않는 상대로 전락했다. 2016년 기록을 보면, 세계 게임 시장 매출의 13%를 텐센트가 점유하고 있다. 텐센트 매출 중에서 게임 매출의 비중이 거의 절반이다. 텐센트의 두 가지 사업 영역은, 정확하게 중국인의 니즈를 읽어낸 것이다. 이와 같이 중국 시장을 움직인 마화텅의 힘은, 외국의 똑똑한 선발주자들이 일궈놓은 디지털 영역의 서비스들을 '중국적인 것'으로 살짝 바꿔 입히는 것이다.

❼ 성장전략: M&A

폭발적인 성장을 거듭한 텐센트의 도약을 위한 두 번째 핵심 성장전략은 바로 M&A이다.

마화텅 회장은 다수의 기업을 인수하면서 '소유하되 간섭하지 않는다'는 원칙을 고수하는 것으로 유명하다. 텐센트는 마화텅 회장의 적극적인 의지를 기반으로 인수합병에 뛰어들었다.

7.1 텐센트의 해외 기업 M&A

텐센트는 리그오브레전드LOL의 개발사 '라이엇게임즈'와 클래시 오브 클랜을 만든 핀란드 모바일 게임사 '슈퍼셀'을 10조 원이 넘는 금액에 인수했다. 텐센트가 인수한 이 두 회사는 분기당 조 단위 매출을 내며 텐센트의 주 수익원으로 거듭났다. 이 밖에도 에픽게임즈, 액티비전블리자드에 굵직한 투자를 해오고 있으며, 최근에는 테슬라의 지분 5%를 매수하였고, 미국 SNS 벤처인 '스냅'의 지분 12%를 사들였다.

그림 25 라이엇게임즈[45]

그림 26 슈퍼셀[46]

7.2 텐센트의 국내 기업 M&A

텐센트는 국내 게임업계에도 적극적인 지분 투자로 꾸준히 영향력을 발휘해 오고 있다. 한국 기업 중에는 카카오, 넷마블, 파티 게임즈, 블루홀, 크래프톤 등에 지분 투자를 했다. 현재 텐센트는 넷마블의 3대 주주이며, 크래프톤의 2대 주주로서 지배력을 과시하고 있다. 특히, 텐센트는 13.2%이던 크래프톤 지분율을 16.4%로 늘리며, 장병규 의장의 지분율 17.4%와의 격차를 1%로 좁혔다. 이와 같은 적극적인 M&A와 지분투자 전략은 경쟁 상대 출연을 방지하고 핵심 역량을 흡수하는 효과를 내고 있다.

최근 텐센트가 국내 유망 중소형 게임사 인수를 시도하여 한국 게임 시장에서의 영향력을 확대하고 있다. 2021년 10월, 스마트폰 및 태블릿 PC용 게임 개발 전문 회사인 썸에이지와 텐센트는 썸에이지의 자회사인 로얄크로우의 주식 일부를 양도하

---

45 https://www.bodnara.co.kr/bbs/article.html?num=134809 (검색일: 2020/12/4)
46 https://datamize.io/hay-day-pop-%EB%B6%84%EC%84%9D (검색일: 2020/12/4)

는 계약을 체결했다. 썸에이지는 로얄크로우 보유 주식 40만 주 중 29만 6,707주를 177억 원에 텐센트에 매각한 것이다. 이 투자 계약을 통해 텐센트는 로얄크로우의 최대주주로, 썸에이지는 2대 주주가 됐다. 텐센트가 인수한 로얄크로우는 현재 PC 기반의 차세대 FPS 게임 '크로우즈'를 개발하고 있다. 텐센트가 최대 주주가 됐지만, 크로우즈의 글로벌 퍼블리싱은 썸에이지가 맡는다. 이를 통해 텐센트의 국내 게임사 투자는 한국 게임 시장에 대한 모니터링과 지식 재산권 확보, 비즈니스 역량 강화 등 다양한 이득을 얻기 위함으로 볼 수 있다.

로얄크로우[47] 그림 27

ROYALCROW

7.3 M&A를 통한 물류 시장 개척

텐센트는 위챗이라는 독보적인 플랫폼을 바탕으로 시장을 독점하는 전략을 구사하고 있다. 이미 단순한 모바일 메신저를 넘어, 모든 서비스의 핵심 플랫폼으로 부상한 위챗을 바탕으로 게임, 커뮤니티, 결제 등 모든 서비스를 제공하고 있다. 특히 위챗 미니 프로그램 중 이커머스 영역이 급성장하면서, 주문관리, 배송, 교환, 환불 등에 대한 수요에 따라 텐센트는 물류 사업에 투자하였다. 텐센트는 '물류 비서'라는 이름의 물류 서비스를 정식으로 론칭하였으며, 물류 서비스가 필요한 판매상은 간단한 오픈 API 설치를 통해 다수의 물류 및 택배업체와 연결되어 발송 처리를 하고, 소비자는 위챗을 통해 실시간 배송 상황을 확인할 수 있게 되었다.

---

[47] https://www.gamemeca.com/view.php?gid=1655021 (검색일: 2021/04/10)

그림 28 위챗 기반 서비스[48]

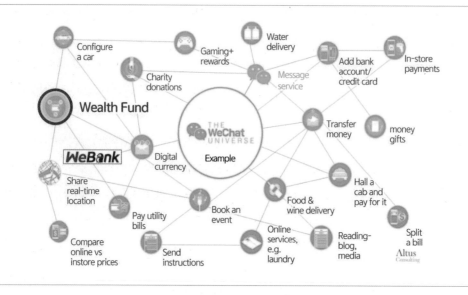

7.4 M&A로 보는 텐센트의 성장 방식

텐센트가 인수합병 분야의 큰손으로 주목받는 이유는 중국 내 최고의 기업이라고 알려진 알리바바보다 2배가 넘는 금액을 인수합병 분야에 투자하기 때문이다. 2016년 이후 텐센트는 무려 7개 기업에 10억 달러 이상의 금액을 투자하여, 인수합병을 추진하는 등 전략적인 움직임을 보였다. 특히, 텐센트의 강점인 콘텐츠 이외에 금융, 자동차 및 교통 등 사업다각화의 움직임까지 나타나고 있다. 텐센트는 2005년부터 현재까지 꾸준히 인터넷, 게임 분야의 기업들을 인수해 왔지만 최근 2~3년은 전자상거래, 휴대폰 S/W, 부동산 중개, 온라인 지도, 물류 등 전 분야에 걸쳐 인수합병을 진행하고 있다. 지금까지 엔터테인먼트 분야 이외 교통, 여행, 음식, 음악, 의료, 금융, 전자제품, 애니메이션 등 영역에서 활발한 인수를 추진해 왔다.

막대한 '규모의 경제economy of scale'와 '범위의 경제economy of scope' 효과를 바탕으로 새로 진출한 분야에서도 시장을 독점하다시피 하는 것이 텐센트의 방식이다. 또한

---

[48] https://www.linkedin.com/pulse/your-eyes-only-nextgen-robo-advice-simon-bussy/ (검색일: 2020/12/4)

경쟁자는 과감히 인수해 버리기도 하고, 독과점 상태에 있는 시장 상황에서는 경쟁자와 전략적 제휴를 맺는 등 시장의 독점에 집중하고 있다. 현재 중국에서 서비스 중인 대부분의 O2O 서비스는 텐센트가 대주주로 있는 경우가 많다. 텐센트는 기존의 플랫폼 산업을 중점으로 다수의 고객을 확보한 후, 이것을 기반으로 오프라인에서도 사업 범위를 확장해 나가는 것을 볼 수 있다. 나아가 여러 산업을 접목하면서 각 데이터를 확보하여, 이것을 다시 자신의 플랫폼과 연결하여 강화하고 있는 점도 하나의 특징이다.

⑧ 신유통 및 미래 성장 동력

8.1 신유통

'알리바바가 두려운 자 내게로 오라.' 이러한 삼성증권의 텐센트 분석자료 제목처럼, 최근 텐센트의 신유통 진출이 눈에 띄게 활발해지고 있다. 텐센트는 10여 년 전 전자상거래 분야에 진출했다가 알리바바의 경쟁에서 패하고 철수한 바 있다. 하지만 76%에 달하는 오프라인 시장을 두고만 볼 수는 없기에 알리바바의 온·오프 연계 방식인 신유통 전략에 대응하여 스마트 리테일 전략을 선언하고, 텐센트 방식으로 다시 유통에 접근하고 있다. 전자상거래 2~4위인 징동, 핀둬둬, 지분 투자와 함께 유통업체들에 대한 미니 프로그램[49], 공식 계정 등 다양한 위챗 마케팅 툴 제공이 주요 내용이다. 이는 텐센트식 간접적 생태계 조성 방식이다. 향후 클라우드, 핀테크, 광고 사업에 필요한 수익원과 빅데이터 확보를 위해서도 유통시장 공략은 필요하다. 여기서 최근 인기를 끌고 있는 미니 프로그램이 신유통 전쟁에 있어서 게임 체인저 역할을 할 것으로 보인다.

---

[49] 미니 프로그램은 다수의 앱에 접속이 가능한 위챗의 앱 접근 프로그램

그림 29 중국 신소매 · 신유통 주요 기업[50]

테센트는 알리바바에 비해 한발 늦은 감이 있지만, 알리바바의 뒤를 매섭게 추격하고 있다. 분야별 핵심 기업과의 협력 강화를 바탕으로 시장 영향력을 키우고 있는 것이 그 핵심이다. 텐센트는 중국 2대 전자상거래 기업인 징둥京東과 온라인 소매업체 웨이핀후이唯品會, VIP SHOP의 지분 10%를 8억 6,300만 달러약 9,400억 원에 사들이면서, 기존에 보유하고 있던 지분 18%에서 더 확장하였다. 이로써 텐센트는 웨이핀후이의 2대 주주로 올라서게 되었다.

체계적인 공급라인을 중심으로 텐센트는 물류 플랫폼, 운송, 저장 및 창고로 이어지는 3단계의 공급라인 구축을 완성하고, 전문업체 설립 및 분야별 유수 기업들과의 협업을 통해 업무 효율성을 향상시켰다. 또한 공급라인의 대폭 강화를 통해 알리바바를 위협하고 있으며, 훠처방貨車幇에 투자하고 물류 플랫폼을 강화하는 한편, 2014년부터는 징둥과 제휴 관계도 맺고 있다.

50 https://www.newspim.com/news/view/20180119000025 (검색일:2021/4/10)

그림 30 알리바바와 텐센트의 전자상거래 시장점유 및 신소매·신유통 진출 현황[51]

8.2 미래 성장 동력

텐센트가 중점적으로 육성하고 있는 미래 성장동력은 헬스케어, 자율 주행 그리고 인공지능이다. 결론부터 말하면, 이 세 분야에서 텐센트의 성공 가능성은 매우 크다. 그 이유는 소비자들은 이 세 분야의 서비스를 모두 모바일과 메신저를 통해서 사용할 가능성이 크기 때문이다. 헬스케어 서비스는 모바일 기기를 통해 서비스를 제공할 가능성이 크고, 자율 주행 서비스 역시 모바일 서비스와의 연계성이 가장 중요하다. 또한 자율 주행이 활성화되면 탑승 시간 동안의 인포테인먼트[52] 이용도 증가

---

51 https://www.newspim.com/news/view/20180119000025 (검색일:2021/4/10)

52 정보(information)와 오락(entertainment)의 합성어로, 정보의 전달에 오락성을 가미한 소프트웨어 또는 미디어를 가리키는 말임 (IT용어사전)

할 것으로 예상되기 때문에, 텐센트가 보유하고 있는 엔터테인먼트 요소들과 큰 시너지 창출이 기대된다. 이 모든 서비스의 근간이 될 기반 기술인 인공지능의 경우 위챗을 통해 수집된 막대한 양의 데이터를 활용하면서 빠르게 진화할 것으로 보인다.

텐센트는 2015년 모바일 혈당 관리 서비스인 '탕따이푸糖大夫'의 버전 2.0을 공개했다. 탕따이푸는 스마트폰처럼 생긴 혈당전용측정기로 혈당 측정 후, 위챗을 통해 검사 결과를 공유하고 의사와 상담할 수 있는 서비스이다.

그림 31 모바일 혈당 관리 서비스 '탕따이푸'[53]

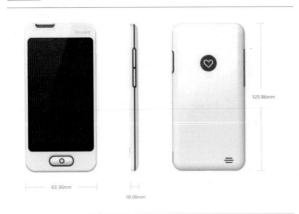

또한 중국 최대 민영 완성차 업체인 지리 자동차와 자율 주행기술을 함께 개발하고 있다. 지리 자동차는 미래차 기술 확보를 위해 다양한 시도를 하고 있으며, 두 회사는 중국 정부의 '탄소 중립' 목표에 부응하기 위해 자동차 산업 공급사슬을 저탄소 구조로 바꾸는 연구도 진행 중이다.[54]

한편, 텐센트는 향후 5년 동안 인공지능, 클라우드 컴퓨팅, 사이버 보안 등 분야에 5,000억 위안약 86조 3,300억 원을 투자하기로 했다. 중국 내 인터넷 활용 증가세가 둔화하고 있고 기업들의 클라우드 사용이 확산되는 상황에서, 위와 같은 결정을 내린 것으로 판단된다.

---

53 http://shendaifu.info/archives/192 (검색일: 2021/4/10)
54 https://www.hankyung.com/international/article/2021012165321 (검색일: 2021/4/10)

맺음말

텐센트의 성공을 두고 과도한 정부의 지원과 보호 속에 내수시장의 특수 효과를 누린 수혜자라는 시각부터, 철저한 카피캣으로 중국과 같은 지재권 취약 지대에서만 가능한 성공 방식이라는 의견이 다수 존재한다. 그러나 '모방', 나아가 '벤치마킹'은 나름대로 중요한 전략적 가치가 있는 것이 아닐까?

실제로 텐센트가 다른 기업의 아이템을 모방하여 성공한 경우가 많은 것은 사실이다. 그러나 창업한 지 20년 만에, 보다 과도한 보호와 지원을 오랜 시간 받아온 다른 중국 기업들을 뛰어넘고, 글로벌 Top 5로 성장한 이유는 뭔가 다른 기업과 차별화된 강점이 있는 것은 아닐까?

초기에 경쟁우위가 없던 시기에는 단순 모방에서 시작했지만, 단순 모방에서 하나 더 나아가 중국적인 특색이나 소비자가 좋아할 만한 강점을 보완하여 '플러스 알파'를 가미하는 것이 텐센트의 진정한 강점일 것이다. 또한 단순한 제품 하나의 성공에만 만족하지 않고, 비즈니스 플랫폼과 관련 생태계를 만들어, 해당 부문의 폭넓은 경쟁력을 갖게 하는 것이 동사의 핵심역량이라고 판단된다. 나아가 지속해서 사회와 더불어 성장할 수 있는 협력과 창조의 철학적 가치가 이러한 성장의 밑바닥에 내재하고 있다.

최근에는 단순 모방을 넘어서 세계 최초의 서비스와 기술 개발에 집중하고 있는 텐센트의 모습은 성장 동력을 상실해 가는 다른 기업이나 산업 및 국가에 많은 시사점을 주고 있다. 텐센트는 단순 '내수형 카피캣'에서, 이제는 진정한 '글로벌 혁신기업'으로의 도약을 모색하고 있다. 즉, 벤치마킹과 M&A 전략을 바탕으로 성장한 텐센트가 이제는 글로벌 시장에서의 혁신으로 눈을 돌리고 있다.

어쩌면 우리는 중요한 기업 경영의 핵심을 학창 시절에 이미 충분히 배웠을 수 있다. 그리고 그러한 핵심 내용은 '어떻게 기술을 현실에서 편리하게 접목시키느냐'가 그 핵심 역량일 수 있다. 그런 의미에서 텐센트의 성장 전략은 다소 평범하게 보이는 기업이 어떻게 세계 최강의 글로벌 기업으로 성장할 수 있을지에 대한 중요한 전략적 의미를 시사하고 있다.

1. 텐센트의 '성장전략'을 살펴봄으로써 텐센트가 향후 어떤 방향으로 자사의 '플랫폼'을 확대할 수 있을지에 대해 살펴보자. 또한, 데이터 및 신산업 규제 완화에 고전을 면치 못하고 있는 한국 기업에게 '텐센트의 성장과 혁신'이 시사하는 바를 논의해 보자.

2. 텐센트의 게임 개발사 인수합병 및 지분 확보 전략은 다른 해외 기업뿐 아니라 우리 한국의 유명 게임사에도 상당한 영향을 미치고 있다. 이에 국내 기업이나 정부가 중국으로의 자원 유출(예, 지적재산권 등)을 막기 위해 시행할 수 있는 규제나 전략에는 무엇이 있을지 논의해 보자.

3. 텐센트는 체계적인 고용 시스템을 통해 IT 전문 인력을 채용·양성하고 있다. 반면 국내 IT 기업들은 전문인력 양성보다는 아웃소싱, 하청을 활용하는 방식이 활성화되어 있는데, 역(逆)으로 텐센트의 전략을 모방하여, 그 개선방안을 제시해 보자.

4. 텐센트의 '모방형 혁신' 전략과 '사업다각화' 전략을 연관지어 생각해 보자. 또한, '모방형 혁신'으로 인한 한계에 대해 토론해 보자.

5. 중국의 ICT 성장 배경과 관련하여 한국이나 미국의 반도체 기술을 학습하는 것은 어떨지 논의해 보자. 또, 이것과 관련해서 중국 정부가 적극적으로 지원하는 정책은 있는지 고찰해 보자. 나아가, 중국은 텐센트와 같은 기업을 통해 반도체 또는 다른 성장산업의 패권을 달성할 수 있을지 논의해 보자.

6. 텐센트의 사례를 통해, 효과적인 전략 추진 및 목표 달성을 위해 '조직문화'와 '경영방식'을 설정하는 것은 '얼마나(how)' 그리고 '왜(why)' 중요한지 이야기해 보자.

7. 텐센트 등 중국의 ICT 기업들은 기술력과 자본력을 확보해서 사물인터넷, 미래 ICT 융합 등 ICT 신산업 분야의 발전이 두드러지는데 반하여, 한국은 현재 상대적으로 ICT 신산업 투자가 저조하다. 이 부분에서 기술적 우위를 확보하기 위한 정책적·제도적 개선방안을 생각해 보자.

한글과컴퓨터, 오피스SW 리더에서
4차 산업혁명 리더로
: 사업다각화를 통한 새로운 생태계 구축!

학습목표

- 한글과컴퓨터(이하 한컴)가 4차 산업혁명 분야의 기술과 '사업다각화' 및 'M&A 전략'을 통해 주요 성장동력이 어떻게 변화되었는지 학습한다.
- 한컴이 어떠한 플랫폼 및 비즈니스 생태계 전략을 펼치고 있는지 고찰해 본다.
- 한컴과 같이 패러다임 전환을 통해 기업들이 어떻게 비즈니스 모델을 바꿀 수 있을지 학습해 본다.

한글과컴퓨터, 오피스SW 리더에서
4차 산업혁명 리더로
: 사업다각화를 통한 새로운 생태계 구축![*]

한컴은 어떤 회사?

① 한글과컴퓨터 소개

1.1 한글과컴퓨터란?

> "다양한 플랫폼을 조성하여 상생하고 성장하며,
> 나아가 사람들의 삶에 혁신을 가져다주는
> 미래를 혁신하는 스마트솔루션 세상은
> 한컴그룹이 만들어갈 내일입니다."

한컴에 대한 기본 개요는 <표 1>과 같다. 한컴은 신제품 개발과 사업다각화, 여러 기업과의 M&A를 통해 다방면으로 신속하게 기업을 키워나가면서, 혁신적인 융·복합 기술을 바탕으로 대한민국을 넘어 글로벌 기업으로 성장하고 있다.

---

* 본 사례는 정진섭 교수의 지도하에, 서수빈 학생의 사례를 기반으로, 오민석, 박나현, 홍소희, 이은지, 서효정, 김동민, 나창주 학생이 업데이트한 것이다.

회사명	㈜한글과컴퓨터 그룹
본사 주소	경기도 성남시 분당구 삼평동 대왕판교로 644번길 49 한컴타워 10층
홈페이지	www.hancomgroup.com
주요 사업	온라인 소프트웨어 공급, 개발 및 4차 산업혁명 핵심 기술 개발
매출액(2020년)	4,013억 원
자본금(2020년)	129억 원
사원 수(2020년)	372명

출처: 한글과컴퓨터 홈페이지

한컴은 탄탄한 SW기술력을 갖춘 기업들에서부터 하드웨어, 금융 분야에 이르기까지 총 17개의 계열사예, 한컴MDS, 한컴인텔리전스, 한컴모빌리티, 한컴라이프케어 등를 보유하고 있는 종합 IT 서비스 그룹이다.[1] 한글 1.0과 함께 출발한 한글과컴퓨터는 오피스 소프트웨어 분야에서 축적한 기술력을 바탕으로 PC는 물론 웹, 모바일, 클라우드 등 고객이 사용하는 모든 디바이스에서 통합하여 사용할 수 있는 오피스 소프트웨어를 선보이고 있다.[2]

한컴은 특히 PC, 모바일, 웹에 최적화된 오피스 소프트웨어를 국내 공공기관과 개인 고객에게 공급하고 있으며, 현재는 국내 시장을 비롯해 오피스 소프트웨어 기술을 기반으로 고객의 생산성을 향상하는 다양한 소프트웨어를 전 세계 시장에 선보이고 있다. PC와 모바일의 경계를 허무는 오피스 솔루션으로 국외 기업의 오피스 솔루션에 맞서 자국어 오피스 성공사례를 만들어 가고 있다.

글로벌 시장에서 오피스 소프트웨어의 전체 제품군을 보유한 회사는 마이크로소프트사ms를 제외하면, 한글과컴퓨터가 유일하다. 한글과컴퓨터는 국내 공공기관이라는 안정적인 수요처를 바탕으로 시장의 저변이 확대됨에 따라 최근 안정적 실적과 현금흐름을 바탕으로 M&A를 통해 사업다각화를 시도하고 있다.

2014년에는 한컴MDS를 인수해서 소프트웨어 시장의 저변을 확대시켰으며, 계열사를 통해 4차 산업혁명 시대에 맞는 인공지능, 사물인터넷 등의 기술을 이용해 가

---

[1] 한글과컴퓨터 홈페이지, www.hancom.com
[2] 한글과컴퓨터, 잡코리아, https://www.jobkorea.co.kr/company/1679857

치사슬을 확대 중이다. 이에 그치지 않고 블록체인, 빅데이터, 드론 그리고 최근에는 메타버스까지 4차 산업혁명을 주도하는 핵심기술 개발과 다양한 기업·기관들과의 협력관계를 기반으로 종합 ICT 융·복합 기업으로 도약하고 있다. 과거에 위기를 맞았던 단순한 SW 기업인 한컴이 어떻게 이렇게 변신에 성공할 수 있었을까?

1.2 한컴의 역사

그림 1 한글과컴퓨터 연혁

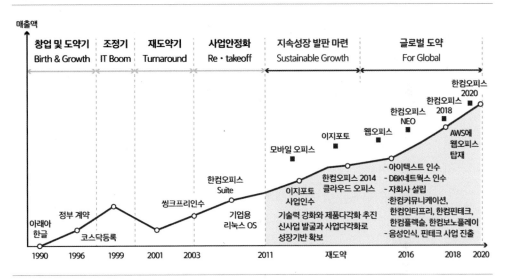

출처: 한글과컴퓨터 홈페이지

(1) 초기의 한컴

1989년, 한국식 워드프로세서를 만들자는 일념하에 이찬진은 알고 지내던 프로그래머 세 명정내권, 우원식, 김형집을 모아 한글이라는 국내 기술 기반의 워드프로세서를 개발한다. 이렇게 와룡동 한글문화원 4평짜리 작은 방에서 한글과컴퓨터의 역사가 시작된다. 이후 1990년 10월, 한글과컴퓨터가 본격적으로 창업되면서 국산 워드프로세서인 한글은 상승세를 타게 된다. 특히 1994년에는, 한글 2.5를 통해 빠른 속도로 국내 워드프로세서 시장을 장악하기 시작한다. 2.5 버전은 이전 버전들에 비해 편리해진 기능으로 사용자들에게 좋은 평가를 받았다.

1995년 DOS 기반에서 윈도우 기반으로 PC환경이 바뀌게 된다. 그 무렵에 한글과컴퓨터는 윈도우 운영체제를 지원하면서 국내 워드프로세서 시장의 90%를 장악하게 된다. 이로써 창업 3년 만에 100억대의 매출을 넘기게 되면서 벤처 기업 1호로 코스닥에 상장되었다. 또한 한글과컴퓨터는 영어와 중국어, 일본어 등 다중 언어를 지원하고 DOS와 윈도우는 물론 리눅스 기반의 '윈도 X' 등 다양한 운영체제를 지원하면서, 이에 기반하여 1997년 상용 소프트웨어로서는 국내 최초로 수출되었다.

(2) 한컴의 위기와 재도약

1998년, IMF의 영향과 PC 통신의 발달로 인한 불법 복제 성행으로 한글과컴퓨터에 1차 부도가 찾아오게 된다. 이때 한글학회를 비롯한 15개 사회단체가 '한글 지키기 국민운동본부'를 세우고 국민 모금에 나섰다. 이 과정에서 창업주 이찬진 사장은 한컴을 떠났다. 이 사태는 사용자들에게 불법 복제에 대한 새로운 인식을 심어주었고, 소프트웨어 정품 사용 운동으로 확산되었다.[3] 이를 통해 약 4개월 만에 70만 장이라는 판매 기록을 달성하면서, 자력으로 회생하는 전환점을 마련하였다.

이어서 2004년에는 워드프로세서 '한글'에서 오피스 소프트웨어로의 전환이 시작되었다. 스프레드시트, 프레젠테이션 등의 기능이 추가되었으며 한컴은 세계 최초의 웹 오피스인 'Thinkfree'를 인수하며 해외 시장에 진출하게 된다. 그해 11월, 한글과컴퓨터는 한컴 오피스 2005를 출시하였으며, 국산 스프레드시트 '넥셀'을 판매하던 넥스소프트 인수를 통해 '워드프로세서한글－스프레드시트넥셀－프레젠테이션 소프트웨어한컴 슬라이드'로 구성된 오피스 소프트웨어 라인업을 갖추게 된다.

2006년 7월에는 프로그램 간 호환성을 강화시키고, 차세대 오피스 기술을 접목시킨 유비쿼터스 오피스인 '오피스 2007'을 출시한다. 이와 같은 노력으로 호환성을 높이는 데 주력한 한글과컴퓨터는 브랜드를 통합하고 기존의 '텍셀', '한컴 슬라이드'였던 오피스 제품군의 제품명을 '한글', '한셀', '한쇼'로 통일시켰고, 한워드까지 추가하였다.

---

3 한글과컴퓨터, 네이버 지식백과

(3) 현재의 한컴

한글과컴퓨터의 끊임없는 도전은 4차 산업혁명 분야의 진출까지 이어지고 있다. 2012년 전문 사진 편집 소프트웨어인 '이지포토' 인수를 통한 이미지 편집 사업 진출 등 다른 기업과의 활발한 인수합병을 통해 다양한 사업 진출의 발자취를 남기고 있다. 2013년 10월, 한글과컴퓨터는 '한컴 오피스 2014'를 출시하여 협업, 보안, 개방의 가치를 더하는 오피스로 거듭나며, 모바일-클라우드-웹의 경계를 넘어 대한민국 2천 5백만, 전 세계 5억 명의 고객을 확보하였다.

2016년 한국전자통신연구원과의 교류를 통한 '한컴-ETRI, 말랑말랑 Tech Day'의 컨퍼런스에서 지속적인 상호 논의와 스터디를 통해 미래 핵심기술로 손꼽히고 있는 인공지능AI, AR증강현실/VR가상현실, 임베디드/사물인터넷IoT, 교육/콘텐츠 등 5대 전략분야를 선정하였으며, 한컴/MDS테크놀로지/한컴시큐어/한컴지엠디 등 그룹사별로 총 13개 사업과제를 도출했다. 이후 말랑말랑 톡카페, 지니톡 등 다양한 서비스를 출시하고 있다.

2017년 11월, 한글과컴퓨터는 '한컴오피스 2018'을 출시하여 음성인식, 쪽 복사, 신규 맞춤법 사전 등의 기능을 추가하였고, 2019년 10월에는 '한컴 오피스 2020'을 출시하여 오피스톡, 캡션 스타일, 한글 프레젠테이션 등의 기능을 추가하였다.

최근 한글과컴퓨터는 4차 산업혁명의 핵심 기술을 기반으로 B2B에서 B2C까지 사업영역을 확장하여 단순히 워드프로세서 소프트웨어 공급 사업뿐만 아니라, 금융과 헬스 케어, 모빌리티 등 다양한 서비스를 제공하는 기업이 되었다. 이는 이러한 끊임없는 신규사업 발굴을 통해 모바일 시장과 더불어 글로벌 시장에서 경쟁력을 갖추겠다는 한글과컴퓨터의 의지가 담겨 있는 행보이다.

1.3 한컴의 수익구조

<그림 2>는 한컴의 연간 매출, 영업이익률 및 부문별 매출액의 추이 및 전망 그래프이다. 이를 통해 한컴의 연간 매출액이 매년 점차 증가하고 있음을 확인할 수 있다. 특히 2020년에는 별도 기준으로 매출액 1,093억 원, 영업이익 326억 원을 기록하여, 총 29.8%의 영업이익률을 달성했다. 연결기준 매출액은 4,013억 원, 영업이익

은 682억 원으로 창사 아래 사상 첫 연 매출 4천억 원을 돌파했다.

그림 2 한컴의 연간 매출, 영업이익률 및 부문별 매출액 추이 및 전망

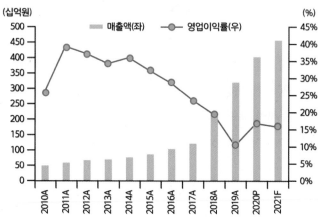

연간 매출, 영업이익률 추이 및 전망

자료: 유진투자증권

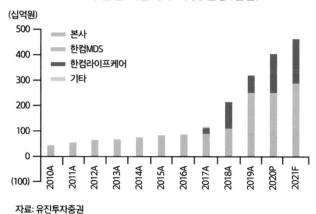

부문별 매출액 추이 및 전망(연간)

자료: 유진투자증권

출처: 유진투자증권

리눅스 오피스 개발 등으로 인한 비용의 증가에도 불구하고, 이러한 실적은 전년 동기 대비 각각 25.7%, 105.4%의 성장이다.[4] 이러한 실적에 크게 기여한 요소 중 하나는 '한컴오피스'이다. 2020년 코로나19의 확산으로 원격·비대면 업무와 학업을 위한 오피스 소프트웨어SW 수요가 급증하며, 이는 B2B·개인소비자B2C 시장에서 한글과컴퓨터 제품의 신규고객 확보와 클라우드 오피스 솔루션 '한컴스페이스' 사용자 확대로 이어졌다.[5] 매 분기 어닝서프라이즈를 기록한 데 이어, 연간 실적도 사상 최대를 실현한 데에는 한컴오피스의 신규 수요 확대와 주요 연결자회사들의 성장이 크게 기여했다.

한글과컴퓨터의 주요 수익창출은 소프트웨어의 판매다. 그러나 여러 사업 부문에 진출한 현재는 소프트웨어뿐만 아니라 한컴의 자회사들의 매출도 눈에 띄게 성장세를 보이고 있다. 한컴의 여러 자회사들 중에서도 부문별 매출액 추이 및 전망 그래프에서 볼 수 있듯이, 한컴MDS와 한컴라이프케어의 성장이 두드러졌다.

소방용 개인안전장비와 일회용 마스크 등을 생산하는 한컴라이프케어는 재난안전 사업의 확대 및 KF94 마스크의 대규모 미국 수출 등에 힘입어 2020년 연결기준 매출액 1,518억 원을 기록했다. 한컴MDS는 자율주행 시뮬레이터 공급이 늘면서 모빌리티 분야에서의 사업 확장을 이어가고 있으며, 자체 개발한 사물인터넷IoT 플랫폼 '네오아이디엠NewIDM'은 최근 일본 수출을 통해 해외 시장의 문을 두드리고 있다.

한글과컴퓨터의 이러한 끊임없는 성장세는 주력 수익 원천인 '한컴오피스' 소프트웨어를 기반으로 여러 서비스를 확장하기 위한 신제품 개발과 아낌없는 투자 노력이 주요 원인이라고 할 수 있다. 또한, 국내뿐만 아니라 해외 오피스 시장의 점유율 성장을 위한 해외기업과의 협업으로 수출 확대 등 한컴의 도전은 끊임없이 지속되고 있다. 한컴은 최근 기술력과 시장성을 충분히 검증받은 만큼, 클라우드 및 서비스 분야에 집중하며 국내를 넘어 해외시장까지 공략할 계획이다.

---

4 한글과컴퓨터, 보도자료 홈페이지, https://www.hancomgroup.com/kr/pr/news/view/914?page=1
5 임민철, 한컴, 코로나 딛고 최대실적…"클라우드·그룹역량 결집해 성장", 아주경제, 2021.03.30

❷ 한컴의 경영전략

한글과컴퓨터는 대한민국을 대표하는 벤처기업에서 시작하여, 전 세계 시장에 수출하는 생산성 솔루션을 보유한 글로벌 소프트웨어 기업으로 성장하고 있다.

한글 1.0과 함께 출발한 한글과컴퓨터는 오피스 소프트웨어 분야에서 축적한 기술력을 바탕으로 PC는 물론 웹, 모바일, 클라우드 등 고객이 사용하는 모든 디바이스에서 통합하여 사용할 수 있는 오피스 소프트웨어를 선보여 왔다. 표준포맷과 외산 오피스 포맷을 완벽하게 지원하는 호환성 높은 오피스 제품으로, 한국 사용자들에게 널리 사랑받아온 데 이어, 아시아, 중남미, 유럽 등의 전 세계 국가로 수출하고 있다. 한글과컴퓨터는 신제품 개발, 해외 진출, 사업다각화, M&A 등 공격적인 경영을 통해 빠르게 성장하고 있다.

2.1 SW 핵심기술의 역량 강화

매년 소비자가 산업별 대표 브랜드를 선정하는 '2020 올해의 브랜드 대상'에서 오피스소프트웨어SW부문 2년 연속 1위를 차지한 한글과컴퓨터는 대한민국을 대표하는 종합 소프트웨어 기업이다.

아래아한글로 대변되던 한컴은 30년간 축적된 오피스SW 기술력을 무기로 내수시장을 넘어 글로벌 시장을 공략할 제품인 '한컴오피스 2018'을 출시했다. MS오피스와 완벽에 가까운 호환성으로 국내외 오피스SW시장에서 주목을 받았던 '한컴오피스 네오' 이후, 2년 3개월 만에 공개한 한컴오피스 2018은 사용자 중심의 플랫폼을 기반으로 인공지능, 음성인식 솔루션 등 첨단 기술을 적용해 미래형 오피스SW로 진화했다는 평가를 받았다. 한컴오피스 2018은 한국전자통신연구원ETRI에서 개발한 국산 인공지능 엔진인 '엑소 브레인'을 접목한 챗봇, 지식검색 등 인공지능AI 기반의 특화 기능과 세계 최고 수준의 음성인식 자동 통·번역 앱인 '지니 톡'의 음성 엔진을 적용한 기능제어, 텍스트 입력 기능 등을 통해 사용자 편의성을 높인 것이 특징이다.[6]

---

6 김종효, "[줌인기업] 한글과컴퓨터, 5천억 규모 ICT 융복합 그룹으로 도약", 아주경제, 2018.07.16
  https://www.ajunews.com/view/20180716134303165

한편, 최근 출시한 '한컴오피스 2020'에는 한컴이 주력하고 있는 AI 기술뿐만 아니라, 블록체인, 클라우드 등 첨단 ICT기술을 적용해 문서의 생산성과 편의성을 크게 높였다. 이미지를 그대로 문서로 변환해 주고, 챗봇 서비스 '오피스톡' 기능에는 ETRI의 토종 AI인 엑소브레인 기술이 탑재되어, 질문을 입력하면 적절한 정보를 찾아 답변해 준다. 또한 계열사인 한컴위드의 블록체인 플랫폼 '한컴 에스렛저'를 적용해, 문서의 진본 여부와 수정 이력을 확인할 수도 있다.[7]

한컴은 PC용 오피스뿐만 아니라 스마트폰용 오피스, 태블릿용 오피스 등 모바일 환경에 최적화된 오피스도 공급하고 있으며, 별도의 SW를 내려받지 않고도 웹브라우저에서 문서를 편집할 수 있는 웹오피스도 보유하고 있다. 이처럼 PC부터 모바일, 웹을 아우르는 풀오피스 라인업을 구축한 한컴은 언제 어디서나 문서 열람과 작성이 가능한 환경구축에 성공했다. 최근에는 코로나19로 인한 재택근무와 온라인 개학으로 집에서 문서를 작성해야 하는 수요가 늘어나면서, SW의 설치 없이 웹브라우저 접속만으로 언제 어디서나 문서편집이 가능한 클라우드 기반 웹오피스 사용자가 빠르게 증가하고 있다.[8]

특히 한컴은 최근 세계 최대 클라우드 서비스 기업인 AWS아마존웹서비스의 워크독스에 기본 웹오피스로 한컴오피스를 탑재하는 등 글로벌 시장에서도 MS와 본격적인 경쟁을 펼쳐나갈 기반을 마련했다. 이미 미국과 일본, 러시아 등 시장에 진출한 한컴은 앞으로 남미와 중국, 중동, 인도 등을 집중적으로 공략한다는 계획이다.

소비자가 직접 선정하는 올해의 브랜드 대상에서 경쟁 후보였던 MS를 제치고 2년 연속 선정되었다는 점에서 그 의미가 더욱 크다. 따라서 향후에는 30여 년간 축적한 SW기술력을 기반으로 그룹이 보유한 드론, 로봇, 블록체인, 메타버스, 우주항공 등 신사업에서도 한컴의 핵심역량을 적극적으로 활용하여 ICT 융복합 기술의 대표 브랜드로 그 가치를 더욱 향상시켜 나갈 과제가 놓여 있다.

---

7 한경닷컴, "한글과컴퓨터, 29년 SW 기술력으로 AI·블록체인까지…4차 산업혁명 기술 혁신·서비스화 선도", 한국경제, 2019.12.02, https://www.hankyung.com/it/article/201911264393i

8 신찬옥, "한글과컴퓨터, 2020 올해의 브랜드 대상 수상", 매일경제, 2020.10.12, https://www.mk.co.kr/news/it/view/2020/10/1042959/

2.2 리더십

(1) 리더십의 중요성

최고경영자의 리더십은 기업문화의 유지와 창출, 그리고 새로운 전략에 맞추어 기업문화를 변화시키는 데 중요한 역할을 한다. 최고경영자가 수행하는 중요한 역할 중 하나는 대대적인 문화적 변혁을 주도하여야 한다는 것이다. 조직에는 지금까지 그 조직이 수행하였던 운영 방법과 가치관을 지속해서 유지하려는 관성이 존재한다. 조직이 지금까지 수행했던 전략을 버리고 새로운 전략을 추구하는 것은 근본적으로 매우 어려운 일이다. 많은 경우 조직 구성원이 자발적으로 조직을 변화시키고 스스로 변화를 추구하려 하지 않기 때문이다.

따라서 때로는 유일하게 이러한 변화를 추구할 수 있는 사람이 최고경영자일 수밖에 없는 경우가 많다. 최고경영자는 조직 구성원들에게 좋은 아이디어를 찾게 하고 그들에게 동기를 유발해 줄 수 있다. 또한, 새로운 가치관을 정립시켜 줄 수도 있고 기업이 나아가야 할 비전을 제시해 주기도 한다. 나아가, 최고경영자는 그 조직 구성원에게 창의적인 생각을 하도록 변화의 주도자 역할을 한다.[9]

한글과컴퓨터는 2000년 닷컴 버블을 타고 시작한 포털 사업이 좌초하며 경영난이 시작됐다. 회사는 10년간 대주주 교체가 반복된 끝에 2009년 당시 TG삼보가 주축이 된 셀런 컨소시엄으로 넘겨졌다. 이후 2010년, 김상철 회장이 한글과컴퓨터를 인수하면서 지금에 이르렀다.

(2) 김상철 회장의 리더십

김상철 한컴그룹 회장은 1953년 5월 20일 태어났다. 단국대학교 행정학과를 졸업하고 금호전기에 영업사원으로 입사해 영업본부장까지 지내다 IMF 구제금융 위기 이후, 기업 인수합병M&A의 전문가로 변신했다. 현재는 업계와 증권가에서 '인수·합병M&A의 귀재'로 불린다. 2010년 한글과컴퓨터를 인수해 지금의 그룹으로 키우기까지, 대부분의 인수·합병을 성공시켰기 때문이다.

---

9 장세진(2018), 경영전략 제10판, 박영사.

김 회장은 1997년 외환위기 때 경영난에 시달리던 금호전기에서 분사한 금호미터텍을 통해 첫 '대표' 직함을 달았다. 이후 지난 20여 년간 김 회장이 인수·합병한 기업은 31곳에 달한다. 여기에 지분투자와 합작법인 등을 포함하면 41건이다. 이 중에는 다시 매각해서 투자 차익을 얻은 기업도 있지만, 한컴을 비롯해 한컴MDS옛 MDS 테크놀로지, 한컴위드옛, 소프트포럼 등은 그룹의 핵심으로 키웠다.

김 회장은 미래 비전이 담긴 '큰 퍼즐그림'을 그려놓고 이를 완성하기 위해 필요한 '조각기술기업'을 찾는 식으로 인수·합병을 한다. 이미 기틀이 마련된 스마트시티와 보안, 클라우드와 로봇, 모빌리티 사업에 이어 김 회장이 초점을 둔 부문은 블록체인과 드론, 헬스케어였다.

'속도전'도 김 회장의 트레이드마크다. 회사 관계자는 "한컴인스페이스는 최명진 대표와의 합작회사 같은 형식인데 첫 만남 후 3주 만에 인수가 마무리됐다"면서 "'이 사람과 같이 가야겠다'라는 생각이 들고 마음이 맞으면 크게 재는 것 없이 바로 진행하는 것이 회장님 스타일"이라고 귀띔했다. 그동안 김 회장이 인수한 회사들 중 시장에 매도로 나와 있는 회사는 거의 없었다. 본인이 가고자 하는 방향에 맞는 회사를 끊임없이 찾고, 여기다 싶으면 바로 인수·합병을 제안하는 것이 김 회장의 스타일이다.

또한 평소 그가 자주 하는 말을 보면 그 이유를 알 수 있다. 김 회장은 '기업은 달리는 기차와 같다' '긍정적 사고가 성공을 이끈다'라는 말을 입버릇처럼 한다. 기업이 성장하려면 끊임없이 노력해야 하며, 부정적 판단이 앞서면 새로운 사업에 뛰어들 수 없다는 것이 그의 생각이다. 김 회장이 가장 강조하는 단어는 '공유'와 '컨버전스'다.

김연수 한컴그룹 운영총괄 부사장은 "컨버전스는 2005년 회장님이 처음 정보기술IT 기업소프트포럼을 경영할 때부터 강조해 온 말이다. 이후 '정보통신기술ICT 융복합'으로 진화했고, 그동안 한컴그룹 모든 성장 전략의 기저에 ICT 융복합이 DNA처럼 깔려 있다"고 설명했다. 인수·합병으로 사업이 커지고 외부에서 온 구성원들이 늘어나면서 '공유'를 가장 강조한다. 내부에서만 찾지 말고 외부에 잘하는 업체나 더 나은 기술이 있으면 공유하고, 내부 구성원들끼리도 모든 정보를 공유해야, 빠르고 효율적으로 성장할 수 있음을 뜻한다.

김상철 회장은 많은 어록을 남겼는데 어록에서는 그의 경영철학을 한눈에 볼 수 있다.

① "모든 기술이 연초가 다르고 연말이 다르다. 미래 기술에서 뒤처지면 하루아침에 밀릴 수 있다고 생각한다."

② "오피스라는 망치만 갖고는 세계 시장에 못 나간다. 못, 칼 등 최소한 철물점을 갖고 나가야 한다. 제품보다 생태계를 팔면 굉장히 부가가치가 높고 경쟁자가 없어지기 때문이다." (2016/07/15, 제주도에서 미디어, 애널리스트를 대상으로 간담회를 열고)

③ "기업이 빠르게 성장하고 시너지를 내기 위해서는 규모를 키우는 방법이 가장 효과적이다. 인수합병(M&A) 과정에서 기업은 변신하게 되고 시장을 점령해 나갈 수 있다." (2013/04, 매일경제와 인터뷰에서)

한컴의 공격적인 M&A는 계속될 전망이다. 김 회장이 요즘 열심히 탐색 중인 인공지능과 클라우드, 스마트케어, 디지털 자산거래 플랫폼 관련 기술 기업이 주요 타깃이다. 이 밖에 클라우드 기반 업무 협업 플랫폼 글로벌 수출과 '홈서비스 로봇' 신제품 출시, 시니어 건강 관리를 위한 플랫폼 '한컴 말랑말랑 행복케어 센터'도 본격적으로 확산될 예정이다.[10]

(3) 김연수 한컴그룹 총괄 부사장

2021년 김상철 회장이 한컴 개인 지분 전량을 장녀인 김연수 한컴그룹 총괄 부사장에게 매각했다. 이로써 김 부사장이 대주주로 있는 사모펀드가 한컴의 2대 주주로 올라섰다. 다토즈는 지난해 8월 설립돼 우주·드론 전문기업 한컴인스페이스를 한컴그룹과 공동으로 인수하며 첫 펀드를 시작했다. '두나무'의 지분을 인수하는 등 글로벌향 미래성장 주도기업의 지속적인 발굴에 주력하고 있다.

한컴 지분 인수를 통해서 향후 한컴의 성장전략, M&A 및 IPO를 직접 리드할 계획이다. 이번 2대 주주 등극으로 김 부사장 승계 작업은 더욱 속도를 낼 전망이다. 김 부사장은 2006년 위지트로 입사해 한컴그룹의 M&A 및 성장전략을 담당해 왔다. 2015년부터 벨기에 기업인 아이텍스트사의 의장 및 대표이사를 맡아 회사규모를 3배 이상 성장시켰다. 현재도 아이텍스트사의 이사회 멤버로 참여하고 있다. 최근에

---

10 신찬옥, "김상철 회장, 31개사 인수 성공한 'M&A 귀재'…"올해는 스마트케어"", 매일경제, 2021.01.05
https://www.mk.co.kr/news/business/view/2021/01/12531/

는 한컴그룹의 운영 총괄 부사장을 맡아 AWS, 네이버클라우드, 카카오, NHN 등과의 전략적 파트너십을 주도해 왔다. 김 부사장은 이번 한컴 지분 매수를 통해 클라우드 사업 확대에 강력한 드라이브를 걸고 있다.[11]

2.3 한컴의 M&A

기업합병의 시대를 사는 현재, 기업의 인수합병이 활발히 일어나고 있다. 전략적 제휴가 독립적인 기업들이 일부 기능 면에서 협조체제를 이루는 것에 비해 기업인수합병은 두 기업이 하나로 통합하여 운영하는 형태라고 볼 수 있다. 정의하면, 기업의 인수합병M&A은 'Merger and Acquisition'의 약자로서 기업 경영전략의 일환으로 불필요한 자회사를 매각하거나 또는 다각화를 위하여 인수하거나 합병하는 것을 말한다.[12] 기업의 인수합병 역시 전략적 제휴의 하나라고 본다면, 기업의 인수합병은 가장 강한 형태의 제휴 관계라고 볼 수 있다.

한컴그룹은 공격적 인수합병M&A과 전략적 파트너십을 통한 기술력 확장 전략을 바탕으로 블록체인과 드론, 헬스케어 등 신사업도 적극적으로 추진하면서 성장하고 있다. 2020년에 한컴인스페이스를 인수를 했고, 최근엔 드론 기업과 어썸텍을 연이어 인수했다.[13]

현재 한컴그룹은 3곳의 상장사한컴, 한컴위드, 한컴MDS를 비롯해 총 15개 계열사를 둔 기업으로 성장했다. 한컴그룹은 현재도 매 분기 공격적 M&A를 이어갔다. 즉, 2020년 3월 한컴헬스케어옛, 대영헬스케어를 인수해 생활안전 사업을 확대했고, 6월에는 한컴금거래소옛, 선학골드유를 인수했다. 9월에는 한컴인스페이스옛, 인스페이스를 인수하며 계열사를 추가했다. 작년 말부터는 모 드론 제조기업에 대한 지분 투자를 마무리하는 중이기도 하다. 한컴의 M&A는 단순 합병이 아니다. 김상철 한컴 회장은 경쟁력 있는 기업을 인수한 뒤 한컴그룹의 정보통신기술ICT 역량과 데이터를 수혈해 기업가

---

11 파이낸셜뉴스 "김상철 한컴그룹 회장 부부, 딸에게 지분 전량 매각", 2021.05.24, https://www.fnnews.com/news/202105241701264366

12 이회수(1997), M&A이론과 동향고찰, 회계정보리뷰, 1997.12

13 한경닷컴, "한글과컴퓨터, 공격적 M&A·신사업…카카오와 닮은꼴 성장", 한국경제, 2021.03.29, https://www.hankyung.com/economy/article/2021032920471

치를 높이는 전략을 써왔다.

한컴은 M&A를 기반으로 소프트웨어뿐만 아니라 하드웨어, 금융 분야를 아우르는 17개 계열사를 거느린 글로벌 정보통신기술ICT 그룹으로 성장했다. 한컴은 계열사 간 협력을 통해 인공지능AI, 블록체인, 로봇, 모빌리티, 스마트시티 등 4차 산업혁명의 핵심 분야에서 기술혁신을 선도하고 있다. 동시에 한컴의 브랜드 인지도를 기반으로 다양한 사업을 적극 추진하고 있다. AI를 미래 성장 동력으로 삼고, 적극적인 파트너십과 협력을 통해 좋은 성과를 내고 있다.[14]

그림 3 한글과컴퓨터그룹 주요 지분관계

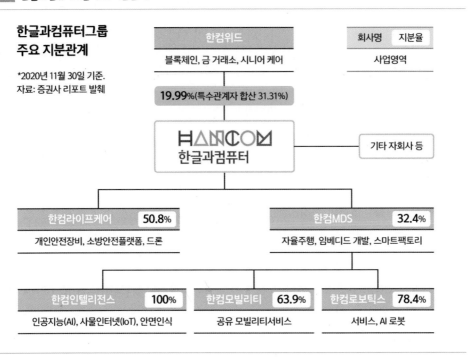

출처: 유진투자증권

---

14 한경닷컴, "한글과컴퓨터, 29년 SW 기술력으로 AI·블록체인까지…4차 산업혁명 기술 혁신·서비스화 선도", 한국경제, 2019.12.02, https://www.hankyung.com/it/article/201911264393i

2.4 한컴의 사업다각화

사업다각화란 기업이 기존에 운영하고 있던 사업 이외의 다른 사업에 진출해 사업 범위를 넓히는 행위를 말한다.[15] 기업의 지속적인 성장을 위해서 사업다각화는 중요한 원동력이 될 수 있다. 기업이 성장해야 하는 이유는 수익성을 강화하고, 위험을 줄이며, 시장 지배력을 강화하기 위해서이며, 이외에도 다양한 생존 및 성장의 이유들이 존재한다.

기업은 산업성장률, 시장점유율, 그 외의 많은 변수들에 따라 많은 영향을 받는다. 기업이 한 가지 분야에서만 뛰어나서는 지속적인 성장세를 유지하는 것이 쉽지 않다. 더구나, 기업의 외부환경이 끊임없이 변화함에 따라 사업다각화는 자연스러운 현상일 수 있다. 특히 신제품, 구입처, 판매처 등에 변동이 있으면 때때로 이러한 변화는 기업 성장에 치명적인 타격을 줄 수 있다. 다각화 전략을 채택하면, 기업의 수익원을 분산함으로써 리스크를 줄이고 안정적으로 매출 규모를 성장시킬 수 있다.[16]

더불어, 4차 산업혁명으로 인해 융합의 중요성이 높아지면서, 경쟁사들이 발을 들여놓지 않은 곳에서도 시장을 만들어내고, 차별화된 서비스나 제품을 소비자들에게 제공해야 지속적인 생존과 성장을 할 수 있다. 따라서 최근 사업다각화는 기업의 지속가능한 성장을 위해 필수적이라 할 수 있다. 한컴은 핵심역량인 오피스 사업과 연계된 신규 사업을 발굴하고, 모바일 시장과 글로벌 시장에서 경쟁력을 갖추기 위해 노력하고 있다. 더 나아가 4차 산업혁명 기술과 연계된 스마트시티 사업, 우주항공, 메타버스 등 적극적으로 사업다각화를 추진하고 있다.

---

[15] 이지환, 기업이 '사업다각화' 나서는 이유는?, 매일경제, 2009.09.29
[16] 전범수, 「글로벌 미디어 기업의 사업다각화 및 인수합병 전략 분석」, 2011, 44p

사업다각화와 M&A 사례분석

❶ SW 기반의 신사업발굴과 사업다각화로 그룹전체의 변신!

1.1 사례1: AI는 기본이다!

(1) 지니톡

지니톡은 2015년 법인설립된 한컴인터프리가 한국전자통신연구원ETRI과 공동개발한 번역서비스 어플리케이션이다. 한국어 음성과 언어 데이터를 기반으로 한 음성인식 엔진을 갖추었으며, 한국의 지명이나 억양, 고유명사도 인식할 수 있다. 또한 지니톡은 인공기능AI을 기반으로 한 인공신경망 번역NMT 기술을 적용해 문장의 문맥과 어순을 고려한 번역도 가능하다.

지니톡은 한국어를 기반으로 영어, 중국어, 일본어, 스페인어, 프랑스어, 러시아어, 독일어, 아랍어에 대한 8개 언어의 음성·문자·이미지OCR 번역기능을 제공한다.[17]

`그림 4` 말랑말랑 지니톡 앱 서비스

🎙 **음성 인식 통역**
대화 하듯이 말하면 다른
언어로 통역해 줍니다.

📱 **문자 입력 번역**
직접 입력 또는 복사한
문장과 SMS 문자를 다른
언어로 번역합니다.

📷 **이미지 내 문자 번역**
촬영하거나 불러온 사진 속
단어나 문장을 다른 언어로
번역합니다.

출처: 한컴 홈페이지

---

17 이정민, 한컴, 평창올림픽 공식 번역 앱 '지니톡' 공개, 조선비즈, 2018.01.29

지니톡은 출시 당시 "구글 번역기보다 정확하다"라는 평가를 받으며, 큰 인기를 끌었다. 자연스러운 번역기능, 높은 인식률을 갖춘 데다 무료로 이용할 수 있어 앱 마켓 등으로부터 220만여 건이 다운로드 되는 사랑을 받았다. 하지만 기술이전 등에 따라 2015년 5월 무료서비스가 종료돼 많은 이용자가 아쉬워하자 한컴은 '한컴 말랑말랑 지니톡'을 재출시했다. 말랑말랑 지니톡은 2018년 평창 올림픽의 공식 자동 통·번역 솔루션으로 활용되었다.[18] 당시 누적 다운로드 120만 건을 기록하였는데, 이는 올림픽대회 관람을 위해 한국을 찾는 외국인 관광객과 외국인 고객이 많은 숙박, 요식, 교통업계 종사자들의 통번역앱에 대한 관심이 늘어나면서 이용자 수가 급증한 것이다.[19] 이에 더불어 한컴은 지니톡 서비스가 탑재된 AI 통번역기 '지니톡 고'를 2019년에 출시하였다. 지니톡 고는 인터넷이 되지 않아도 한국어·영어·중국어·일본어 등 총 4개 언어에서 빠른 통번역 서비스가 가능하다. 기기에 탑재된 카메라로 사진을 촬영하면 사진 속 텍스트를 번역해 주는 기능도 탑재되었다. 또한 발음 정확도를 평가하는 '말하기 학습', 여행지 관련 정보를 제공하는 '여행도우미' 등의 기능도 갖췄다.[20]

'지니톡 고!1'의 반응이 좋자, 뒤이어 2020년 1월 2일 '지니톡 고!2'를 출시하였다. '지니톡 고!2'는 이전 제품에 비해 더욱 확장된 3.1인치 LCD 화면을 탑재해 시각적 편의를 높였으며, 듀얼 스피커로 음질도 개선했다. 최신 스마트폰 사양의 옥타코어 CPU를 탑재해 데이터 처리 속도는 더욱 빨라졌다. 이미지 번역OCR 기능도 더욱 진화했다. 이미지 위에 바로 번역 결과를 띄워 '오버레이 번역'이 가능하며, 원하는 단어만 골라 따로 발음을 확인해볼 수 있다. '지니톡 고!2'는 총 65개 언어의 통번역을 지원하며, 지니톡 고!1과 마찬가지로 통신 연결 없이도 한국어, 중국어, 일본어, 영어의 오프라인 통번역이 가능하고, 주변 단말기와 핫스팟 공유가 가능하다. 여행 중 상황별 대화 시나리오 학습을 통해 발음평가도 받아볼 수 있다.[21]

18 양형모, '자동통역앱 황제' 지니톡의 귀환, 스포츠동아, 2016.07.18
19 백지영, 한컴 말랑말랑 지니톡,누적 다운로드 120만건 기록, 디지털데일리, 2018.02.21
20 안별, 한컴, AI 통번역기 '지니톡 고' 출시…49만원, 조선비즈, 2019.06.17
21 해솔데이터, 한글과컴퓨터, 인공지능 통번역기 '말랑말랑 지니톡! 2' 출시, 2020.01.15

그림 5 지니톡 고!2의 주요기능

출처: 해솔데이터

(2) 한컴 AI 체크25

또한, 한컴그룹은 최근 중국의 인공지능 대표기업인 '아이플라이텍'과 인공지능 전문기업인 '아큐플라이AI'를 설립했으며, 세계 최고 수준의 AI 음성기술을 접목한 하드웨어 및 딥러닝 기반 OCR 솔루션, AI 콜센터 사업을 국내에서 추진하고 있다. 한컴그룹은 아이플라이텍이 중국 '코로나19' 대응 시 활용했던 AI콜센터 기술 및 노하우를 접목, 한국어 음성인식 및 분석 기술 기반의 AI콜센터 시스템인 '한컴 AI 체크25'를 개발했다.

한컴그룹의 AI콜센터 '한컴 AI 체크25'는 능동 감시자와 자가 격리자의 발열, 체온, 기침 등 건강 상태를 체크할 수 있는 아웃바운드콜 시스템으로, 대상자의 답변을 즉시 데이터화하고, 데이터의 통계 및 분석 결과도 바로 확인할 수 있다. 이를 통해 지자체 및 지역 보건소에서는 전체 관리대상의 상태를 한눈에 모니터링할 수 있으며, 긴급 상황 발생 시에도 즉각적인 대응이 가능해질 전망이다. 중국어 지원으로 국내 중국 유학생들이나 중국 거주자들까지 모니터링할 수 있다.[22]

'한컴 AI 체크25'는 동시에 다수에게 콜을 할 수 있어, 인원 제한 없이 대규모 모니터링이 가능한 만큼, 당장 상담 인력난이나 대응 업무 부하 등의 문제를 해결할 수 있으며, '코로나19'뿐만 아니라 향후 대규모 재난, 감염병 발생 시를 대비한 체계적인 대응 시스템 마련에도 기여할 수 있을 것으로 기대된다.

그림 6 한컴 AI 체크25

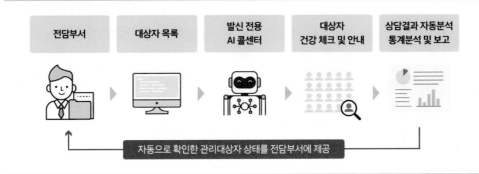

출처: 서울경제

(3) 한컴로보틱스 '토키2'

한컴그룹 계열사 한컴로보틱스가 개발 중인 '토키2'는 인공지능 기술을 적용해 음성인식, 사물인지 및 인물식별까지 가능하고, 음성합성 기술을 적용해 부모의 목소리로 책을 읽어줄 수 있다.[23]

또한, 에듀테크 시장에 새로운 패러다임을 제시하고자 AI로봇과 사람 간의 대화 및 상호교감 기능을 바탕으로 영어 일상 대화, 퀴즈게임, 지식대화와 같은 다양한 교육 콘텐츠와 결합함으로써, 비대면 시

인공지능 교육용 홈로봇 한컴로보틱스 토키 **그림 7**

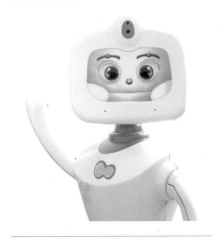

출처: 한글과컴퓨터

---

22 정한영, 한컴그룹, 아웃바운드 AI콜센터 '한컴 AI 체크25' 무상 제공 및 구축 비용 전액 지원, 인공지능신문, 2020.03.13

23 한컴모빌리티, http://www.hmobility.co.kr/parking

대의 학습 보조제로 주목을 받고 있다. 한컴로보틱스는 연내 '토키2'의 출시 및 양산을 목표로 개발을 추진 중에 있다.

1.2 사례2: 블록체인을 활용하라!

(1) 말랑말랑 아니벌써

'말랑말랑 아니벌써'는 한컴그룹 계열사인 한컴위드에서 지난 2019년에 출시한 블록체인 기반의 퀵서비스 플랫폼이다. 이 서비스에는 블록체인 기반의 '스마트 컨트랙트' 기능이 탑재돼 사용자와 퀵서비스 기사 간의 모든 거래에서 실시간으로 자동계약이 체결된다. 이 계약정보는 분산 저장돼 해킹이나 정보의 위·변조 위험이 없다. 또 기존에 기사에게 부과하던 출근비·선이자공제비 등 여러 비용을 없애고 업계

그림 8 말랑말랑 아니벌써

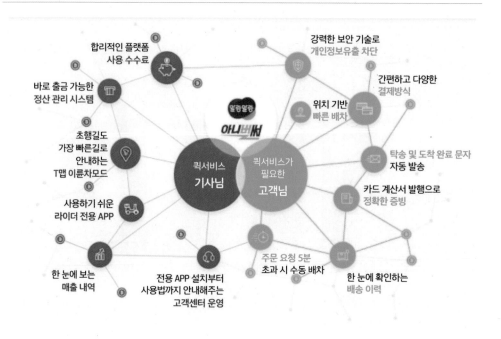

출처: 한글과컴퓨터

최저 수준의 플랫폼 사용료·수수료를 책정했다. 서비스 신청 시 이용자의 위치 정보를 기반으로 가장 가까운 곳에 있는 기사를 배정한다.[24] 이용자는 문자를 통해 기사 배정과 배송 완료 안내 문자를 즉시 전송받을 수 있다. 또한 이용자들이 카드, 계좌 이체 무통장 입금 등 결제수단을 원하는 대로 선택할 수 있도록 했다.[25]

(2) 말랑말랑 파킹프렌즈

'말랑말랑 파킹프렌즈'는 한컴 그룹사인 한컴모빌리티가 자체 개발한 IoT 레이더 센서와 CCTV를 활용한 IoT 기반 공유주차 서비스이다. 차 소유주에게 주차장별 실시간 주차가능 차량 대수를 알려주고, 시간대별 예약, 요금결제 기능 등을 제공한다. 일반 민간 주차장보다 저렴하게 이용할 수 있으며, 시간을 절약할 수 있다. 또한 지방자치단체의 불법주차 문제와 주차장 건설예산이 부족한 문제를 해결할 수 있다. 현재 한컴모빌리티는 2019년 서울시 IoT 공유주차 기업으로 선정되어 강남구, 송파구, 중구 등 약 16개 이상 서울시 자치구에 서비스를 제공하고 있다. 부산시 진구, 중구, 연제구, 광주시 북구 등과도 업무협약을 맺고 서비스를 제공 중이며, 앞으로 경

그림 9 IoT 공유주차 플랫폼

출처: https://brunch.co.kr/@mobility/23

---

[24] 한컴, 블록체인 퀵서비스 플랫폼 '말랑말랑 아니벌써' 출시, 연합뉴스, 2019.12.03
[25] 최다은, 퀵서비스플랫폼, 라이더 날다, 뉴스로드, 2020.01.02

기도 31개 지자체 및 6대 광역시로 서비스 범위를 확장해 나갈 계획이다.[26]

1.3 사례3: AI, IoT, 블록체인 기술을 '스마트시티'로

(1) 스마트시티란?

스마트시티란 첨단 정보통신기술ICT을 이용해 도시 생활 속에서 유발되는 교통 문제, 환경 문제, 주거 문제, 시설 비효율 등을 해결하여 시민들이 편리하고 쾌적한 삶을 누릴 수 있도록 한 '똑똑한 도시'를 뜻한다.[27]

한컴그룹 김상철 회장은 지난 2018년 "이제는 공유플랫폼 시대"라며, "거대기업이 하나의 제품을 가지고 경쟁하는 것이 아니라, 누가 여러 제품을 아우를 수 있는 플랫폼을 만드느냐를 두고 경쟁한다"라고 말하면서, 플랫폼 사업의 중요성을 강조했다.

한컴 측에서 공개된 '한컴 스마트시티 통합 플랫폼'은 인공지능AI, 음성인식, 블록체인, 클라우드 등 스마트시티 요소 기술이 집약된 형태를 갖추고 있다. '한컴 스마트시티 통합 플랫폼'은 IoT에서 블록체인, 관제까지 모두 아우르는 플랫폼으로 다음과 같이 구성되었다.[28]

---

(1) 도시 곳곳의 빅데이터를 수집 및 분석하는 IoT플랫폼 '네오아이디엠(NeoIDM)', '씽스핀(ThingSPIN)'

(2) 데이터의 분산저장을 통해 정보의 보안 및 신뢰를 담보할 블록체인 플랫폼 '한컴 에스렛저'

(3) 데이터의 시각화, 실시간 모니터링·공유·확산을 위한 관제 플랫폼 '한컴 인텔리전트 시티 플랫폼(ICP, HANCOM Intelligent City Platform)

---

26 한글과컴퓨터, http://www.hmobility.co.kr/parking

27 네이버 지식백과, 스마트 시티

28 황정빈, 한컴 "이제 스마트시티기업으로 불러달라", ZD Net Korea, 2018.12.06

그림 10 한컴의 스마트시티 통합 플랫폼

출처: 한글과컴퓨터 홈페이지

(2) 국내 도시의 스마트시티 추진

한컴그룹이 스마트시티 사업의 기지로 삼은 첫 번째 도시는 서울시다. 서울시는 ICT가 가장 발달하고, 인구가 천만이 넘는 도시로 스마트시티 적용이 긴요한 도시이기 때문이다. 이에 대해 가장 눈에 띄는 성과는 서울시장 집무실에 설치된 '디지털 시민 시장실'이다.[29] 서울시 폐쇄회로CCTV와 각종 센서에서 포착한 데이터를 한눈에 보여준다. 교통 현황, 공기 품질, 수질 오염도 등 서울시가 24시간 모니터링해야 할 요소가 그래픽으로 나타난다. 한컴그룹은 이와 같은 서울시와의 스마트시티 추진 경험을 통해 고양시, 전주시, 안양시, 가평시 등 여러 도시의 스마트시티 플랫폼 구축을 추진해 오고 있다.

전주시에서는 한국국토정보공사LX와의 협업을 통해 스마트시티 사업을 추진하였다. LX가 구축하는 공간정보 '디지털 트윈'을 통해 한컴그룹이 전주시에 '스마트시티 소방 안전 플랫폼'을 구축하는 것을 골자로 한다. 한컴MDS의 IoT기술과 한컴시큐어

---

[29] 이선희, 이상헌 한컴 부회장 "한컴, 스마트시티 수출 잇단 성과", 매일경제, 2018.03.01

의 스마트시티 관제 플랫폼 등 그룹사들이 함께 프로젝트를 추진하여 지역 CCTV 데이터를 연동해, 보다 정확한 화재 상황 파악을 파악하고 디지털 건물 정보와 연계해 화재 진압·대피 경로 시뮬레이션을 구축, 빠르고 체계적인 화재 대응 플랫폼을 만들 계획을 지난 2019년 3월에 밝힌 바 있다. 또한 지난 2020년 5월, 전주시에 디지털경제 기반의 스마트시티를 구현할 계획을 세웠다. 대표적으로 디지털트윈 기반 AR 가변주차안내 서비스, 전주형 통합이동 서비스, 지역상권 활성화를 위한 스마트보드, 블록체인 기반 전자영수증 서비스 등을 내용으로 '한국판 뉴딜정책'의 선도에 앞장서고 있다.[30]

이어 한컴그룹은 안양시와의 스마트시티 사업 추진 협약을 체결하였다. 인공지능 AI, 블록체인, 빅데이터 등 솔루션을 안양시에 제안하고, 서울시와 전주시 스마트시티 구축으로 얻은 노하우를 안양시에 접목한다. 다른 지자체와는 차별화된 안양형 스마트시티 구축이 가능하도록 협력한다. 행정 기반인 교통, 상수도, 방범, 안전 등 각종 도시 데이터를 수집 및 분석하고, 이를 활용해 도시문제 해결이 가능한 '디지털 시장실'과 '데이터 허브'와 '스마트시티 통합 플랫폼' 등 인프라 구축을 지원한다.[31]

그림 11 한컴-서울특별시 MOU 체결

출처: 한글과컴퓨터 보도자료

---

30 오세성, 한글과컴퓨터, 전주시에 스마트시티 안전 플랫폼 구축, 한국경제, 2019.03.21
31 황민규, 한글과컴퓨터그룹, 안양시와 스마트시티 조성 위해 맞손, 조선비즈, 2019.11.05

❷ 한컴의 최근 협업과 인수합병의 성과

표 2 한컴그룹 2014~2019년 M&A 및 회사설립 현황

한컴그룹 2014~2019년 M&A 및 회사설립 현황				
구분	일자	인수기업	현재	사업내용
M&A	2014년	MDS 테크놀로지	한컴MDS	임베디드 소프트웨어
	2015년	지엠디시스템	한컴GMD	모바일 포렌식
	2016년	텔라딘	한컴텔라딘	M2M 통신 모듈 및 모뎀 개발
	2017년	산청	한컴라이프케어	개인안전장비 개발
		코어벨	한컴로봇틱스	로봇사업
	2019년	미래엔시티	한컴모빌리티	실시간 주차 공유 플랫폼 개발
신규 설립	2015년	한컴인터프리		음석인식 및 통번역
	2018년	한컴인베스트먼트		스타트업 육성 위한 창업투자
	2019년	Accufly(합작법인)		음석인식 및 번역, 핀테크, 교육

출처: http://www.ceoscoredaily.com/news/article.html?no=71287

2.1 AWS와의 협업

한컴은 2018년 6월 22일, 클라우드 컴퓨팅 기업인 아마존웹서비스AWS와 협업하여 웹 기반의 문서 공동 편집 서비스를 출시하였다. 아마존 워크독스는 안전한 완전 관리형 파일 생성, 편집 및 협업 서비스로, 한컴의 새로운 기능을 사용하면 추가 비용 없이 웹브라우저에서 문서를 실시간으로 작성 및 편집, 공유할 수 있다.

아마존 워크독스 사용자들은 한컴이 제공하는 새로운 기능을 통해서 별도의 응용 프로그램 설치 및 파일 형식의 변경 없이도 문서 공동 편집, 리뷰 및 의견 교환 등이 가능해짐에 따라 문서파일을 더욱 편리하게 수정할 수 있게 되었다.[32]

---

[32] 한글과컴퓨터, https://www.hancom.com

그림 12 한글과컴퓨터, 아마존워크독스

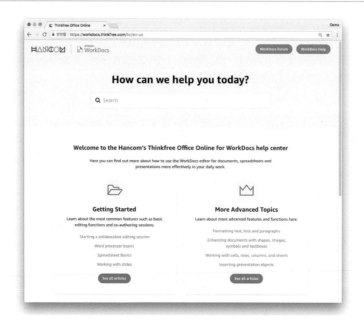

출처: 한글과컴퓨터

이를 기반으로 한컴은 2020년 12월에 'AWS 리인벤트 2020'에 참가하여 비대면 업무 환경에 최적화된 업무 협업 플랫폼 '한컴웍스Hancom Wokrs'를 공개했다.

AWS 클라우드 서비스에 최적화된 한컴웍스는 AWS의 데이터베이스와 스토리지 서비스, 안전한 보안환경을 기반으로 금융, 의료, 개인정보 등 강력한 보안을 필요로 하는 기업 및 정부기관들에게 클라우드상에서 자체적인 보안환경을 구축해 데이터를 직접 관리할 수 있도록 지원한다.

한컴웍스는 문서편집, 동시 문서 협업, 문서 공유 등 문서 관련 기능과 이메일, 메신저, 화상회의 등 커뮤니케이션 기능, 일정이나 연락처 관리 등의 비서 기능을 제공한다. 사용자들은 화상회의와 채팅으로 의견을 교환하고, 콘텐츠를 실시간으로 동시에 공동 작성 및 수정하는 등 비대면 환경에서도 스마트한 업무 협업이 가능하다. 한컴웍스는 유럽의 공공기관 및 기업들을 대상으로 업무 협업 서비스를 제공하고 있는 독일의 넥스트클라우드Nextcloud사와 전략 제휴를 통해 개발되었으며, 유럽과 같이 데이터에 대한 규제가 엄격한 지역에서 검증된 기술이 적용되었다. 한컴그룹의 해외사업을 총괄하는 윤원석 사장은 "코로나19로 인해 전 세계적으로 비대면 업무가 지속 확산되면서 클라우드 관련 솔루션에 대한 니즈가 더욱 증가할 것"이라며, "한컴웍스는 시간과 공간의 제약을 받지 않고 클라우드상에서 효율적인 업무 처리가 가능한 업무 협업 플랫폼으로서, AWS 고객 및 파트너사들에게 최적의 비대면 업무 환경을 제공할 것"이라고 말했다.[33]

그림 13 업무 협업 플랫폼 '한컴웍스'

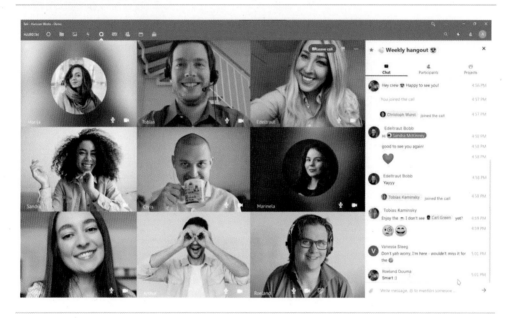

출처: 한글과컴퓨터

2.2 국내 기업과의 M&A

(1) 네이버와의 MOU 체결

2020년 4월 20일, 네이버와 한글과컴퓨터는 웨일 브라우저에 '한글 뷰어'를 기본 탑재하는 내용을 골자로 하는 MOU를 체결했다. 이로 인해 확장자가 hwp로 끝나는

---

[33] 한글과컴퓨터, https://www.hancom.com

한글 문서 파일을 별도의 뷰어 프로그램을 설치하지 않아도 웨일 브라우저에서 확인할 수 있게 되었다. 양사는 학교와 정부 기관 등 한글 문서의 사용이 많은 단체에서 웨일 브라우저와 한글 뷰어의 사용성이 보다 편리해질 효과를 기대하고 있다.[34]

그림 14 웨일 브라우저의 한글 파일

출처: 김현아, '네이버 웨일에서 hwp 문서 바로 확인', 이데일리, 2020.04.20

(2) 광주시와의 MOU 체결

한컴그룹은 2020년 5월 7일, 광주광역시와 인공지능 산업 육성을 위한 업무협약을 체결했다. 협약을 통해 한컴그룹은 광주시 인공지능 클러스터 조성과 관련한 비즈니스 플랫폼 구축에 필요한 기술 지원과 정책 자문을 담당하게 되었다.

특히, 한컴그룹은 인공지능 및 드론 분야 인재 육성을 위한 SW 융합 교육 등 일자리 연계 교육과정 개발에도 협력하고 있다. 드론 산업 인프라 구축을 위한 드론 밸

---

34 김현아, '네이버 웨일에서 hwp 문서 바로 확인', 이데일리, 2020.04.20

리 개발, 지능형 서비스 로봇 보급, 사물인터넷IoT 공유 주차를 포함한 모빌리티 플랫폼 구축, 블록체인 기반 서비스 개발 등에도 힘을 보태고 있다.

광주시는 인공지능 산업 생태계 조성을 위한 기업지원 프로그램을 마련하고, 인공지능 분야 전문인력 교육 및 취업 프로그램을 운영할 예정이다. 광주시는 지난 1월 인공지능 광주시대 비전을 선포했으며, 과학기술정보통신부와 공동으로 인공지능 산업융합 사업단을 출범시켰다. 광주시는 2029년까지 10년간 1조 원의 예산을 투입해 세계적 수준의 인공지능산업 집적 단지를 구축할 계획이다. 이번 협약에 있어서 광주시 이용섭 시장은 "4차 산업혁명 시대 인공지능은 국가경쟁력의 핵심 요소이며 광주는 세계 일류 수준의 인공지능 생태계를 꿈꾸고 있으며 다양한 기관과 기업이 광주에서 자리를 잡을 수 있도록 노력하겠다"고 말했다.

김상철 회장은 "광주시가 세계적인 인공지능 도시로 도약할 수 있도록 적극적으로 협력해 나가겠다"고 밝혔다.[35]

(3) 드론 전문기업 '인스페이스' 인수

한컴그룹은 2020년 9월, 드론 활용 서비스 시장과 항공 우주 분야로 사업영역을 확대하고자 우주, 드론 전문기업인 인스페이스를 인수하였다. 인스페이스는 한국항공우주연구원 출신 최명진 대표가 2012년 설립한 회사로 위성 지상국을 구축·운영하는 노하우와 인공지능AI 기반의 위성·드론 영상 분석 기술력으로 주목받았다.

특히 최근 드론 자동 이·착륙, 무선충전, 다중운영, 통신 데이터 수집·관제·분석 등 기술을 통합한 무인 자동화 시스

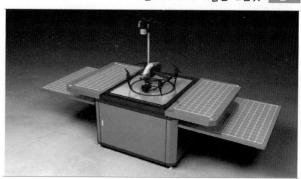

인스페이스가 개발한 '드론셋' 그림 15

출처: https://www.mk.co.kr/news/business/view/2020/09/932567/

---

35 김민선, '한컴그룹-광주시, AI 산업 육성 위한 MOU 체결', 지디넷코리아, 2020.05.07

템 '드론셋DroneSAT'을 개발해 드론 SW까지 사업영역을 넓혔다. 한컴그룹은 자사의 IoT, 자율주행, 블록체인 등 다양한 요소기술들을 드론셋과 융합해 '지능형 드론 서비스 플랫폼'을 구축하고, 지능형 드론 서비스 플랫폼을 통해서 지자체 및 정부의 스마트시티 구현에 기여하겠다는 비전을 내놓았다. 한컴 관계자는 "전 세계적으로 드론 산업은 기체 중심에서 활용서비스 중심으로 급격하게 이동하고 있다"며 "국내 드론 시장도 드론 활용 서비스 육성에 초점을 두고 다양한 사업들이 추진되고 있는 만큼, 인스페이스의 항공 드론 관련 SW 기술들과 한컴그룹이 보유한 다양한 분야의 기술, 사업 경험, 네트워크, 브랜드파워 등과 결합된다면 국내 드론 시장을 선도할 수 있을 것"이라고 말했다.[36]

한컴의 미래

❶ 한컴의 지속가능한 성장

그림 16 한글과컴퓨터 실적

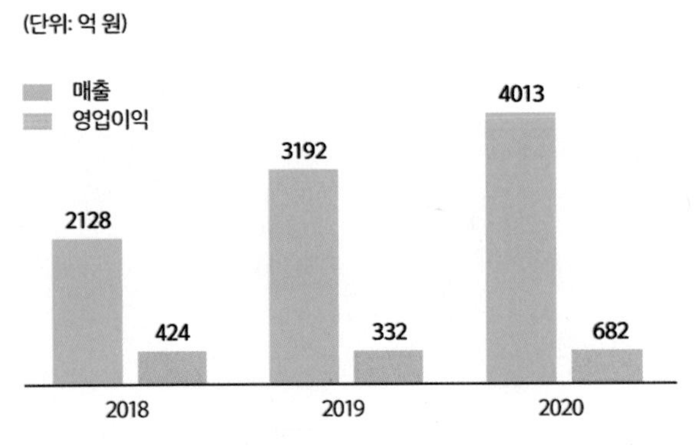

(단위: 억 원)

최근 4차 산업혁명의 핵심 기술을 기존 오피스 소프트웨어 산업과 더불어 기업의 주요 동력으로 삼아 성장하고 있는 한컴의 성장 속도가 심상치 않다. 매출액으로 비교했을 때 2020년을 기준으로 2년 전인 2018년 연결기준 매출액 2,128억에서 2019년 3,192억, 2020년 4,013억으로 전년 동기 대비 25.7% 증가하여 꾸준한 매출 증가세를 보이고 있으며, 영업이익 역시 같은 기간 105.4% 증가한 682억을 달성하

출처: 금융감독원 전자공시시스템

---

36 신찬옥, '한컴, 드론전문기업 인스페이스 인수', 매일경제, 2020.09.09

면서 역대 최대치를 기록했다.

특히 2020년에 평균 매출액 증가율보다 더 높은 증가율이 발생한 주요 이유로는 코로나19 영향을 들 수 있다. 코로나19 확산으로 인해 고객사들의 비대면 근무가 지속되면서 이에 따른 자사 서비스 신규 수요 견인을 이끌었고, 그 결과 오피스용 소프트웨어sw제품의 B2B기업 간 거래, B2C기업과 소비자 간 거래 고객층이 확대된 것이다. 이외에도 한컴의 계열사 중 하나인 '한컴헬스케어'의 코로나 확산에 따른 마스크 매출 증가도 한컴 그룹 전체의 성장에 크게 기여했다. 한컴은 코로나19라는 글로벌 위기를 발판 삼아 코로나19 영향으로 수요가 늘어나게 된 시장에 선제적으로 진입하여 지속 가능한 성장을 이루어내도록 노력하고 있다. 코로나19가 한컴 기업 성장의 변곡점이 된 것이다.[37]

그렇다면 코로나19 사태 이전의 한컴은 어떠한 경영전략을 수립하여 꾸준한 매출액 증가를 이루어낸 것일까? 먼저 앞서 서술한 코로나 사태 이후의 '한컴헬스케어' 계열사를 통한 매출액 증대 사례를 이끌어낸 적극적 M&A인수 합병을 주요 원인 중 하나로 볼 수 있다. 기업은 M&A를 통해 기존의 성장 한계를 극복하거나 투자비용을 절감하는 것 이외에도 시장 진입시간 단축, 인력기술 경영 노하우의 흡수 및 개발, 브랜드 파워 및 영업망 확보 등의 효과를 얻게 된다. 한컴의 경우에는 적극적인 M&A를 통해 17개의 계열사를 보유하게 되면서, 앞서 언급한 M&A의 장점을 적극 살리게 된 것이다.

다음으로는 '사업다각화'이다. 한컴은 업종 구별을 뛰어넘는 '파격적 사업다각화'를 추진하여 성과를 거두고 있다. 한컴은 코로나19 이전에도 4차 산업혁명 시대에 기업이 갖춰야 할 역량의 필요성에 대한 목소리에 맞춰 본업인 소프트웨어 분야에서도 사업다각화를 추진해 왔다. 임베디드 소프트웨어 공급 계열사인 한컴MDS와 네이버 비즈니스 플랫폼과의 제휴를 통한 AI 사업 등이 그것이다.

한컴은 본업 분야에서의 사업다각화와 더불어 본업과는 다소 거리가 먼 업종인 헬스케어, 금거래소 등의 사업다각화를 통해 하나의 기업이 2가지 이상의 제품을 함께 생산할 경우, 2가지를 각각 따로 생산하는 경우보다 생산비용이 적게 드는 '범위

---

37 한국경제, 이시은, "한컴, 매출 4000억 '신기록'…비대면 수요 폭발, M&A 성과 겹쳐", 2021.02.16

의 경제Economy of scope'를 실현하고 있다. 이러한 범위의 경제를 통해 창출되는 경쟁력이 불확실성으로 발생하는 기업 전체의 위험을 분산하였고, 결과적으로 한컴의 지속적인 성장을 추구할 수 있게 된 것이다.

이처럼 한컴은 적극적 M&A와 업종 구별을 뛰어넘는 파격적인 사업다각화 전략을 기업 성장의 주요 동력으로 삼아 경영을 전개하고 있다. 한컴은 지속적인 성장을 이루어내기 위해 적극적 M&A와 파격적 사업다각화를 비롯하여 지속적 '혁신'을 이어나가야 할 것이다. 즉, 코로나19를 통해 급증하고 있는 매출은 한시적이기 때문에 점차 감소할 것이라는 점은 이변이 없는 사실인데, 한컴은 이러한 점을 극복하기 위해 코로나19로 인한 단기적 성과에 만족하는 것이 아닌, 해당 성과 자금을 토대로 4차 산업혁명 시대의 다양한 ICT 기술을 접목한 소프트웨어와 하드웨어를 융·복합한 새로운 역량을 구축하는 등의 경영 혁신이 필요하다는 것이다.

요약하면, 한컴은 코로나19 이전부터 M&A와 사업다각화를 기업의 핵심가치로 설정하여 꾸준한 성장을 이루었으며, 코로나19 위기 속에서도 다양한 계열사를 수익 원천으로 삼아 매출액 증가 등의 성과를 달성했다. 하지만 꾸준히 지속가능한 기업 성장을 위해서는 M&A와 사업다각화 말고도 해외 투자 확대 등의 노력과 '4차 산업혁명'이라는 시대 상황을 주요 기본 경영전략으로 삼는 '혁신'이 필요하다.

한컴은 지난 2021년 3월 그룹운영실과 해외 사업 총괄을 주축으로 아마존웹서비스 기반의 클라우드 PC 사업을 추진하고 있다고 밝혔다. 클라우드 PC 사업은 4차 산업혁명 시대의 도래로 지속적인 시장 규모 증가가 이루어지고 있는 상황이다. 또한 클라우드 PC 사업은 미국 및 유럽 시장에서 2~3년 전부터 지속적인 관심을 받아 왔으나 아직 국내 시장에서는 본격화가 미비한 상황이라 완성도 높은 기술력을 바탕으로 국내외 시장에 진입하게 된다면 국내 시장 측면에서는 시정 선제 진입을 통한 우위효과를 가질 것이고, 국외에서는 클라우드 시장을 선점 중인 MS 등과도 성공적으로 경쟁할 수 있을 것으로 판단된다.[38]

향후, 한컴이 어떠한 방식의 경영전략을 통해 대한민국을 넘어 전 세계 시장에서 혁신적 글로벌 기업으로 거듭날 것인지 주목된다.

---

[38] 매일경제, 신승훈, "한글과컴퓨터(030520) 아마존 타고 글로벌 클라우드 기업으로 승천", 2021.02.17

그림 17 글로벌 데스크톱 가상화 시장 규모

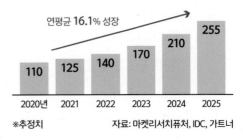

글로벌 데스크톱 가상화 시장 규모
(단위: 억달러)

연평균 **16.1**% 성장

2020년	2021	2022	2023	2024	2025
110	125	140	170	210	255

※추정치 　　　　　　　자료: 마켓리서치퓨처, IDC, 가트너

글로벌 DaaS시장 현황
(단위: 억달러)

연평균 Daas 성장률	32.1%
올해 글로벌 DaaS 예상 매출	29.9억달러
신규 데스크톱 가상화 유저 중 DaaS 도입 비율	50%

출처: 마켓리서치퓨처, IDC, 가트너

❷ 리스크 요인

2.1 무리한 사업다각화

　　한컴은 앞서 서술했듯 현재 파격적 사업다각화를 주요 경영전략으로 삼아 성공적인 경영을 이어나가고 있다. 그러나 근거와 필요성이 없는 무분별한 사업다각화가 이루어질 경우, 주력사업에까지 악영향을 미칠 수 있다. 주력 사업이 견고하지 않다면 무리한 사업다각화로 이루어지는 자금 손실 등의 악영향에 주력 사업까지 무너질 가능성이 발생하기 때문이다. 한컴은 탄탄한 내수시장을 바탕으로 한 주력 사업인 국내 소프트웨어 산업의 경쟁력을 지니고 있으나, 무리한 사업다각화로 인해 발생되는 악영향에 계속 노출된다면, 결과적으로 기업 전체에서 손실이 발생될 수 있을 것이다.

또한 무리한 사업다각화는 기업 내부 경쟁과 관료주의 제도의 팽창을 일으킬 가능성도 있다. 계열사가 많아지게 되면서 기업 내 인적 자원이 증가하게 되고, 증가하게 된 인적 자원의 규모만큼 인적 자원 사이의 내부 경쟁이 심화되어 이러한 내부 잡음을 관리하고 조율하기 위해 더 큰 관료주의 제도를 필요로 하게 될 수 있다.

따라서 한컴은 사업다각화 전 철저한 시장 탐색과 효율적 인사 배치 등을 통해 앞서 기술한 문제점이 발생하지 않도록 주의를 기울여야 할 것이다.

2.2 B2G 단일시장에 대한 높은 실적 의존

한컴은 코로나19로 인해 B2B와 B2C 시장에서의 수요 확대가 어느 정도 이루어졌으나, 아직 B2G정부, 지자체 관련 매출이 소프트웨어 판매 매출의 절반 이상을 차지하고 있는 상황이다. 이러한 매출 구조의 특성상 B2G 라이선스 갱신이 중요한 매출 변동을 차지하게 되면서 성공적 라이선스 갱신이 이루어지지 않는 경우에는 매출 손실이 불가피한 상황이 발생될 수 있다. 한컴은 하루빨리 시대의 요구에 맞는 클라우드 기술을 비롯한 새로운 핵심 역량을 갖추어, 해외시장 또는 국내 개인 시장으로의 매출처 다변화가 필요하다.

2.3 저조한 해외지역 진출 성과

한컴은 SW 부문에서 수출의 비중이 내수의 약 10%로, 저조한 성적을 거두고 있다. 이는 한컴이 주도하고 있는 국내의 오피스 소프트웨어 시장과는 달리 해외 시장은 MS 오피스가 선점하고 있기 때문이다. MS 오피스의 주요 강점으로 방대한 호환성과 연동성을 들 수 있는데, 한컴이 MS와 비교했을 때 견줄 만한 글로벌 경쟁력을 갖추기 위해서는 MS의 강점과 같이, 한컴도 연동성, 호환성 측면의 경쟁우위가 필요하다. 즉, 국내 기업들에 국한되지 않고 글로벌 기업의 오피스 소프트웨어 측면에서 다양한 프로그램과 연동될 수 있는 경쟁력이 요구된다.

그림 18 한글과컴퓨터 SW 부문 매출

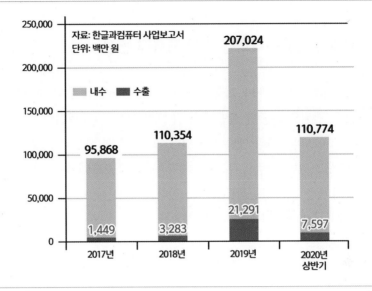

출처: 한글과컴퓨터

2.4 M&A의 역효과 발생가능성

한글과컴퓨터는 적극적인 M&A를 통한 경영방식을 선택하여 성장하고 있으나, 사업다각화의 사례와 마찬가지로 M&A에 항상 이점만 존재하는 것은 아니다. M&A를 통해 시장진입 시간 단축, 브랜드 파워 및 영업망 확보 등의 효과를 얻을 수도 있지만 반대로 인수기업과 피인수기업 간 이질적 기업 문화로 인한 어려움, 절차의 복잡성, 차입금에 의한 M&A의 경우 발생할 수 있는 재무구조의 악화 우려도 존재한다. 따라서 추후에는 이러한 점에 유의하면서, M&A 실행 전 기존 영위하고 있던 사업과 M&A 실행 대상 기업 간 시너지 효과나 M&A 당위성 등을 꼼꼼하게 따진 후 실행해야 할 것이다.

맺음말

① M&A와 사업다각화를 통한 지속적 변신

　앞서 한컴의 역사, 수익구조, 경영전략과 각종 사례들을 통해 한컴에 대해 자세히 살펴보았다. 한컴은 1990년 설립 후 한컴 오피스를 출시하여 수많은 고객을 확보하였고, 이후 M&A와 신제품 개발 등 사업다각화를 통해 다방면으로 빠르게 기업 규모를 키워나가고 있다. 한컴의 주요 수익 창출원은 소프트웨어이지만, 최근에는 한컴 자회사들의 매출 또한 상승세를 보이고 있다. 그로 인해 2020년에는 창사 이후 처음으로 연 매출 4,000억 원을 돌파하는 성과를 보였다. 특히, 한컴의 자회사들 중 자율주행 시뮬레이터를 제공하는 한컴MDS와 소방용 안전장비와 마스크 등을 제공하는 한컴라이프케어가 눈에 띄게 성장하고 있다.

　이렇게 한컴이 성장할 수 있었던 이유는 바로 소프트웨어를 기반으로 한 신사업 발굴과 M&A를 통해 사업다각화에 성공했기 때문이다. 한컴의 신사업 발굴은 크게 인공지능, 블록체인, 스마트시티의 세 가지로 분류할 수 있다. 인공지능 사업으로는 2015년 한컴인터프리에서 출시한 번역 서비스 애플리케이션인 지니톡을 개발하였고, 중국의 인공지능 대표기업인 '아이플라이텍'의 노하우를 활용하여 한국어 음성인식 및 분석 기술 기반의 AI콜센터 시스템인 '한컴 AI 체크25'를 개발하였다. 블록체인의 사례로는 2019년 한컴위드에서 출시한 블록체인 기반의 '스마트 컨트랙트' 기능이 탑재된 퀵서비스 플랫폼인 '말랑말랑 아니벌써'를 살펴보았고, 다음으로 국내 여러 도시와의 스마트시티 사업 추진 사례를 통해 IoT에서 블록체인, 관제까지 모두 아우르는 한컴 스마트시티 통합 플랫폼도 살펴보았다.

　또한 최근에는 아마존웹서비스AWS와의 협업을 통해 문서 편집, 동시 문서 협업, 문서 공유 등과 이메일·메신저·화상회의 등의 기능을 갖춘 '한컴웍스'를 발표하며, 비대면 상황에서 효율적인 업무 처리가 가능하도록 혁신하고 있다.

　앞에서 살펴본 바와 같이, 한컴의 끊임없는 성장은 파격적인 인수합병과 사업다각화로의 끊임없는 도전과 혁신이 주요 동력이다. 끊임없이 변화하는 외부 환경에서 기업의 필수적인 생존 요건은 외부 환경에 맞춰 변화하고 성장해 나가는 것인데, 한컴은 이와 같은 환경에서 사업다각화와 혁신을 통해 살아남았다고 할 수 있다.

그러나 한글과컴퓨터가 지속가능한 기업이 되기 위해서는 저조한 해외진출 성과를 개선해야 하며 무리한 사업다각화 전략으로 인한 실패에 주의해야 한다. 또한 현재 핵심 비즈니스에 대한 재평가와 새롭게 진출할 사업에 적용할 수 있는 회사의 핵심역량 및 자원을 늘 파악해야 한다. 그리고 어떤 방식으로 사업을 다각화할 수 있는지에 대한 신선한 통찰력도 필요하다.

한컴은 탄탄한 SW기술력과 미래를 향한 탄탄한 플랫폼을 기반으로 세계 시장에 앞장서는 글로벌 기업으로 성장하고자 한다.

② 글로벌 한컴의 도전: 소프트웨어 기업에서 우주 사업, 메타버스까지

한컴그룹은 혁신적인 융·복합 기술을 바탕으로 4차 산업혁명 시대에 대한민국을 넘어 글로벌 기업으로 도약하고 있다. 기존 한컴그룹의 핵심사업이라 할 수 있는 'SW 기술'뿐만 아니라 인공지능, 블록체인, 스마트시티 등 4차 산업혁명 핵심분야의 기술을 중심으로 끊임없는 도전과 혁신을 통해 종합 ICT 융·복합 기업으로 성장하고 있다.

이러한 성장배경에는 김상철 회장이 존재한다. 한때는 심각한 경영 불안에 시달리기도 하였던 한컴은 2010년 김상철 회장 취임 이후 변화하기 시작했다. 김 회장은 M&A 후 소프트웨어 기업에 필수적인 연구 개발을 늘리며 제품 경쟁력과 기술력을 안정시켰고, 이후 다양한 사업다각화를 성공했다. 김 회장은 "기업은 달리는 기차와 같다. 긍정적 사고가 성공을 이끈다"라고 입버릇처럼 말한다. 기업이 성장하기 위해선 끊임없는 노력이 필요하며, 부정적 판단이 앞서면 새로운 사업에 뛰어들 수 없다는 것이 그의 소신이다.[39]

또한 국내 도시의 스마트시티 추진 사업을 보면 알 수 있듯, 사회 공익에 기여하

---

39 신찬옥, "김상철 회장, 31개사 인수 성공한 'M&A 귀재'…"올해는 스마트케어", 매일경제, 2021.01.05

는 모습도 보인다. 김상철 회장은 "한컴 스마트시티 통합 플랫폼을 관련 기업, 연구기관, 지자체 등에 개방과 공유를 통해서 스마트시티 생태계를 조성하겠다"라며 "초기 진입단계인 국내 스마트시티 시장을 성숙시키고 세계 시장에서도 우위를 점할 수 있도록 계열사가 총력을 다하겠다"라고 포부를 밝히기도 했다.

한편, 한컴의 계열사인 한컴MDS는 국내 1위 임베디드 소프트웨어 회사다. 하드웨어와 소프트웨어를 융합하는 데 있어서 핵심 강점을 갖고 있다. 아직 세계시장에서의 역할은 크게 두드러지지 않지만 이러한 강점을 활용해 국내 공공의 이익에 큰 입지를 지키고 있는 한컴의 위치를 파악해 볼 수 있다. 이를 기반으로 점점 글로벌 시장에서도 큰 역량을 발휘할 수 있는 한컴의 모습을 기대해 본다.

한컴그룹이 목표하는 바를 한 가지로 요약하면, 단순 소프트웨어 제공업체에서 벗어나 4차 산업혁명과 관련한 다양한 사업에 도전하여 성과를 이루는 것이다. 그리고 그러한 한컴의 목표는 아직도 진행 중이다. 인공지능, 블록체인, 스마트시티, 로봇 등 4차 산업혁명 관련 사업에 이미 진출한 한컴은 최근 드론 사업에도 박차를 가하고 있으며, 세종대와 협력하여 우주항공연구소를 설립하는 등 우주 사업까지 외연을 확대하며 정보 기술 업계에서 주목을 받고 있다. 또한 2021년 6월 30일에는 메타버스 플랫폼 개발사 프론티어스의 최대주주55% 지분인수가 되면서, 메타버스 시장에도 본격적으로 뛰어들었다.[40]

최근 한컴의 경영권이 승계되고 있다. 승계를 받은 2세 경영인은 김상철 회장의 장녀인 김연수 씨이며, 이미 다양한 성공적 M&A 등을 통해 그 실력을 어느 정도 검증했다. 다양한 비즈니스 플랫폼을 갖추면서 미래를 혁신하는 한컴그룹이 어떻게 변화해 나갈지, 이젠 CEO 김연수의 활약도 기대해 본다.

---

[40] 한컴그룹, 메타버스 시장 뛰어든다…전문기업 프론티스 인수, 2021.07.01, https://m.etnews.com/20210630000312

1. 한컴이 보유하고 있는 오피스SW 기술과 4차 산업혁명 기술을 접목한 새로운 비즈니스에는 어떤 것이 있을지, 이미 존재하는 사업을 제외하고 새로운 전략을 세워보자.

   또한, '말랑말랑 플랫폼'과 같은 플랫폼 서비스 제공으로 한글과컴퓨터는 기업의 경영전략 측면에서 어떠한 이점을 얻을 수 있을지, 비즈니스 생태계는 어떻게 구성하고 있는지에 대해 생각해 보자.

2. 한컴 그룹의 전체 사업 구조와 글로벌 전략을 고찰하고, 보다 글로벌화하기 위한 그룹차원의 전략을 모색해 보자.

   특히, 해외 오피스SW의 경쟁사인 마이크로소프트의 MS오피스와 한컴의 오피스SW의 차별점은 무엇이고, 이 부분에서는 어떤 강점을 강화하여 해외 시장의 점유율을 높일 수 있을지에 대해 생각해 보자.

3. 상위계층이론(upper echelons theory)에 대해 알아보고, 김상철 회장의 경영철학과 전략을 통한 한컴의 경쟁우위를 고찰해 보자.

4. 문휘창 교수의 ABCD 모델을 알아보고, 한컴그룹을 이 모델에 따라 분석해 보자.

Paradigm Shift를 위한
4차 산업혁명 시대의 경영사례 II

SANDBOX

뉴노멀 시대의 연예기획사, MCN
: 샌드박스 네트워크를 중심으로

학습목표

- 4차 산업혁명 시대의 새로운 비즈니스 모델 중 MCN의 비즈니스 모델 구조와 그 장점에 대해 학습한다.
- 국내 MCN 기업인 샌드박스의 미래 전략 및 발전 방향에 대해 고찰해 본다.
- MCN 기업의 핵심적인 마케팅 전략에 대해 학습해 본다.

뉴노멀 시대의 연예기획사, MCN
: 샌드박스 네트워크를 중심으로*

MCN에 대하여

❶ MCN이란?

4차 산업혁명 시대가 도래하고, 우리의 일상은 크게 달라졌다. 생활은 더 빠르게 디지털화되었고, 그러한 라이프 스타일에 맞게 새로운 직업이 등장하였다. 이렇게 수많은 직업들 중에서 영상을 비롯한 다양한 자신만의 컨텐츠를 제작하여 수익을 창출하는 크리에이터1인 콘텐츠 제작자라는 직업은 유튜브의 성장과 더불어 주목을 받게 되었다.

즉, 디지털시대의 확장으로 플랫폼이 다변화되고, 콘텐츠를 제작하고 소비하는 패턴이 바뀌면서 최근 체계적 기업이 아닌 개인이 만든 콘텐츠의 수가 늘어나게 되었다. 더불어 개인 또는 중소창작자를 그룹화하여 사업을 지원하는 MCN 사업이 생겨나고 빠르게 확대되고 있다.[1]

---

* 본 사례는 정진섭 교수의 지도하에, 우지현 학생의 사례를 기반으로, 장심결 및 김민혁, 김진범, 김은배, 장예림, 김창휘, 곽지수, 오현민, 조석현, 노현진 학생이 작성한 것이다.

MCNMulti-Channel Network은 유튜브와 같이 영상 플랫폼의 창작자들과 제휴하여 제작이나 자금지원, 홍보, 저작권 관리, 수익창출/판매, 고객확보 등을 지원하고 채널 수익의 일부를 공유하는 조직을 의미한다. 동영상 소비방식과 형태가 다양해지면서 크리에이터, BJBroadcasting Jockey라 불리는 1인 콘텐츠 제작자의 위상이 높아짐에 따라 이러한 1인 창작자들을 관리하는 채널 네트워크 사업인 MCN이 생겨났다.[2] MCN은 유의미한 수익을 얻기 위해 여러 개인 창작자를 묶어 다수의 채널을 통해 트래픽을 얻고, 그 광고 수익을 바탕으로 사업을 펼치기 때문에 '다중 채널 네트워크 Multi Channel Network'라고 불리게 되었다.

그림 1 MCN의 개념[3]

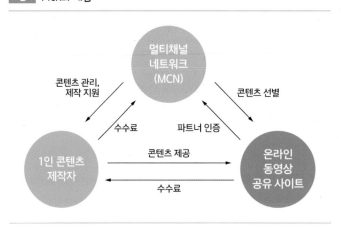

출처: 박광만·최병철, MCN산업 동향 분석, 2018, 23p.

MCN은 신개념 유튜브계의 연예기획사라 할 수 있다. MCN은 1인 창작자를 도와 콘텐츠의 기획부터 제작에 필요한 전 과정과 시설을 지원해 수익 창출을 돕고, 그 수익을 나눈다. MCN은 매니지먼트 회사로서 홍보, 저작권 관리, 프로모션, 신규 수익 창출 및 마케팅까지 여러 서비스를 지원하고 체계적으로 관리해 콘텐츠 창작자가 제작에 집중할 수 있도록 도와준다. 또한 MCN은 동영상과 같은 나만의 콘텐츠를 만들 수 있는 곳이라면, 애플TV, 아프리카TV와 같이 모든 플랫폼에 정착이 가능하다. 다만, 유튜브에서는 광고의 수익료, 아프리카TV에서의 돈을 후원받는 '별풍선'과 같이 어떠한 방식으로든 수익 창출이 되는 경로를 확보하는 것이 중요하다.

---

1 김치호(2016), MCN사업의 현황과 과제. 인문콘텐츠 제40호, 167-187
2 박광만 외1(2018), MCN산업 동향 분석
3 박광만 외1(2018), MCN산업 동향 분석, 23p

플랫폼 사업자로서 유튜브는 1인 창작자들이 더 많은 양질의 콘텐츠를 생산할 수 있도록 광고 수익을 배분하는 방식으로 제작을 지원하고, 이를 통해 플랫폼 내에 유통되는 콘텐츠의 양적 증가와 질적 수준 제고를 견인해내려고 한다. 이 과정에서 1인 창작자와 플랫폼을 매개하는 것이 MCN이다. MCN 등장 이전에는 1인 창작자들이 개별적으로 활동을 했지만 MCN의 탄생으로 1인 창작자들은 유통과 마케팅 등을 MCN에 맡겨 버리고 본인은 창작에 집중해, 고품질의 콘텐츠 제작에 도움을 받게 되었다. MCN은 콘텐츠 제작 과정에서도 스튜디오나 기기 같은 리소스를 지원하고 제작 관련 컨설팅 서비스도 제공하고 있다.

초기 MCN은 수익형 사업모델이라기보다는 유튜브 사용자들이 편리하게 시청할 수 있도록 분류하고 홍보하는 역할을 했다. 이후 인터넷 동영상 시장이 성장하면서 수익 측면이 강화되었고, MCN은 창작자들과 비즈니스 파트너 관계를 맺고 다양한 지원함으로써 수익을 배분하는 사업 형태로 발전하게 된 것이다.

MCN의 역할은 우선 창작자

MCN의 역할 그림 2

출처: 중앙일보 산업기획팀, 청년 일자리부터 노예 계약까지.. '유튜버 소속사' MCN의 빛과 그림자, https://www.youtube.com , 2020. 6. 14.

들이 동영상을 제작할 때 기획 단계에서 그 실행에 이르기까지 전반적인 컨설팅과 지원을 제공하는 것이다. 영상 제작을 위한 스튜디오와 설비 제공은 물론 영상에 사용하는 음악, 효과, 그래픽 등의 제작을 도와주고, 필요하면 라이선스 취득과 계약을 지원한다.

다음으로는 창작자의 개별 채널 도달률을 증대시키는 방안을 모색하고 지원한다. 시청소비자 분석을 통해 창작자의 프로그램이 가장 효과적으로 사용자들에게 전달될 수 있도록 소재 분석과 진행 방식에 관한 교육을 제공한다. 또한 댓글 관리 등 창작자의 채널이 소비자의 필요와 요구에 최적화될 수 있도록 지원한다.

이외에도 MCN은 매니지먼트 기획사로서 개별 채널의 마케팅을 담당한다. 창작자의 소셜 미디어 활동을 지원하고 홈페이지 제작과 관리를 돕는다. 오프라인 팬미팅이나 PR, 언론 홍보 등을 통해 창작자와 개별 채널이 시장 가능성을 제고하는 데에 협력한다.

그렇지만 이 모든 것에 우선해서 MCN의 가장 핵심적 역할은 역시 수익 사업이다. MCN은 플랫폼사업자와 광고주에게 개별 창작자들의 채널을 대표하고, 개별 채널의 광고 효과를 홍보해 창작자 대신 광고주와 계약을 성사시키고 집행한다. 초기 MCN이 크리에이터들의 제작을 지원하고 유통 및 광고 수익을 관리하는 것이 주력 업무였다면, 이제는 점차 콘텐츠의 기획과 새로운 부가 수익 창출로 역할이 확장되고 있다.

사실, MCN이 미디어 생태계에서 새로운 플레이어로 주목받는 것은 콘텐츠의 기획, 제작 지원을 통해서 얻는 단순한 광고 수익을 매니지먼트하기 때문만은 아니다. MCN이 플랫폼과 수익을 공유해야 하는 광고 수익 이외에도 콘텐츠를 통한 수익모델을 전방위적으로 확장하고 있기 때문이다.

MCN은 전통적인 미디어 스타의 매니지먼트 비즈니스 모델을 수용해 글로벌 대형 연예기획사에서 하듯이 여러 부가 사업을 추진해 수익을 확보하려고 한다. 특히 콘텐츠와 관련해 제품의 간접 광고PPL, Product Placement, 브랜드와 캐릭터를 활용한 부가 상품, 팬덤을 활용한 머천다이징merchandising, 이벤트 및 공연 등 다양한 수익형 사업을 펼쳐 만만치 않은 시장 가능성을 담보하며, 콘텐츠 유통 창구를 크게 확장하고 있다.[4]

② MCN 등장배경

1인 미디어 생태계를 견인할 다크호스로 급부상한 MCN은 어디에서부터 시작되었을까? MCN이 등장한 이유는 웹Web의 진화 과정에서 그 해답을 찾을 수 있다. 인터넷을 기반으로 한 웹기술의 진화 단계는 웹의 서비스 방식과 모델에 따라 Web

---

4 [네이버 지식백과] MCN이란 무엇인가 (MCN, 2016.4.25, 배기형)

1.0, Web 2.0, Web 3.0으로 구분되는 게 통상적이다. Web 1.0 시기는 웹기술이 태동하기 시작한 1990년대 중반부터 약 10년간의 기간을 뜻하며 인터넷 홈페이지, 포털 사이트 등의 사업자가 정보콘텐츠를 생산·관리하며 이용자에게 일방향적으로 유통하는 패턴을 보인다. Web 2.0 시기의 핵심 키워드는 참여, 개방, 공유로, 이 시기는 이용자가 직접 콘텐츠를 만들고 즐기며 소통하는 시기를 뜻한다. Web 1.0 시기에 '정보'가 연결되어 있었다면, Web 2.0 시기에는 콘텐츠를 제작하고 소비하는 '사람들'이 연결되기 시작하였다. Web 3.0 시기는 시맨틱 웹 기술을 중심으로 컴퓨터가 웹페이지에 담긴 내용을 이해하고 개인 맞춤형 정보를 제공하는 시기다. 사람들이 서로 연결되어 있다는 점에서는 Web 2.0 시기와 다를 바 없지만 점차 개인화·지능화된 웹 기술을 구현해낸다는 점에서 차이를 보인다.

시기별 특이점을 요약하면, Web 1.0 시기는 제작자에서 이용자로 콘텐츠가 일방적으로 제공되며 이용자는 콘텐츠를 소비하는 대상으로 제한된다. Web 2.0과 Web 2.5 시기의 이용자는 콘텐츠를 소비할 뿐만 아니라 생산하고 유통하는 대상으로 범위가 확장된다. 마지막 Web 3.0 시기의 이용자는 정보를 생산하고 유통, 소비하는 과정에서 경제적 이익을 산출하는 주체로서 기능을 한다.

❸ MCN 시장현황[5]

1인 미디어 관련 시장의 활동주체는 크게 콘텐츠 소비자와 공급측면에서 1인 크리에이터, 이를 육성 및 지원하는 MCN 사업자, 그리고 유통 플랫폼 사업자로 구분할 수 있다. 우선, 콘텐츠의 다양성, 제작 및 유통 방법이 용이하기 때문에 1인 크리에이터의 영역은 소비자와 창작가의 경계가 없다고 볼 수 있다. 따라서 유튜브, 아프리카TV 등 다수의 플랫폼에서 다양한 콘텐츠를 제작하고 유통하는 모두가 1인 크리에이터 범주에 속한다고 볼 수 있다. 실제 아프리카TV의 경우 6개월 동안 5시간 이상 방송한 개인 수는 9,000명 이상이며, 일정 수 이상의 추천을 받은 인기 크리에이터도 800여 명에 이른다. 이외에도 1인 미디어 유통 플랫폼이 계속 등장하고 있다는

---

[5] 산업연구원, 국내 1인 미디어시장 현황 및 발전 가능성, 2017.04.19

점을 감안할 때 1인 크리에이터의 공급과 수요는 더욱 증가할 것으로 예상된다.

해외 및 국내 1인 미디어의 최대 유통 플랫폼으로는 2005년 동영상 업로드 및 플래시 영상 서비스를 게시한 유튜브를 꼽을 수 있다. 2015년 기준 1분당 300분 분량 이상의 동영상이 업로드되고 있으며, 특히, 한국은 유튜브 모바일 시청 비중이 가장 높은 나라 중 하나이다. 2015년 국내 유튜브 시청 시간은 전년 대비 110%, 업로드 비중은 90% 증가하며, 국내 1인 미디어의 중요한 유통 플랫폼으로 입지를 굳히고 있다. 유튜브와 함께 최근에는 개인 방송을 제공하는 아프리카TV가 1인 미디어 플랫폼으로서 빠르게 성장하고 있다. 아프리카TV의 월평균 방문자 수는 2013년 636만 명, 2014년 726만 명, 2015년에는 800만 명을 기록하였다. 이는 국내업계 1위 수준으로 1인 미디어의 한 형태인 개인방송산업을 사실상 독점하고 있다고 볼 수 있다.

최근에는 플랫폼 기업인 주요 포털업체도 MCN 사업에 본격적으로 진입하였다. 카카오와 네이버 등도 자체 온라인 TV 채널을 출시하였다. 네이버는 '네이버 TV'를 출시하여 1인 방송 크리에이터들의 방송제작을 지원하며, 이용자들은 스마트폰 앱으로 고화질의 동영상을 시청할 수 있게 되었다. 카카오는 '카카오 TV'를 출시하여 1인 제작자가 만든 동영상을 카카오톡으로 공유할 수 있도록 하였다. 이처럼 포털업체들도 MCN 사업에 참여함에 따라 1인 미디어 및 MCN 사업에서 기존 미디어와 뉴 미디어 간의 경쟁구도가 형성되고 있는 상황이다. 또한, 모바일을 통한 영상 콘텐츠에 대한 수요가 증가하면서, 이동통신사에서도 MCN 사업에 대한 많은 관심을 보이며 1인 미디어 콘텐츠 발굴과 플랫폼 구축에 활발하게 투자하고 있다.

2015년 LG유플러스는 1인 크리에이터들이 만든 방송을 TV에서 볼 수 있는 MCN 큐레이션 서비스를 제공하였다. 최근에는 IPTV 서비스 U+tv에서 BJ의 유튜브 콘텐츠를 가상채널로 편성하여 간편하게 감상할 수 있는 'U+tv 유튜브 채널' 서비스를 시작하였다.

❹ MCN의 논란과 문제점

1인 미디어 시장의 빠른 성장과 함께 핵심 성장 산업으로 주목받던 MCN업계에도 빈번하게 논란과 문제점이 제기되고 있다. 2017년 이후 미디어 환경의 급변화로 유튜브가 중요한 미디어 채널로 부상하면서 MCN 산업은 국내외를 막론하고 차세대 유망 산업으로 주목을 받았다. 특히, 주요 글로벌 평가기관들의 시장에 대한 낙관적 전망과 해당산업과 밀접하게 연계된 광고 플랫폼의 이동은 MCN 산업의 빠른 활성화를 이끌어 냈고, 이는 새로운 투자처 모색에 열을 올리는 투자 시장에도 호재로 여겨지며 수백, 수천 억대의 투자 수요를 창출했다.

이렇듯 높은 기대감 속에 MCN 산업은 빠르게 성장하고 있지만, MCN 사업자들의 가치는 기대와는 다른 행보를 보이고 있다. 이는 특히 글로벌 MCN 시장에서 더 두드러지게 나타난다. 글로벌 시장조사기관 암페어 애널리시즈Ampere Analysis의 2018년도 조사 결과에 따르면, MCN 사업자들의 평균 가치평가 지수는 2012년 0.15달러에서 2018년 0.01달러로 93%나 하락했다. 가치 하락의 주요 이유는 불안정한 수익 구조와 크리에이터와의 갈등으로, 꾸준한 지적에도 불구하고 개선되고 있지 않는 점도 가치 하락의 큰 이유로 꼽히고 있다.

기업의 가치하락은 결국 최후의 사태를 맞이하는 결과를 보였다. 미국의 대표적인 MCN 기업 중 하나인 '디파이 미디어Defy Media'는 75개의 동영상 채널 운영과 구독자 수 7,500만을 기록하며2018년 기준 새로운 거대 미디어 기업으로 주목받았지만, 80% 이상 콘텐츠 광고 수익에 의존하는 수익구조 한계에 부딪혀 수익성 악화 끝에 결국 2018년 파산했다.

게임 전문 MCN '머시니마Machinima'도 구글로부터 3,500만 달러를 투자받으며 콘텐츠 제작사업을 확장, 2016년 워너브라더스Warner Bros.에 인수된 이후 2018년 워너브라더스가 AT&T에 인수되면서 AT&T 자회사인 오터 미디어로 편입됐다. 이 과정에서 크리에이터들의 잇따른 계약해지와 광고에 치중된 수익구조로 수익 악화가 이어졌고, 결국 인력 구조조정이라는 악재가 더해지면서 2019년 영업 종료를 선언했다.

미국 내 1위 MCN 사업자였던 메이커스튜디오 역시 쇠락의 길을 걷고 있다. 전 메이커스튜디오의 한 직원은 "MCN 사업의 엄청난 실패의 전형"이라고 말한 바, 6만 명의 크리에이터를 보유하며 몸집을 키워오던 메이커스튜디오는 2014년 디즈니에 인수되어 승승장구하는 모습을 보였으나, 계속되는 기대 이하의 사업성과에 크리에이터를 300명으로 축소한 데 이어, 80여 명의 직원을 정리해고 시켰다. 매출 중 81%가 애드센스 광고수익으로 대부분이 크리에이터에게 돌아가면서 370만 달러의 매출 중 실제 기업 이익으로 남는 부분은 매우 낮았으며, 유명 크리에이터 영입으로 수천억 대의 계약금이 발생하면서 실질적인 기업 이익은 마이너스에서 벗어나지 못한 결과인 것이다. 현재는 디즈니의 타 부서로 흡수되어 기업의 모습보다는 하나의 부서 형태로 존속하고 있다.

이러한 위기는 국내 MCN업계에서도 감지되고 있다. 국내 MCN 산업 역시 2017년 이후 빠른 성장세를 보이며. 샌드박스 네트워크, 트레저헌터 등 주요 MCN 기업을 중심으로 국내외 벤처캐피털vc의 투자가 이어지면서 유망 산업으로 주목받고 있다. 그러나 이들 기업들은 2018년 이후 규모 면에서 점차 성장하고 있지만, 매출 증가와는 달리 대다수 기업들이 적자폭이 증가하는 추세로 MCN 기업들의 지속적 수익성과 생존에 대한 우려가 제기되고 있다.

국내 대표 MCN 기업 중 하나로 꼽히는 샌드박스는 2018년 매출액 282억 원, 영업적자 23억 원에서 2019년에는 매출액 608억 원, 영업적자 78억 원으로 영업이익률이 2018년 −8.1%에서 2019년 −12.9%로 4.8%P 감소했다. 당기 순이익은 2018년 −21억 원에서 2019년 −78억 원으로 전년도 대비 57억 원 급감했다.

업계에서는 MCN 기업들의 주요 수익원을 가장 큰 문제로 꼽고 있다. 대다수 MCN 기업들의 매출은 크리에이터들의 유튜브 애드센스 광고 수익에 대한 MCN 계정 선인식분으로 스타 크리에이터 영입 경쟁이 치열한 시장 상황 속에서 심하게는 9:1 혹은 10:0의 수익배분율 계약이 이루어지고 있다. 재무제표에 사실상 무의미한 매출 즉, '스루through'되는 매출액이 압도적인 비중을 차지하고 있다. 즉, 고스란히 유튜버에게 전달될 금액까지도 해당 MCN 기업의 매출로 표기하면서 실제 가치 보다 부풀려 표현되는 경우가 많다는 것이다.

한 업계 관계자는 "대다수 MCN 기업들이 크리에이터들의 유튜브 애드센스 광고 수익과 일부 PPL 혼합한 콘텐츠 마케팅 수입 외에는 유의미한 매출원을 찾지 못하고 있다"며, "수익모델에 대한 해답 없이 MCN 간 경쟁적으로 명성을 크게 얻고 있는 스타 크리에이터 모시기에만 급급해 비용만 증가하는 문제가 심화되고 있다"고 지적했다.[6]

⑤ MCN 비즈니스 모델과 수익창출 방식

MCN 사업은 주요 고객인 창작자와 광고주, 수용자에게 도달하려고 하지만, 이들에게 도달하기 위해서는 창작자의 역할이 매우 중요하므로 모든 사업은 창작자를 중심으로 이루어진다. 이들 각자에게 MCN은 네트워크 제공, 창작자와 콘텐츠에 대한 관리, 창작자와 광고주 간의 의견 조율, 수요에 맞는 디지털 콘텐츠 공급을 핵심 가치로서 제공한다. 이러한 핵심 가치를 실현하기 위해 MCN은 기업 내부에서는 영상 창작을 돕기 위한 인프라와 인적 자원을 두고, 기업 외부의 온라인 플랫폼과 적극적인 교류와 협력을 구축한다. 이를 통해 MCN은 광고주와 창작자로부터는 광고 수수료를, 수용자로 도달하기 위한 통로인 플랫폼으로부터는 콘텐츠 계약금을, 일반 소비자로부터는 제품 판매와 커머스 등을 통한 수익을 얻는다고문정, 2016.

그림 3 MCN의 비즈니스 모델[7]

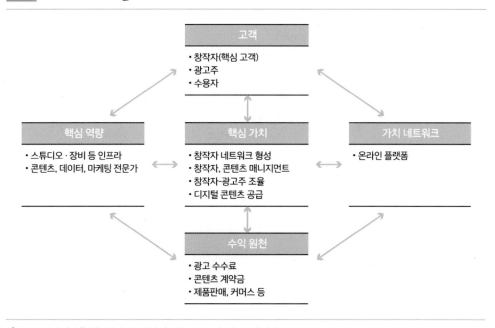

출처: 고문정, 온라인 플랫폼에서의 다중 채널 네트워크(MCN) 비즈니스 모델 탐색, 2016, 78p

---

6 이세연, "MCN 산업, 수익 없는 '빛 좋은 개살구' 될라", http://news.kmib.co.kr, 국민일보, 2020.06.16
7 고문정, 온라인 플랫폼에서의 다중 채널 네트워크(MCN) 비즈니스 모델 탐색, 2016, 78p

일반 개인혹인 크리에이터들이 동영상 콘텐츠를 통하여 수익을 낼 수 있는 방법으로는 광고수익, 기부금, 그리고 직접 광고주의 상거래 홈페이지와 연결한 판매 수익이 있다. 현재 동영상 콘텐츠를 통한 주요 수입원은 유튜브와의 제휴를 통한 수익모델이고, 이에 의존하는 구조에서 벗어나지 못하고 있다. 시청자들은 크리에이터가 제작한 동영상을 시청하고 그에 따라 발생한 유튜브 광고 수익을 MCN 사업자와 크리에이터가 나눠 갖는 방식이 지배적이다.

MCN이 수익을 창출하는 방법은 첫째 광고이다. 팟캐스트podcast나 다른 콘텐츠를 지원하는 수익으로부터 발생한다. 두 번째 방법으로는 기부이다. 페이팔 등의 포털은 콘텐츠 크리에이터를 MCN의 연장선으로 생각하여 이들에게 기부를 한다. 마지막으로 어떤 크리에이터들은 보조적 수단으로 제휴 프로그램을 이용하여 상품이나 서비스의 매출을 늘려 이로부터의 수익을 창출한다황순학, 2017.

그림 4 MCN의 수익구조[8]

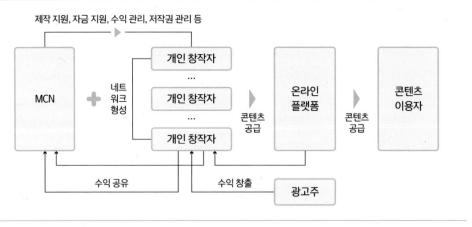

출처: 고문정, 온라인 플랫폼에서의 다중 채널 네트워크(MCN) 비즈니스 모델 탐색, 2016, 70p

---

[8] 고문정, 온라인 플랫폼에서의 다중 채널 네트워크(MCN) 비즈니스 모델 탐색, 2016, 70p

⑥ MCN 향후 성장 방향

6.1 브랜디드 엔터테인먼트

브랜디드 엔터테인먼트는 영화나 TV 프로그램, 게임 등의 엔터테인먼트 형태로 광고를 하는 것으로 최근에는 영화형식의 광고를 제작하는 것을 말한다. 브랜디드 콘텐츠라고도 하며, 기업에서 직접 엔터테인먼트 콘텐츠를 제작하여 브랜드 메시지를 담아 SNS와 같은 창구를 통하여 소비자에게 전달하는 것을 말한다. 이러한 콘텐츠는 형식에 따라 기존 광고보다는 긴 영상을 단편 클립이나 시리즈로 제작하는 애드 무비Ad movie, 만화형식을 빌린 브랜드 웹툰Brand Webtoon, 그리고 애드버게임 Advergames 등으로 구분된다. 이렇게 유튜브나 다양한 플랫폼을 통해 잠재 고객들에게 전달되는 콘텐츠 영상은 광고의 기능뿐만 아니라 영상 그 자체로서 재미를 주는 양질의 콘텐츠가 되기 때문에 잠재 고객들은 기존의 광고에 비해 거부감 없이 영상을 접하게 된다. 이러한 영상의 핵심은 바로 '광고 같지 않은 광고 영상'에 있다. 즉, 매체의 특성을 활용하여 평소 그들의 시청자들과 지속해서 소통하고 유대감을 쌓아왔던 크리에이터들은 브랜드 광고마저 그들의 아이덴티티를 표현하는 하나의 콘텐츠를 만들어낼 수 있다황순학, 2017.

6.2 인플루언서 마케팅

인플루언서 마케팅Influencer marketing은 잠재 소비자에게 영향을 줄 수 있는 개인인 플루언서들과의 관계를 구축하여 마케팅하는 것을 의미한다. 많은 고객은 구매 의사결정을 내리기 전에 인플루언서들을 찾는다. '인플루언서 마케팅'은 새로운 형태의 보증 모델로서 잠재 고객들과 연결하고 신뢰를 구축하여 제품에 대한 자세한 설명과 긍정적인 피드백을 노출함으로써 판매량을 증대시킨다황순학, 2017. MCN은 크리에이터들과 함께 건전한 생태계를 구축하면서 성장성과 더불어 수익성을 확대해야 하고, 크리에이터와 시청자들 간의 지속적인 소통과 신뢰감을 쌓아가야 한다.

대표적 국내 MCN 기업, 샌드박스 네트워크

"크리에이터들의 상상력으로 세상 모두를 즐겁게!"

– 샌드박스의 비전 –

그림 5 샌드박스 네트워크[9]

출처: https://sandbox.co.kr/index.html

1 기업소개와 현황

샌드박스 네트워크이하 샌드박스는 구독자 250만여 명을 보유한 유튜브 크리에이터 '도티'와 대학 동기인 이필성 대표가 함께 2014년 10월 8일에 설립한 국내 최초 멀티 채널네트워크MCN 기업이다. 샌드박스는 '크리에이터들의 상상력으로 세상 모두를 즐 겁게!'라는 비전을 가지고 있으며 '창의적인 크리에이터들과 디지털 네이티브Disital native들이 마음껏 뛰어놀 수 있는 놀이터이자 크리에이터가 중심이 되는 튼튼한 창작 네트워크 제공'이라는 사명감을 가지고 있다. 회사가 추구하는 가치로는 크리에이터 들에 대한 사랑, 창의력과 상상력에 대한 존중, 시청자 취향에 대한 존중 등이 있다.

2019년 유명 개그맨 유병재가 YG엔터테인먼트를 나와 연예인 최초로 샌드박스 에 합류하면서 업계의 이목을 끌었다. 최근 방송인 김구라와 아들 'MC그리' 부자도 샌드박스와 손잡고 유튜브 채널 '그리구라'를 론칭했다. 샌드박스는 크리에이터 350 여 팀과 직원 220여 명이 만드는 유튜브 콘텐츠 창작소다. 직원들의 평균 연령은 29 세로 'GEN Z'들이 주도한다.

---

9 샌드박스 네트워크, https://sandbox.co.kr/index.html

구글 출신인 이필성 대표는 회사 운영 시 큰 틀에서 좋은 사람들이 모여 편안한 환경에서 집중해서 일하고 결과를 낸다는 구글의 인사 철학을 참고했다고 한다. 제도적인 면에서는 구글의 OKRObjective Key Results 시스템을 도입했다. 전통 매니지먼트 기법이 톱다운 방식이라면 OKR은 목표와 결과 중심으로 전 구성원의 일을 정의하고, 분기별로 목표 설정을 수정한다. 또 자신이 함께 일하고 싶은 사람을 직접 데려올 수 있도록 한 것도 구글로부터 참고한 채용 제도이다. 함께 일하고 싶은 사람을 소개해서 합격하면 100만 원을 사례금으로 지급하는 제도 덕분에 창업 초기부터 좋은 사람을 많이 데려올 수 있었다고 한다.[10]

샌드박스의 크리에이터 파트너십은 회사에서 가장 중심이 되는 업무 영역으로서, 크리에이터와 파트너십을 맺고 그들을 성장시키며, 나아가 크리에이터가 인플루언서가 될 수 있도록 돕는 역할을 수행한다. 크리에이터 파트너십 매니저는 크리에이터와 가장 가까운 곳에서 소통하며, 크리에이터가 성장하고 발전할 수 있도록 돕는 역할을 수행한다.[11]

불확실성에 대해 조직 전체가 갖고 있는 두려움을 극복하는 것이 MCN업계의 큰 숙제다. 스타 크리에이터가 갑자기 그만둘 수도 있고, 콘텐츠를 선택하는 대중의 취향이 변할 수도 있다. 사람은 본능적으로 불확실성을 싫어하고 안전한 영역으로 가고자 하지만 스타트업의 강점은 불확실성에 용기 있게 맞서는 데서 나온다. 불확실성을 잘 통제해 나가는 과정이 필요하고 이를 통해 샌드박스만의 차별성이 나오며 지금까지 성장할 수 있었던 것이다.

창의성Creativity을 얼마나 잘 다루느냐가 샌드박스의 본질이다. 많은 사람에게 즐거움을 줄 수 있는 창의력은 아주 특별한 재능이다. 이걸 잘 발굴해 콘텐츠로 녹여내고 지속적으로 성장시키는 역량을 갖춘 회사가 되는 것이 핵심이다. 크리에이터가 안정적이고 지속적으로 좋은 콘텐츠를 만들 수 있게 돕는 것, 즉 크리에이터의 창의력을 극대화할 수 있게 만드는 샌드박스의 역할이다. 창의력을 잘 다루는 것도 능력이다. 구성원 전체가 고객 중심 사고를 해야 한다는 아마존의 철학처럼, 구성원 모두

---

10 포브스 202002호 [김익환이 만난 혁신기업가(12)] 이필성 샌드박스 네트워크 대표
11 https://www.sandbox.co.kr/careers/sandbox/199

가 크리에이터의 재능을 귀하고 소중하게 생각해야만 좋은 결과가 나온다는 것이다.

1.1 샌드박스의 강점

샌드박스의 강점은 4가지가 있다. 첫 번째로, 매니지먼트 영역이다. 크리에이터와 채널의 성장을 위한 체계적인 교육과 컨설팅을 제공하고, 크리에이터들이 콘텐츠 제작에만 집중할 수 있도록 다양한 매니지먼트 서비스를 제공하는 것이다. 두 번째로, 제작 지원이다. 크리에이터들이 마음껏 창의력을 발휘할 수 있는 콘텐츠를 제작할 수 있도록, 최고의 환경을 갖춘 제작 스튜디오와 전문 제작자들의 도움 등 전적으로 지원한다. 세 번째로, 콘텐츠의 수익화이다. 샌드박스만의 축적된 전문성과 노하우를 바탕으로 크리에이터들의 창의력 넘치는 다양한 콘텐츠를 활용하여 새로운 사업 기회를 창출한다. 네 번째로, 크리에이터의 행복이다. 크리에이터가 회사의 중심이라는 확고한 철학에 따라 크리에이터들이 즐겁게 생활할 수 있도록 다양한 이벤트와 네트워킹 기회를 제공한다.

1.2 샌드박스의 현황

샌드박스는 2016년 58억 6천만 원, 2017년 140억 4천만 원, 2018년 282억 5백만 원, 2019년 608억 1천만 원의 매출액을 기록하면서 점점 성장하고 있으며, 2019년 12월 기준으로 종업원은 215명이다. 샌드박스는 현재는 총 489명의 크리에이터들이 소속되어 있다. 2019년 1분기 기준 샌드박스 소속 크리에이터는 약 250여 팀이었고, 소속 크리에이터들의 누적 구독자는 2018년 기준 3천 5백만 명에 이르렀다. 누적 시청시간은 약 530억 분, 총 조회수는 140억 회였고, 월평균 조회수는 약 12억 회로 이는 한국에서 발생하는 전체 유튜브 월 조회수의 12~15%에 해당했다. 샌드박스의 주요 사업으로는 브랜드 광고, IP지식재산권 사업, E 스포츠팀 운영, 플랫폼을 통한 광고 수익 등이 있다.

❷ 샌드박스 경영전략

2.1 수익 창출 전략

샌드박스의 전략으로는 플랫폼을 통한 광고 수익, 브랜드 광고, IP 사업 등이 있다.

(1) 플랫폼을 통한 광고 수익

샌드박스 소속 크리에이터들은 유튜브, 아프리카TV, 트위치 등 각각의 방송이 이루어지는 1인 방송인들이 대다수이고, 각각의 플랫폼을 통해 광고 수익이 발생한다. 또한 BJ아프리카TV이든 스트리머트위치이든 모두가 유튜브 채널을 가지고 있고 이를 매니지먼트 해주는 샌드박스와 계약상의 비율로 광고 수익을 나눠 가지게 된다.

(2) 브랜드 광고

샌드박스는 소속 크리에이터 혹은 샌드박스 측에 브랜드가 광고 제휴를 하여 광고 수입을 얻는 방식으로 수익을 창출하고 있다. 현재 샌드박스를 선택한 광고주들은 구글, 넥슨, 굽네, 넷마블 등등 25개의 기업이 있다.

그림 6 샌드박스를 선택한 광고주들 – 샌드박스 홈페이지, 브랜드 광고[12]

출처: https://sandbox.co.kr/news/148

---

[12] https://sandbox.co.kr/news/148

(3) IP 사업

샌드박스는 IP 사업을 통해 수익 창출을 이뤄내고 있다. IP 사업이라는 것은 지식재산권Intellectual Property으로 발명·상표·디자인 등의 산업재산권과 문학·음악·미술 작품 등에 관한 저작권을 총칭하는 단어이다. 지식재산권은 크게 산업 분야의 산업재산권, 문화예술 분야의 저작권, 사회기술 분야의 신지식 재산권 세 가지로 분류된다.[13]

샌드박스의 IP 사업은 상품화 사업, 디지털 사업, 콘텐츠 공급 사업, 오프라인 사업으로 구분된다. 첫 번째로, 상품화 사업은 크리에이터들의 굿즈를 OEM/ODM 방식으로 자체 제작하여 온/오프라인으로 유통하는 것이다. 이렇게 제작된 제품들은 온라인으로는 샌드박스 스토어에서 판매가 이루어지고 있다. 두 번째로, 디지털 산업이다. 게임 등의 APP을 개발하거나 타제품과 콜라보레이션을 하고, 이모티콘 등 디지털 상품을 개발하여 라이센싱을 취득하여 판매하는 것이다. 세 번째로, 콘텐츠 공급 사업이 있다. 오리지널 콘텐츠를 기획, 제작 및 공급하여 케이블, IPTV, OTTOver The Top-개방된 인터넷을 통하여 방송 프로그램, 영화 등 미디어 콘텐츠를 제공하는 서비스 등 플랫폼 내 콘텐츠를 공급한다. 네 번째로, 오프라인 사업이다. 크리에이터들과 관련된 제품, 작품, 인적자원을 활용하여 뮤지컬, 콘서트 등 공연 사업을 하고, 전시회 등을 하는 것이다.

굿즈 관련 성공사례로는 인기 스토리텔러인 '총몇명' 크리에이터의 신학기 굿즈 출시가 있다. 독보적인 스토리 콘텐츠로 사랑받는 '총몇명'의

그림 7 샌드박스 IP 사업의 시초가 된 도도한 친구들의 〈샌드박스 프렌즈〉[14]

출처: https://sandboxstore.net/category/sandbox-friends/268/

---

13 네이버 포스트 샌드박스 네트워크, [샌드박스 트렌드] MCN과 크리에이터는 어떻게 돈을 벌까? IP를 통한 수익 창출, 2018.11.26, https://post.naver.com/viewer/postView.nhn?volumeNo=17179763&memberNo=44134674&vType=VERTICAL

14 샌드박스 스토어, https://sandboxstore.net/category/sandbox-friends/268/

신학기 굿즈가 OEM 방식으로 제작되어 출시되었고, 노트, 텀블러와 같은 품목의 판매량이 다른 품목에 비해 비교적 높았다. 채널 내 굿즈 홍보 후 네이버 실시간 검색어 10위를 차지하고, 10대 실시간 검색어 1위에 등극하는 등 학생들의 '총몇명'에 대한 사랑을 확인할 수 있었다. 그리고 이러한 사랑은 매출로 이어졌다.

2.2 성장 전략

사업다각화, 투자, 타 기업과의 협업

샌드박스는 크리에이터 매니지먼트, 브랜드광고, IP산업뿐만이 아니라 MCN 기업으로서 할 수 있는 사업을 다각화시키고, 사업 영역을 확장하고 있다.

2.3 사업다각화

(1) 유튜브 크리에이터를 위한 커머스 플랫폼 '머치머치' 론칭

샌드박스 네트워크는 유튜브 크리에이터들을 위한 맞춤형 커머스 플랫폼 '머치머치'를 론칭하였다. 머치머치는 Youtube 상품기능을 활용하고자 하는 크리에이터를 위해 고안된 커머스 플랫폼이다. Youtube 상품기능은 콘텐츠 크리에이터 지식재산권IP을 기반으로 제작한 상품을 콘텐츠 하단에 배너 형태로 거치할 수 있는 커머스 연계 기능이다. 크리에이터에게는 자신의 IP를 활용한 상품을 제작·판매함으로써 수익 다각화를 위한 기회가 될 수 있다. 전문 결제·배송 서비스를 활용해 국내외 어

샌드박스 머치머치[15] 그림 8

출처: https://sandbox.co.kr/news/148

---

15 샌드박스 네트워크 홈페이지-샌드박스 최신뉴스, https://sandbox.co.kr/news/148

디라도 편리하고 빠르게 주문할 수 있어 효율적이다.

　머치머치 플랫폼을 이용하면 손쉽게 상품 기획 의뢰, 전문가 컨설팅, 상품 디자인 및 제작, 판매처 세팅, 배송 관리, 고객 서비스 응대, 판매수익 정산 등 일련의 과정을 원스톱으로 제공받을 수 있다. 1인 또는 소규모 운영 채널이라도 기획, 제작, 배송 등의 부담 없이 크리에이터의 자체 IP를 활용한 커머스 사업을 시작할 수 있는 통로가 열린 것이다. 소량의 상품도 맞춤 제작이 가능하며 주문과 함께 실시간 제작되므로 재고가 쌓일 염려도 없다.

(2) '머치머치' EJN의 '트윕 마켓'과 서비스 제휴 체결

　샌드박스의 맞춤형 커머스 플랫폼 '머치머치'가 EJN의 '트윕 마켓'과 서비스 제휴를 맺었다.

　'트윕 마켓'은 국내 트위치 스트리머 90% 이상이 사용하는 오버레이 도구 '트윕'의 라이브 커머스 기능으로, '머치머치'와 '트윕 마켓'의 이번 서비스 제휴를 통해 Youtube를 기반으로 활동하는 크리에이터뿐 아니라, 트위치 스트리머들도 라이브 방송을 통해 머치머치의 커머스 지원 서비스를 이용할 수 있게 되었다. 뿐만 아니라, 스트리머들은 자신의 IP를 활용한 상품을 제작·판매함으로써 채널 가치와 팬덤을 공고히 다지는 동시에 수익 다각화를 위한 기회를 모색할 수 있으며, 기존의 라이브 커머스 서비스들과 달리 라이브 방송 중인 채널을 이탈하지 않고 손쉽게 커머스 기능을 사용할 수 있다는 점이 큰 장점이다.

그림 9 　샌드박스 제공, 머치머치와 트윕마켓[16]

출처: http://www.apparelnews.co.kr/news/news_view/?idx=188149

---

16 어패럴뉴스, "샌드박스 맞춤형 커머스 '머치머치', '트윕 마켓' 제휴", 2021.02.04, 박해영 기자
　http://www.apparelnews.co.kr/news/news_view/?idx=188149

2.4 샌드박스의 해외진출

샌드박스는 해외 사업을 본격 추진했다. 많은 해외 시장 중 첫 번째 타깃은 중국 시장이었다. 크리에이터 활동을 지원할 현지 법인을 설립하였고, Youtube 사용이 제한된 중국에선 현지 플랫폼을 공략했다.

샌드박스, 중국 최대 동영상 플랫폼 '비리비리' 진출

비리비리는 미국 나스닥에 상장되어 있을 만큼 세계적으로 영향력 있는 중국의 영상 전문 플랫폼이다. 2020년 8월, 샌드박스는 비리비리 플랫폼에 본격 진출을 선언했다. 샌드박스는 초기 6팀의 크리에이터와 함께 플랫폼에 진출해 2021년 1월에는 총 30팀 이상의 크리에이터들과 함께 채널을 운영하고 있다.

샌드박스는 첫 해외 진출인 만큼 시행착오를 최대한 줄이고 빠르게 시장에 안착하고자 ① 중국 진출을 위한 전문팀 구성, ② 복잡하고 어려운 중국 진출 프로세스의 자동화 시스템 구축, ③ 문화와 언어의 경계를 허무는 콘텐츠 현지화 작업 지원 등에 심혈을 기울였다. 샌드박스는 이와 같은 노력으로 힘입어 2021년 총 100여 팀의 크리에이터를 비리비리에 진출시키고, 나아가 중국을 포함한 본격적인 글로벌 K-콘텐츠 시장 진출에도 박차를 가하려는 계획 중에 있다.

2.5 지분 투자 및 협업

(1) 샌드박스, 인도 MCN 기업 '컨비전'에 지분 투자

'컨비전'은 인도 IT산업의 중심지인 벵갈루루Bengaluru 지역을 기반으로 Youtube 콘텐츠 제작 및 크리에이터 매니지먼트 사업을 하는 MCN 기업이다. '컨비전'은 이번 투자금을 통해 인도 현지에서의 콘텐츠 제작 및 매니지먼트 역량을 대폭 강화하고 크리에이터 영입도 공격적으로 추진해 나갈 계획이다. 성사된 샌드박스의 지분 투자는 샌드박스의 첫 해외투자다. 샌드박스는 이 투자를 해외 진출의 교두보로 삼아 향후 글로벌 사업 영역 확대를 위한 신규 사업들도 지속적으로 모색해 나갈 계획이다.

(2) 샌드박스-국민은행, 크리에이터 자산관리 서비스 MOU 체결

샌드박스는 2020년 5월 28일, KB 국민은행과 콘텐츠 크리에이터를 위한 토털 자산관리 서비스 기획 및 개발 업무협약을 맺었다. 샌드박스와 국민은행은 샌드박스 소속 크리에이터 및 임직원을 대상으로 하는 맞춤형 금융 상품과 서비스를 개발하고, 전담 PB센터와 자산관리 전담 인력, 전문 인프라를 활용한 크리에이터 맞춤형 자산관리 서비스를 제공한다.[17]

❸ 마케팅 현황 및 흐름

3.1 샌드박스 마케팅

네트워크 마케팅

브랜디드 콘텐츠 제작 메인 비즈니스 모델은 브랜디드 콘텐츠를 제작하고 플랫폼에 유통하여 수익을 창출하는 것이다. 브랜디드 콘텐츠는 플랫폼에 게시되는 영상 콘텐츠 안에 자연스럽게 브랜드 메시지를 녹여낸 광고 형태를 의미한다.[18] 브랜디드 콘텐츠의 장점은 크리에이터를 향한 시청자의 신뢰감을 광고주의 제품이나 브랜드에 쉽게 연결할 수 있다는 것이며,[19] 최근 광고업계에서 효과적인 브랜드 커뮤니케이션 채널로 주목받고 있다. 샌드박스 네트워크는 함께 광고를 제작하며, 이렇게 제작된 광고는 대체로 크리에이터의 유튜브 채널을 통해 유통된다. 이러한 노력 덕분에, 샌드박스는 브랜디드 콘텐츠 제작을 통해 여러 성공사례를 만들어냈다.[20]

---

17 네이버뉴스, "샌드박스, KB국민은행과 크리에이터 자산관리 서비스 제공 업무협약 체결", 2020.05.29, 이현수 기자, https://news.naver.com/main/read.nhn?mode=LSD&mid=sec&sid1=105&oid=030&aid=0002885253

18 한수진, 성열홍(2018), "브랜디드 콘텐츠 인게이지먼트, 소비자 공감, 브랜드 태도 간의 구조적 관계: 영상 콘텐츠를 중심으로," 상품문화디자인학연구, 54, 189-196

19 이지혜(2018), "MCN의 비즈니스 전략과 이에 따른 기회와 위협," KCA 트렌드리포트, 2018.8, 48-60

20 브랜드 광고 성공사례 | SANDBOX

3.2 대표적 브랜드 광고 성공사례

대표적인 사례가 애니메이션 더빙으로 유명한 '장삐쭈'라는 크리에이터가 제작한 동서식품의 커피음료 '콜롬비아나' 광고이다. 또 다른 성공사례는 리얼사운드 먹방 ASMR로 유명한 크리에이터인 '떵개떵'이 제작한 교촌치킨 광고이다. 국내 유튜브 이용자 수가 약 2,300만 명이라는 점을 감안하면,[21] 이용자의 약 40%와 25%가 각각 콜롬비아나와 교촌치킨의 브랜디드 콘텐츠를 시청했다고 샌드박스 측에서 밝혔다.

그림 10 장삐쭈의 콘텐츠와 떵개떵의 먹방 광고

출처: https://sandbox.co.kr/business/brand/37

3.3 매니지먼트

샌드박스는 크리에이터 중심의 MCN 모델을 추구하다 보니 자연스럽게 크리에이터 친화적인 기업문화를 갖게 되었다. 매니지먼트에 있어서 샌드박스는 크리에이터의 상상력과 창의력을 중요하게 생각하게 되었고 자연스럽게 크리에이터와 창작 활동이 회사 운영의 중심이 되는 기업 철학과 회사－크리에이터 사이의 수평적인 관계가 자리 잡게 되었다. 샌드박스는 크리에이터 파트너십 매니저 제도를 운용하고 있다. 크리에이터에게 전담 매니저가 지정되어 채널 성장과 비즈니스에 대한 커뮤니케이션을 활발히 진행한다.

교육 및 서비스에 있어서 개별 크리에이터들의 성장을 위한 모니터링과 매니저들

---

21 임현석(2017), "국내 모바일 동영상 시장 '유튜브 천하'", 동아닷컴, 2017.11.8

그림 11 샌드박스 크레에이터 스터디

출처: https://sandbox.co.kr

과의 지속적인 커뮤니케이션, 노하우에 대한 교육과 스터디 프로그램이 중요한 회사의 역량이 되었다. 샌드박스는 소속 크리에이터에게 '하이! 샌드박스크리에이터 온보딩', '어서와 광고는 처음이지? 광고 입문 교육', 유튜브 프리미엄 세션 등 분야별 전문 강사진의 교육을 무상으로 제공한다.

프로덕션에 있어서 샌드박스는 MCN이자 콘텐츠 브랜드이다. 샌드박스 전용 스튜디오와 최신 장비를 다수 보유하고 있으며, 고도화된 전문 제작팀영상 촬영/모션그래픽, 디자인팀을 내부에 갖추고 있다.

3.4 IP 사업 광고 솔루션 성공사례

크리에이터의 IP를 활용한 비즈니스에서 샌드박스는 소속 크리에이터와 협업하여 IP지적재산권 사업을 활발히 진행하고 있다. 크리에이터의 개성있는 IP를 굿즈, 이벤트로 사업화하고 있다. 디즈니 채널과 협업한 왔다tv 콘텐츠를 제작 유통하였다. 이는 샌드박스 소속 크리에이터 말이야와 친구들, 밍모, 플레르 등의 크리에이터 IP를 활용하여 왔다tv 채널의 전용 콘텐츠를 기획, 제작, 공급한 사례로 동시간대 어린이 채널에서 화제가 되는 등 좋은 성과를 거두었다.[22]

---

22 [플레르TV]-DIY 귀여운 디즈니 썸썸 지우개 쉽게 만들기~! Disney tsumtsum eraser 디즈니 왔다TV/ 밍모 왔다 TV 시즌 2 - 밍모 VS 띠미 !! 과연 그 결과는~?! - 블랙위도우 편

④ 기업성과 향상에 대한 이슈

앞에서 살펴본 바와 같이, 샌드박스의 경영성과매출액, 영업이익 등는 그리 좋지 못하다. 이러한 문제를 해소하고자 샌드박스는 플랫폼을 통한 광고 수익 이외에 브랜드 광고, IP지식재산권산업 수익을 높이고자 노력하고 있다. 브랜드 광고를 받아 소속 크리에이터와 매치시켜 수익을 높이고, IP산업을 활성시키고자 플랫폼 머치머치 론칭, '트윕마켓'과 머치머치의 서비스 제휴 체결 등의 노력을 하고 있다.

MCN의 위기

① MCN의 수익구조

상당 부분의 MCN의 시작이 유튜브의 크리에이터 채널에서 시작한바, 유튜브에 수익을 의존하는 사업구조로 되어 있다. 유튜브는 개방형 플랫폼으로서 크리에이터가 제작한 콘텐츠를 올리면 시청자들이 볼 수 있도록 해주는 역할을 한다. 유튜브는 전 세계에서 비디오 시장의 63% 점유율을 차지하는 사이트이다. 2006년 유튜브가 구글에 인수되면서 광고 수익구조가 강화되고, 시청자들이 크리에이터가 제작한 동영상 DMLD 시청 횟수가 증가하게 되면, 이에 따른 광고주로부터 지급되는 광고비를 크리에이터와 나누게 된다. 그 후 MCN이 등장하면서 콘텐츠 사업의 전반적인 지원을 제공하는 역할을 하게 된다. 이후의 수익모델은 유튜브가 광고에서의 매출을 45%를 차지하고 55%를 크리에이터에게 지불하는데, 이 55%에 대해서는 크리에이터와 MCN이 현재 7:3에서 9:1 정도의 분배로 나뉘게 된다. 그렇다면 결국 MCN이 가져갈 수 있는 수익은 상당히 적다고 보인다. 더군다나 Pre-roll프리롤 광고가 붙지 않은 영상은 분배를 받지 못하며, 한국의 경우 평균 CPM이 이보다 낮은 실정이다.[23]

---

23 김치호, MCN사업의 현황과 과제, 2016, 177p

그림 12 유튜브와 크리에이터 간의 사업구조 변화

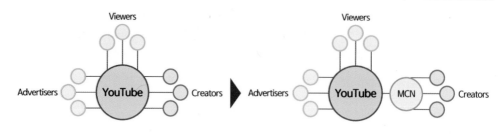

출처: 김치호, MCN사업의 현황과 과제, 2016, 177p

② MCN-크리에이터 간 갈등

트렌드 리포트에 따르면, MCN 사업을 영위하기에 가장 큰 위협으로 작용하는 요인은 인기 크리에이터와 MCN 간 갈등 문제라고 한다. 두 주체 간 갈등은 주로 MCN이 크리에이터 관리에 소홀한 나머지 발생한 경우가 많으며, 구체적으로 MCN측이 계약 내용을 위반하여 크리에이터에게 고소를 당하는 사례가 빈번히 발생하고 있다.

아래는 국내 공정거래위원회가 MCN－크리에이터 간의 불공정 계약을 막고자 시정하고자 하였던 실제 움직임을 보여준다.

[불공정 약관조항]
① 크리에이터의 콘텐츠 임의 수정·삭제 조항
② 크리에이터의 채널 브랜드 등의 임의사용 조항
③ 계약기간 자동 연장 조항
④ 최고 절차가 없거나 추상적인 사유로 계약을 해지하는 조항
⑤ 부당하게 과중한 손해배상의무를 부담시키는 조항
⑥ MCN 사업자의 귀책여부와 관계없이 크리에이터에게 모든 책임을 지운 조항
⑦ 부당한 재판관할 합의 조항

맺음말: MCN 산업의 성장을 위한 과제는...

현대사회는 4차 산업혁명을 겪으면서 영상의 정보가 넘쳐흐르는 시대로 흘러가고 있다. 영상 정보의 파도 속에서 생겨난 신생 사업인 MCN 산업은 미래 먹거리로 어떤 것을 찾느냐에 따라 기업의 존폐가 걸려있다. 2013~2014년 미국의 천문학적 투자와 M&A 사례에 힘입어 MCN 산업은 긍정적인 평가를 받아왔지만, 2018년 '디파이 미디어'의 파산, 2019년 '머시니마'의 영업 종료, '메이커 스튜디오'의 쇠락 등 미국 대형 MCN 기업들의 줄도산에 산업의 미래는 암울해졌다. 현재 국내 MCN 기업들은 2017년, 2018년, 2019년을 거쳐 오면서 매출액이 점점 상승하고 있고, 시리즈C, 시리즈D 등의 투자 유치도 하고 있지만 영업이익은 점점 큰 폭으로 적자를 기록하고 있다. 시장에서 MCN 기업에 거는 기대가 크고, 기업에서 제공하는 서비스 및 제품들의 수요는 늘어나고 있지만 기업으로 돌아오는 자금은 적다. 이러한 공급 대비 수익의 모순이 해결되지 않는 이상 국내 MCN 기업들도 미국의 기업들과 마찬가지로 난항을 겪게 될 것이다.

2021년부터 그 이후의 MCN 기업들의 가장 큰 과제는 수익구조의 개선 및 새로운 수익구조의 창출이 될 것이다. 이 문제는 새로운 수익원천을 개발하거나, 해외로 나아가거나, 수익가치가 있는 기업을 인수하는 등 여러 가지 해결방안이 있을 수 있다. 가장 중요한 점은 미래의 영상 정보의 가치는 더욱 커질 것이고 이를 다루는 것이 MCN 산업이지만, 이를 어떻게 활용하여 수익화할 것인가에 대한 방법이다. 지금은 세계가 주목하고 있는 시장이지만 이런 시장에서 수익을 창출할 수 없다면, 이러한 주목은 금방 시들어 버릴 것이다.

마지막으로 우리나라 MCN 산업은 아직 도입기이다. 인플루언서들이 인터넷방송으로 큰 영향력을 펼친 지 몇 년도 안 됐으며, 그들은 갑자기 얻은 권력으로 인해 많은 사건, 사고 등을 일으키기도 한다. MCN 소속 크리에이터들의 사건, 사고는 해당 MCN 회사에 큰 영향을 끼치게 된다. 이러한 이유로 MCN은 크리에이터에게 더 많은 교육을 해야 하고 이로 인해 앞으로 몇 년간은 더 많은 지출이 일어날 것이라고 생각한다.

회사는 앞으로도 꾸준히 운영이 되려면 더 많은 투자를 받아야 하고, 그 돈으로 더 많은 스타 크리에이터, 아직 빛을 못 본 크리에이터를 영입해 영향력을 더욱 키워야 한다. 그리고 시간이 지나면 교육비용, 외주용역비 또한 적은 상승을 보일 것이며, 그때부터는 전부 수익으로 돌아설 것으로 예상된다.

한편, 국내 MCN 기업들은 이제 '왜Why?'라는 질문을 스스로에게 던져 해답을 찾아야 한다. 앞으로 대형 연예소속사를 비롯한 대기업들도 경쟁 시장에 뛰어들게 된다면, 크리에이터들에게 '왜 다른 신규 진출 기업들보다 기존 우리 MCN의 소속이 되는 것이 좋은 것인지'를 납득시킬 수 있어야 할 것이다. 그리고 스타급 대형 크리에이터들은 최근에는 MCN과 수익 분배하기보다도 1인 기획사 형태로 영상 편집자, 재무 담당자, 채널 관리자, 마케팅 담당자를 두고 직접 채널을 운영해 나가기도 한다. 이러한 상황에서 MCN 기업들은 그들에게 혼자서 나아가는 것보다 '왜 우리 회사에 소속된다면 1인 기획사보다 좋은지'를 매력적으로 어필해야 할 것이다. 이처럼 결국 국내 MCN 기업들은 스스로 그들의 존재의 이유를 찾아내고, 이를 지속적인 강점으로 유지할 수 있어야만, 생존과 성장이 가능하다.

본 장에서 다룬 MCN 기업인 샌드박스 네트워크가 성장하기 위해서는 먼저 위에서 언급한 기본적인 MCN 산업의 한계를 극복해야 할 것이고, 이를 넘어 새로운 혁신과 비즈니스 모델로 지속가능한 부가가치를 창출해야 할 것이다. 한국의 MCN 기업들은 과연 어떻게 미래를 준비해야 할 것인가?

Assignment Question

1. 국내 MCN 기업인 샌드박스 네트워크, 다이아 TV, 트레저헌터에서, 각 기업의 차별화에 대해 알아보고, 각 기업의 장·단점도 비교해 보자. 또한, 각 기업의 경쟁우위를 바탕으로 각 기업이 어떠한 점들을 보완해야 할지 논의해 보자.

2. MCN 산업의 주요 수익창출 구조의 한계에 대해 생각해 보고, 이를 해결하는 방안은 무엇인지 고찰해 보자.

3. MCN 기업들의 주요 마케팅 전략인 브랜디드 마케팅과 인플루언서 마케팅을 비교해 보고, 장기적인 관점에서 어떤 전략을 취하는 것이 적합할지 논의해 보자.

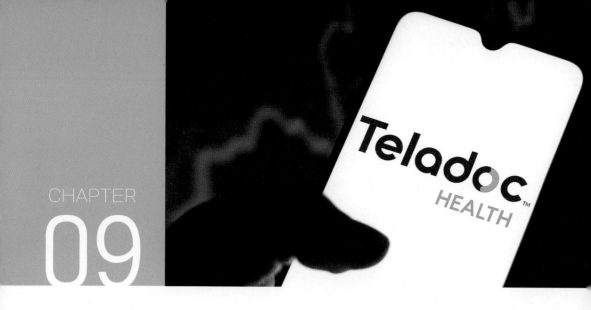

CHAPTER

09

텔라닥 헬스의 다각화 전략과 그 성과

학습목표

- 코로나19 이후, 세계의 원격의료 시장 현황에 대해 살펴보고, 한국 의료시장의 방향성에 대해 학습한다.
- 텔라닥 헬스가 성장할 수 있었던 미국 상황에 대해 알아보고, 동사가 성공할 수 있었던 차별화된 경영전략을 고찰한다.
- 텔라닥 헬스의 사업다각화 및 그 성과에 대해 학습하고, 미래 전략에 대해 예측해 본다.

텔라닥 헬스의
다각화 전략과 그 성과*

텔라닥 헬스(이하, 텍라닥)의 소개

미국 버지니아에 사는 직장인 애슐리 씨는 최근 갑자기 이석증귓속 결석으로 인한 어지럼증 증세로 심한 현기증과 구토를 겪었다. 한밤중에 응급실에 가려다 직장에서 단체 가입한 텔라닥 어플에 접속해 '응급 진료'를 신청했더니, 10분 만에 가정의학과 일반의가 연결됐다. 총 비용은 49달러약 5만 4,000원. 보험 처리 후 본인 부담은 9달러약 1만원였다. 애슐리씨는 "응급실에 갔으면 똑같은 진단 처방을 받았음에도 수천 달러를 냈을 것"이라며 "속도와 비용 면에서 획기적인 경험이었다"고 말했다. 이와 같이, 텔라닥은 원격진료 서비스를 통해 의료 서비스의 문턱을 낮추어 시간과 장소에 구애받지 않고 의료 권리를 보장하려 노력한다.

---

* 본 사례는 정진섭 교수의 지도하에, 김세연 학생의 사례를 기반으로, 이한비, 권보아, 김정연, 김민경, 정다빈, 김수빈, 강민성, 윤세민, 염청화, 뒤엔 학생이 업데이트한 것이다.

① 텔라닥 헬스란?

"의료 경험을 혁신하여, 모든 사람이 가장 건강한 삶을 살 수 있도록 지원한다."

이는 텔라닥의 기업 목표이다. NASA 소속 외과 의사인 G. Byron Brooks는 우주인 진료를 했던 경험이 있었고, 창업투자 전문가인 Michael Gorton은 인수합병, 기업의 글로벌 확장 등에 경험이 많은 창업 베테랑이다. 2002년에 이 둘은 의사와 환자를 연결하는 더 나은 방법을 찾기 위해, 텍사스 달라스에 텔라닥을 설립했다.

텔라닥은 미국에서 가장 오래된 원격진료 회사로, 웰빙 및 예방부터 급성 치료, 복잡한 의료 요구 사항에 이르기까지 개인의 건강과 관련된 가상 치료 서비스를 제공하는 기업이다. 현재 텔라닥은 기업 목표처럼 전인적 가상 진료 분야의 글로벌 리더로 인정받고 있으며, 3,100여 명의 의사 및 450개의 의료 전문 분야에 5만 5천 명의 전문가 네트워크를 보유하고 있다. 그리고 독감, 결막염, 피부질환에서부터 암에 이르기까지 급성 질환을 제외한 대부분의 질환을 커버하는 디지털 헬스케어 기업으로 유명하다.

텔라닥은 B2B 기업고객을 대상으로 하는 안정적인 월간 구독료 모델을 기반으로 수익과 규모의 경제를 확보하는 전략을 활용 중이다. 최근 보험사와의 파트너십까지 확대하며 현재 총 고객 수가 6,200만 명을 넘어섰으며, 매출은 5.5억 달러를 상회하고 이 중 정기구독료가 84%를 차지하고 있다.[1] 현재 텔라닥의 시장점유율은 70%에 육박하고 있으며, 매출액은 매년 폭발적인 상승을 하고 있다. 미국에서 가장 오래되고 규모가 큰 세계 1위 원격진료 회사인 만큼 포춘 500 기업의 40%를 포함하여 1만 2천 개의 고객사를 보유하고 있으며, 전 세계 130개국 40개 언어로 서비스하고 있다. 2020년 1월 인터치헬스사 인수와 코로나19 사태로 인한 원격의료서비스 수요 급증으로 인해 코로나 수혜주로 떠오르고 있는 등 당분간 미국 원격의료 시장의 대표적인 선두 주자의 자리를 계속 지킬 것으로 예상된다.[2]

---

1 세계 최대 원격의료 서비스 선구자 '텔라닥', 홍성호, 비즈온, 2020.07.21
2 "급속도로 성장하는 미국 원격의료시장, 한국은?", 김기태, 무역경제신문, 2020.09.10

② 텔라닥 헬스의 경영전략

텔라닥은 활발한 M&A를 통해 성장했다. 2002년 설립된 텔라닥은 원격의료와 관련이 있고 자사 기업과 시너지를 낼 수 있다고 판단하면, 주저 없이 M&A를 수행하였다. 2013년 'Consult A Doctor' 인수를 시작으로, 거의 매년 이루어지고 있다. 초기에는 그들의 기세를 확장하기 위한 수평적 인수가 중심이었다. 그러나 상장 이후에는 해외 진출과 신규 서비스 모델을 위해 전략적 확장을 감행했다. 예를 들어 2018년 'Advanced Medical'은 남미, 유럽, 아시아 진출을 위해서였고, 2019년에는 프랑스의 'MedecinDirect'를 인수하며 유럽 시장에 진출했다. 아래의 표는 텔라닥 헬스가 M&A한 주요 기업들이다. 가장 최근에는 리봉고를 인수하며 만성질환 관리까지 확대하고자 한다.

표 1 텔라닥 헬스의 주요 M&A

일자	피인수기업	딜 규모 (백만달러)	인수목적
2013년 9월	Consult a Doctor	16.6	중소기업 시장 확대
2014년 5월	AmeriDoc	17.2	중소기업 시장 확대
2015년 1월	BetterHelp	4.3 이상	정신 건강
2015년 6월	StatDoc	30.1	보험사 및 공제회 파트너십 확대
2016년 7월	HealthiesYou	145.3	중소기업 시장 확대
2017년 7월	Best Doctor	440.0	2차 소견 서비스
2018년 5월	Advance Medical	351.7	해외 사업 확대
2019년 5월	MedicinDirect	n/a	해외 사업 확대
2020년 1월	InTouch Health	600.0	의료시설 원격의료 플랫폼

자료: 언론 종합, 삼성증권

2.1 저렴하고 신속한 원격진료 제공

미국에서 원격진료 점유율이 70%에 달하는 텔라닥의 강점은 '10분'이다. 스마트폰이나 PC로 등록하면 10분이 채 되지 않아, 의사와 화상통화를 할 수 있다. 진료과목은 감기와 같은 일반 진료부터 정신과, 소아과 등으로 다양하다. 처방전은 약국으로 전송되고, 환자는 집에서 의약품을 배달받는다. 현지 외신은 "텔라닥의 진짜 혁신은 1차 진료의 효과"라고 평가한다. CNN은 "이용 환자의 80%가 첫 진료 후 약을 받고 더 이상 병원에 오지 않는다"며 "마비된 미국 의료계의 부담을 덜어주는 효과가 엄청나다"고 보도되었다.[3]

고객은 텔라닥의 웹사이트나 어플리케이션으로 자료를 신청하고, 이후 개인이 보유한 건강보험 커버리지, 성별, 사용언어를 선택해 가장 적합한 의료진을 배정받는다. 진료 후 고객은 전자건강기록을 업로드하거나 필요한 경우 전문의에게 이관할 수 있다<그림 2>.

또 원격진료 플랫폼은 비용감소 효과가 명확하다는 장점이 뚜렷하다. 실제 텔라닥 이용고객은 평균적으로 28%의 의료비용을 절감효과를 경험하고 있었다.[5]

`그림 1` 시간당 의료서비스 비용 비교[4]

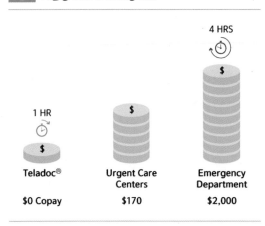

출처: TUFTS Health Plan / Member / Employer Individual or Family Plans / Getting Care /Choosing Quality Care: Immediate Care

---

3 "美원격진료 올해 28배 늘어 10억건… 병원진료 넘어선다", 성호철, 조선일보, 2020.05.19

4 TUFTS Health Plan / Member / Employer Individual or Family Plans / Getting Care /Choosing Quality Care: Immediate Care

5 "원격진료 시장 1위! 무궁무진한 '텔라닥'의 성장 가능성!", 삼성증권, 2020.07.23

그림 2 텔라닥 헬스의 진료 절차[6]

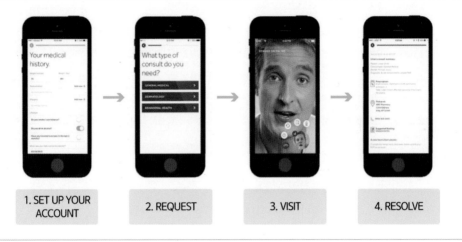

출처: TUFTS HEALTH / Members / Tools + Resources / Digital Tools: Telehealth

2.2 원격의료 서비스 범위 확대

텔라닥은 주력이었던 응급진료 서비스 외에 정신건강건당 90달러과 2차 소견 서비스건당 5,500달러 등으로 제품군을 확대해 나가고 있다. 최근에는 식사 상담과 소아 원격의료 솔루션 제품을 추가했고, 이는 월 구독료와 이용률이 증가하는 효과로 이어졌다. 특히 정신건강은 반복수요가 존재하고 ASP[7]가 높아, 가장 부각되고 있는 제품군이다. 또한 이 제품군의 대면 진료의 경우 보험 처리가 안 되는 경우가 많고, 진료 방식이 상담으로 진행되는 경우가 많아 원격의료가 활용되기 유용하다. 대면 진료의 건당 비용은 150달러 수준으로 알려져 있다.[8]

---

[6] TUFTS HEALTH / Members / Tools + Resources / Digital Tools: Telehealth
[7] American Selling Price의 약자로, 미국 판매 가격
[8] Global Industry Report, 글로벌 의료기기, 미래에셋대우, 2020.03.23

표 2 텔라닥 헬스의 서비스 브랜드

브랜드	주요내용
Advanced Medical	2018년 인수. 해외 사업확장 목적. Best Doctor처럼 2차 소견 제공. 일반적인 원격진료 서비스도 제공
Best Doctor	2차 소견 서비스. 네트워크 상 전문 의료진이 진단 및 치료 계획을 수정 또는 확정. 진단의 정확성을 높이기 위함
BetterHelp	정신건강 서비스 제공. 설문지를 통해 치료사 배정. 이후 고객은 같은 치료사에게 서비스 받음
HealthiestYou	2016년 인수. 중소기업 고객 타겟. 의료시설, 보험 연결, 의료비용 및 처방 가격 비교 등 제공
Teladoc	주요 원격의료 서비스 제공. 웹사이트, 앱, 콜센터를 통해 진료 신청. 개인 보험 커버리지를 고려한 의료진 배정

출처: 이영진(2020.5.8), Teladoc Health, 해외투자 2.0 Global Research, 삼성증권.

텔라닥 헬스는 지속적인 M&A로 사업을 꾸준히 확장하며 의료 서비스의 제공 범위를 점차 늘려가고 있다. 경증질환만 다루던 진료 범위에서 리봉고Livongo를 인수하며 만성질환까지 진료·관리할 수 있도록 진료 범위가 확대되고 있다. 원격진료의 보험 적용 범위도 확대하며 더욱 편리한 의료 서비스를 제공하고 있다. 스마트폰, PC로 등록하면 10분도 되지 않아 화상으로 진료를 받을 수 있고, 처방전은 약국으로 전송되고, 이후 집에서 의약품을 배달받는다.

표 3 텔라닥 헬스의 주요 인수기업 및 그 목적

시기	인수 기업	인수 목적
2013~14년	Consult A Doctor, AmeriDoc 인수	중소형 기업 고객 시장으로의 채널 마련
2015년	BetterHelp 인수	정신과 진료 분야로 서비스 확대
2015년	StatDoc 인수	더 많은 의사 확보
2017년	Best Doctor 인수	2차 소견 서비스의 확보
2018년	Advanced Medical 인수	남미, 유럽, 아시아 시장 진출
2019년	Medicin Direct 인수	프랑스 시장 진출
2020년	InTouch Health 인수	의료시설 대상 클라우드 기반 원격진료 플랫폼
2020년	Livongo Health 인수	만성질환 원격의료 플랫폼

출처: 이영진(2020.5.8), Teladoc Health, 해외투자 2.0 Global Research, 삼성증권.

2.3 고객층 확보

과거 텔라닥은 초기 미국 사보험 시장의 대부분을 책임지는 기업고객을 확보하는 전략을 활용하여 성장했다. 그러나 현재 미국 사보험 시장은 가입자가 정체되어 있고, 텔라닥은 이러한 이유로 인해 메디케어 어드밴티지Medicare Advantage를 이용하고 있다. 메디케어 어드밴티지는 CMS[9]가 일정 금액만 지급하는 인두제 방식[10]으로 CMS의 지급액보다 지출된 보험금이 크면 손해고, 작으면 이익을 보는 구조이다. 민간보험사에 위탁 운영되며, 최근 고령화에 따라 가입자가 늘고 있어 텔라닥은 이를 이용해 새로운 고객을 유치하기 위한 좋은 마케팅 수단으로 활용하고 있다.

또한, 텔라닥은 개인 주치의가 없는 고객을 대상으로 가상 주의치Virtual Primary Care 전략을 활용하고 있다. 밀레니엄 세대로 불리는 젊은 층은 간편하고 귀찮은 것을 싫어한다는 사실을 역逆으로 이용한 전략이다. 즉, 이를 통해 직접 주치의를 만나러 가지 않고도 건강검진이나 건강계획을 세울 수 있도록 지원하고 있다.

2.4 원격의료와 DTC 모델

원격의료시스템은 기존 의료의 일부를 대체해 의료비용의 절감, 의료자원의 효율적 사용 등 장점이 있다. 따라서 비용절감 모델인 기업은 소비자에게 직접 제품, 서비스를 제공하는 DTCDirect to Customer 모델을 기존사업에 접목하고자 한다. 텔라닥도 리테일 약국과 파트너십을 통해 DTC 서비스를 제공하고 있다. DTC 모델의 핵심은 환자가 병원까지 도달하는 동선을 단축하는 데 있다. 의사를 중간 유통상으로 취급하여 비용 감축을 위해 제거하는 방식은 결코 성공할 수 없다. 병원과 의사는 규제당국으로부터 진료 권한을 부여받은 전문가 집단이기 때문이다.

텔라닥은 CVS Health나 RITE AID와 같은 리테일 약국[11] 채널을 적극적으로 활용하고 있다. 서로의 앱에 연동되거나, 파트너기업의 준의료시설Healthhub, Rediclinic Express을 활용하는 것이다. 이러한 파트너십은 정기 구독료가 없는 순수 수수료 기반의 서비

---

9 cash management service: 기업의 금융거래를 처리해 주는 서비스
10 의료의 종류나 질에 관계없이 의사가 담당하는 환자 수에 따라 진료비를 지급하는 제도
11 소매약국으로, 생산자나 도매상에서 사들여 직접 소비자에게 의약품을 파는 상점: 농업용어사전

스다. 미국의 국토는 우리나라보다 훨씬 넓어 리테일 약국을 활용하는 전략은 의료접근성을 높이는 효과가 있다. 또한, 리테일 약국을 활용하면 집에서 실행하기 어려운 혈액 검사나 만성질환 관리 등이 가능해지고, 온라인과 오프라인을 연계한 건강관리 서비스 제공이 가능해진다. 이외에 텔라닥은 최근 In Touch라는 병원용 클라우드 플랫폼 기업을 인수하여 병원 간 원격의료 시장까지 판매 채널을 확대하고 있다.[12]

2.5 원격진료 플랫폼을 통한 적극적 해외 진출

텔라닥은 2017년 해외 진출을 확대하면서 그해 8%였던 해외매출 비중을 2019년 20%까지 상승시켰다.[13] 유럽과 캐나다 시장은 같은 해인 2017년부터 진출하기 시작했고, 2018년 스페인의 Advance Medical을 인수하고, 2019년 프랑스의 MedicinDirect를 인수하며 유럽 거점을 확보했다. 기존 텔라닥은 핵심 분야인 일반적인 원격진료, 정신건강 관리서비스 등의 주요 서비스를 전 세계적으로 제공하고 있다.

그림 3 텔라닥의 글로벌 서비스 현황[14]

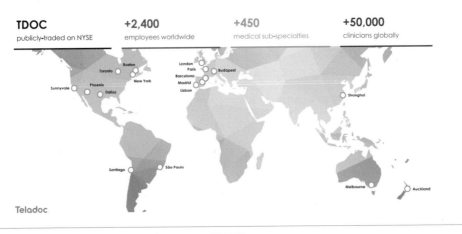

출처: Teladoc: A Bullish Diagnosis, Nikolas Kropp, seekingalpha, 2020.01.11

---

12 글로벌 의료기기, 미래에셋대우, 2020.03.23
13 세계 최대 원격의료 서비스 선구자 '텔라닥', 홍성호, 비즈온, 2020.07.21
14 Teladoc: A Bullish Diagnosis, Nikolas Kropp, seekingalpha, 2020.01.11

자회사 Advance Medical 에서는 만성질환 관리, 복약 관리, 임상 위험평가 서비스 등을 유럽에 추가로 제공하고 있다.

이렇게 확보한 텔라닥의 유럽 30개국 사보험 시장의 규모는 1.55억 명 규모로 추정 된다.[16]

텔라닥의 자회사 Advance medical의 서비스 포트폴리오[15] 그림 4

출처: Teladoc Acquires Global Virtual Care Provider Advance Medical for $352M in Cash and Stock, Fred Pennic, hitconsultant, 2018.06.04

❸ 텔라닥 헬스의 수익구조[17]

3.1 플랫폼 제공 모델

이는 원격진료를 실시할 수 있는 플랫폼만 제공하는 모델로, 주로 의료진과 대상 환자를 갖추고 있는 의료 공급자들이 계약한다. 병원들은 쉽게 사용할 수 있는 모바일 앱, 독자적으로 보유한 원격진료 가이드라인, 환자 대기 관리, 원격처방, 기타 기능증상, 진단, 청구의 자동 완성 기능 등의 장점으로 인해 텔라닥의 플랫폼을 많이 사용한다.

3.2 진료 중계 모델

(1) D2C 방식의 진료 무제한

텔라닥은 소비자 대상의 D2C 비즈니스 모델도 진행하고 있다. 이는 일반 진료와는 다르게 Behavioral health를 대상으로 한다. Behavioral health란 정신 상담 정도

---

15 Teladoc Acquires Global Virtual Care Provider Advance Medical for $352M in Cash and Stock, Fred Pennic, hitconsultant, 2018.06.04

16 "세계 1위 원격의료 업체: 텔라닥 헬스", 미래에셋대우, 2019.09.25

17 Healthcare Business

로 볼 수 있으며 스트레스, 불안, 직장 혹은 가족에서의 문제 등에 대해 상담해 주는 것이다. 상담이 필요한 개인이 직접 가입하는 방식으로 개인이 매달 일정한 금액을 내고 무제한 상담을 받는 구조이다. 금액을 살펴보면, 초기에는 $140였고, 후에 $280으로 인상했다. 경쟁 서비스 중 Behavioral health 원격진료 서비스를 건당 $69 정도에 제공하는 것으로 판단할 때, 한 달에 4번 이상 진료 받는 사람들을 대상으로 한다고 볼 수 있다.

텔라닥이 제공하는 서비스는 기본적으로 원격진료, 그 가운데 주로 화상통화를 통한 실시간 진료이다. 그러나 D2C behavioral health는 예외적으로 텍스트 기반 위주로 이루어진다. 바로 다음에 언급할 다른 비즈니스 모델인, B2B behavioral health는 이와 달리 동기화된 진료 위주로 이루어진다. D2C behavioral health가 월정액 무제한 진료를 제공한다는 점을 감안하면, 이렇게 텍스트 기반 진료를 제공함으로써, 인건비를 절감할 수 있다.

(2) B2B 방식

① 진료 무제한 방식: visit-included PMPM (월 구독료)

텔라닥은 HealthiestYou, BestDoctors 등 여러 회사를 인수했는데, 이 회사들은 대부분 순수 구독료 모델로 구독료만 내면 진료를 무제한으로 받을 수 있는 뷔페식 모델을 가지고 있다. 이를 'visit – included' 혹은 'all you can eat'이라고 부른다. 주로 중소기업 고객 및 해외 고객이 여기에 해당하는 경우가 많은데, 이와 같은 많은 고객사들이 진료 무제한 방식을 택하는 이유는 지출액에 대한 예측이 용이하며 정해진 액수만 내고 추가 지출이 없다는 장점이 있기 때문이다.

이 모델을 적용하는 또 다른 경우는 바로 해외 고객사들이다. 주요 대상 국가는 캐나다, 영국, 호주, 뉴질랜드, 네덜란드이며, 주요 고객은 대형 금융기관, 보험사로, 해당 기관들이 개인 고객들에게 일종의 '서비스'로 제공하기 위해 사용하고 있다. 이는 텔라닥에 인수된 BestDoctors의 주요 서비스이며, BestDoctors의 기존 고객사에 서비스를 계속 제공하는 것이다.

② 진료비 추가 부담 방식: PMPM (월 구독료) + visit fee

이는 최초의 텔라닥 사업모델로, 회사 고용주가 원격진료를 받는 직원 1인당 월 구독료를 정기적으로 내고 실제 진료를 받을 때마다 추가로 진료비를 지급하는 방식이다. 이때, 진료비는 고용주가 부담하기도 하고 직원이 부담하기도 한다. 2015년 상장 후 지금까지 텔라닥 매출의 80~84%가 꾸준히 구독료에서 나오고 있을 만큼, 주요 수익모델로 생각할 수 있다.

이렇게 구독료 모델을 택한 이유는 다음과 같다. 전술한 바와 같이, 미국에서 원격진료는 대면 진료에 대한 값싼 대체재라고 할 수 있다. 가입자들이 원격진료 서비스를 더 많이 이용해야 고용주나 보험회사의 의료비를 절감할 수 있다. 따라서 텔라닥은 가입자들이 원격진료를 더 많이 사용하도록 각종 마케팅 캠페인을 하려면 돈이 투입되기 때문에 구독료를 받아야 한다고 주장한다. 텔라닥에 따르면 구독료가 없어 저렴한 다른 회사로 옮겼다가 정작 원격진료를 이용하는 건수가 많지 않아서 다시 마케팅을 활발히 하는 텔라닥으로 돌아오는 고객사들이 상당수 있다고 한다.

구독료를 살펴보면, 2015년 상장 이후 2016년 상반기까지 월 구독료는 $0.47~0.48 정도였다. 당시 텔라닥은 진료비보다 구독료 비중이 훨씬 높은 구조를 유지하기 힘들다고 보았고 '구독료:진료비' 비율을 '60:40' 정도로 맞추어갈 예정이라고 언급했다. 하지만, 여전히 구독료 비중은 80%를 넘기고 있고, 월 구독료 자체는 2019년에 1달러를 넘기기도 했으며, 최근 실적인 2020년 1분기 기준으로 $0.87이다.

③ 순수 진료비 모델: visit-fee only

위의 모델과 달리, 구독료 없이 순수하게 진료비 $150만 내는 모델이다. 보험사인 Aetna, 미군 건강보험인 TRICARE 및 연방 공무원 의료보험인 FEP가 여기에 해당된다. 미국의 의약, 화장품, 잡화의 소매점 운영회사인 CVS도 자사 앱을 통해 개인 고객들에게 텔라닥의 원격진료 서비스를 제공하고 있다. 연방 공무원 건강보험의 경우에는 건당 $45를 받는다. 보험사인 Aetna는 보험사가 위험 부담을 지는 fully-insured 고객이 주를 이룬다. 이들에 대해서는 원격진료로 인한 의료비 절감액의 일부를 텔라닥에 지불한다. 이를 'shared saving' 모델이라고 부르고, 의료비 절감액은 텔라닥이 받아가는 진료 건당 진료비 + shared saving 금액인 $150이다.

또한, AARP미국 은퇴자 협회와도 순수 진료비 모델 계약을 맺었다. 이 계약은 다른 원격 진료와는 다른 진료 모델로, 일반적인 진료는 의사—환자 간의 상호작용에 바탕을 두는 반면, AARP와 계약한 진료 모델은 여기에 보호자가 추가된다.

그림 5 텔라닥의 사업구조와 수익모델[18]

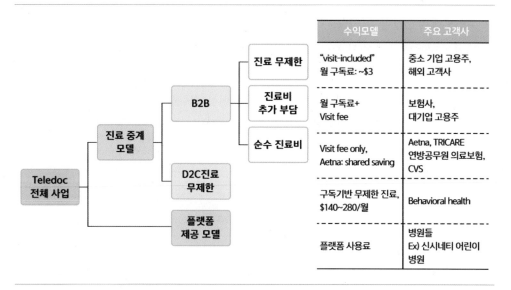

	수익모델	주요 고객사
진료 무제한	"visit-included" 월 구독료: ~$3	중소 기업 고용주, 해외 고객사
진료비 추가 부담	월 구독료+ Visit fee	보험사, 대기업 고용주
순수 진료비	Visit fee only, Aetna: shared saving	Aetna, TRICARE 연방공무원 의료보험, CVS
	구독기반 무제한 진료, $140~280/월	Behavioral health
	플랫폼 사용료	병원들 Ex) 신시네티 어린이 병원

출처: Healthcare Business / Digital Health / 원격진료 회사 Teladoc의 사업 구조 분석

텔라닥 헬스의 사업다각화 및 그 성과

❶ 텔라닥의 리봉고 헬스 인수

텔라닥처럼 코로나19로 가장 주목받은 또 하나의 기업인 리봉고 헬스는 텔라닥의 10번째 M&A 대상이었다. 정확한 주 사업은 당뇨병·고혈압 같은 만성질환을 관리

---

[18] Healthcare Business / Digital Health / 원격진료 회사 Teladoc의 사업 구조 분석

하기 위해 데이터를 측정할 수 있는 혈당계 등의 진료기기 제공 및 데이터의 모니터링, 인공지능을 통한 데이터의 분석, 환자들의 행동을 교정하기 위한 휴먼코칭 등을 제공하는 것이다. 2019년 8월, 텔라닥이 경쟁사 리봉고를 185억 달러한화 약 20조 5,683억 원에 인수하면서 사상 최대의 종합 원격의료 기업이 탄생했다.

이 M&A의 중요한 의의는 원격진료와 만성질환 관리라는 비슷한 듯 실제로는 다른 영역의 회사가 합쳐지면서, 기존에는 없던 새로운 가치 제안이 가능해졌다는 점이다. 기존 텔라닥의 서비스 범위에는 만성질환 관리가 빠져있었다. 이 부분이 리봉고 인수를 통해 상당 부분 채워질 것으로 기대된다. 기존에는 당뇨 환자를 텔라닥이 진료한다고 해도, 진료 이후의 관리에 대한 정확한 세부적 솔루션이 없었기 때문에 환자가 텔라닥 플랫폼을 이탈하는 경우가 다반사였다. 하지만 이제는 이 부분을 리봉고가 관리하면서, 만성질환 환자는 텔라닥 플랫폼 내에 머물 수 있게 되었다.

반대로 리봉고의 입장에서도 기존에 서비스하지 못했던 영역을 텔라닥과의 합병으로 채울 수 있게 되었다. 리봉고는 만성질환 환자의 데이터 측정 및 분석, 원격 코칭 등을 통해 지속적으로 관리하는 것에는 특화되어 있었지만, 반대로 고객들이 의사와 만날 수 있는 접점은 제한되어있다는 점에서 한계가 있었다. 소비자들의 입장에서도 기존에는 따로 서비스를 받던 원격진료와 만성질환 관리를 이제는 하나의 통합된 플랫폼에서 받아볼 수 있게 되면서 편리성이 더욱 증가했다.[20]

또한 합병된 회사의 2020년 예상수익은 약 13억 달러로 추정되며, 이는 2019년 대비 약 85%의 성장한 수준이다. 합병된 회사의 고객은 7천만 명 이상으로 2025년까지 약 5억 달러의 매출 시너지가 있을 것으로 예상된다.[21]

텔라닥 헬스와 리봉고의 인수합병[19] 그림 6

출처: 텔라닥 헬스

---

19 텔라닥 헬스
20 "텔라닥-리봉고의 합병: 사상 최대의 종합 원격의료회사의 탄생", 최윤섭, 2020.08.20
21 '원격의료' 텔라닥, 리봉고 185억弗 인수…"올 최대 경신" 서윤석, 바이오스펙테이터, 2020.08.06

② NLA, 텔라닥과 함께 임상 서비스 제공

가장 큰 노동조합 연합인 NLANational Labor Alliance of Health Care Coalitions와 텔라닥이 독점 관계를 확장하여 광범위한 임상 서비스를 제공한다. 텔라닥의 일반 의료, 피부과 및 정신건강 서비스는 외과 의사 결정 지원을 포함한 추가 전문 의료서비스와 함께 NLAHCC 연합, 회원 기금 및 50개 주 전체의 600만 회원에 대한 독점적 파트너십의 일환으로 제공된다. 이를 통해 비용을 절감하고 접근성을 높이며 치료의 품질 개선을 기대할 수 있다.[22]

③ B2B2C 마케팅 전략

텔라닥은 B2C가 아닌 B2B2C 마케팅 전략에 집중하고 있다. 이 모델은 의료진이 일반 이용자와 소비자들에게 원격진료를 직접 제공하는 형태가 아닌, 기업 단위로 계약을 맺고 해당 기업 직원이 텔라닥의 원격의료 서비스를 이용하는 방식이다. 기업의 구독료는 1인당 150불 내외, 진료 시 개인의 진료비는 1회당 40불 내외이다. 보통 일반적으로 경쟁사들이 환자와 직접 계약하는 사업모델을 채택하는 경우가 많지만 텔라닥은 기업이나 기관을 주로 상대한다.[23] 즉 텔라닥과 개인 고객 사이에 일반 기업이 중개자 역할을 하는 B2B2C 모델을 보유하고 있는 것이다.

텔라닥의 B2B2C 모델은 고객의 대량 확보로 안정적 매출 유지가 가능하다. 2015년 이후 현재까지도 멤버십 형태의 구독 매출액 비중이 80%에 육박하며, 반복적으로 발생하는 구독 매출액은 텔라닥의 매출액에 대한 안정성을 높이는 역할을 더해주고 있다. 또한, 한 번 구독을 하면, 점차 확대되는 의료서비스를 경험할 수 있다는 점도 큰 장점이다. 미국 내 멤버십 가입 고객이 4천 3백만 명에 달한다는 것을 바탕으로 구독료 없이 진료당 비용을 지불한 비회원 고객까지 고려한다면, 현재 미국 인구의 20%가 텔라닥의 원격진료 플랫폼을 활용하고 있다는 것을 알 수 있다. 이러한 특

---

[22] National Labor Alliance, Teladoc Health와 독점 관계를 확장하여 광범위한 임상 서비스 제공", 텔라닥, 2020.10.22
[23] "원격의료 시장의 리더 텔라닥", 김평희, 2020.11.01

성으로 텔라닥은 2019년 말 기준, 1만 2,000개 이상의 법인 고객과 보험사를 확보해 2020년 회원 수는 5,600만 명에 달하고 있다.[24]

2021년 B2B 채널 피부과 및 정신질환 부문특수진료의 성장과 단순 원격진료를 넘어 Primary Care 전반을 서비스하는 Primary 360도 확장세로, 감염질환 진료가 17% 감소했다는 점도 긍정적이다. 이뿐만 아니라 Flywheel 효과[25]에 의한 활용률도 증가하고 있고, 기업고객 내 6,500만 명 멤버십 추가도 기대하고 있다. 또한, 만성질환 원격의료 서비스 기반 해외 지역 확장이라는 목표도 보유하고 있다.[26]

❹ 코로나19 상황 속 원격의료 시장 선점

코로나19로 인한 원격의료 관심도 상승은 구글 트렌드로 알아볼 수 있다. Telehealth와 Telemedicine 검색어 트렌드는 최근 들어 급증했다. 이는 원격의료 기업 대부분에게 큰 사업적 기회로 작용하고 있다. 텔라닥은 작년 3월 중순, 일간 진료 횟수 15,000회 달성전주 대비 50% 증가 및 주간 진료 횟수 10만회 달성을 발표했고, 작년 4월 중순 일간 진료 횟수는 20,000회 이상으로 추가 상승했다<그림 7>.

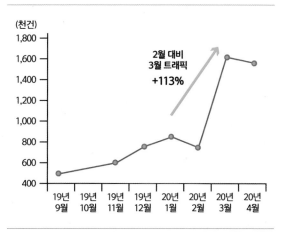

3월 이후 텔라닥 헬스 웹사이트 트래픽 폭발적 증가[27] 그림 7

출처: Teladoc Health(TDOC US) LA에서 온 환자, 뉴욕에서 온 의사, 이영진, 삼성증권, 2020.05.08.

---

[24] "美 최대 원격의료 텔라닥, 지난 1년간 주가 97% 급증", 나지영, 바이오타임즈, 2020.04.08

[25] 아마존의 창업자 제프 베조스가 제시한 저비용 구조를 주요 동력으로 한 경영전략. 즉, 기업의 성장을 일련의 순환 과정으로 인식해, 개선된 고객 경험과 고객 증가가 트래픽·판매자·상품군을 늘리는 선순환을 만든다는 의미.

[26] "텔라닥 헬스 - 팬데믹 이후의 원격의료", 이영진, 삼성증권, 2021.2.25

[27] Teladoc Health(TDOC US) LA에서 온 환자, 뉴욕에서 온 의사, 이영진, 삼성증권, 2020.05.08

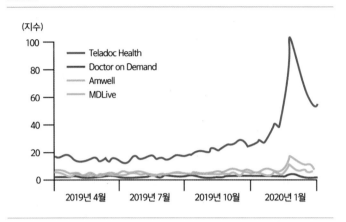

그림 8 구글 트렌드: 주요 원격의료 기업[28]

출처: Teladoc Health(TDOC US) LA에서 온 환자, 뉴욕에서 온 의사, 이영진, 삼성증권, 2020.05.08.

그러나 모든 기업에게 관심 증가가 반가운 것은 아니다. Amwell을 비롯한 일부 원격의료 플랫폼은 서버 오류, 진료 대기시간 증가 등의 문제를 경험했다. 반면 텔라닥은 경쟁기업 대비 선제적으로 확충한 의료진 네트워크2019년 8월 Peak 진료량의 10배 처리 가능 수준으로 확대를 기반으로 큰 무리 없이 서비스를 제공했다. 결국 코로나19로 인한 기회는 텔라닥이 선점했고, 이는 주요 원격의료 기업 구글 트렌드 추이에서 다른 기업 대비 유의미한 상승세를 보여줬다는 것에서 확인할 수 있다<그림 8>.

텔라닥 헬스의 미래

① 원격의료 시장의 성장성

2020년 3월, 미국 트럼프 대통령은 연설 중 텔라닥의 이름을 직접 언급하며, "텔라닥이 원격의료에서 보여준 성과는 믿을 수 없을 정도이다"라고 감탄했다.[29] 실제로 텔라닥의 2020년 1분기 이용자는 204만 명에 달했다. 이는 2019년 이용자106만 명

---

28 Teladoc Health(TDOC US) LA에서 온 환자, 뉴욕에서 온 의사, 이영진, 삼성증권, 2020.05.08

29 "비대면 사회로 전환…주목받는 원격의료·홈케어株", 권효중, 이데일리, 2020.04.08

의 약 2배로 늘어난 것이다.[30] 그만큼 텔라닥이 급속도로 성장하고 있다는 것을 보여주는 수치이다. 이렇게 미국을 포함하여, 현재 전 세계의 원격의료 시장은 크게 성장하고 있다. 아직 원격의료 시장은 그 역사가 길지 않고 진출기업들의 경쟁이 뚜렷하게 두드러지지 않아 블루오션 시장이라고 볼 수 있지만, 앞으로 수많은 원격의료기업들이 원격의료시장에 새롭게 진입해 올 것이다. 더욱이 현재 많은 원격의료 기업들이 비상장 형태이기에 인수를 통한 대형기업 시장 진입 가능성도 무시할 수 없다. 따라서 텔라닥은 블루오션에 지나치게 몰입되기보다 업그레이드 전략에 집중해야 한다. 추가적으로 도입할 필요성이 있는 플랫폼 요소를 적절한 M&A 전략을 통해 얻으며, 다양한 방법으로 기업가치를 높이고, 지나치게 불필요한 요소는 제거하면서 지속적으로 발전해 나간다면, 텔라닥은 탁월한 글로벌 원격의료 기업으로 성장할 수 있을 것이다.

② 리스크 요인[31]

2.1 코로나19로 인한 성장의 일회성 및 빅테크의 시장 참여 가능성

팬데믹 국면에서 원격의료는 인지도나 활용도 측면에서 한 단계 성장했는데, 이는 코로나19 이전과 비교 시 절대적 사용 수준이 상승한 것으로 볼 수 있다. 다만 증가한 주요 메트릭멤버십, 고객 등 추이는 향후 안정화될 가능성이 높다. 또한 진료 횟수는 통상적으로 1분기 대비 2분기와 3분기 감소하는 계절적 트렌드를 보이고 있다. 코로나19가 진정된 이후 정부나 건강보험 기업 정책의 원복 가능성은 작지만, 대다수의 환자들은 다시금 대면 진료를 찾을 가능성이 존재한다. 따라서 텔라닥은 코로나19 이후의 상황 속에서도 사람들이 원격의료를 이용할 수 있게 질 높은 서비스를 제공하는 등 환자들의 관심을 지속적으로 유지하려 노력해야 한다.

구글, 애플, 아마존과 같은 빅테크 기업이 헬스케어 사업 진출을 확정했다. 추후 원격진료 분야로 확장될 가능성이 높다. 원격의료는 결국 플랫폼 경쟁으로서, 플랫

---

30 "美, 대면진료와 동일 수가 적용… 日, 원격 로봇수술도 가능", 김호경, 동아, 2020.05.02
31 『Teladoc Health(TDOC US) LA에서 온 환자, 뉴욕에서 온 의사』, 이영진, 삼성증권, 2020.05.08

폼을 먼저 선점한 기업이 독식하는 사업이다. 자체 거대 플랫폼을 가지고 있는 구글, 아마존, 애플의 진출 시 그들이 유리한 포지션임은 확실하다. 구글의 경우, 암웰과의 파트너십을 통해 1억 달러를 투자한 가운데 그들만의 헬스케어 서비스를 구축할 전 망이다. 아마존 또한 미국 전 지역의 직원들에게 아마존 케어를 제공하며 데이터를 수집하고 있고 아마존 약국 다음으로 원격의료 분야에 많은 투자를 하고 있다. 아 마존 케어에서 주목할 점은 "의료서비스 배달"로의 확장이다. 기존 워싱턴 주 직원 들에게 제공했던 아마존 케어 서비스는 메시징, 온라인 진료예약, 처방전 배달 정 도였으나, 의료진 방문 서비스 배달로 확대될 가능성은 매우 높다. 현재까지 미국 내 최소 28개 주 규제기관에 운영 허가를 신청한 상태이기 때문이다. 아마존이 당 장 집중하고 있는 사업은 약국 서비스 분야로 당장 원격진료 사업에 영향을 줄 가 능성은 낮지만 향후 경영전략에서 매우 참고해야 할 부분임은 명확하다. 따라서 텔 라닥은 대형기업들과는 차별화된 자사만의 경쟁력을 높일 수 있는 전략을 구축할 필요가 있다.[32]

2.2 원격의료 안정성 검증 문제

안전성은 의학적 안전성과 기술적 안전성으로 나눌 수 있다. 의학적 안전성 문제 는 원격의료라는 수단을 이용하여 의료 행위를 하였을 때 발생할 수 있는 오진 및 의 료사고의 발생 위험성에 대한 것이다. 원격의료 상황에서는 의료인이 아닌 환자가 측정한 건강 및 의료정보를 신뢰하고, 5가지 진단방법과 기타 각종 과학적 방법(의료기 기)을 이용하지 못한다. 또한 시진[33]과 불안정한 청진만을 이용하여 환자의 상태를 확 인하고, 의료 행위를 해야 한다. 그리고 정보통신기술에 의존하여 환자와 의사가 의 사소통해야 한다.

만약 환자가 측정한 건강 및 의료정보가 부정확할 경우나 시진과 청진만으로 환 자의 상태를 정확하게 진단하기 어려울 경우, 또한 환자와 의사 사이에 의사소통이

---

32 "[텔라닥 헬스, TDOC] 아마존 VS 텔라닥 원격의료 그 승자는?", https://tylerj1234.tistory.com/m/7
33 의사가 육안으로 관찰하여 환자의 상태를 조사하는 것

제대로 이루어지지 않을 경우, 오진과 의료사고가 발생할 수 있어 환자의 건강에 대한 안전성을 담보할 수 없다. 원격의료를 현재 시행하고 있는 국가들에서도 원격의료의 의학적 안전성을 검증한 연구결과들은 발표되지 않았다.[34] 따라서 텔라닥은 안정성을 검증할 수 있는 방안을 모색함으로써, 아직까지 원격의료에 대해 거부감을 가지고 있는 환자들을 유입시키려 노력해야 한다.

2.3 의료 데이터의 보안강화

인터넷이 광범위하게 보급되고, IT 기술의 발전과 4차 산업혁명으로 정형·비정형 빅데이터 구축이 확대되고 있다. 이렇듯 여러 방면에서 발생하고 있는 발전들의 부작용으로 인해 의료 빅데이터는 보안의 중요성이 특히 높은 영역으로 평가되고 있다. 유전자, 의료, 질병 등의 개인정보는 유출될 시 범죄 및 특정 개인의 이익을 위해 악용될 수 있는 등 사례가 발생할 확률이 있어, 그 충격이 더욱 클 수 있다. 또한 관련 기업 및 의료 기관에게도 치명적일 수 있고, 그 방식은 점점 고도화되고 있다. 이뿐만 아니라 의료 빅데이터 구축 및 활용 과정이 여러 기관과의 협업을 기초로 하고 있어, 만약 의료 데이터가 유출된다면 의료시장의 교란으로까지 이어지는 심각한 상황이 초래될 수 있다.[35]

따라서 의료업계들은 상당한 수준의 사이버 보안 역량을 갖출 필요가 있다. 그리고 네트워크 보안, 클라우드 보안, 상호 연결된 협업구조 전반의 데이터 보안 등을 위한 사이버 보안 시스템이 선결될 필요도 있다.[36] 이러한 의료 데이터 보안 문제는 한 기업만의 문제가 아닌 전 세계의 문제로 바라볼 수 있으며, 시스템이 발전함에 따라 악용하려는 세력들의 시스템도 함께 발전할 것이다. 따라서 전 세계의 기관들이 협업을 통해 단기적인 대책이 아닌 장기적인 대책으로의 발전 방향을 모색하는 것이 중요하다.

---

[34] "[규제동향 이슈 분석] 원격의료와 관련된 규제 이슈", 김진숙, 국무조정실 규제혁신, 2020.08.12
[35] "코로나19 팬데믹 시대, 원격진료가 시기상조이면서 불가한 이유", 정재현, MEDIGATE NEWS, 2020.05.05
[36] 『스마트 헬스케어의 현재와 미래』, 이슈모니터 제79호, 삼정KPMG 경제연구원, 2018.01

2.4 의료 데이터의 보안강화 방안

현재까지의 의료데이터는 의료 기관 중심의 중앙집중형 관리 체계로 교류 및 활용에 있어 제약과 해킹 위험이 높았다. 그러나 블록체인 기술을 활용하여 특정 기관의 중앙서버가 아닌 P2P 네트워크로 분산시켜 공동으로 자료를 기록한다면 해킹이어려워진다. 지금은 환자 정보가 병원 중앙서버에 모여있지만 블록체인 기술이 활성화되면 환자 정보는 환자 핸드폰에 저장될 것이다. 또한 한 번 작성되면 수정이 불가능한 블록체인의 투명성도 헬스케어 산업에 도움을 줄 것으로 기대된다.[37]

그림 9 보건의료 블록체인 기술 시장의 연간 성장률(CAGR = 61.4%)

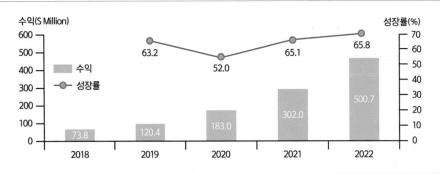

출처: 나지영(2020.6.12.), 블록체인, 의료 산업에서도 핵심 기술로 주목받아, 바이오타임즈
(http://www.biotimes.co.kr/news/articleView.html?idxno=3639)

한편, 의료 부문에 적용하기에는 아직 해결되지 않은 문제들이 있다. 가장 큰 문제는 의료정보 공유와 활용에 대한 사회적 합의가 부족하다는 점이다. 이는 그동안의 개인 의료정보를 보호하기 위해 유지했던 규제나 제도를 대폭 수정해야 하는 문제이므로, 단계적인 적용, 확산의 과정이 필요하다. 아직 보안 문제에 적용하지는 못한 상황이며, 현재는 기업에 도입되는 블록체인 시스템을 활용하여 정보관리, 의료비 청구 및 약물 공급 관리 등을 수월하게 처리하고 있다. 이를 통해 초기 블록체인시스템을 도입하여 성공한 일부 사례를 기반으로 판단해 보면, 보건의료 부문의 블

---

37 BIOTIMES, "블록체인, 의료 산업에서도 핵심 기술로 주목받아", 나지영 기자, 2020.06.12
http://www.biotimes.co.kr/news/articleView.html?idxno=3639

록체인 시장은 연평균 61.4%씩 성장할 것으로 전망된다. 예를 들어, 글로벌 제약사인 길리어드는 메디데이터의 임상 정보 분석 시스템을 활용하여 신약개발에 소요되는 임상 기간을 평균 6~7년 단축하였다.

2.5 의약품 시장 인수

종합 원격의료회사를 지향하는 텔라닥의 향후 유력한 M&A 대상은 의약품 배송업체이다. 현재 텔라닥 모델에는 환자에게 약을 어떻게 배달할 것인지에 대한 부분이 빠져있다. 원격진료 이후 의료진이 처방전을 보내주지만, 약국에서 약의 수령 및 배송까지는 텔라닥이 커버하지 못하고 있다.[39] 그리고 현재 미국에서는 코로나19로 인해 환자들이 직접 약국을 방문하는 것을 꺼리고 있다. 이러한 상황으로 인해 자연스럽게 의약품 배송에 대한 수요도 폭증하고 있어 특히 원격진료에서 발행된 처방전이 의약품 배송서비스로 연계되고 있다. 뉴욕 기반의 의약품 배송 스타트업 기업인 '캡슐'은 2시간 내 의약품 배송으로 유명하다. 이를 이용하는 환자는 약 수령 후, 어플리케이션을 통해 약사에게 복약지도를 받을 수 있다.

코로나19로 인해 미국의 환자들이 직접 약국을 방문하는 꺼리는 상황이 증가하자 이에 따라 드론을 이용한 의약품 배송서비스가 활기를 띠고 있다. 2019년 10월, 미국 연방 항공청FAA은 물류 회사인 UPS의 드론을 상업용 배

캡슐의 주요 제공서비스[38] 그림 10

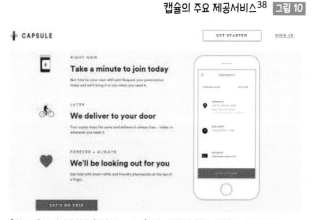

출처: 뉴욕시 디지털 약국 '캡슐(Capsule)' 오픈, 방현정, 한국 의약통신, 2016.05.20.

---

38 뉴욕시 디지털 약국 '캡슐(Capsule)' 오픈, 방현정, 한국 의약통신, 2016.05.20

39 텔라닥은 의약품 시장을 인수하여 텔라닥을 이용하는 모든 고객들에게 처방받은 약을 집까지 배송하는 것을 목표로 하고 있다. 텔라닥이 인수한 '캡슐'은 스타트업으로 배달가능한 의약품과 배달 가능 지역이 아직은 '캡슐' 기업이 소재해 있는 도시를 중심으로만 시행되고 있다.

송에 활용할 수 있는 표준인증을 허가했는데, 이 덕분에 UPS의 드론은 약 25kg 이상의 소화물을 장거리 배송할 수 있게 되었다. 현재 UPS가 운용 중인 배송용 드론은 1,500대 이상으로 프롤리다주와 노스캐롤라이나주에서 처방 약 드론 배송서비스를 하고 있다.[40] 또한 2019년 아마존이 인수한 의약품 배송 스타트업인 '필팩' 역시 주목받고 있다.[41] 따라서 텔라닥 역시 이러한 의약품 배송 회사를 인수하거나 의약품 배송업체들과 손을 잡아 원격진료부터 의약품 배송까지 이어지는 모델을 만든다면, 기존보다 훨씬 넓은 범위의 의료서비스를 제공하는 것이 가능해질 것이다.

맺음말

1 한국 원격의료 시장의 시사점

2020년 1월부터 유행한 코로나19로 인해 사람들의 '당연했던 일상'은 산산조각이 났고, 병원에 가서 의사를 만나 진료를 받는다는 '당연함'도 무너졌다. 이러한 비일상 생활의 장기화로 인해 의료시장에서도 변화의 바람이 일고 있는데, 그것이 바로 '원격의료'이다. 대면 진료로 인한 코로나19의 전염성 위험이 우려되는 상황 속에서, 효과적인 의료비 감소와 재정 절감 수단으로 대두되며 글로벌 원격의료 시장은 의료서비스가 개발도상국을 포함하여 폭발적으로 성장하고 있다. 하지만 각각의 국가마다 원격의료를 바라보는 시각과 관련 도입제도에 차이를 보이며 각 특성에 맞게 성장을 모색하고 있다.

미국은 의사 부족 현상으로 인한 접근성 하락과 고비용 – 저효율 구조의 의료서비스가 만연해 있다. 따라서 미국 정부의 여러 가지 제도적 뒷받침을 배경으로 동 산업이 성장하고 있으며, 최근 원격의료 산업의 매출 규모는 30.4%가 증가할 만큼 상당

---

40 "[신년기획] 비대면 의료 쾌속 질주, 우리는 어디쯤?", 김나현·박선재, MEDICAL Observer, 2021.01.05
41 "M&A·신시장 개척…코로나로 바뀌는 글로벌 헬스케어 산업 지형도", 최윤섭, 한국경제, 2020.08.18

히 발전하고 있는 추세이다.

영국은 NHS 장기계획을 통한 디지털 치료제와 원격의료를 확대하고 있으며, 영국의 기업사례로는 바빌론 헬스Babylon Health가 있다. 바빌론 헬스는 감기뿐만 아니라 위염, 통풍, 우울증 등의 다양한 질병을 자신들의 앱을 통해 발견하고, 의사들에게 진료받을 수 있는 서비스를 제공하고 있다.

일본은 2020년 2월 이후부터 원격의료 중 온라인 진료의 규제를 대폭 완화하여 넓게 확대하는 중이며, 일본의 원격의료 기업사례로는 LINE 헬스케어를 들 수 있다. 이를 이용하는 환자들은 모바일 메신저 라인을 통해 내과·소아과 등 다양한 전문의와 상담할 수 있다.

인도는 의료 부문의 투자 및 인프라 부족 현상으로 인하여 코로나19에 효과적으로 대응하지 못했다. 이 때문에 인도는 본격적으로 원격의료를 도입하여 '원격의료 가이드라인'을 발표했다. 즉, 인도에서는 코로나19 위기를 원격의료 서비스 도입이라는 기회로 활용하여 의료산업의 성장과 의료서비스의 확대를 도모하고 있다.

끝으로, 한국은 다른 나라에 비해 원격의료 도입에 대해 회의적인 입장이며, 법적 규제에 막혀 다른 국가들에 비해 원격의료 시장이 활성화되지 않은 상황이다. 또한, 원격의료 도입에 관해 여러 당사자의 견해 차이가 큰 편이며, 현행 의료법 제34조원격의료에 따르면, 의료인과 의료인 사이에서만 원격의료가 가능할 뿐, 의료진－환자 간 원격의료는 금지되고 있다.

한국에서도 원격의료의 필요성에 대한 목소리가 여러 번 나왔지만, 의료계의 반대로 번번이 무산되곤 했다. 특히 코로나19 이후, 원격의료는 세계 각국의 관심사로 떠올랐지만, 한국은 반대로 주저앉고 있으며 그 피해는 국민과 기업이 그대로 받고 있다.

원격의료에서 중요한 것은 IT 기술과 바이오 기술의 접목으로, 4차 산업혁명 시대의 미래 신성장 동력이다. 한국은 관련 분야에서 상위권 기술을 보유한 것으로 평가받지만, 원격의료는 시도조차 못 하고 있다. 이에 원격의료의 국내 도입이 적극적으로 이루어져야 할 상황이다. 무엇보다도 국민의 의료 편의가 즉각적으로 향상될 뿐만 아니라 관련 기술, 경제적 측면에서 그 효과가 매우 긍정적이기 때문이다.

민간 경제 연구기관인 파이터치연구원은 2020년 1월 발행한 '원격의료 서비스 규제 완화의 경제적 파급효과'라는 제목의 연구 보고서에서, 원격의료 관련 규제를 풀면 국내총생산GDP이 약 2조 4,000억 원 증가할 것으로 추산했다.[42] 따라서 한국 정부는 국민의 건강뿐 아니라, 경제적 부가가치 창출에 기여하는 국내 원격의료 플랫폼이 발달할 수 있도록 적극적인 법적, 재정적 지원을 모색해야 할 것이다. 특히, 우리나라의 상위권 첨단기술이 원격의료 플랫폼의 성장으로 이어질 수 있도록 관련 지원은 물론, 이를 통해 국내 원격의료 관련 기업들의 해외 성장 가능성도 고려해야 할 것이다.

❷ 텔라닥의 향후 전략은?

코로나19 사태 이후, 사람들의 생활양식이 크게 변함에 따라 주요 산업들의 동향도 달라지고 있다. 사람들은 바이러스에 대한 공포로 대면접촉을 피하고 있고, 온라인 플랫폼을 통한 다양한 활동이 새롭게 자리 잡았다. 이에 따라 비대면 온라인 플랫폼을 가진 기업들은 성장 기회를 얻을 수 있었다.

그에 대한 대표적 사례로서, 원격의료 장려 정책, 민간 기업의 보험 적용 정책, 의료시설 방문을 꺼리는 사회 현상 등 미국이 가지고 있는 원격의료에 대한 긍정적인 환경을 이용하고 있는 텔라닥의 경우, 빠른 속도로 성장해 나갈 수 있는 원동력을 정부로부터 제공받는 기업으로 볼 수 있다. 기업 자체적인 매출 모델과 원격의료 산업 성장성이 모두 장기적 동력으로 작용할 수 있고, 원격의료 및 원격진료는 단순한 테마의 영역이 아닌 구조적인 변화에 돌입했다. 이에 따라 텔라닥 헬스의 매출은 지속적이고 뚜렷한 상승 추세를 보이고 있다. 코로나19로 인한 성장의 일회성 및 대형기업의 시장 참여 가능성이 텔라닥을 위협할 수 있지만, 다음과 같은 점들을 보충한다면, 이들의 미래 전망은 밝을 것으로 생각된다.

코로나19로 인하여 원격의료 시장이 발달하고 있는 상황에서 이러한 사업 영역은 단순하게 환자와 의사를 연결하여 간단한 진료를 봐주는 것을 넘어서서 환자들의 만성질환 관리의 영역으로도 확장되는 추세로 바뀌고 있다. 또한 환자들은 자신들의

---

[42] "원격의료, 中·日 펄펄 나는데…한국, '나 홀로 역주행'", 김명상, 이슈인, 2020.08.29

세부적인 몸 상태에 대해 궁금증을 가지고 있다. 그러므로 텔라닥은 소비자들이 주체적으로 자신의 건강기록에 대해 관리하고 알 수 있도록 문자, 음성 등을 이용한 대화형 서비스를 적극적으로 도입할 필요가 있다.

또한, 텔라닥의 원격의료는 통신기기를 이용하여 진행되고 있다. 따라서 이들은 통신 기술에 소외된 계층(어린이, 고령)도 쉽게 다가올 수 있도록 홍보 및 마케팅에 힘을 써야 하며, 일상에서 쉽게 접하는 방법을 고안할 필요가 있다.

텔라닥은 서비스를 소비자에게 직접 제공하는 것이 아니라 다수의 소비자와 다수의 의료/헬스케어 서비스 제공자를 연결해 네트워크 효과를 창출시킨다. 그러므로 같은 질병이나 니즈를 가진 사용자라 하더라도 개개인의 요구 사항이 다를 수 있다. 따라서 이들은 개인별 맞춤화가 가능한 큐레이션 플랫폼을 제공할 필요가 있을 것이다.

또한 텔라닥은 방대한 영역인 헬스케어를 질병/사용자 연령 등 여러 단위로 쪼개어 버티컬 플랫폼vertical platform을 만들어 제공할 필요가 있으며, 코로나 이후에도 지속적인 고객층을 유지하기 위해 육체적 질병뿐만 아니라 정신적인 질병 관리도 고려할 필요가 있다.

현재 텔라닥은 리봉고와의 합병을 통해 암웰 등의 경쟁사들에 비해 확실한 경쟁 우위를 가지고 있으며, 다른 어떤 기업도 원격 모니터링과 원격진료를 통합한 솔루션을 제공하고 있지 않기 때문에, 원격의료 시장에서 우위를 선점하고 있다. 따라서 위의 다양한 서비스들이 보완된다면 텔라닥은 원격의료 시장에서 누구와도 견줄 수 없는 기업으로 성장하게 될 것이다.

한편, 한국의 원격의료 시장을 살펴보면, 코로나 바이러스는 우리가 근본적으로 변화하지 않을 수 없는 동기 또는 위기감을 주고 있다. 특히, 한국의 의료는 많은 이해관계자들이 얽혀 있는 복잡한 분야로, 결코 변화할 수 없을 것이라 여겨지던 분야였지만, 이와 같은 외부의 거대한 충격으로 조금씩 변화되고 있다. 혼돈의 시대에 위기를 기회로 삼아, 이해관계자들의 복잡한 이해관계를 현명하게 조율하면서, 한국의 관련 기업들이 포스트 코로나시대에 보다 바람직한 의료서비스를 만들어 국민과 사회 모두에 기여할 수 있는 토대가 조성되었으면 하고 기대해 본다.

1. 코로나19로 인해 수혜를 입을 수 있었던 텔라닥 헬스의 핵심 역량은 무엇일까? 동사가 다른 유사기업을 M&A할 수 있는 원동력에 대해 논의해 보자.

2. 텔라닥 헬스가 앞으로의 지속적인 성장을 위해 추가적으로 갖춰야 할 기업의 발전 방향에 대해 토론해 보자. 비즈니스 모델이란 무엇이며, 현재와 미래 동사의 비즈니스 모델은 어떻게 변화해야 할 것인가?

3. 비대면 비즈니스의 공통점은 무엇이며, 특히 의료사업에 있어서 핵심 전략이나 정책은 무엇일까? 또한, 본 사례를 통해 국내에서의 원격의료 기업을 활성화시킬 수 있는 방안은 무엇일지 논의해 보자.

4. 최근 M. Porter의 공유가치창출(CSV, Creating Shared Value)이 주목을 받고 있다. 텔라닥 헬스의 경우, 기업의 사회적 책임을 다하면서 4차 산업혁명의 기술 등을 통해 핵심경쟁력을 증가시키는 방안이 무엇일지 논의해 보자.

5. M. Porter의 5 forces model을 통해 텔라닥 헬스를 분석해 보고, 그 시사점을 논의해 보자.

6. 국내외 원격의료 시장의 현황에 대해 알아보자.

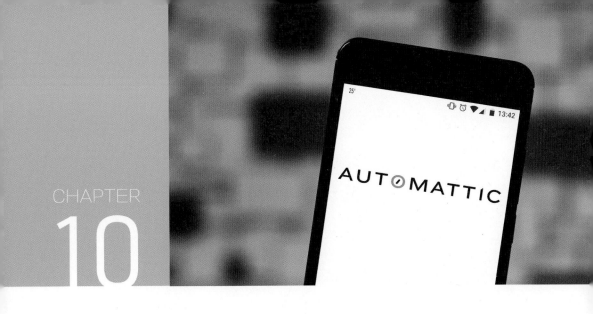

세계를 하나로, 원격 근무의 절대고수, 오토매틱!

: 오픈생태계와 리모트워크 전략

학습목표

- 오토매틱의 기업문화와 경영전략을 파악한다. 특히, 오토매틱은 세계 여러 나라에 직원을 두면서 어떻게 전 직원 원격근무에 성공할 수 있었는지 학습한다.

- '공유경제학'을 접목시킨 경영철학을 통해 글로벌 경영에 성공한 배경을 알아본다. 또한, 오토매틱이 한국시장에서 유독 부진한 이유에 대해서도 살펴본다.

- '오픈생태계'의 중요성을 파악하고, 이를 효과적으로 활용할 수 있는 전략을 생각해 본다. 또한, 오픈생태계를 기반으로 공짜 공유를 통해 세계최고가 된 소프트웨어(즉, 워드프레스)의 미래를 예측해 본다.

- 리모트워크(Remote Work) 방식의 근무 형태에 대해 알아보고, 리모트워크의 필요성과 이러한 근무 형태가 미래의 기업 운영에 미칠 영향을 생각해 본다.

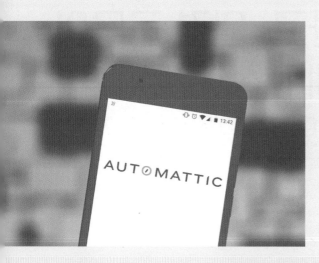

세계를 하나로, 원격 근무의
절대고수, 오토매틱!
: 오픈생태계와 리모트워크 전략[*]

"많은 낚시꾼이 있는 좁은 호수보다

넓은 바다에서 낚시하는 편이 훨씬 더 많고 다양한 물고기를 낚을 수 있다!"

– 오토매틱의 CEO, 매트 뮬렌웨그 –

들어가며...

　　과거에는 기계, 토지 등 주로 유형적 자원을 활용하여 기업 활동을 수행해 왔다. 하지만 IT 기술의 발전과 더불어, 점차 아이디어나 첨단 기술과 같은 무형자원들이 더 중요해졌다. 특히 무선인터넷과 스마트폰이 발달하면서 인터넷 기반 사업들, 특히 e－비즈니스가 부상하고 있다. 그리고 이러한 e－비즈니스에서 중요한 요소는 바로 그 기업을 대표하는 홈페이지와 같은 웹사이트다.

---

* 본 사례는 정진섭 교수의 지도하에, 박현성 박사의 사례를 기반으로, 황일하, 김민재, 신수민, 신유경, 양충모, 이수진, 이정서, 이지현, 이효정 학생이 작성한 것이다.

본 사례는 웹페이지 제작 산업에서 독보적인 점유율을 차지하고 있는 워드프레스의 '오토매틱'이란 기업의 글로벌 전략을 중심으로 CMS콘텐츠 관리시스템 시장 동향과 세계적 기업으로 성장한 그 역량 및 전략을 살펴보고자 한다. 오토매틱은 오픈소스 방식을 통해 소비자들의 아이디어와 시장 트렌드를 파악한다. 또한 원격근무 기반의 기업조직으로 시간과 장소에 구애받지 않는 탄력적인 조직문화를 통해 글로벌 기업이 되었다. 오토매틱의 독특한 기업 운영과 더불어 최근 직면한 문제점들을 살펴보면서, 향후 동사의 미래를 예측해 보자.

오토매틱 소개

표 1 오토매틱의 기본 소개

항목	주요 내용
회사명	Automattic Inc.
본사 위치	미국 캘리포니아 샌프란시스코
기업가치(2019년 말)	약 3.5조 원 이상
주요 서비스	WordPress.com, 티스토리 블로그 제작도구
CEO	매트 뮬렌웨그(Matt Mullenweg)

워드프레스로 잘 알려진 오토매틱은 <표 1>에서 볼 수 있듯, 미국 캘리포니아에 위치한 글로벌 회사이다. 전 세계 1억 1,100만 명 이상의 유저를 보유하고 있으며, 그 중 가장 유명한 오픈소스 응용 프로그램인 워드프레스WordPress.com, 무료로 블로그, 웹사이트 등을 제작하는 툴를 개발한 회사이다. 한국에서는 서울시의 웹사이트를 워드프레스로 만든 것이 알려지면서, 그 유명세를 탔다. 현재 오토매틱은 개인용 블로그 서비스뿐만 아니라 WordPress app과 같은 e-커머스 플랫폼, WordPress VIP 등 다양한 서비스를 제공하고 있다.

그림1 오토매틱 운영 서비스 리스트[1]

WordPress.com

Your blog or website
Has a (free!) home on the web.
Your story, your way.

Tumblr

Where your interests
connect you to your people
one post at a time.

WooCommerce

Selling online? Woo!
Hang your digital shingle
With this free plugin.

Jetpack

Stats, backups, speed, power:
The first plugin your site
needs Has it all built in.

WP VIP

Time, Fortune, TED, Quartz.
Big? The bigger the better.
We handle them all.

VaultPress

Your site, safe and sound.
Auto-backups and scanning.
Always on the job.

Akismet

Did someone say spam?
Akismet filters it out.
Nothing to see here.

Longreads

Great storytelling, Long
enough to dig Into.
Find it and share it.

Simplenote

Synchronization. Now your
notes are everywhere,
On every device.

Crowdsignal

Opinions! We all Have them.
Collect your readers' With
polls and surveys.

Happy Tools

Distributed teams are happier
with our tools. Less friction,
more time!

Gravatar

Global avatar-"Gravatar,"
get it? One pic For all
youre profiles.

① 오토매틱의 역사[2]

미국의 프로그래머 매트 뮬렌웨그Matt Mullenweg는 2005년 8월, 개인용 블로그 제작 서비스 '워드프레스WordPress'를 운영하는 오토매틱을 설립했다. 그는 대학 재학 중 사용 중이던 블로그 서비스가 중단되자, 누구나 손쉽게 블로그를 운영할 수 있는 워드프레스를 고안하고, 창업에 나섰다.

---

1 오토매틱(automattic.com)
2 SUPERHIGH – 민상식·이세진, 2017.06.21

그림 2 오토매틱의 창업자 매트 뮬렌웨그[3]

창업 이후 다양한 제도를 통해 직원 복지에 투자해 온 뮬렌웨그는 적극적으로 원격근무를 도입했다. 오토매틱이 도입한 원격근무는 개발자와 디자이너, 인사팀 직원 등 직무에 상관없이 세계 곳곳의 본인 거주지에서 탄력적으로 근무를 하는 것이다. 근무 시간 역시 최소로 근무해야 하는 시간이 정해져 있지 않고 본인 스스로 정한 시간에 근무하고, 업무 결과만 보고하면 된다. 또한 휴가 일정도 기업 내 규정이 없어, 본인이 원하는 날짜에 원하는 만큼 정할 수 있다.

이와 같이 직원들이 회사 외부에서 자유롭게 근무하는 '원격근무'를 실시해 온 오토매틱은 최근 미국 샌프란시스코에 위치한 본사 사무실까지 없애기로 했다. 전 세계 77개 국에서 약 1,228명의 직원 중 본사로 출근하는 직원인 20여 명까지 원격 근무제로 전환되어 2017년 7월을 끝으로, 전 직원 원격근무를 실시하는 기업이 되었다. 즉, 현재 오토매틱은 원격 근무가 성공적으로 안착한 미국의 대표적 IT기업이다.

오토매틱은 직원이 일하는 사무실 임대·유지비용이 들지 않는 대신, 직원에게 업무 환경 구축 및 미팅 비용을 따로 지급한다. 카페에서 일하는 직원에게는 카페 이용료를 주고, 다른 지역의 동료를 만나러 갈 때는 교통비 등을 제공하는 식이다. 물론 일과 사생활의 경계가 사라진다는 단점도 있다. 또한 각 지역의 직원마다 시차가 다르다 보니 온라인 회의가 24시간 동안 이뤄진다는 점도 어려운 일이다.

하지만 업무 효율성이 높아지고, 인재채용 범위가 넓어지는 등 원격근무로 인한 장점이 더 많다. 창업자 뮬렌웨그가 원격근무를 도입한 가장 큰 이유 역시 인재채용 때문이다. 즉, 원격근무제를 통해 전 세계에서 오토매틱에 맞는 인재를 찾을 수 있기 때문이다.

---

3 게티이미지

채용과정은 원격근무에 적합한지를 확인하기 위해 일반 기업의 채용보다 오래 걸린다. 실제로 마지막 단계에서는 지원자와 기존 직원이 약 2주간 원격근무로 일하는 과정도 거친다.

매트 뮬렌웨그는 과거 여러 인터뷰를 통해 "전 세계 스마트한 인재들이 점점 원격근무 기업으로 몰리고 있다"면서 "오토매틱도 원격근무로 인한 전 세계 인재채용을 통해 워드프레스 서비스를 향상시킴은 물론, 전체 회사의 성장이 가능할 수 있었다"고 밝혔다.

② 오토매틱의 기업문화

기업이 일을 효율적으로 처리하고 기업에 적합한 인재를 채용하기 위해서는 어떤 근무 방식이 효과적일까? 정답은 없지만 오토매틱 CEO인 뮬렌웨그는 원격근무를 그 해답으로 신봉하고 있다. 따라서 자연스럽게 오토매틱의 기업조직은 원격근무로 운영되어 왔고, 그 결과는 성공적이었다.

오토매틱에서 시행하는 원격근무는 직무에 상관없이 전 세계에서 장소와 시간에 구애받지 않고 탄력적으로 근무하는 것이다. 최소 근무시간도 없다. 덕분에 업무의 효율성이 높아지고 인재채용 범위도 확장되는 등 다양한 장점이 나타난다. 앞에서 밝혔듯, 뮬렌웨그가 원격근무를 도입한 이

오토매틱 직원들이 일하는 모습[4] **그림 3**

유 역시 인재채용을 위해서다. 세계적으로 인재들은 퍼져있다. 따라서 제한적인 한 국가 안에서 인재를 찾는 것보다, 전 세계에서 오토매틱에 적합한 인재를 찾는 것이

---

4 오토매틱(automattic.com)

더 효과적이다. 오토매틱 홈페이지에 들어가면 현재 오토매틱에서 종사하는 전 세계 직원들을 볼 수 있다. 그중 한국 인천에서도 오토매틱에 근무하는 김태곤 씨를 찾아 볼 수 있다. 현재 오토매틱은 모든 직원이 오프라인에서 별도의 사무공간을 두지 않고 각자의 나라에서 자유롭게 일하고 있다.

그림 4 전 세계에 있는 오토매틱 직원들[5]

2.1 오토매틱의 역사와 기업문화가 코로나 시대에 주는 시사점

장기화되어 가고 있는 펜데믹 상황 속에서 원격근무가 '뉴노멀'로 자리 잡고 있으며, 코로나 종식 이후에도 비대면 원격근무의 업무수행 방식이 상당 부분 유지될 것이라는 전망이다. 이런 상황에서 기업의 설립 직후부터 원격근무를 시행하며 비즈니스를 성공적으로 수행하고 있는 오토매틱은 다음과 같은 점을 시사하고 있다.

오토매틱은 온라인이 환경에 제약받지 않는다는 점을 이용하여 인재채용 범위를 확대했다. 이를 통해 자사가 원하는 인재를 전 세계 어디에서든지 선발하는 새로운 채용방식을 보여주었다. 이는 사람과의 접촉이 꺼려지는 코로나 시대와 같은 상황 속에서도 온라인을 통해 기업에 맞는 핵심인재를 선발할 수 있다는 것이다. 특히 신

---

5 오토매틱(automattic.com)

속히 새로운 사업기회를 만들어 성과를 창출해 나가야 하는 글로벌 기업들은 다양한 사업에 적합한 인재를 선발하는 데 있어, 온라인 채용 방식이 이전 채용 방식보다 더 효과적이라 보고 있다. 물론 각 기업마다 원하는 핵심인재가 다르기 때문에 그에 따른 선발 기준과 과정에서는 차이가 있겠지만, 온라인 인재채용에 대한 기대가치는 더욱 증가될 것으로 보인다.

또한, 전술했듯 오토매틱은 모든 직원들이 시간과 장소에 얽매이지 않고 자유롭게 근무하는 환경을 제공하고 있다. 코로나 시대와 같은 상황에서, 다양한 기업과 기관들이 화상회의를 통해 실시간으로 업무를 진행하고 있으며, 따라서 이제는 시공간에 제약받지 않는 근무환경이 보다 효율적인 근무방식이라는 긍정적 평가가 나타나고 있다.

그러나 모든 기업이 오토매틱처럼 향후 계속 원격근무를 시행하기에는 많은 제약과 보안이 필요하다. 예를 들어, 갑자기 전면 도입된 원격근무는 임시방편 형태로 진행되다 보니, 오히려 업무의 비효율성이 제기되고 있다. 오토매틱이 성공적으로 원격근무를 도입할 수 있었던 이유는 설립 초기부터 원격근무에 맞는 업무 가이드라인을 만들고, 이에 따라 기업과 직원이 충실히 그 원칙을 준수했기 때문이다. 따라서 이번 코로나로 사태로 인해 각 기업이 일부 원격근무를 시행했을지라도, 해당 기업에 맞는 새로운 근무 방식에 대해 지속적 개선이 필요할 것이다. 무엇보다도 근로기준법과 직원의 업무 평가시스템을 구체적으로 마련하여, 원격근무 환경 속에서도 공정하고 신뢰할 수 있는 제도적 변화의 뒷받침이 요구된다.

모든 것이 예측할 수 없이 빠르고 불확실하게 변화할 때, 기업은 자사만의 기업문화와 업무 패턴에 적합한 새로운 비즈니스 모델을 만들어 나감으로써, 뉴노멀이라는 새로운 패러다임의 리너가 될 수 있을 것이다.

2.2 그들은 어떻게 소통할까?

그들은 다른 장소에서 다른 시간에 근무한다. 급한 일이 발생해도 직접 전화를 걸거나 찾아갈 수 없다. 과연 소통과 업무가 적절하게 이루어질 수 있을지 고민해 볼 필요가 있다. 그들은 전화나 문자, 이메일을 통해 연락하지 않는다. 그 이유는 이 방법들은 특정 정보만을 공유하는데, 이것이 적합하다고 생각하지 않기 때문이다. 서로 간의 비밀을 최소화하고자 했기 때문에 'P2'라는 블로그이자 협업도구로 소통한다. 'P2'는 오토매틱에서 직접 만든 오픈소스 소프트웨어이다. 주제를 올려두면 댓글로 의견을 다 같이 공유하는 방식이다. 서로 다른 부서에도 투명하게 공유되는 것이 특징이다. 그 외에 실시간으로 대화할 땐 '스냅챗Snapchat'을 이용하고, 영상으로는 '줌Zoom'을 활용한다.

<표 2>는 원격근무를 시행하는 '버퍼(Buffer)'라는 기업에서 만든 '원격근무수준'이다.

표2 버퍼의 원격근무수준 단계

1단계	사무실에서 일하는 시기, 원격근무 시작 전 단계
2단계	주로 사무실에서 일하지만 재택근무도 가능한 단계, 원격근무 초기 단계
3단계	모두 원격근무를 실행하지만 동일한 시간 내에서 근무하는 단계
4단계	전 세계 여러 팀이 여러 시간으로 나누어 근무하는 단계
5단계	언제 어디서든 자유롭게 근무하는 형태

오토매틱은 이 중 5단계에 해당한다. 자유롭게 근무하는 만큼 오토매틱은 커뮤니케이션을 중요하게 생각한다. 오토매틱식 소통의 대표적 특징은 다음과 같다.

1. 주기성: 작업당 최소 1주일에 한 번은 커뮤니케이션을 진행해야 한다. 현재 상황에 대한 보고서 등을 전달한다.
2. 응답성: 문서나 채팅창에서 본인이 언급되었다면 24시간 내에는 응답해주는 것이 권장된다. 예를 들면, 이해했는지 못했는지 등 확인사실을 전달한다.
3. 투명성: 회사에 관한 내용과 소통은 모두 공개한다. 비공개로 정보를 요청하는 경우도 있지만, 그 결과의 내용은 공개적으로 공유해야 한다.

2.3 업무 평가와 관리

> "우리는 결과로 업무를 평가합니다. 얼마나 일했는지는 신경 쓰지 않아요."
> – 매트 뮬렌웨그의 하버드 비즈니스리뷰 인터뷰 (2014년 4월) –

오토매틱에서 일하는 한국인 김태곤 씨에 의하면, 오토매틱은 과정이 아닌 결과로 업무를 평가한다. 보통 6개월에 한 번씩 동료들을 평가하고, 본인의 셀프피드백도 진행한다. 특별한 점은 필수가 아니라는 것이다. 피드백할 내용이나 제출할 내용이 없으면 제출하지 않아도 무방하다.

두 번째는 피드백 내용은 본인에게 그대로 전달된다. 그들의 피드백 내용들은 본인의 성장에 크게 도움이 된다. 오로지 성과를 중심으로 행해진 피드백이므로, 객관적인 평가가 이루어진다. 즉, 결과 위주의 평가문화가 정착되어 있다.

실제로 김태곤 씨가 만든 기능에 문제가 발생했지만, 문제가 되는 부분을 신속히 발견하고 빠르게 해결했다. 오토매틱에서 중요하게 생각하는 것은 그 다음부터이다. 상사는 문제의 원인과 미래의 대처방법을 궁금해했고, 그 내용을 파일로 만들어 동료들과 공유하기를 원했다. 이 문서를 통해 미래에는 동일한 문제가 발생하지 않도록 예방하고, 도움을 주는 것이다.

2.4 오토매틱의 채용

오토매틱의 채용은 복잡하고 장기전이다. 단순한 이력서로 채용 여부를 결정하는 것이 아니고, 실제 근무 환경과 비슷한 상황을 제공하고 관련 능력을 점검하기 때문에, 시간이 오래 걸린다.

원격근무의 기업답게 오토매틱의 채용과정은 온라인으로 진행된다. 채용과정에서도 리모트워크 방식을 적용해 편견을 전부 제거하고 오직 업무와 관련된 능력만 집중적으로 평가한다. 완벽한 블라인드 채용인 것이다. 화상면접, 전화면접 모두 이루어지지 않기 때문에, 성별은 물론 나이까지 가늠하기 어렵다.

오토매틱의 채용 프로세스는 다음과 같다.

1. 서류지원

채용 공고에 나와 있는 메일로 이력서를 보내면 된다. 보통은 몇 주 안에 합격 여부를 알려주고, 불합격이라도 메일 회신은 반드시 온다.

2. 1차 면접

면접 담당자를 배정받는다면 면접을 하게 된다. 특이하게도 오토매틱의 채용과정은 모두 텍스트로만 이루어지는데, 당연히 면접도 Slack챗을 통해 텍스트로 진행된다. 면접내용은 일반 면접과 비슷하게 진행된다. 오토매틱만의 특별한 질문이 있다면 리모트워크 경험에 관한 질문을 한다. 리모트워크 경험은 있는지, 원격근무의 환경에 적응할 수 있는지 등에 관한 질문이다. 왜냐하면 리모트워크를 경험해 본 적이 없다면 리모트워크를 편하게만 생각할 수도 있다. 하지만 리모트워크는 어려운 점도 많고, 이런 업무 형태에 적응하지 못해 떠나는 직원도 많다.

3. 코딩 테스트

면접 과정이 끝나면 코딩테스트를 진행한다. 과제를 받고 결과물을 제출하면 된다. 제출한 후에는 내용을 설명해야 한다. 이 과정도 모두 텍스트로 이루어진다.

4. 트라이얼 프로젝트

트라이얼에서 부여되는 프로젝트는 실제로 오토매틱에서 진행 중인 프로젝트의 일부이다. 따라서 소통이 정말 중요하다. 프로젝트를 진행하며 본인의 업무능력뿐만 아니라 리모트워크에서 필요한 소통 능력에 대해 평가받는다. 트라이얼 과정에서는 시급을 주며 진행되고, 본인이 투자한 시간을 직접 측정하여 청구하는 식이다.

5. 최종면접

마지막 단계는 최종면접이다. 최종면접은 CEO인 뮬렌웨그가 직접 진행하고 1차 면접과 크게 다르지 않다. 그 후, 연봉협상이 이루어지고 채용과정은 끝이 난다.

워드프레스 소개

"워드프레스는 지속적으로 발전하는 최신 CMS(콘텐츠 관리시스템)입니다."

워드프레스는 2003년 매트 뮬렌웨그가 창립한 세계 최대의 오픈소스open source 콘텐츠 관리시스템이다. 창립자 뮬렌웨그는 "디지털 세상에서 중요한 것은 공짜 속에서 사람들이 돈을 쓸 만한 '가치'를 만들어 내는 것"이라고 말했다. 그의 말에는 그가 워드프레스를 어떤 방식으로 이끌어 나갈지에 대한 신념이 들어있다.

워드프레스는 앞서 언급한 바와 같이 콘텐츠 관리시스템 이하, CMS을 기반으로 한 홈페이지 개발 프로그램이다. 즉, PHP[7]를 통해 워드프레스만의 CMS를 구축했다. 워드프레스를 사용하여 만든 홈페이지 브라우저에 나타나는 HTML[8]은 PHP를 해석하여 나타낸 것이다.

워드프레스의 CMS 구조[6] `그림 5`

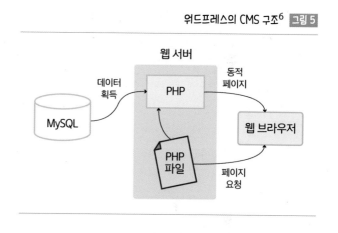

인터넷에 글, 사진, 동영상 등을 올릴 수 있도록 하고, 이를 저장 및 관리하는 소프트웨어를 CMS라고 일컫는다. 워드프레스는 만들어진 CMS를 모든 이용자에게 무료로 제공했다. 뿐만 아니라 동시에 프로그램의 소스 코드source code까지 공개해 누구든지 원하는 프로그램을 개조해 쓸 수 있도록 했다. 그러나 워드프레스는 무료 배포를 하며 한 가지 조건을 제시했는데, 이는 바로 프로그램을 가져다 쓰는 이용자 또한 소스코드를 공개해야 한다는 것이다. 워드프레스는 프로그램을 공유하는 이용자들

---

6 워드프레스 정보꾸러미(www.thewordcracker.com/basic/wordpress-page-structure)
7 하이퍼텍스트 생성 언어(HTML)에 포함되어 동작하는 스크립팅 언어
8 웹 문서를 만들기 위하여 사용하는 기본적인 웹 언어의 한 종류

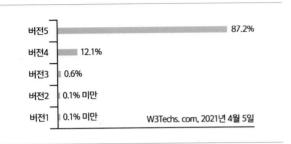

그림 6 ┃ 다양한 버전의 워드프레스를 사용하는 웹 사이트 비율9

버전	비율
버전5	87.2%
버전4	12.1%
버전3	0.6%
버전2	0.1% 미만
버전1	0.1% 미만

W3Techs. com, 2021년 4월 5일

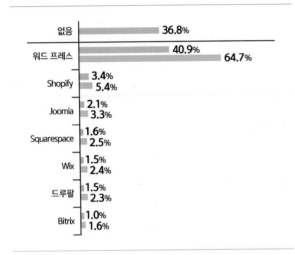

그림 7 ┃ 워드프레스의 사용 비율10

없음	36.8%
워드 프레스	40.9% / 64.7%
Shopify	3.4% / 5.4%
Joomia	2.1% / 3.3%
Squarespace	1.6% / 2.5%
Wix	1.5% / 2.4%
드루팔	1.5% / 2.3%
Bitrix	1.0% / 1.6%

이 모든 것을 공개하는 방식을 통해 경쟁회사조차 워드프레스가 발전하는 데 기여한 '워드프레스 생태계'를 만들어냈다. 워드프레스의 공짜 생태계 전략은 워드프레스가 세계 최대의 콘텐츠 관리 소프트웨어 플랫폼으로 성장할 수 있게 해주었다.

미국의 인터넷 시장 조사업체 'W3Techs'의 통계에 따르면, 2021년 4월 기준 워드프레스는 CMS를 보유한 모든 웹사이트의 64.7%, 전체 웹사이트의 40.9%에서 사용된다<그림 7>. 특히 워드프레스 버전 5는 워드프레스를 사용하는 모든 웹사이트의 87.2%를 차지한다<그림 6>.

① 워드프레스 생태계

> "사람은 대화하길 좋아한다. 서로의 생각을 주고받으면서
> 자신의 존재감을 인식한다."

오토매틱은 이용자 간 서로 모든 것을 공개하는 방식을 통해 워드프레스만의 공유 생태계를 만들었다. 뮬렌웨그가 오픈소스를 고집한 이유는 그 또한 프로그래밍하

---

9 W3Techs(w3techs.com/)
10 W3Techs(w3techs.com/)

는 법을 인터넷에서 공짜로 배웠기 때문에, 당연히 워드프레스를 창립할 때 무료공개를 생각했다고 한다. 그가 무료로 프로그래밍을 배울 수 있었던 'B2'라는 블로그 콘텐츠 관리프로그램은 현재 워드프레스의 토대가 되었다. 무료로 공개되는 소스코드는 이용자들이 자신의 생각을 더 쉽게 표현하고 공유할 수 있는 환경을 제공해 주었다.

뮬렌웨그는 워드프레스 관련 서비스 용역회사인 '오토매틱Automattic'을 창업했다. 이와 동시에 그는 자신이 만든 최고의 창작물을 기부해 워드프레스 생태계 속 다른 이용자와 마찬가지로 하나의 부분으로 남았다. 그는 혁신적이고 흥미로운 소프트웨어는 재능 있는 많은 개발자들의 참여를 유도하고, 참여한 이들과 끊임없는 소통을 해야 생태계가 유지될 수 있다고 했다. 또한 개발자뿐만 아니라 개발된 소프트웨어를 사용한 다른 이용자의 의견은 핵심 인력core team들이 잘 검토하고 방향을 잡아야 한다고 생각했다. 이와 같은 과정이 다른 기업과 달리 워드프레스가 워드프레스만의 생태계를 만들어가는 방법이다.

오토매틱의 수익창출

오토매틱은 매출의 대부분은 워드프레스 관련 제품 및 서비스를 통해 이루어지고 있다. 동사의 수익 창출원은 크게 다음의 세 가지이다.

① WordPress.com

워드프레스 플랫폼은 기본적으로 무료이다. 하지만 플랫폼을 이용하면서 이용자들은 홈페이지를 자신들의 생각과 의도에 맞게 바꾸고 싶은 욕구가 생길 것이다. 이때 오토매틱은 워드프레스 기반의 홈페이지를 개선시켜 주면서, 수익을 창출한다. 오토매틱은 사용자의 요구에 부응하기 위해 4단계무료Free, 개인Personal, 프리미엄Premium, 비즈니스Business의 유료서비스를 제공한다.

그림 8 워드프레스의 유료서비스[11]

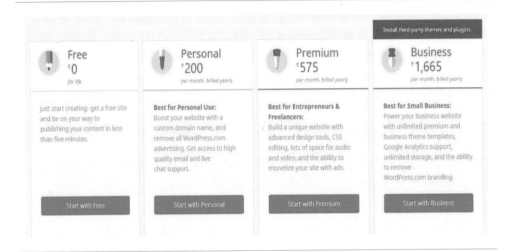

② 프리미엄 플랜

오토매틱이 제공하는 무료 플랫폼은 WordPress.com의 하위 도메인, 제한된 스토리지, 기본 사용자 지정, 웹사이트 수익화 불가 등 많은 제한사항이 있다. 그러나 이런 제한은 사용자가 프리미엄 요금제를 구입하면 사라진다. 즉, 사용자가 프리미엄 요금제를 구입하면, 자신의 웹사이트를 효과적으로 제어할 수 있는 권한이 생긴다.

2.1 VIP

WordPress.com은 VIP 호스팅 및 지원 솔루션을 Facebook, CNN, Time 등과 같은 대형 브랜드에 제공하고 있다. 이 대형 브랜드 홈페이지의 모든 기술적 부분을 오토매틱이 처리한다.

---

11 워드프레스(wordpress.com)

2.2 광고

WordPress.com의 무료 버전은 오토매틱이 사용자들의 웹사이트에 광고를 호스팅할 권리를 가지고 있고, 모든 광고수익을 오토매틱이 가져간다는 조항과 함께 무료로 제공된다. 하지만 프리미엄 요금제를 사용하는 회사나 개인들은 광고수익은 물론 광고를 호스팅할 권리까지 갖는다.

2.3 프리미엄 테마와 플러그인

무료 사용자들은 오토매틱이 제공하는 테마를 사용하여 블로그의 모양을 자유롭게 바꿀 수 있다. 하지만 프리미엄 요금제 사용자들은 타사뿐만 아니라 오토매틱에서 제공하는 많은 무료 테마와 프리미엄 테마, 고급 플러그인까지 사용할 수 있다.

③ 기타 소스로부터의 수익

오토매틱은 WordPress.com 외에도 WordPress.org에 연결된 제품과 서비스도 취급한다.

3.1 프리미엄 및 프리미엄 플러그인

Jetpack, Vaultpress, WooCommerce, Akismet, Polldaddy 등 수많은 프리미엄 및 프리미엄 플러그인이 오토매틱에 의해 개발·운영된다. 이러한 플러그인의 거의 대부분은 WordPress와 관련되어 있으며, WordPress에 종속되어 있기 때문에 최종적으로는 워드프레스의 수익이 된다.

3.2 Referral

오토매틱은 제휴 마케팅을 통해서도 수익을 창출한다. 웹사이트의 WordPress 호스팅 공급자와 연결되며, 추천인이 해당 웹사이트에서 구매할 때마다 오토매틱이 수수료를 받는다.

3.3 WordAds

WordAds는 모든 WordPress 웹사이트에서 사용할 수 있는 WordPress 기반 광고 네트워크이다. 이 네트워크는 구글 애드센스, 페이스북, 아마존 A9, AOL Marketplace, Yahoo, Criteo, Quantcast 등의 광고를 제공하며, 출판사들과 수익 공유 계약을 맺고 있다.

오토매틱의 성장전략

① 프리미엄(Freemium = Free + Premium) 전략

프리미엄freemium 전략은 기본적인 서비스와 제품은 무료로 제공하고, 고급 기능과 특수 기능에 대해서는 요금을 부과하는 전략이다. 예를 들어, 드롭박스Drop Box 사례를 들 수 있다. 우리가 일상생활에서 파일을 공유하고 저장할 때 사용하는 서비스인 드롭박스는 개인용 요금제와 비즈니스 요금제로 구분되어 있다. 개인용 요금제 같은 경우에는 2GB에 무료로도 이용 가능하지만 기능적인 업그레이드를 원한다면 추가적인 요금을 지불하고 프리미엄 서비스를 이용할 수 있다.

plus 요금제는 9.99달러를 지불하고 2TB, professional 요금제는 16.58달러를 지불하고 3TB 용량을 추가적으로 누릴 수 있다. 더 많은 기능을 요구할수록 비용이 증가하는 것이다. 개인들뿐만 아니라 기업에서도 드롭박스를 많이 사용한다. 개인용과 다르게 기업에서 이용되는 이 두 요금제는 파일 저장, 공유 이외에도 팀 관리를 위해서 유용하게 이용된다. 여러 기업에서 드롭박스 서비스를 도입하여 클라우드 협업

공간을 마련하고 실시간 동기화, 대용량 파일을 손쉽게 관리할 수 있다. 무료로 제품을 이용할 수 있지만 고급기능에 대해서는 요금을 지불해야 하는 것이 드롭박스의 프리미엄 전략이다.

이 밖에 어도비Adobe의 PDF리더, 유튜브Youtube의 유튜브 프리미엄Youtube Premium이 대표적 예이다. 이들 기업뿐 아니라 수많은 기업들이 이런 프리미엄 전략을 취하고 있다.

오토매틱은 이런 공짜 전략을 극단적으로 밀어 붙여 성공을 거두었다. 인터넷 콘텐츠 관리시스템CMS 소프트웨어인 '워드프레스'를 만들어 공짜로 풀었다. 워드프레스 자체는 무료이지만 워드프레스를 사용함으로 인해 추가적으로 필요한 서비스는 사용대가를 받는다. 무료에 이끌려 들어온 소비자들은 워드프레스를 이용해 의미 있는 성과를 얻기 위해서 오토매틱의 프리미엄 서비스가 필요하게 되고, 그에 따라 자연스럽게 오토매틱이 수익을 얻는 구조이다.

② 오픈생태계 전략

"워드프레스는 무료 공개를 통해 재능 있는 사람들이 개발에 참여하는 하나의 생태계가 됐다.
만약 오픈소스가 아니었다면, 수백 명이 월급을 받고
개발하는 다른 회사 프로그램보다 좋은 것을 만들 수 없었을 것이다."

워드프레스가 다른 CMS를 제치고 시장점유율 60% 이상을 유지할 수 있는 근본적인 이유는 GPL 라이선스오픈소스를 사용하여 제한 없이 워드프레스 시스템을 수정할 수 있도록 사용자가 참여할 수 있는 환경과 그 기능의 수정과 확장이 용이하다는 점 때문이다. 워드프레스 생태계WordPress Ecosystem에는 이미 전 세계 사용자들이 개발하여 공개한 수만 개의 테마[12]와 플러그인[13]으로 프로그래머나 전문가가 아닌 일반

---

12 워드프레스에서 테마란 홈페이지의 외관을 구성하는 디자인과 기능을 수행하는 파일의 모음이다. 구체적으로, 워드프레스 핵심 프로그래밍 코드에 영향을 주지 않고 홈페이지의 디자인을 바꿀 수 있다. 또한 워드프레스 테마에는 홈페이지 디자인을 바꾸는 코드가 포함되어 있을 뿐 아니라, 특수한 경우 테마의 특성에 맞게 워드프레스의 코드를 수정하거나 특정 플러그인까지 포함되어 있는 경우도 있다.

사용자도 퀄리티 높은 웹사이트를 만들어 활용할 수 있다. 워드프레스에서는 모두가 개발자이고 사용자이다. 워드프레스는 사용자 참여를 이끌어냈고 그들이 오픈소스 소프트웨어를 계속해서 수정하고, 소프트웨어를 직접 사용하며 수익을 창출한다. 그렇게 워드프레스의 사용자는 스스로 오토매틱의 강력한 충성고객이 되었다.

'회사 자체적으로 개발해야만 우리의 자산'이라는 고리타분한 고정관념을 깨고 프로그램 개발소스를 오픈하여, 기업 외부인심지어 워드프레스를 사용하는 경쟁사들까지도들도 참여시키면서 이전보다 더 높은 기업가치를 창출하였다.

워드프레스의 창립자 뮬렌웨그는 인터뷰에서 "인터넷 세계에서 복제는 피할 수 없다. 그러나 워드프레스는 수많은 사용자를 통해 모두가 개발에 참여하는 하나의 생태계가 되었다. 이렇게 만들어진 생태계는 복제할 수 없다. 오픈소스를 공개하면서 내가 공개하는 것에 비해 훨씬 많은 것을 남들이 돌려주고 있다"라고 말하며, 오픈 소스코드를 오픈하면서 만들어지는 생태계가 어떤 영향을 주는지 정확히 설명하고 있다.

오토매틱의 M&A와 전략적 투자

오토매틱은 15년간 20개의 회사를 인수하면서, 자사 플랫폼 강화와 강력한 포트폴리오를 구축했다.

① WooCommerce 인수

2015년, 오토매틱은 WooCommerce우커머스를 인수하며 쇼피파이Shopify와 같은 전자 상거래 플랫폼과 경쟁할 수 있게 됐다. 특이하게도 우커머스는 오토매틱의 워

---

13 플러그인이란 PHP 프로그래밍 언어로 작성된 확장 기능이다. 워드프레스 기본 기능 이외에 추가 기능을 이용하고 싶을 때, 개발자가 개발해 놓은 플러그인을 설치하여 이용할 수 있다.

드프레스와 같이 GPL 라이선스오픈소스를 사용하며 모든 플러그인과 테마를 사용자가 수정할 수 있도록 한 이커머스 플랫폼이다. 손쉽게 사용할 수 있는 시스템을 기반으로 2020년 4월 기준, 우커머스는 전자상거래 플랫폼 점유율 28%를 차지하는 세계 1위 플랫폼이다.

오토매틱의 우커머스 인수로 사람들은 블로그 또는 기타 워드프레스 웹사이트에서 더 쉽게 온라인 마켓을 운영할 수 있게 되었다. 오토매틱의 궁극적인 목표는 워드프레스로 자신의 웹사이트나 블로그를 만드는 것처럼 자신의 상점을 쉽게 만드는 것이다. 워드프레스는 우커머스를 쉽게 설정하고 이용할 수 있도록 원 클릭 서비스를 제공할 것이다.

워드프레스의 우커머스 인수는 강력한 워드프레스 생태계를 토대로 여러 분야로 진출하려는 야망을 보여줬다. 오토매틱은 출판계뿐만 아니라 그 생태계를 지배하기 위해, 활발하고 다양한 M&A 움직임을 보여주고 있다.

그림 9 오토매틱이 인수한 우커머스의 홈페이지[14]

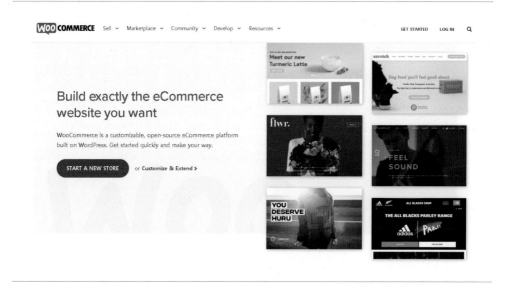

---

[14] WooCommerce(woocommerce.com)

❷ 텀블러(Tumblr) 인수

"재미있고 지원적이며 실질적인 웹 공간을 만들고 싶습니다."

그림 10 **오토매틱의 텀블러 인수[15]**

2019년 8월, 오토매틱은 마이크로 블로깅과 소셜 네트워킹 플랫폼 텀블러Tumblr를 약 300만 달러에 인수하였다.

2007년 설립된 텀블러는 2013년 11억 달러에 야후Yahoo!에 인수됐고, 2016년에는 7억 1200만 달러의 가치를 기록했다. 텀블러는 2017년 다시 버라이즌에 인수되었고, 2019년 8월 텀블러는 4억 7천 개 이상의 블로그를 호스팅하는 플랫폼으로 성장했다. 텀블러의 일일 사용자는 워드프레스 월간 사용자보다 많다. 오토매틱이 우커머스로 개발해 온 전자상거래 기능, 멤버십, 텀블러 커뮤니티의 기본 사용자 경험으로 새로운 소셜 네트워크가 만들어지고, 워드프레스의 사용자들은 이 소셜 네트워크를 이용하여 자신만의 다양한 콘텐츠의 웹사이트와 전자상거래 상점을 운영할 수 있을 것이다. 또한 오토매틱의 자체 브랜드를 다양화하고 현재 부진한 모바일 분야에서도 점유율을 높일 수 있는 기회를 얻었다.

❸ Parse.ly 인수

Parse.ly는 2012년 주력 제품인 'Dash'를 통해 페이지뷰와 사람들이 웹사이트에 머물러있는 시간을 측정해, 페이지에서 이루어지는 작업을 분석하는 회사이다.

---

15 Kashish, Verma, "Internet is going crazy as Automattic buys Tumblr from Yahoo under $3 million", The Geek Herald 13 August 2019

웹사이트 방문객들이 자신의 사이트에서 무엇을 읽었는지, 어떤 경로로 사이트에 접근했는지에 대한 데이터를 수집해서 가공하여 알려준다. 여기에는 콘텐츠 마케팅이 비즈니스에 미치는 영향에 대한 분석이 포함된다. 2018년에는 AI를 활용해 실시간 청중의 관심을 측정하는 'Currents'를 출시했다.

오토매틱이 이를 인수하면서 콘텐츠 마케팅 분야에서 더욱 강점을 갖게 되었다. 특히 오토매틱은 파슬리를 워드프레스 프리미엄 VIP서비스와 워드프레스 우커머스에 이용할 계획이다.

❹ Matrix에 투자

오토매틱은 4.6만 달러를 매트릭스Matrix에 투자했다. 매트릭스는 안전한 분산통신을 위한 개방형 네트워크 플랫폼으로서, '뉴 벡터New Vector'라는 회사가 만들었다.

매트릭스의 안정성은 프랑스와 독일 정부가 공공기관 협업 툴Tool을 매트릭스로 정하면서

오토매틱이 Matrix 플랫폼에 투자하다!16 **그림 11**

입증되었다. 오토매틱이 매트릭스에 투자하면서 워드프레스의 이용자라면 누구나 자체 서버를 배포하여 매트릭스 생태계에서 다른 사람과 협업할 수 있게 되었다. 뉴 벡터는 매트릭스 플랫폼을 이용한 리엇Riot이라는 재택근무 협업 프로그램도 개발했다.

2020년 5월 기준 매트릭스의 이용자는 전 세계 1,600만 명이다. 워드프레스의 투자로 텀블러와 모든 워드프레스 이용자들이 자동으로 자체 매트릭스 채팅방을 사용할 수 있게 된다면, 매트릭스 플랫폼 사용자는 더욱 늘어날 것이다. 또한 뉴 벡터가 워드프레스 플러그인을 매트릭스와 리엇 내에서 사용할 수 있도록 개방한다면, 오토매틱과 뉴 벡터 모두 성장하는 전략이 될 것이다.

---

16 매트릭스(matrix.org)

오픈생태계

① 오픈소스의 정의

그림 12 공개 소스 이니셔티브(OSI)[17]

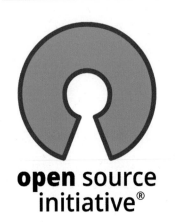

오픈소스란 누구나 프로그램의 실행, 변경, 복제 및 배포가 가능하도록 소스코드를 공개하는 것을 말한다.[18] 소스코드는 컴퓨터 프로그램을 프로그래밍 언어로 기술된 텍스트를 말하며, 특정 프로그램의 설계도 역할을 한다.[19] 오픈소스가 생겨난 후 주목받기 시작할 쯤에는 오픈소스의 개념이 완벽히 정의되지 않아 사람들로 하여금 혼란을 야기했다. 사용하는 사람마다 의미를 다르게 두고 정의하는 일이 종종 일어나곤 했는데, 이를 해결하기 위해 OSIOpen Source Initiative는 소프트웨어 사용자에 대한 몇 가지 자유를 보장하는 오픈소스의 정의Open Source Definition, OSD를 발표했다. 그들은 오픈소스가 단순히 소스 코드에 대한 액세스를 의미하는 것이 아니고, 또한 오픈소스의 배포 조건은 다음 기준을 준수해야 한다고 말했다 – 자유로운 재배포, 소스코드, 파생 저작물, 저작자의 소스 코드 원형 유지, 특정 개인이나 단체에 대한 차별 금지, 사용 분야에 대한 차별 금지, 라이선스 배포, 한정된 제품에만 유효한 사용 허가 금지, 다른 소프트웨어의 제한 금지.

이러한 아홉 가지 조항이 오픈소스의 배포 조건 기준이라고 밝혔다. 간단하게 정의하면 오픈소스는 SW의 내용을 프로그래밍 언어로 나타낸 설계도인 소스코드가 공개되어, 특정 라이선스 방식을 통해 배포되고, 수정, 복제, 사용, 재배포가 자유로운 SW를 지칭한다.

---

17 오토매틱(automattic.com)

18 소프트웨어 정책연구소 SPRI –이슈리포트: [IS-107] 글로벌 오픈소스(공개SW) 생태계와 주요국 정책, 권영환,

19 oss.kr – 공개SW가이드/보고서: 소스코드와 오픈소스

② 오픈소스의 시작

1980년대 초까지 소스코드는 소프트웨어 개발 기업의 영업기밀로 여겨져 프로그램 개발자 외에 접근이 거의 불가능했다. 여기에 반발한 리처드 스톨만Richard Stallman이 1983년 GNUGNU's not Unix 프로젝트를 통해 '자유free소스 소프트웨어' 개념을 처음 도입했다. 리처드 스톨만은 GNU 프로젝트를 통해 비공개되어 있던 소스코드에 '누구나' 접

리처드 스톨먼[20] 그림 13

근가능하게 함으로써, '자유롭게' 프로그램의 실행, 변경, 복제, 배포가 가능하도록 한 것이다. 그러나 그 의미가 'free비용을 지불하지 않는 것'로 치중되자 오해를 막고자 '공개open소스 소프트웨어'라는 용어가 등장했다.[21]

③ 오픈소스가 중요한 이유

3.1 다양성

4차 산업혁명에서 가장 중요한 것은 '혁신'과 '창의력'이다. 불확실한 경영환경에서 각 환경에 맞게 적응하고 변모하기 위해, 혹은 이전의 관습들을 혁파하고 산업 내 선도자가 되기 위해서는 창의력을 기반으로 한발 더 나아가는 기업이 되어야 한다. 창의력을 향상시키는 방법은 여러 가지가 있지만 가장 중요한 요소는 다양성이다. 각자 다양한 경험과 관점을 가진 사람들이 모여 의견을 공유하고 융합시킬 때 새로운 아이디어가 얻어지고, 각 구성원의 피드백을 통해 완전무결한 결과물에 빠르게 도달할 수 있기 때문이다.[22]

---

[20] 전자신문 - [창간기획] 소프트웨어의 자유를 외친 리처드 스톨만, 2011.9.19
[21] oss.kr - 공개SW 개요

오픈소스는 프로그램 개발에 참가한 원래 개발자뿐만 아니라 프로그램에 대한 기본적인 지식이 있는 사람이라면 누구나 참여가 가능하다. 꼭 기업이 고용한 직원이 아니어도, 프로그램 사용자라면 누구든지 아이디어를 제시할 수 있고, 오픈된 소스 코드를 사용하여 아이디어를 실행에 옮길 수 있으며, 그 결과물들이 모여 프로그램의 발전에 기여한다. GNU 프로젝트로 오픈소스의 문을 연 리처드 스톨만도 오픈소스를 통해 "호의적인 상호 협력의 정신을 구현하기 원한다"[23]고 밝혔다.

워드프레스는 프로그램 소스코드를 무료로 공개함으로써 많은 사용자들이 함께 프로그램 개발에 참여할 수 있게 하였다. 나라, 문화, 나이, 직업 모든 것이 다른 사용자들이 각자가 생각하는 프로그램을 만들고 공유하면, 그것을 참고하거나 덧붙여서 또 다른 프로그램을 만들 수 있다. 이를 통해 다양한 콘텐츠 제공이 가능해진 것이다.

3.2 집단지성

집단지성이란 다수의 개체들이 서로 협력하여 얻거나, 더욱 배가 되는 집단적, 지적 능력을 의미한다. 어쩌면 '특정 조건에서 집단은 집단 내부의 가장 우수한 개체보다 지능적'일 수 있다는 이야기다.[24] 4차 산업혁명 시대가 도래하면서 집단지성이 주목받고 있는데, 특히 소프트웨어나 프로그램 개발에 있어서는 개발자들이 많이 모여 협업할수록 보다 긍정적인 효과가 있다. 참여자가 많아야 업그레이드 속도가 빨라지면서 오픈소스 코드가 간결해지고, 오류도 줄어들어 안정적이고 유용한 프로그램이 완성될 수 있기 때문이다.[25]

<집단지성>이라는 책을 발간한 프랑스의 미디어학자 피에르 레비Pierre Levy는 "한 명은 다소 '바보' 같더라도 한 명 한 명이 모이면서 지속적으로 가치가 부여되고, 실시간으로 조정되며, 역량의 실제적 동원에 이르는 것"이 바로 집단지성이라고 정의했다.[26]

---

22 The Science times – 다양성과 창의성에 우리의 미래가 있다, 이수원 특허청장, 2011.2.8

23 GNU Operating System – A historical overview of GNU

24 더 사이언스 타임즈 – 새로운 연구 방식의 '집단지성', 2019년 6월 1일, 최성우 과학평론가

25 삼성뉴스룸 – 임직원칼럼: 소프트웨어도 맞들면 낫들? 갈수록 힘 얻는 '오픈소스' 이야기, 소프트한 김군, 2016.4.18

26 피플투데이 – [대학생 칼럼] 4차 산업혁명 시대에 주목 받고 있는 집단지성, 무엇일까?, 장한서 대학생기자,

워드프레스는 '미트업meet up' 이란 커뮤니티 운영을 통해 워드프레스 이용자들이 서로의 노하우나 기술을 공유할 수 있도록 하고 있다. 전 세계 109개 국가에 퍼져있는 개발자, 콘텐츠 제작자, 사이트 주인들이 대략 745개의 그룹을 만들어 활동하고 있다.[28] 커뮤니티 내에서는 워드프레스를 통해 프로그램을

그림 14 **워드프레스 커뮤니티인 '미트업'[27]**

개발하거나, 운영하면서 느꼈던 어려운 점이 있으면 서로 도움을 받거나, 같은 관심사를 가지고 있다면 '미트업meet up'을 통해 함께 소통한다.

3.3 경쟁력 있는 일부에 집중

오픈소스 프로그램으로 유명한 리눅스의 전략 디렉터인 키스첸Keith Chan[29]은 기업의 경쟁력 창출을 위해서는 오픈소스를 적극적으로 활용해야 한다고 주장했다. 4차 산업혁명 시대에는 더 이상 "나 홀로 혁신할 수 없으므로 오픈소스 생태계에 참여하지 않는다면 도태될 것"이라고 하면서 "기업이 소프트웨어를 개발할 때 80%는 오픈소스를 통해 공동으로 개발하고 협력하며, 나머지 20%에서 경쟁우위를 창출하라"고 조언했다. 경영환경이 급변하는 시대에서 오픈소스 생태계에 참여하여 협력하는 것이 인력과 자원을 낭비하지 않으면서 확실한 경쟁력을 창출할 수 있는 방법이라는 것이다.[30]

2017.8.1

[27] 워드프레스 코리아(ko.wordpress.org)

[28] 워드프레스 코리아 공식 홈페이지 – 커뮤니티

[29] 리눅스 재단 클라우드 네이티브 컴퓨팅 재단(CNCF) 중화권지역 전략 디렉터

[30] 바이라인네트워크 – 홀로 혁신하고자 한다면 도태될 것…… 오픈소스 생태계에 참여하라, 이유지, 2018.12.10

오토매틱은 기업 활동의 대부분이 오픈소스를 기반으로 한 워드프레스에 치우쳐져 있다. 80%는 오픈소스를 이용해 다양한 프로그램을 모집하고 선보여, 많은 사람들이 워드프레스를 이용하게 만든다. 그리고 워드프레스 운영하는 데 도움을 주는 유료서비스와 고객 맞춤화 서비스20%에 초점을 맞춰 수익을 창출하고 있다.

❹ '공짜'에 대한 우려가 있었으나…

워드프레스가 소스코드를 오픈했을 때 워드프레스의 핵심기술이 빠져나가는 것이 아니냐는 우려하는 목소리가 많았다. 매트 뮬렌웨그도 조선일보와의 인터뷰를 통해 "워드프레스가 이렇게 큰 프로젝트가 될 거라고는 예측하지 못했다. 그때 알았더라면, 전부 다 공개로 푸는 데 주저했을지도 모른다"라고 언급하기도 했다.[31] 그럼에도 불구하고 워드프레스를 무료로 공개했기 때문에 대부분의 이용자들이 열광하여 워드프레스로 유입되어 왔고, 그것이 집단지성, 수확체증의 법칙을 가능하게 했다.

모두 워드프레스가 이용자를 위해 소스코드를 공개했다고 생각하는 사이에 오토매틱은 유입된 사용자들 가운데서 추가적인 서비스를 원하는 사람들을 찾아 진정한 수익원을 얻어냈다. 많은 참여자들이 워드프레스를 사용하게 되고, 그 수많은 아이디어와 각자가 개발한 프로그램들이 모여 워드프레스의 경쟁력 있는 자산을 이루는 결과를 만들었다. 워드프레스가 '무료'로 프로그램을 베푼 것처럼 보이지만, 반대로 워드프레스를 검증하고, 아이디어를 제공할 인재들을 무료로 끌어 모으고 있었던 것이다.

이런 점이 가능했던 이유는 오토매틱 홈페이지에서 찾아볼 수 있다. "We don't make software for free, we make it for freedom."[32] 누구나 '자유freedom'롭게 접근할 수 있었기에, 비로소 지금의 경쟁력 있는 워드프레스가 탄생할 수 있었던 것이다. 뮬렌웨그는 '공유'와 '기여'에 의해 만들어지는 네트워크와 생태계에 관해 누구보다도 정확하게 알고 있었다.

---

31 조선일보 위클리 비즈 – '워드프레스' 창립자 매트 뮬렌웨그, 이인욱, 2012.4.28
32 오토매틱 홈페이지(automattic.com)

⑤ 오픈생태계가 유지될 수 있는 이유

소스코드를 공개한다고 해서 그 프로그램이 활성화되는 것은 아니다. 사람들이 오픈소스를 가지고 다양한 창작물을 만들어내고, 공유되는 생태계가 유지되기 위해서는 많은 노력이 필요하다. 정보화 사회에 들어서면서, web 2.0의 시대가 열렸다. 기업들이 일방적으로 정보를 전달하던 web 1.0 시대와 달리, 인터넷 사용자들이 자유롭게 참여해 지적 콘텐츠를 생산·재창조·공유하는 web 2.0 시대[33]에는 정보의 '수확 체증의 법칙'이 가능하게 됐다. 콘텐츠는 기하급수적으로 늘어나지만 거기에 드는 추가비용은 거의 '0'에 가까운 것을 말하는데, 오토매틱의 워드프레스가 바로 이런 방식이다. 오픈생태계의 많은 참여자들이 자신의 아이디어를 녹여내 프로그램을 만든다. '무료'이고 '오픈'되어 있기 때문에 참여자들 수는 제약이 없으므로 매 초마다 수많은 프로그램이 업데이트된다. 그 사이 오토매틱은 오픈생태계가 안정적으로 유지될 수 있도록 생태계 유지보수비용만 지불하면, 그 많은 컨텐츠들이 오토매틱의 경쟁력이 되는 것이다.

이런 오픈생태계를 유지하기 위해서는 다음과 같은 사항들이 요구된다. 첫째, 무엇보다도 사람들의 이목을 끌 수 있는 참신한 프로그램이 필요하다.[34] 소스코드가 오픈되었다고 모든 사람이 달려들어 사용하지는 않는다. 프로그램에서 먼저 사용자들의 필요와 관심을 충족시킬 만한 콘텐츠를 선보여야 한다. 워드프레스는 자신이 원하는 사이트를 직접 만들 수 있다는 것을 내걸고, 사람들의 관심을 끌기 시작했다.

두 번째는 접근이 용이해야 한다. 워드프레스는 '오픈'소스를 통해 모든 사람이 소스를 자유롭게 가져다 쓸 수 있게 하였다. 앞사람들이 만들어 놓은 소스들을 이용할 수 있게 함으로써 사이트를 처음 제작하기 막막한 사람들도 쉽게 접근할 수 있도록 했고, 다양한 예시들을 제공해 각자 취향과 입맛에 맞는 소스를 사용하여 사이트를 만들 수 있게 하였다.

세 번째로는 커뮤니케이션이 원활한 환경을 조성해야 한다. 워드프레스는 소수의

---

[33] 컴퓨터 프로그래밍 관련서적을 주로 출판하는 미국의 출판사 오라일리 미디어(O'Reilly Media)의 부사장 데일 도허티(Dale Dougherty)가 2003년 제안한 용어
[34] 오토매틱의 워드프레스와 같은 프로그램을 말한다.

개발자들이 프로그램을 개발하면, 다수의 참여자들이 그것을 사용해 보거나 검토하여 피드백을 한다. 관리자는 다양한 피드백들을 잘 정리하여 개발자가 쉽게 이해할 수 있도록 정리하여야 하며, 개발자는 피드백을 반영하여 더 나은 프로그램이 될 수 있도록 계속하여 개선해 나가야 한다.

마지막으로 생태계는 긍정적인 방향으로 지속되어야 한다. 아무리 생태계 자체가 원활히 유지되고 있다 하더라고, 그 자체가 장기적인 비전을 가지고 나아가야 한다. 매트 뮬렌웨그는 자신이 무료 공개된 블로그 프로그램을 통해 워드프레스를 창조해 낸 것처럼 워드프레스의 오픈생태계가 '새로운 가치'를 만들어내는 데 기여하길 원한다고 밝혔다.[35]

⑥ 국내의 오픈소스 현황

그림 15 오픈소스와 연상 단어

한국은 다른 국가들보다 다소 늦은 감이 있으나 (구) 정보통신부를 중심으로 오픈소스 소프트웨어에 대한 정책적 지원을 추진하여 왔다. 그러나 한국의 오픈소스 소프트웨어는 종합적인 지원 정책에도 불구하고 확산시키기 어려웠다. 그 이유로는 특정기술과 제품을 명시하는 시장 진입장벽, 성공사례의 부족, 리눅스 기반의 우수한 상용 소프트웨어가 부족하다는 편견, 전문기업 및 전문 인력이 부족하여 제대로 된 기술 지원을 받을 수 없다는 인식, 호환성의 결여 등을 말할 수 있다. 국내에서 오픈소스 소프트웨어의 도입은 해외의 흐름에 맞추어 2003년부터 정부의 적극적인 지원에 힘입어 본격적으로 추진되어 왔다. 그러나 세계적인 오픈소스 소프트웨어 활

---

35 테그블로그 TECHIT: 워드프레스에 비친 성공하는 플랫폼의 비밀, endgame, 2012.7.5

용 패턴에 비해서 다소 한정된 분야에 적용 및 활용되고 있다. 4차 산업혁명으로 오 픈소스의 전략적 활용이 중시되는 상황에서 국내의 기업들은 오픈소스의 중요도에 대한 인식의 부분이나 활용하는 능력이 부족하다. 오픈소스를 도입하고자 하는 기업 들이 오토매틱을 오픈소스 활용의 성공적인 사례로 삼고, 이를 분석하여 기업의 전 략을 세우고 발전시켜 나간다면 좋은 성과를 거둘 것이라고 판단한다. 또한 오픈소 스를 도입·활용하기까지의 과정은 쉬울 수 있지만, 오픈생태계를 정상적으로 이끌 어 나가는 것은 상대적으로 더 어렵다는 것을 염두에 두어야 한다.

리모트워크

① 리모트워크란?

리모트워크remote work의 'remote'는 비대면 원격이라 는 뜻으로 회사에 직접 출근 하지 않고 자신이 원하는 장 소와 시간에 자신의 업무 스 타일에 맞게 일하는 것이다. 지금까지는 원격 근무라고도 불렸지만 원격제어, 원격통제 등 '원격'이라는 단어 자체에

리모트워크 그림 16

'통제'의 의미가 내포되어 있는 경우가 많아 리모트워크가 가지는 자율성을 살리기 위해 '리모트워크'라는 자체의 단어를 많이 사용하게 되었다. 이런 업무 방식을 집 또 는 집과 유사한 환경에서 일하는 '재택근무'로 생각할 수 있지만, 리모트워크는 재택 근무를 포함하는 개념으로 사용할 수 있다.

❷ 리모트워크의 유래

리모트워크는 2010년대 초반, 미국 실리콘밸리에서 등장했다. 미국의 실리콘밸리는 높은 임대료로 인해 사무실을 임대하는 데 어려움이 있었고, 보다 다양한 지역의 유능한 인재를 확보하기 위해 리모트워크 방식을 채택하게 되었다. 이로써 비싼 사무실 임대료나 거주비용이라는 한계에서 벗어나 다른 지역의 유능한 인재를 채용하여 원격으로 협업할 수 있게 되었다.

❸ 리모트워크의 장·단점

3.1 장점

(1) 전 세계 인재채용 가능

> "지역에 묶여 있으면 작은 연못에서 낚시하는 것이지만,
> 리모트워크를 할 경우, 드넓은 바다에서 낚시하는 것과 같다."

오토매틱의 CEO인 뮬렌웨그는 인재채용을 낚시에 비유했다. 거주지와 국적에 상관없이 물리적인 장소로 출퇴근이 필요하지 않기 때문에, 다양한 배경의 인재를 확보할 기회가 많아지고, 조직의 창의성과 유연성을 높일 수 있기 때문이다.

(2) 고정비용의 절감

미국의 원격근무 연구기관인 텔레워크 리서치 네트워크는 리모트워크를 일주일에 1회 시행할 경우, 1인당 6,500달러, 한화로는 약 718만 원을 절감할 수 있다고 밝혔다.

(3) 높은 워라밸(Work and Life Balance)로 이직률 감소

통근 1시간의 경제적 가치는 한 달에 약 94만 원에 달한다. 이는 장거리 통근자의

행복을 돈으로 환산한 결과로, 출퇴근이 얼마나 큰 스트레스 요소가 되는지 알 수 있다. 리모트워크를 시행할 경우, 출퇴근을 없애거나 단축시켜 직원들의 워라밸을 보장할 수 있으며, 이를 수치로 따졌을 때 약 94만 원 이상의 행복을 되찾을 수 있다. 이는 회사에 대한 만족도로 이어져 이직률이 낮아지는 효과가 있다.

3.2 단점

(1) 의사소통의 부재

비대면으로 업무를 할 경우, 직원 간의 단절 등 고립감과 소외감이라는 문제점이 발생한다. 넷플릭스 CEO는 "리모트워크를 하면 모이기 어렵다. 새로운 발상을 떠올리려면 둘러 앉아 토론을 해야 한다"라며 어려움을 토로했다. 또한 펜실베니아 워튼 경영 대학원 조직네트워크 분석 전문가 린 우 교수가 IT컨설팅 기업 직원들을 대상으로 커뮤니케이션 빈도와 방향을 측정할 수 있는 센서를 부착하고 조직 내 네트워킹과 생산성에 대해 연구한 결과, IT와 같은 복잡한 업무영역에서는 비대면보다 대면 방식의 회의가 전화나 이메일보다 업무 처리 속도가 높은 것으로 나타났다.

(2) 개인 성장기회 제공의 한계

개인의 성장은 기업의 성장으로 이어질 수 있기 때문에, 많은 기업들이 직원에게 교육을 제공하고 있다. 그러나 리모트워크 방식을 채택하면 집합교육 진행이 어려워 온라인 교육을 이용하게 되는데, 온라인 교육은 대면교육의 이점을 충족하기에는 한계가 있다.

(3) 시간 관리의 어려움

집과 사무실의 경계가 무너져 출퇴근의 경계가 모호해진 탓에 리모트워크를 처음 경험한 사람들은 적정 업무량을 찾는 것이 어렵다고 말한다. 또한 자율성에 기반한 업무 방식으로 업무 상황을 수시로 점검하고 보고하도록 지시하여, 그에 대한 압박감이 뒤따르기도 한다.

❹ 리모트워크의 유형

(1) Flexible(부분) Remote Work – 일시적/부분적 시행

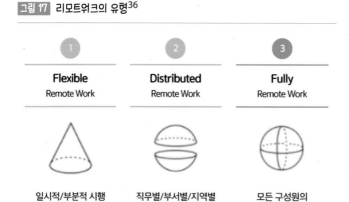

그림 17 리모트워크의 유형[36]

1	2	3
Flexible Remote Work	**Distributed** Remote Work	**Fully** Remote Work
일시적/부분적 시행 또는 출근율 조정	직무별/부서별/지역별 단위 조직에 대해 실시	모든 구성원의 기본 근무제도

유연하게 리모트워크와 오피스워크를 동시에 운영하는 근무 형태이다. 근로자가 이러한 유형의 근무 방식에서 혼란을 느낄 수도 있으며 생산성에 영향을 미칠 수도 있다.

(2) Distributed(분산) Remote Work – 직무별/부서별/지역별 단위 조직에 대해 실시 여부 결정

직무와, 부서 그리고 각 지점에 따라 적용 여부를 결정하는 유형이다. 이 유형은 리모트워크를 시행하는 조직과 오피스워크를 시행하는 조직 사이에서 근로 조건을 어떻게 설정할 것인지가 중요하게 작용한다. 이 둘 사이의 근로조건이 달라지거나 위화감이 생길 경우 기능적인 문제가 발생할 수 있기 때문이다.

(3) Fully(완전) Remote Work – 모든 구성원의 기본 근무제도

100% 리모트워크를 활용하는 유형으로 오피스워크에서 대부분의 것들이 새롭게 변화하기 때문에 재구축이 필요하다.

---

36 시앤피컨설팅 HR 아카데미 리모트워크의 유형

⑤ 리모트워크의 성공요소

표 3 리모트워크의 성공요소[37]

리모트워크 사전 준비도	① Mind-set: 업무를 수행하는 사람의 자세와 태도 ② Skill-set: 업무를 수행하는 사람이 갖춰야 할 역량 ③ Tool-set: 리모트워크에 필요한 인프라
신뢰 기반의 조직 문화	'직원들을 믿지 못한다면, 사람을 잘못 뽑은 것' – 베이스캠프 제이슨 프리드 –
결과 중심의 조직 운영	업무 목표에 대한 합의 필요

⑥ 리모트워크 사례

오디오 편집 어플리케이션 개발회사인 인덴트코퍼레이션은 2년 동안 제주도에서 리모트워크를 진행하고 있다. 7명의 직원은 일주일 동안 무슨 일을 할지 공

인덴트코퍼레이션[38] **그림 18**

↳indent

유하고 그 이후로는 만나지 않는다. 인덴트코퍼레이션의 대표는 직원들이 다른 사람의 눈치를 보지 않고 일하는 것을 가장 만족스러워하며, 시간과 장소를 자기 주도적으로 선택하는 것이 만족감을 높여 주는 것 같다고 말했다.

국내 최초 인공지능 기반 동영상 후기 서비스 '브이리뷰'를 개발한 인덴트코퍼레이션은 불필요한 시간을 절약해 업무 생산성을 증진시키자는 모토 아래 2018년 설립 당시부터 지금까지 리모트워크를 시행 중이다. 직원 개개인의 일하는 방식을 존중하고, 이를 통해 유연한 사고와 책임감을 부여하는 인덴트코퍼레이션은 리모트워크 제도를 바탕으로 높은 성장 곡선을 그리고 있는 것은 물론, 복지 증진 효과까지 거두며 일석이조 효과를 보이고 있다.

---

37 휴넷-리모트워크의 성공요소

38 인텐트코퍼레이션(indentcorp.com)

그림 19 스마트스터디[39]

영유아 대상 캐릭터 '핑크
퐁', '아기상어'로 유명한 콘텐
츠 기업 스마트스터디는 재택
근무의 장·단점과 업무 성과
추이 등을 담은 '재택근무 가이
드'를 외부에 공개했다. 재택근무 가이드에 의해 업무 시작과 종료 시간을 협업 구성
원과 인사팀에 메일로 공유하고, 진행 예정 업무, 진행 완료 업무 등을 각각 출퇴근
시에 공유해야 한다.

❼ 코로나19 이후, 리모트워크

그림 20 코로나19 이후, 리모트워크 현황[40]

Status of the remote work market after COVID-19

After COVID-19, the number of companies implementing remote work has more than quadrupled from 8% to 34%.
Due to the prolonged pandemic situation, the introduction of a remote work solution becomes 'essential' rather than 'optional'

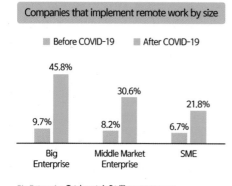

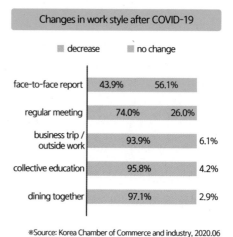

---

39 스마트스터디(www.smartstudy.co.kr/ko)

40 대한상공회의소, 2020.06

<그림 20>을 보면, 코로나19 이후 리모트워크를 시행한 기업 수는 4배 이상8% →34%으로 크게 증가하였다대기업 9.7%→45.8%, 중견기업 8.2%→30.6%, 중소기업 6.7%→21.8%. 또한, 대면보고face-to-face report는 43.9% 감소한 반면, 함께 식사dining together는 97.1%로 크게 감소하였다.

코로나19 이후 업무 방식은 대면 방식에서 비대면 방식으로의 전환이 이루어졌

그림 21 코로나19 이전, 리모트워크 필요성 인식[41]

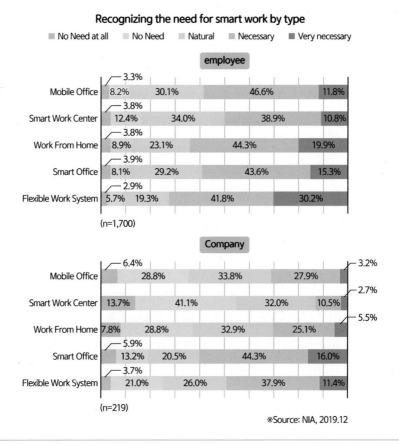

Status of the remote work market before COVID-19

There is a difference in perspective between employees and company on the need for telecommuting.

Recognizing the need for smart work by type

■ No Need at all　■ No Need　■ Natural　■ Necessary　■ Very necessary

employee

	No Need at all	No Need	Natural	Necessary	Very necessary
Mobile Office	8.2%	30.1%	46.6%	3.3%	11.8%
Smart Work Center	12.4%	34.0%	38.9%	3.8%	10.8%
Work From Home	8.9%	23.1%	44.3%	3.8%	19.9%
Smart Office	8.1%	29.2%	43.6%	3.9%	15.3%
Flexible Work System	5.7%	19.3%	41.8%	2.9%	30.2%

(n=1,700)

Company

	No Need at all	No Need	Natural	Necessary	Very necessary
Mobile Office	6.4%	28.8%	33.8%	27.9%	3.2%
Smart Work Center	13.7%	41.1%	32.0%	10.5%	2.7%
Work From Home	7.8%	28.8%	32.9%	25.1%	5.5%
Smart Office	5.9%	13.2%	20.5%	44.3%	16.0%
Flexible Work System	3.7%	21.0%	26.0%	37.9%	11.4%

(n=219)

※Source: NIA, 2019.12

---

41 대한상공회의소, 2020.06

다. 코로나19 이전 스마트 워크 필요성에 대해서 근로자와 기업의 인식은 큰 차이를 보였다. <그림 21>을 보면 근로자의 49.7%Smart Work Center~72%Flexible Work System 가, 그리고 기업의 13.2%Smart Work Center~60.3%Smart Office가 스마트 워크에 대해 필요 또는 매우 필요하다고 응답하였다.

한편, 리모트워크는 계속해서 새로운 단계로 발전하고 있고, 코로나19 이전에도 일부 기업들은 사원들의 일과의 균형과 자율성을 보장과 저출산, 고령화와 같은 사회적인 문제 해결을 위해 재택 근무제를 시행해 왔으며, 현재 코로나19는 리모트워크의 단계 변화 속도를 높이고 있다<그림 22>.

그림 22 리모트워크 솔루션 단계[42]

1단계	2단계	3단계	4단계
통합 커뮤니케이션	**협업 솔루션**	**원격 작업 솔루션**	**새로운 시대**
• 유선/무선 전화 통신 • eMail • 메신저	• 다자 원격 음성/영상 회의 • 다양한 협업 솔루션의 등장 • 하드웨어 중심	• 소프트웨어/클라우드 중심 • 근무 시간 및 장소에 대한 의존도 감소 • 내부 및 외부 솔루션의 상호운용성	• 소프트웨어/클라우드 중심 • 새로운 ICT 기술 적용: 인공지능, AR/VR • 유연성 향상

코로나19 팬데믹으로 인해 원격근무를 하는 기업이 늘었지만, 몇몇 기업들은 이러한 새로운 환경에 잘 적응하지 못하는 모습도 보인다. 리모트워크 솔루션의 성공적인 도입을 위해서 기업들은 해당 기업의 업무 분석을 중요한 절차로 여기고 직무에 따라 리모트워크 도입 여부를 신중하게 결정할 필요가 있다. 오토매틱은 코로나19 이전부터 원격근무를 채택하면서 언택트의 기본 인프라를 잘 구축하고 있다. 대중적인 업무방식은 아니지만 다른 기업들도 원격근무에 대한 방식을 고려해 볼 필요가 있다. 또한 리모트워크는 근무에 필요한 규칙들을 마련하고 순차적인 절차를 통해 성공적으로 채택되어야 리모트워크의 장점을 최대한 발휘할 수 있을 것이다.

4차 산업혁명에 있어 이러한 원격 근무 시행은 불필요한 비용을 줄이고 워크 다

---

[42] 한국정보산업연합회

이어트를 통해 기업의 생산성과 근로자의 삶의 질 또한 보장해 준다. 하지만 장점 뒤에는 늘 단점이 존재하듯, 리모트워크가 가지는 단점을 보완하기 위해서 기업들은 철저한 계획을 세울 필요가 있으며, 이러한 단점까지 보완이 되었을 때 리모트워크 솔루션이 진정한 빛을 발할 것이라고 생각된다.

워드프레스의 문제점

① 보안문제와 해결방안

> 해커가 패치되지 않은 워드프레스 설치를 완전히 손상시킬 수 있는, Elementor WordPress 플러그인을 위한 Elementor Pro와 Ultimate Addons에 존재하는 취약점을 악용한 사실이 밝혀졌다. 워드프레스 보안 전문가들은 공격이 시작된 2020년 5월 6일 이후, 위 이슈를 타깃으로 하는 해킹 캠페인을 관찰해 왔다. 이들이 발행한 보고서는 Elementor Pro와 Ultimate Addons의 플러그인에 존재하는 보안 취약점이 해커들에 의해 악용되고 있다는 보고를 받았고, 공격 활동을 확인하기 위해 손상된 사이트의 로그 파일을 검토하였다고 설명한다.
> 악용에 성공한 공격자들은 웹사이트에 지속적으로 접근할 수 있고, 전체 관리자 권한을 얻어 사이트를 완전 장악 및 삭제도 가능하다.[43]

소스코드를 공개함에 따라 많은 이용자가 보다 쉽게 사용할 수 있게 되었으므로 워드프레스가 플랫폼으로서 입지를 다지는 데 소스코드 공개가 큰 영향을 주었다고 할 수 있다. 하지만 이로 인해 워드프레스를 항상 따라다니는 문제점이 바로 '보안' 문제다. 전 세계적으로 사용하는 사람이 많기 때문에, 보안 문제에 대해 더욱 신경을 써야 하는 것은 당연하다.

CMS 업계 사용자 수 1위인 만큼 해킹 사건도 끊이지 않고 있다. 보안 전문가들에 의하면, 워드프레스 기반 사이트들을 비롯한 CMS 기반 사이트들 대부분이 플러그인 때문

---

43 데일리시큐, "워드프레스 플러그인 2개 보안 취약점 발견······1백만 개 사이트 보안 위험 노출", 2020.05.08

에 해킹 공격을 겪는다. 2020년 기준, 워드프레스의 무료 플러그인은 56,000개 이상이 존재한다. 플러그인이 많을수록 해커가 들어갈 구멍이 많아진다는 뜻이다. 하지만 플러그인 보안 업데이트는 이미 이루어졌으나 사용자가 패치를 안 해서 생긴 문제들이 대부분이다. 플러그인으로 유입되는 해커 공격을 방지하기 위해서는 웹사이트를 개설한 사람이나 운영자가 보안에 대한 향상된 의식을 갖추는 것도 중요하지만 뒤늦은 업데이트에 대한 사용자 관리도 필요하다.[44] 플러그인으로 유입되는 해커의 공격을 방지하기 위해서는 워드프레스를 사용하기에 앞서 안전하게 활용하는 방법을 숙지할 필요가 있다.

1.1 워드프레스 보안 플러그인 사용

사실 워드프레스 자체는 안전하다. 그러나 이를 올바르게 사용하지 않는다면 보안에 취약해질 수 있다. 제일 먼저 사용자가 해야 할 일은 워드프레스 보안 플러그인을 설치하는 것이다. 워드프레스 플러그인은 PHPHypertext Preprocessor[45]라는 언어로 개발되는데, 이 PHP는 웹 애플리케이션 위험 요소들에 특히 많이 노출되어 가장 주요한 공격 경로라고 볼 수 있다. 그러므로 워드프레스 플러그인은 취약점들을 기반으로 보안 전략을 세우고 사용한다면 보안에 큰 도움이 될 것이다.

1.2 항상 최신 버전으로 업데이트하여 유지

워드프레스 플러그인을 항상 최신 버전으로 업데이트 하는 것은 중요하다. 보안 문제의 대부분은 플러그인 보안 업데이트는 이미 이루어진 상태지만 사용자가 패치를 하지 않아 생기는 문제이다. 최근 2020년에도 워드프레스 플러그인 보안의 취약점을 발견해 하위버전을 사용하는 워드프레스 사이트 35만 개 이상이 손상될 뻔했다고 한다. 그러나 플러그인을 최선 버전으로 업데이트한다면 이러한 보안 취약점이 문제가 되지 않는다. 플러그인의 최신 버전은 취약점이 수정되어 업데이트되어 있지만, 하위 버전에서는 이를 지원해 주지 않기 때문에 업데이트가 중요하다.

---

44 보안뉴스, 자꾸만 해킹당하는 워드프레스, 사용자 의식 문제, 2015.03.13
45 하이퍼텍스트 생성 언어(HTML)에 포함되어 동작하는 스크립팅 언어

1.3 정기적인 사이트 백업

워드프레스를 사용하는 사이트에 문제가 발생했을 때 쉽게 복원하기 위한 백업은 필수이다. 자체 백업 기능을 제공하는 일부 웹호스팅도 있지만, 그렇지 않은 웹호스팅은 수동으로 백업을 해야 한다. 정기적인 워드프레스 사이트의 백업은 사용자가 정보를 보다 잘 보호하기 위해 필수이다. 정기적 백업은 자주 업데이트되는 웹사이트 콘텐츠나 새로운 정보를 다운로드하여 워드프레스 사이트를 보호할 수 있다.

이외에도 ADMIN, ADMINISTRATOR의 이름을 관리자로 지정한 후 계정삭제, 강력한 비밀번호 사용, 로그인 시도 제한 등을 통해 보안을 강화할 수 있다.

② 한국시장에서의 낮은 시장점유율

세계적으로 압도적인 점유율을 자랑하는 워드프레스지만 국내 시장만큼은 크게 대중화되어 있지 않다. 일부 대기업이 사용하고 있고, 최근 개인 온라인 사업에서 많이 사용되고 있는 추세지만 아직까지 일반 대중들은 국내 CMS나 네이버에 많이 의존하고 있는 상황이다.

그림 23 워드프레스를 사용한 홈페이지 사례[46]

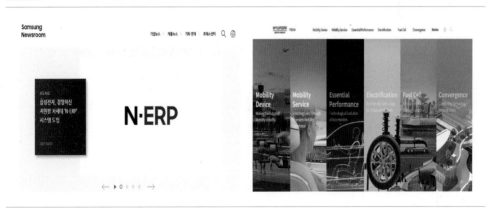

---

46 출처: 왼쪽 - 삼성뉴스룸(news.samsung.com/kr/)/오른쪽 - 현대자동차 기술 블로그(blog.hyundai.co.kr)

2.1 오픈소스의 제약

워드프레스는 오픈소스를 통해 전 세계 사용자들이 함께 수정·보완을 하면서 발전해 왔다. 하지만 한계가 없을 것 같은 오프소스 방식에도 단점은 있다. 같은 프로그램들을 사용하다 보니 기존 프로그램들과의 충돌이 일어날 수 있다. 워드프레스는 데이터베이스 관리프로그램으로 MySOL을 쓰고 프로그램 언어로는 PHP를 쓰고 있는데, 이는 모두 오픈소스이다. 문제는 큰 기업이 오픈소스보다는 오라클이나 MSSQL 같은 상용 DBMS를 주로 쓴다는 점이다. 이런 곳은 워드프레스를 선뜻 도입하기 힘들다. 기술적으로 아예 불가능한 일은 아니다. 워드프레스가 널리 쓰이는 상용 DBMS인 MSSQL와 연결해 주는 플러그인이 있기는 하지만, 매트 뮬렌웨그는 이 방법을 추천하지 않았다. 워낙 많은 플러그인과 테마가 있어서 충돌이 일어날 가능성이 많기 때문이다.

2.2 한국과는 맞지 않은 구성

워드프레스는 국내의 홈페이지 구성과 매우 다르다는 평가를 받는다. 애초에 미국에서 나온 프로그램이다 보니, 구조나 서비스도 미국 시장을 기준으로 프로그래밍되었다. 현재 국내 몇몇 대기업들과 같이 글로벌 소비자들을 대상으로 하기에, 그들에게는 익숙한 구성일 수 있다. 하지만 국내 커뮤니티 웹사이트나 블로그와는 확실히 차이가 있다. 가장 두드러진 차이점은 바로 '댓글창'이다. 워드프레스의 플러그인들은 활용성이 높은 반면에, 댓글을 쓸 수 있는 공간이 부족하다. 국내 커뮤니티 대부분은 주 콘텐츠가 게시판에서 나온다. 물론 추가 프로그래밍을 통해 게시판을 만들 수 있지만, 국내 CMS는 기본적으로 게시판 기능이 탑재되어 있으며, 현재 자리 잡고 있는 네이버블로그, 카페 등이 대중화되어 있는 구조이기 때문에 워드프레스가 들어갈 공간이 없다.

사용자 환경 또한 국내 사용자들에게는 익숙하지 않다. 국내 대부분의 사이트들은 보이는 화면 그대로 편집할 수 있지만 워드프레스는 글을 쓰는 화면과 글이 보이는 화면이 다르다. 추가 플러그인을 설치하면 이러한 차이를 극복할 수 있지만, 이렇게 설치된 플러그인들은 안정적이지 않을 수 있다.

2.3 언어 장벽

앞서 말했듯이 미국 시장을 중심으로 개발되었기 때문에 그와 관련된 콘텐츠나 공유 커뮤니티들도 주로 영어권 사용자들이 많다. 워드프레스 관련 테마나 플러그인 까지 대부분 콘텐츠가 영어로 나오고 커뮤니티에 올라오는 노하우 같은 정보들도 모두 영어로 공유된다. 이는 국내에서 워드프레스의 오픈소스를 제대로 활용하기 위해서는 어느 정도 영어 실력이 뒷받침되어야 한다는 뜻이다. 그러나 국내에선 아직 이러한 커뮤니티가 발달되지 않아서 한글로 검색하면 원하는 정보를 얻지 못할 가능성이 많다. 오토매틱은 대한민국을 비롯한 비영어권 시장을 위해 언어 장벽을 해결하고 보편성을 늘릴 필요가 있다.

맺음말

본 장에서는 '콘텐츠 관리시스템CMS' 소프트웨어 시장을 선도하는 오토매틱에 대해 살펴봤다. 오토매틱은 CEO인 '매트 뮬렌웨그'를 필두로 하여 '워드프레스'라는 확실한 제품과 '리모트워크'란 독특한 기업문화를 기반으로 성장 중이다.

오토매틱은 미국 샌프란시스코에 위치한 본사까지 없애며 '언제 어디서든 자유롭게 근무'하는 기업이다. 이러한 '전면 원격근무'는 장점도 많지만, 일과 생활의 경계가 사라지고 각 직원 간 시차로 인한 소통문제 등 단점도 있다. 그러나 단점보다 장점이 주는 이익이 더 크기 때문에 오토매틱은 전면 원격근무 시스템을 선택했다. 특히 창업자 뮬렌웨그는 원격 근무를 통해 전 세계에서 오토매틱에 맞는 인재를 채용해, 회사가 이만큼 성장했다고 말한다. 이 밖에도 고정비용이 절감되고 높은 워라밸로 이직률이 감소하는 효과도 있다. 또한 직원들 간 수평적인 소통과 결과중심으로 직원들을 평가한다는 점도 오토매틱의 독특한 기업문화다.

오토매틱의 대표적 상품은 바로 워드프레스이다. 워드프레스는 뮬렌웨그가 만든 세계 최대의 오픈소스 콘텐츠 관리시스템CMS이다. 오토매틱은 프리미엄Free + Premium

전략과 오픈생태계 전략을 사용해서 세계적인 기업이 되었다. 기본적인 제품과 서비스를 무료로 제공하고 고급기능과 특수기능은 요금을 부과하도록 하는 전략인 프리미엄 전략은 오토매틱뿐 아니라 많은 기업들 또한 사용하고 있는 전략이다. 오토매틱의 경우, 오픈소스까지 공개하는 극단적인 전략을 밀어붙여 성공을 거두었다. 이는 워드프레스 사용은 무료이지만, 그 밖에 부가기능 및 광고 호스팅을 할 때는 요금이 부과되는 구조이다.

오토매틱의 뮬렌웨그는 워드프레스의 소스코드를 공개하며 누구든지 이 프로그램을 개조해서 사용할 수 있도록 만들었다. 이것이 바로 '워드프레스 오픈생태계'의 시작이다. 워드프레스에서는 모두가 개발자이며 사용자이다. 혁신적이고 흥미로운 소프트웨어는 재능 있는 개발자들이 끊임없이 소통하고 많은 이용자들이 평가하면서 만들어진다. 워드프레스는 많은 개발자를 채용하는 대신 이용자들이 곧 개발자가 되는 워드프레스 생태계를 만들었고 계속해서 그 생태계는 성장 중이다.

오토매틱은 대부분의 매출을 워드프레스 관련 부가서비스를 제공하면서 벌어들이고 있다. 먼저 기본적으로 무료로 제공되는 워드프레스 프로그램을 사용하면서 사용자들이 스스로 사용자화하고 싶은 부분을 개선시켜 주며 얻는 수익, 다음으로 프리미엄 테마와 프리미엄 플러그인을 사용할 수 있게 되고 광고 호스팅 권리를 가질 수 있는 프리미엄 플랜으로 얻는 수익, 마지막으로 워드프레스 기반 광고네트워크, 프리미엄 테마와 프리미엄 플러그인을 제공하며 얻는 수익이 있다.

오토매틱은 현재 콘텐츠 관리시스템에만 국한되지 않고 인터넷 세계 전반으로 생태계를 확장시키기 위해 공격적인 M&A와 전략적 투자를 하고 있다. 대표적인 M&A 사례로는 전자상거래 플랫폼 기업인 '우커머스'를 인수해 많은 사람들이 손쉽게 인터넷으로 물건을 팔 수 있도록 하겠다고 밝혔다. 또 블로그, 소셜네트워크 플랫폼 업체인 '텀블러'를 인수해, 사용자들이 소셜 네트워크를 통해 다양한 콘텐츠를 운영하며 모바일 분야에서도 점유율을 높일 수 있는 기회를 얻었다. 오토매틱의 투자로는 보안이 뛰어난 메신저 '매트릭스'를 운영하는 '뉴 벡터'에 투자하면서 재택근무 협업툴 Tool과 분산통신 개방형 네트워크 플랫폼 기반 메신저를 워드프레스 사용자들에게 제공할 수 있게 됐다.

한편, 워드프레스에도 문제점은 존재한다. 바로 '보안'문제다. 아이러니하게도 오토매틱을 현재의 위상에 올려준 오픈소스 전략이 오토매틱의 문제점으로 따라다니고 있다. 소스들을 모두 공개했기 때문에 그만큼 해커들이 들어갈 수 있는 구멍을 많이 만들었다는 뜻이기도 하다.

한국에서 점유율이 낮은 것 또한 문제점이다. 한국은 2019년 국제전기통신연합 ITU가 조사한 인터넷 보급률 조사에서 95.9%를 기록할 정도로 인터넷 통신망이 잘 갖추어져 있고 전 세계에서 가장 먼저 5G 통신망을 보급한 인터넷 강국이다. 하지만 네이버라는 강력한 경쟁자가 선점효과를 가지고 시장을 지배하고 있기 때문에 오토매틱의 추후 한국진출 전략도 주목할 이슈이다.

4차 산업혁명으로 인한 기술의 발전 외에도 기업 경영과 환경에 관련된 여러 문제들이 변화하고 있다. 이런 시각에서 오토매틱은 다양한 방면으로 4차 산업혁명의 선두주자 역할을 하고 있다. 일반화된 규칙보다는 다양한 의견을 수용하고, 개개인의 역량을 넘어 오픈생태계를 통해 서로의 기술과 생각을 공유하고 문제가 발생하면 함께 소통하며 해결하는 기업이다. 특히 이런 오픈생태계를 통해 다른 기업들과 차별성을 가지고 더 현명하게 문제를 해결해 나간다. 환경이 빠르게 변화하는 시대인 만큼 새로운 방식과 대응이 중요한 시점에 오토매틱은 오픈생태계를 통해서 확실한 경쟁우위를 유지한다.

이 밖에 우려되는 부분은 첫째, 재택근무 협업툴 시장에 너무 늦게 진입하는 것이 아닌가?라는 의문이다. 위 글에서 설명했지만 워드프레스는 뉴 벡터 투자를 통해 재택근무 협업툴인 리엇Riot을 개발했다. 하지만 이미 시장에는 내노라하는 협업툴이 많이 출시되었다. 마이크로소프트에서 서비스하는 팀즈Teams, 슬랙Slack, 줌Zoom, 구글의 미트Meet 그리고 시트릭스나 시스코 같은 대기업에서도 협업툴을 개발했다. 워드프레스가 CMS분야 1위라는 타이틀을 이용해 협업툴 시장에 뛰어들었지만 이미 과포화상태인 재택근무 협업툴 시장에서 얼마나 성장을 할 수 있을지는 아직 의문이다.

둘째, 공격적 확장에 대한 우려이다. 오토매틱은 기업사명을 이루기 위해 공격적으로 투자와 M&A를 진행하는 기업으로 유명하다. 하지만 이런 공격적인 확장이 오히려 기업에는 독이 될 수도 있다. 예를 들어 글로벌 CRM시장 1위 소프트웨어 회사인 미국의 '세일즈포스'는 기업용 메신저 업체 슬랙을 약 30조에 인수하였다. 이는 '과도한 M&A프리미엄을 지급한 것 아닌가?', '슬랙이 30조라는 가치를 가진 기업인가?', '세일즈포스와 슬랙이 시너지효과를 낼 수 있을까?'라는 의견과 함께 세일즈포스의 주가가 하락했다. 공격적인 확장을 통해 사업을 다각화하는 것은 좋지만 합리적인 투자 및 인수합병을 통한 시너지효과를 잘 생각해서 진행해야 할 것이다.

셋째, 오토매틱은 오픈소스에서 무분별적이고 잘못된 방향으로 나아가는 집단지성에 대해 항상 유의해야 할 것이다. 오픈소스는 누구나 쉽게 접근할 수 있지만 모두가 선한 방향으로 오픈소스를 이용할 것이라는 보장은 없다. 따라서 오토매틱이 의도한 행위의 결과뿐 아니라 의도하지 않은 행위의 결과까지 책임져야 하는 상황이 찾아올 수 있다. 오토매틱은 이런 '윤리적 공백'[47]에 대한 대책도 고려해야 할 것이다.

끝으로, 워드프레스에 접근하는 이용자가 점점 증가하고 있는데 오토매틱은 이 이용자들을 다 수용할 수 있는 네트워크를 충분히 구축했는지 의문이다. 워드프레스라는 소프트웨어를 사용하는 사람이 많을수록, 만약 워드프레스가 먹통이 된다면 혼란을 겪는 사람 또한 적지 않을 것이다. 따라서 오토매틱은 충분한 데이터센터를 갖추고 지속적으로 데이터를 관리하는 데도 많은 주의를 기울여야 할 것이다.

오토매틱은 최근 대두되고 있는 기업의 사회적 책임CSR, Corporate Social Responsibility에도 잘 대처하고 있다. 뮬렌웨그와 오토매틱이 궁극적으로 원하는 것은 모두가 인터넷, 모바일을 통해 자유롭게 자신의 공간을 만들며 그 공간 안에서 자유롭게 콘텐츠를 생산하고 인터넷 세계에서 공유하는 것이다.[48] 뮬렌웨그는 꾸준한 봉사활동 및 기부활동을 하고 있으며, 사회소외계층에게 무료로 코딩을 알려주는 활동도 진행하고, 지속적으로 사회 전반에 선한 영향력을 미치고 있다. 또한 지속적으로 정보가 폐쇄적이고 중앙집중화되는 것을 반대하고 있다.

최근에는 누구나 온라인을 통해 물건을 판매할 수 있도록 이커머스 시장에도 진출하는 모습을 보이고 있다. 마치 미국의 아마존이 '아마존 프라임'을 통해 사용자들을 아마존 생태계 속에 락인Lock-in시키는 것처럼, 그 생태계를 계속 키우고 있다.

워드프레스를 기반으로 한 오토매틱이 과연 얼마나 많은 사람들을 그의 비즈니스 생태계 안에 귀속시킬 수 있을까?

---

[47] 과학기술의 발달과 이를 따라가지 못하는 기존 윤리와의 간극
[48] 뮬렌웨그는 이를 출판민주화라고 표현한다.

1. 글로벌화와 코로나19 팬데믹으로 모든 직원이 같은 사무실 안에서 함께 근무하는 것이 점점 그 의미를 잃어 가고 있다. 오토매틱의 원격근무 사례를 기반으로, 다른 기업이 원격근무를 도입할 때, 기업 차원의 전략 및 시스템과 종업원 차원의 필요한 소양이 무엇인지 논의해 보자.

2. 국내 홈페이지 시장 환경을 조사하고, 동사가 한국 시장에 특히 진입이 어려운 이유와 향후 공격적으로 시장 확대를 위해 필요한 전략에 대해 알아보자.

3. 워드프레스의 오픈소스 방식 생태계 및 플랫폼의 장·단점은 무엇이고, 이를 더욱 발전시키기 위한 미래 전략을 알아보자.

4. 최근 오토매틱이 추진하고 있는 사회적 책임은 무엇이고, 4차 산업혁명과 기업의 사회적 책임 또는 ESG 경영을 접목하기 위한 방향에 대해 논의해 보자.

Paradigm Shift를 위한
4차 산업혁명 시대의 경영사례 II

유일한 아마존의 대항마,
쇼피파이(Shopify)

학습목표

- 코로나19 이후, 뉴노멀과 이커머스 변화를 살펴보고, 쇼피
  파이의 비즈니스 전략을 이해한다.

- 아마존과 유사하지만 차별화된 쇼피파이의 비즈니스 모델
  을 분석하고, 쇼피파이의 미래 경쟁력을 학습한다.

- 쇼피파이만의 특유한 문화에 대해 알아보고, 미래 기업이
  지향해야 할 기업문화에 대해 학습한다.

- 급변하는 이커머스 시장의 분석을 통해 쇼피파이의 한계
  점을 파악하고, 그 개선 방향에 대해 생각해 본다.

유일한 아마존의 대항마,
쇼피파이(Shopify)*

쇼피파이(Shopify)

"2030년에나 일어날 것으로 예상했던 변화가 2020년에 일어났다."

- 토비아스 뤼케, 쇼피파이 CEO -

위와 같은 토비아스 뤼케의 말은 코로나19 이후 우리 주변에서 거대한 변화가 일어났음을 알려준다. 그는 최근 한 인터뷰에서 현재 사람들은 2030년의 세상 속에서 2020년 수준의 소프트웨어를 가지고 있다고 지적한다.[1] 즉, 사람들의 넘치는 수요를 기존 소프트웨어들이 감당하지 못하고 있다는 것이다. 전자상거래 업계의 대전환이 이루어지고 있는 현재, 쇼피파이가 이 문제에 대한 해답을 제시한다.

---

* 본 사례는 정진섭 교수의 지도하에, 김태환 학생의 사례를 기반으로, 김민경, 김수현, 남다운, 봉민아, 이규엽, 이선구, 이충현, 조민지 학생이 업데이트한 것이다.

1 방성훈, "쇼피파이CEO "2030년에 일어날 변화가 2020년에...", 이데일리, 2020.05.16

그림 1 쇼피파이 로고[2]

출처: 이코노믹리뷰

쇼피파이는 2006년, 독일 출신인 토비아스 뤽케와 다니엘 바이난드, 스콧 레이크가 함께 캐나다에 설립한 온라인 쇼핑몰 구축에 대한 솔루션을 제공하는 전자상거래 플랫폼 기업이다. 코로나19로 인해 기업의 규모와 영업 방식을 불문하고 거의 모든 기업들이 온라인 사업으로의 전환에 집중하면서, 이에 대한 대행 및 관리 웹사이트 구축 서비스를 제공하는 플랫폼인 쇼피파이는 엄청난 인기를 등에 업고, 아마존에 유일하게 대항할 기업으로 떠오르며 폭발적인 주목을 받게 되었다. 2021년 OBERLO가 발표한 자료에 따르면, 쇼피파이는 미국 내 이커머스 플랫폼 시장점유율 1위를 차지하고 있는 WOOCommerce Checkout의 뒤를 이어 18%의 시장점유율로 2위를 차지하고 있다.[3]

2004년 뤽케와 그의 아내가 '스노우 데빌'이란 스노우보드 장비 온라인 판매점을 설립한 것이 쇼피파이의 시작이다. 쇼피파이의 CEO인 뤽케는 '스노우 데빌'의 온라인 사이트를 만드는 과정에서 자신과 같은 영세한 자영업자들은 결제부터 배송, 재고관리 등을 직접 하기엔 전문성이 부족한데, 쇼핑몰 창업을 도와주는 업체들은 너무 비싸며, 주로 대규모 기업들에 맞춰진 시스템이라는 것에 한계를 느끼게 된다. 이에 자신과 같이 영세하고 전문성이 부족한 초창기 소상공인들이 손쉽게 사이트를 만들고, 쇼핑과 관련된 각종 서비스를 제공받을 수 있는 쇼피파이를 창업하게 된 것이다.

쇼피파이의 사이트를 보면, 가장 먼저 "Anyone, anywhere, can start a business"라는 문구를 볼 수 있다. 컴퓨터 프로그래밍을 할 줄 몰라도 되고, 사이트를 만들고 관리할 능력과 전자상거래에 대한 노하우가 없어도 된다. 필요한 건 그저 판매할 상품뿐이다.

---

2 홍석윤, 전자상거래 SW회사 '쇼피파이', 아마존 능가한 이유, 이코노믹리뷰, 2020.04.21
3 "Ecommerce Platform market share in the USA", OBERLO

즉, 이커머스가 대세인 것은 알고 있는데, 도대체 어떻게 전 세계를 대상으로 상품을 판매할 수 있는 마켓을 만드느냐에 대한 해답을 쇼피파이가 시원하게 제시한 것이다. 이것이 지금 수많은 이커머스 사업자들이 쇼피파이에 열광하는 이유다. 그럼 먼저 이커머스 산업에 대해 알아보자.

이커머스(E-commerce)

전 세계적으로 인터넷 사용량이 증가함에 따라 온라인으로 상품을 구매하는 사람들의 수 또한 꾸준히 증가하고 있다. 이커머스E-commerce는 전자상거래Electronical Commerce의 약자로, 온라인 네트워크를 통해 상품과 서비스를 사고파는 것을 의미한다. 전 세계 이커머스 시장은 지난 몇 년간 지속적으로 성장했으며, 특히 최근에는 코로나19의 확산으로 인해 이커머스가 핵심 쇼핑 수단의 역할을 하면서, 그 성장세가 더욱 가속화되고 있다.

그림 2 미국시장의 이커머스 매출액 증가 표[4]

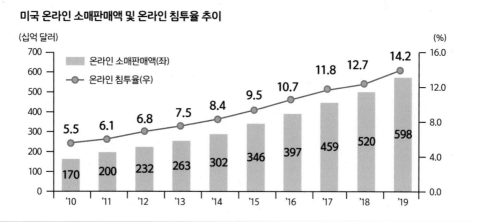

출처: 삼정 KPMG

---

4 차윤지, 유통 대전환의 시작, 리테일 아포칼립스(Retail Apocalypse), 삼정 KPMG, 2021.01

2020년, 전 세계 이커머스 규모가 4조 달러를 넘어서며 27.6%의 성장률을 기록했고, 2022년에는 5조 4,000억 달러까지 늘어날 것으로 전망된다. 전 세계 총 소매 판매가 3% 감소하는 부정적인 환경에도 불구하고, 이커머스는 기대 이상의 성과를 창출하는 모습을 보이고 있다.[5]

❶ 이커머스 규모 세계 2위, 미국

중국에 이어 세계에서 2번째로 큰 이커머스 시장을 보유하고 있는 미국은 2020년 기준 이커머스 시장 규모가 8,610억 달러한화 약 972조 690억 원에 달했다. 미국의 총 소매 판매의 21.3%가 이커머스를 통해 이루어졌고, 이는 전년도와 비교했을 때 5%p 이상 증가한 수치로, 이커머스의 점유율이 2%p 이상 증가한 해가 없었던 미국에게는 전례 없는 사상 최대의 증가율이었다. 이와 같은 이례적인 변화는 바이러스에 대한 두려움, 사회적 거리두기 행정명령, 지역 봉쇄 명령 등으로 인한 온라인 구매활동의 증가, 예약주문 픽업 서비스의 활성화에서 기인한 것으로 보인다.

3억 2,000만 명에 달하는 인구를 보유하고 있는 미국은 디지털 산업의 발달과 동시에 이커머스 시장이 활기를 띠고 있다. 미국 상무부 조사 결과에 따르면, 2020년 4분기 기준 미국의 소매 판매는 전년 동기 대비 6.9% 성장했지만, 이커머스 시장은 전년 동기 대비 32.1%가 증가했다.

---

5 eMarketer Editors, "Worldwide ecommerce will approach $5 trillion this year", emaketer, 2021.01.14

표 1 미국의 2019, 2020년 전체 소매액과 이커머스 소매 판매액[6]

Estimated Quarterly U.S. Retail Sales: Total and E-commerce
(Estimates are based on data from the Monthly Retail Trade Survey and administrative records.)

Quarter	Retail Sales (Millions of dollars)		E-commerce as a Percent of total	Percent Change From Prior Quarter		Percent Change From Same Quarter A Year Ago	
	Total	E-commerce		Total	E-commerce	Total	E-commerce
Adjusted							
4th quarter 2020(p)	1,476,952	206,666	14.0	0.5	-1.2	6.9	32.1
3rd quarter 2020(r)	1,469,769	209,251	14.2	12.1	-1.1	7.0	36.6
2nd quarter 2020	1,311,345	211,595	16.1	-3.8	31.9	-3.5	44.5
1st quarter 2020	1,363,543	160,414	11.8	-1.3	2.6	2.1	14.8
4th quarter 2019(r)	1,381,381	156,391	11.3	0.6	2.1	3.9	16.5
Not Adjusted							
4th quarter 2020(p)	1,560,044	245,283	15.7	5.9	23.1	6.9	32.1
3rd quarter 2020(r)	1,473,196	199,232	13.5	10.6	-0.7	7.0	37.0
2nd quarter 2020	1,332,066	200,646	15.1	4.6	36.9	-3.3	44.4
1st quarter 2020	1,273,055	146,539	11.5	-12.8	-21.1	2.9	14.6
4th quarter 2019(r)	1,459,855	185,700	12.7	6.0	27.7	4.1	16.3

(p) Preliminarv estimate. (r) Revised edtimate.
출처: United States Census

---

[6] Quarterly Retail E-Commerce Sales 4th Quarter 2020, U.S Census Bureau News, 2021.02.19

② 4차 산업혁명과 이커머스

온라인 소비가 늘어남에 따라 오프라인 쇼핑방식의 보완을 위해 4차 산업혁명의 주요 기술들이 이커머스에 접목되면서, 고객은 생생하고 매끄러운 구매를 경험할 수 있게 되었고, 기업은 충성고객을 확보해 매출을 증대시킬 기회를 얻었다.[7]

이커머스와 4차 산업혁명이 결합된 가장 대표적인 기술로는 인공지능AI이 있다. 이커머스에서 인공지능은 단순히 매출을 증가시키기 위한 도구가 아니다. 고객에게 긍정적인 경험을 제공해 고객의 만족도를 극대화하는 것이 진정한 목적이다. 쇼핑 사이트에 들어가면 AI는 사용자의 쇼핑내역, 이전에 보았던 품목, 이용패턴, 시간, 설문내역, 리뷰 등의 데이터를 분석해 소비자가 선호할 만한 품목들을 추천해 주는 등 개인화된 맞춤형 서비스를 제공한다.

그림 3 비주얼 이커머스, 가상으로 가구를 배치할 수 있는 이케아 플레이스[8]

출처: 녹색경제신문

온라인 쇼핑의 가장 큰 단점은 실제 상점과 달리 제품을 착용해 보거나, 물리적으로 경험해 볼 수 없다는 것이다. 3D와 증강 현실 기술을 활용한 비주얼 이커머스Visual E-commerce는 이에 대한 해결책이 될 수 있다. 고객이 제품을 구매하기 전, 제품이 어떻게 보일지 확인할 수 있도록 함으로써, 온라인 쇼핑에서도 오프라인 매장만의 경험을 느끼게 해준다. 글로벌 가구업체 이케아IKEA는 증강현실 가구 배치 앱인 '이케아 플레이스'를 출시하여 증강현실 기술을 통해 다양한 스타일과 색상의 가구를 3D로 제품을 배치해 보면서 원하는 제품을 구매할 수 있도록 하였다. 소비자는 이케아 플레이스를 통해 단지 스마트폰으로 약 3,200개

---

7 "2020년 이커머스 트렌드 중간점검: 코로나19 이후 위기와 기회", GROOBEE
8 박진아, 왜 이케아는 카탈로그를 폐간했나?, 녹색경제신문, 2020.12.10

의 가구를 가상으로 체험할 수 있으며, 최근에는 비주얼 서치기능까지 추가하여 온라인 쇼핑의 한계를 넘고 있다고 평가받고 있다.

이외에도 아마존의 Alexa, 구글의 Assistant 그리고 애플의 Siri와 같이 고객과의 음성인식 대화를 통해 쇼핑을 하는 '보이스커머스Voice Commerce'가 있다. 이 기술은 쇼핑 외에도 온라인 정보 검색, 음악 감상 등 다양한 용도로 사용되고 있지만, 온라인 쇼핑 빈도가 증가함에 따라 커머스 분야에서 그 속도가 더욱 빨라질 것으로 전망된다. 보이스커머스의 가장 큰 장점은 '멀티태스킹Multitasking'이 가능하다는 것이다. 운전을 하고 있든, 집안일을 하고 있든, 시간과 공간의 제약 없이 언제 어디서든 쇼핑을 할 수 있게 해준다. 언어 인식 기능을 개선하고 보안을 강화하는 등 지속적으로 보완해 나간다면, 보이스커머스는 향후 이커머스의 판도를 완전히 바꾸어 놓을 것이다.

4차 산업혁명은 이커머스 내 결제 시스템의 변화 또한 일으킬 것이다. 이커머스는 온라인상에서 거래가 이루어지는 만큼, 결제 방식이 매우 중요하다. 자칫 고객이 선호하는 결제 옵션을 제공하지 않거나, 복잡한 절차를 따르도록 요구한다면, 고객은 그 플랫폼에서 구매하기를 원하지 않을 것이다. 현재 대부분의 이커머스

대표적인 AI음성 인식 플랫폼들, Siri, Assistant, Alexa[9] 그림 4

출처: 세미나투데이

기업은 직불카드나 신용카드, 그리고 구글페이와 애플페이 등의 전자지불시스템을 사용하고 있는데, 앞으로는 많은 전자상거래 업체가 암호화폐 결제를 적극 활용할 것으로 전망된다.

암호화폐는 블록체인 기술의 활용으로 보안에 강하고, 거래수수료가 낮고, 빠르게 거래를 처리할 수 있다는 등의 장점이 있어 현 시대 많은 기업이 선호하고 있다.

---

9 권현주, AI 음성 비서 플랫폼...구글어시스턴트가 제일 똑똑해, 세미나투데이, 2019.08.17

특히, 쇼피파이는 가맹점에 비트코인, 이더리움 등 300여 종의 암호화폐 결제시스템을 제공한 데에 이어 2020년에는 무려 1,800여 종의 암호화폐를 처리할 수 있는 암호화폐 결제 프로세서 '코인 페이먼트Coin Payments'와 제휴해 그 범위를 더욱 확장시켰다. 2013년 설립 이후 50억 달러가 넘는 암호화폐 결제를 처리한 쇼피파이는 이커머스 결제 프로세스 변혁의 선구자이다.[10]

③ 코로나19 이후, 뉴노멀과 커머스

코로나19 이후, 뉴노멀과 이커머스의 변화에 주목하라!

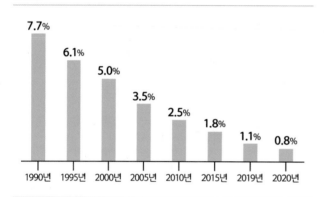

그림 5 1990~2020년 미국 소매판매에서 백화점 판매 비중[11]

출처: Kotra 해외시장뉴스

코로나19로 인해 전세계의 커머스 산업이 변하고 있다. 첫 번째는 오프라인에서 온라인으로의 대전환이다. 이러한 현상은 온라인 쇼핑 거래량이 급격하게 증가하면서 나타나게 되었다. 2020년 총 미국의 소매 판매는 전년 동기 대비 3.16% 성장한 것에 반해 이커머스 시장은 전년 동기 대비 44.0% 증가했다.[12]

소매판매에서 백화점의 판매 비중은 지속적으로 감소하고 있다. 코로나19 이후 사람들의 소비가 오프라인 중심에서 온라인 중심으로 빠르게 전환되고 있으며, 많은 전문가들은 이런 온라인 쇼핑에 대한 관심이 코로나 종식 후에도 이어질 것이라 예측

---

10 "Will Shopify's New Cryptocurrency Partnership Widen Its Moat?", Leo Sun, The Motley Fool, 2020.05.26
11 코로나19로 美 오프라인 소매점 철수 가속화, Kotra 해외시장뉴스, 2020.08.10
12 "US ecommerce grows 44.0% in 2020", digital commerce, 2021.01.29

한다.

투자은행 UBS는 소매시장이 온라인 중심으로 바뀌면서 2025년까지 미국 내 약 10만 개의 오프라인 매장이 문을 닫을 것으로 전망했다. 블룸버그통신과 CNBC 방송은 블랙프라이데이 전날 온라인 판매액이 90억 달러로 집계되며 이는 지난해보다 21.5% 증가한 수치라고 공개했다. 역대 최대 온라인 쇼핑 기록이다.

사람들은 이제 예전처럼 자주 오프라인 매장을 찾지 않을 것이다. 이는 우리 주변만 봐도 쉽게 알 수 있다. 스마트폰으로 그때그때 필요한 물건을 구매하면 빠르면 몇 분 후 늦어도 다음날까지 배송되는 시대이다. 사람들은 이제 마트나 시장에 직접 가기보다 아마존, 쿠팡과 같은 온라인 이커머스 플랫폼에서 상품을 검색하고 결제를 한다. 이러한 유통업의 혁신은 코로나19 이전에도 빠르게 진행되었지만, 코로나19로 인해 그 속도가 더욱 가속화된 것이 사실이다.

두 번째는 소비자들 구매 품목의 변화다. 코로나19로 인해 소비자들은 주요 생필품을 오프라인 매장에서 사는 것을 꺼리게 되었고, 위생과 건강에 관련된 품목의 소비가 눈에 띄게 증가했다. 한국무역협회가 발표한 '코로나19 이후 글로벌 전자상거래 트렌드'에 따르면, 마스크와 세정제 등 개인 위생용품 수요의 폭발적 증가와 사회적 거리두기, 이동 제한 조치로 인해 가정에서 이루어지는 경제활동인 '홈코노미homeconomy'가 유행하며 개인건강, 재택근무 관련 생활용품의 소비가 늘었다.[13]

실제로 미국 인구 조사국U.S. Census Bureau에 따르면, 2020년 이커머스 식음료Food and beverage 품목의 판매가 2019년 대비 147.1%로 가장 높은 성장률을 보였고, 건강관리품목은 67.6%의 성장률을 자랑했다. 물리적 접촉이 많은 뷰티와 의류 품목의 경우 더 많은 사람들이 오프라인 쇼핑을 위험하게 느꼈으며, 한 설문에 따르면 여성의 80%가 메이크업과 뷰티 제품을 매장에서 체험하는 것이 안전하게 여겨지지 않는다고 답했다.[14]

그리고 소비자들의 세대변화 또한 나타나고 있다. 현재 15~39세에 해당되는 MZ세대들은 스마트폰과 태블릿을 기반으로 한 SNS플랫폼에 능숙하고 변화에 빠르게

13 신수정, 코로나19가 바꿔놓은 변화 '전자상거래 트렌드', 산업종합저널, 2020.06.19
14 코로나19로 美 오프라인 소매점 철수 가속화, KOTRA 해외시장뉴스, 2020.08.10

반응하며 현재의 디지털 환경에 능숙하다.[15] 특히 1996년부터 2010년 사이에 출생한 Z세대는 미국 소비자 수의 40%를 차지하고 있으며, 2026년에는 Z세대가 밀레니얼 세대를 넘어 미국에서 가장 큰 소비자층이 될 것으로 예상된다.[16] 실제로 JP모건의 2019년 소비조사에 따르면, 미국 내 온라인 구매자들을 분석한 결과 18~34세 여성이 주를 이루고 있고, 모바일 기기를 활용하여 상품을 구매한 액수가 2억 8,200만 달러에 달한다.[17] 소비자의 대부분을 차지하게 될 MZ세대의 온라인 쇼핑 선호가 증가함에 따라 기업들이 온라인에서 고객 서비스의 가치를 중요하게 생각하고, 고객과의 긴밀한 관계 구축에 집중하는 것은 너무도 당연한 일이다.

세 번째는 온라인과 오프라인, 모바일 쇼핑의 통합이다. 코로나19 이후 매장으로의 방문이 제한되면서, 오프라인과 온라인을 잇는 새로운 판매방식이 탄생하였다. 바로 온라인에서 구매한 상품을 매장에서 픽업하는 'BOPIS_{Buy Online, Pick-up In Store}'나 차에 탄 채로 제품을 수령하는 'Drive-thru' 방식이다. 2020년 8월의

그림 6 월마트의 온라인 오더 픽업 장소[18]

출처: 이코노믹리뷰

Digital Commerce 360자료에 따르면, 팬데믹 이전에는 BOPIS를 제공하는 점포가 6.9%에 달했던 것에 반해, 팬데믹 이후에는 물리적인 상점을 보유한 상위 500개 소매업체 중 43.7%가 BOPIS 서비스를 제공하고 있다.

미국의 최대 유통업체 '월마트'는 BOPIS 서비스를 제공하는 대표적인 기업 중 하

---

15 이지현, 2021년 각광받을 미국 모바일 앱 트렌드, KOTRA 해외시장뉴스, 2021.01.27

16 "How are you connecting to the generation that will spend $143 billion this year in the U.S. alone?", NCR, 2020.11.10

17 중소벤처기업진흥공단, 글로벌 이커머스 HOT 리포트 신북방·미국·유럽, KOSME 글로벌 이커머스 시장 분석 리포트 02, 2020.10

18 김철민, 배달이 넘치는 사회가 건강하지 못한 이유: 물류의 역설, 이코노믹리뷰, 2021.01.19

나로, 고객들은 온라인에서 주문을 하고, 직접 오프라인 매장을 방문해 주문한 물건을 수령할 수 있다. 주변에 월마트 매장이 없는 경우에는 페덱스Fedex 오피스에서 주문 상품을 대신 받으면 된다. 기업에서는 배송에 필요한 비용을 아낄 수 있고, 고객의 입장에서는 원하는 시간대에 물건을 수령할 수 있다는 장점이 있다. 앞으로의 고객들은 웹사이트, 소셜미디어, 모바일 앱 등 다양한 채널을 통해 제품을 탐색하고, 구매할 것이다.[19] 따라서 옴니채널을 구축해 매끄러운 소비자 경험을 제공하는 것은 앞으로의 기업이 경쟁우위를 차지하기 위해 해결해야 할 중요한 과제이다.

네 번째는 마케팅의 변화다. 가장 두드러지는 것은 온라인 동영상을 활용한 디지털 마케팅이다. 현 시대는 시각과 청각을 모두 자극하는 동영상이 미디어를 점령한 시대라고 보아도 과언이 아니다. 하루에도 수많은 컨텐츠 영상들이 쏟아져 나오고, 7080세대부터 시작해서 5살 아이까지 모든 연령층이 하루에 스마트폰으로 동영상을 수십 분에서 수십 시간 소비하는 것은 기본이다. 이러한 환경 속에서 '동영상 마케팅'이 급부상하는 것은 당연한 결과라고 할 수 있다.

특히 최근에는 유튜브 이후의 미디어 플랫폼에 대해 관심을 갖는 사람들이 늘어나고, 길어야 1분 남짓의 짧은 영상으로 시청자를 집중시키는 '숏폼' 영상이 유행하면서 숏폼 모바일 비디오 플랫폼 '틱톡'이 주목을 받고 있다. '틱톡'은 전문적인 영상 편집 실력을 가지고 있지 않아도 기본 15초, 최대 1분의 짧은 영상을 만들 수 있는 어플로, 최근에는 기업의 마케팅에도 적극 활용되고 있다. 애플은 신제품 출시 전 미국 내 틱톡 인기 인플루언서를 활용하여, 아이폰 12미니를 홍보하는 동영상 몇 개를 소개했다.

모든 동영상이 15초에 맞게 제작되는 틱톡에 맞추어, 기존 광고와는 전혀 다른 모습을 보였다. 틱톡은 2020년 인스타그램에 유사 서비스 '릴스Reels'를 출시하게 하는 등 경쟁을 초래할 정도로 엄청난 파급력을 보여주었고, 2021년에는 인플루언서를 활용한 라이브커머스, 카탈로그식 제품 라인업 홍보 기능 등을 출시해 본격적으로 이커머스 시장 공략에 나설 것이라고 밝혔다.[20] 크고 작은 기업들이 점점 숏폼 콘텐츠에 동참하면서, 짧은 동영상을 활용한 마케팅의 영향력 범위가 더욱 넓어질 것으로 예상된다.

---

[19] "BOPIS: How Buy Oline, Pick-up in store is catering to consumer's needs and boosting retailers' bottom lines", BIGCOMMERCE

[20] 선한결, ""트럼프는 갔다" 美서 사업 늘리는 틱톡, 이커머스 확장한다.", 한국경제, 2021.02.08

그림 7 숏폼 플랫폼의 누적 다운로드 표[21]

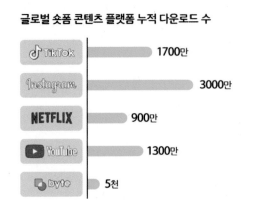

글로벌 숏폼 콘텐츠 플랫폼 누적 다운로드 수

TikTok	1700만
Instagram	3000만
NETFLIX	900만
YouTube	1300만
byte	5천

출처: 동대신문

그림 8 미국의 D2C 시장규모[22]

미국 D2C(Direct to Consumer) **시장 규모**
단위: 억달러

- 2017: 68.5
- 2018: 107.3
- 2019: 142.8
- 2020: 177.5
- 2021년: 211.5

※2020~2021년은 전망치

출처: 조선비즈

마지막으로 마케팅의 범위 확장이다. 기존 이커머스 기업들은 아마존과 같은 대형 마켓 플레이스를 기반으로 혹은 자신만의 유통채널인 D2C(Direct-To-Consumer)를 기반으로 성장하였다. 하지만 이제는 이러한 단편적인 채널로의 접근은 무리가 있다. 이제는 아마존과 같은 마켓플레이스, D2C 방식 자체 온라인 쇼핑몰뿐만 아니라 페이스북, 인스타그램 같은 SNS플랫폼과 오프라인 매장까지 다양한 채널로 시장을 공략해야 한다. 기존의 이커머스 산업은 마켓플레이스를 중심으로 발전하였지만, 이제는 D2C 방식으로 변화하고 있다.

판매사 혹은 제조업체가 중간 유통채널을 거치지 않고 소비자에게 직접 판매하는 D2C 방식 판매 모델이 2020년에 이어 계속 빠른 성장세를 이어갈 것으로 전망된다. D2C 브랜드는 기존 대형 소매업체에서 찾아볼 수 없었던 신선한 마케팅과 제품을 내세우며 밀레니얼세대와 Z세대에게 주목받아 왔다. 브랜드 스토리와 색깔이 뚜렷한 D2C

21 이건엽, 짧아지는 콘텐츠 길이, 핵심만 간결하게 전하는 '숏폼'이 대세, 동대신문, 2021.03.23
22 김은영, [2021 컨슈머]⑤ "아마존에서 안 팔아" 나이키 '신의 한수' 통했다, 조선비즈, 2021.01.07

기업들은 오랜 기간 대중적으로 사랑을 받아온 브랜드가 아닌, 새로운 것을 찾고 신규 브랜드의 가치를 발견하기 원하는 젊은 층의 니즈를 공략하는 데 성공했다.

또한 코로나19 팬데믹은 D2C 브랜드의 소비층이 확대되는 계기로 작용했다. 코로나19 팬데믹으로 주요 소매점의 생필품 품귀현상이 빚어지면서 많은 소비자들이 온라인으로 쉽게 구입할 수 있는 D2C 브랜드를 시도했기 때문이다. 소비자 모니터링 업체인 디퓨전은 지난해 D2C 브랜드를 구입한 경험이 있는 소비자가 전체의 30% 정도라며, 높은 비율은 아니나 점차 증가하고 있다는 점에서 의미가 있다고 발표했다.[23]

소셜미디어 채널로의 진출 또한 필수적이다. 전 세계적으로 약 36억 명의 사람들이 소셜 네트워킹 플랫폼을 사용하고 있다. 미국인의 경우는 하루에 약 2시간을 소셜미디어에 소비하고 있다. 최근에는 틱톡의 '해시태그# 챌린지' 마케팅이 떠오르고 있다. '해시태그# 챌린지'는 틱톡커가 특정 주제의 영상을 올리면, 다른 사용자가 동일한 주제로 인증을 이어가는 SNS놀이로 주로 중독성 있는 음악에 맞춰 춤을 따라 추는 등 놀이처럼 즐기며 직접 참여하게 되는 형식이다.

가수 비와 M2, 농심의 방구석
새우깡 챌린지[24] 그림 9

출처: 텐아시아

2020년 6월엔 비의 노래인 '깡'을 리믹스하여, 새우깡 CM송과 함께 자신만의 방식으로 참여하는 대국민 챌린지가 있었다.[25] 방구석 새우깡 챌린지를 통해 농심은 당시 유행하던 '깡' 놀이문화를 마케팅으로 활용했으며, 40일 만에 조회수 270만 건을 돌파하는 등 선풍적인 인기를 끌었다. 기존의 지루한 일방적인 광고와는 전혀 다른 방식으로 접근함으로써 소비자들에게 친근감을 줄 뿐만 아니라, 직접 참여할 수 있는 기회를 제공하여 기업과 소비자가 쌍방향으로 소통할 수 있다는 것이 바로 SNS플랫폼을 활용한 디지털 마케팅의 핵심이다.

23 우은정, 미국, 소비자 직접판매(DTC) 트렌드 엿보기, KOTRA 해외시장뉴스, 2021.03.19
24 김지원, '1일1깡' 비, '최깡자' 찾는다...농심과 '방구석 새우깡 챌린지' 진행, tenasia, 2020.06.29
25 김지원, '1일1깡' 비, '최깡자' 찾는다...농심과 '방구석 새우깡 챌린지' 진행, tenasia, 2020.06.29

지금까지의 내용으로 커머스산업 즉, 유통산업에 새로운 패러다임이 제시되고 있음을 알 수 있다. 우리는 지금까지 커머스와 이커머스를 분리하여 생각했지만, 이제는 이 둘을 분리해서 생각하는 것은 더 이상 의미가 없다. 사실 오프라인 매장에서 온라인 매장으로 전환하거나, 나이키의 사례와 같이 대형플랫폼에서 벗어나 D2C 방식으로 바꾸는 것은 자본과 경험이 많은 대기업들은 자력으로 가능하지만, 영세한 자영업자들의 경우 쉽게 도전할 수 없었던 것이 현실이다. 그리고 이런 현실적인 장애물들이 디지털 이커머스 세상으로의 전환을 크게 막고 있었다. 그런데 이러한 방해물을 없애고 그 속도를 더욱 가속화시키고 있는 것이 바로 쇼피파이다. 이제부터는 쇼피파이의 비즈니스 모델에 대해 알아보자.

쇼피파이의 비즈니스 모델

① 우리는 '기업을 위한' 플랫폼 기업이야~

쇼피파이의 비즈니스 구조는 상당히 직관적이고 간단하다. 쇼피파이의 영어철자인 'shopify'만 보아도 이들이 무슨 사업을 벌이고 있는지 알 수 있다. 'shopify'의 'shop'은 '사다', '쇼핑하다'의 동사이고, 뒤에 붙은 접미사 '－ify'는 동사나 형용사 뒤에 붙어 '무엇이 되게끔 만들다'라고 해석된다. 즉, 'shopify'는 '무엇을 쇼핑하게 만들다'라는 의미인 것이다.

쇼피파이는 온라인 쇼핑몰 구축을 위한 솔루션을 제공하는 클라우드 기반의 전자상거래 플랫폼 기업으로서, 개인 사업자부터 대기업까지 전문적인 지식 없이도 온라인 쇼핑몰을 운영할 수 있도록 다양한 서비스를 제공하는 것이 이들의 핵심 사업구조이다. 쇼피파이야말로 온라인 시장으로의 진입장벽을 허물고 이커머스 시장의 변화를 이끌고 있는 선두주자라고 할 수 있다.

그림 10 쇼피파이의 다양한 템플릿[26]

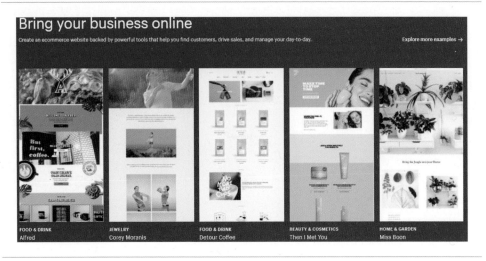

출처: shopify

쇼피파이는 홈페이지 및 블로그 구축, 주문·배송·결제관리 시스템, 보안 서비스, 재고관리, 컨설팅, 마케팅까지 온라인 판매자가 준비해야 할 모든 것을 제공한다. 판매자는 그저 이미 구축된 다양한 템플릿 하나를 선택해 상품 등록만 하면 된다. 쇼피파이의 고객은 일반 전자상거래 플랫폼과 같은 소비자들이 아닌, 오직 판매자들이다. 이들은 판매자들에게 소비자를 연결시켜주는 서비스를 제공할 뿐, 이후의 일에 관해서는 일절 상관하지 않는다. 이처럼 '판매자들에게 극도의 편의성을 제공하는 것에 초점을 맞춘 것'이 쇼피파이가 포화된 이커머스 시장 속에서 생존하는 비결이다.

❷ 대세는 '구독경제'야~

쇼피파이가 사실상 전자상거래 업계에서 후발주자임에도 불구하고, 제2의 아마존으로 불릴 만큼 쾌속 성장할 수 있었던 이유는 아마존 및 이베이의 사업구조 및 수익구조와는 다른 형태의 사업 및 수익구조를 가졌기 때문이다. 홈페이지 구축부터

---

26 Shopify (https://www.shopify.com/?lang_geo=kr)

시작해 물류와 배송까지 쇼핑몰 운영의 전 과정을 서비스로 제공하는 쇼피파이는 플랫폼을 제공하는 대가로 사업자로부터 매달 구독료 개념의 이용료를 받는다. 가장 초기의 사업자가 감당할 비용은 겨우 월 $29로 상당히 저렴하다.[27]

그림 11 쇼피파이의 구독료[28]

Basic Shopify	Shopify	Advanced Shopify
Best for new businesses or online businesses new to in-person selling	Best for growing businesses with 1 retail store	Best for growing businesses with 2+ retail stores
$29 USD /mo	$79 USD /mo	$299 USD /mo

출처: shopify

위 그림처럼 쇼피파이의 기본적인 구독료는 3단계로 나뉜다. Basic29$/월, Standard 79$/월, Advanced299$/월로, 단계가 올라갈수록 혜택이 다양해지고 규모가 큰 사업체에 적합하다. 즉, Basic은 초기 기업체에 적합하며, Standard와 Advanced는 중소기업을 위해 설계된 것이다.

더불어 쇼피파이는 더 확장된 구독 시스템을 마련하였다. 기존 Advanced 단계의 확장단계로서 출시된 Shopify Plus는 주로 대량 판매업체 및 대기업을 위해 enterprise급 솔루션을 제공하며, 월 $2,000로 이용할 수 있다. 또한, Basic 단계에서 더욱 간소화된 형태의 Shopify Lite는 기본적인 구매버튼 활성화, 결제시스템 및 송장서비스 등을 자신의 블로그에서 사용할 수 있도록 하며, 가격은 월 $9이다.

이들의 고객군은 초기의 개인사업자부터 시작해서 대기업까지 매우 다양하다. 그렇기에 단순히 개인의 온라인 쇼핑몰을 만들어 주는 것에서 그치지 않고, 더 나아가 이커머스의 종합 솔루션 플랫폼 기업으로서 개인사업자가 쇼피파이를 통해 중소기업과 대기업으로 진화할 수 있도록 각 고객군에게 적합한 여러 플랜을 제공하는 역할을 수행하고 있다.[29]

---

[27] '뭐니머니 – 1 아마존(Amazon) 넘어를 꿈꾸는 쇼피파이(Shopify)', Kinvest, 2020.07.13

[28] Shopify 〉 Pricing (https://www.shopify.com/pricing)

[29] 한주기, Shopify, 제2의 아마존? 제1의 쇼피파이, 3p, 삼성증권, 2020.10.06

표 2 쇼피파이의 구독료별 혜택[30]

구분	Basic	Standard	Advanced	비고
월 구독료	$29	$79	$299	
주요 기능				
Online Store	O	O	O	웹사이트, 블로그
Unlimited products	O	O	O	무제한 제품 등록
Staff accounts	2	5	5	Shopify POS 등 이용권
24/7 support	O	O	O	연중무휴 24시간 지원
Sales channels	O	O	O	마켓플레이스, 소셜미디어 등
Locations	Up to 4	Up to 5	Up to 8	매장, 창고 등 재고할당
Manual order creation	O	O	O	주문 관리
Discount codes	O	O	O	할인코드 생성
Free SSL certificate	O	O	O	보안서버 인증서 발급
Abandoned cart recovery	O	O	O	장바구니에 담긴후 결제가 되지 않은 주문 정보
Gift cards	O	O	O	할인카드, 프로모션
Professional reports	X	O	O	기간별 판매 리포트 생성
Advanced report builder	X	O	O	리포트 커스터마이징
Thired-party calculated Shipping rates	X	X	O	제 3자 배송업체를 직접 이용하는 경우

주: 요금제별로 혜택이 다르다는 것을 확인할 수 있다.
(출처: shopify)

③ 우린 간단 명료한 수익구조를 가지고 있어~

쇼피파이의 수익구조에 대해 살펴보자. 쇼피파이의 수익은 크게 2가지로 구분된다. 첫 번째는 온라인 쇼핑몰 구축을 위한 구독 매출Subscription Solutions이고, 두 번째는 구축한 쇼핑몰의 사업 확장을 위한 부가서비스 매출Merchant Solutions이다. 초기에는 구독 매출로 성장하였지만, 최근에는 부가서비스의 중요성이 더욱 대두되고 있다. 다음은 세부 수익 구조의 내용이다.[31]

---

[30] Shopify 〉 Pricing (https://www.shopify.com/pricing), 수정 후 재인용
[31] 한주기, Shopify, 제2의 아마존? 제1의 쇼피파이, 4p, 삼성증권, 2020.10.06

3.1 Subscription Solutions(구독 매출)

매출의 약 30%이상을 차지하는 Subscription Solutions은 쇼피파이의 플랫폼을 이용하는 판매자셀러들이 매달 내는 이용료에서 발생하는 매출이다.[32]

(1) MRR(Monthly Recurring Revenue) - Core

Shopify Plus사용자를 제외한 모든 판매자로부터 벌어들인 월 구독료의 합계로 Subscription Solutions 매출액에서 차지하는 비중이 2017년 75%에서 2019년 65%로 하락했으나, 여전히 큰 비중을 차지하고 있다.

(2) MRR(Monthly Recurring Revenue) - Shopify Plus

매출액 백만 달러 이상의 대기업을 대상으로 하는 Shopify Plus에서 발생한 월 구독료의 매출이다. 월 구독료는 최소 2,000달러부터 시작하며, 2014년 출시 이후 Subscription Solutions에서 차지하는 비중이 지속적으로 상승하고 있다.

(3) Apps, Themes, Domains, Shopify Plus Platform Fee

월 구독료와 별개로 유료 앱과 유료 테마, 도메인 등록에서 발생하는 매출이다. 통상 신규 판매자가 구독을 시작할 때 앱, 테마 등을 함께 구매한 이후 반복적으로 매출이 인식되므로 Subscription Solutions에 포함된다.

3.2 Merchant Solutions(부가서비스 매출)

매출의 약 70%이상을 차지하는 Merchant Solutions은 온라인 쇼핑몰 관련 부가 서비스에서 발생하는 매출이다. 자체 결제 시스템인 쇼피파이 페이먼트의 거래수수료, 마케팅 서비스, 중소상인에게 자금을 제공하는 쇼피파이 캐피털 수익 및 자체 소프트웨어와 연동되는 포스 기기 발생 수익 등이 여기에 해당된다.[33]

---

[32] 김성준, 'Shopify, 아마존 대항마로 급부상', TIN뉴스, 2020.06.28
[33] 김성준, 'Shopify, 아마존 대항마로 급부상', TIN뉴스, 2020.06.28

(1) Shopify Payments

Merchant Solutions 매출액의 대부분을 차지한다. 기본 결제수수료30센트에 결제 대금의 일부2.4-2.9%가 매출액으로 인식된다. Shopify Payment 대신 제3자 결제서 비스 공급업체를 직접 이용할 경우, 판매자는 제3자 결제업체에게 지불하는 결제수 수료Processing fee와 별개로 쇼피파이에게 거래수수료Transaction fee; 0.5-2.0%를 지불해 야 한다.

(2) Shopify Capital

미국을 비롯한 일부 국가에서 제공되는 서비스로, MCAMerchant Cash Advance와 Loan대출 두 가지 방식으로 나뉜다. MCA의 경우 판매자의 매출채권을 쇼피파이가 할인된 가격에 선매입하는 구조로, 판매자의 미래 현금흐름이 담보가 된다.

(3) Shopify Shipping

배송 라벨을 할인된 가격에 구매하여 직접 인쇄할 수 있게 해주는 서비스다. 현재 미국USPS, UPS, DHL Express, 캐나다Canada Post, 호주Sendle에서 서비스를 제공 중이며, 판 매자가 지불한 금액에서 쇼피파이의 배송 라벨 구매비용=원가이 차감된 금액을 매출 로 인식한다.

(4) Shopify Fulfillment Network

현재 미국에 한해서 이용 가능한 쇼피파이의 자체 풀필먼트 서비스다. 쇼피파이가 판매자들의 제품을 보관해 주고, 주문이 들어오면 포장하여 배송까지 모든 프로세스 를 대신 이행해 준다. 판매자는 재고량 등에 기반해 계산된 비용을 지불하게 된다.

(5) Shopify POS

판매자들이 오프라인 매장에서 사용하는 POSPoint-of-Sale기기 및 소프트웨어 판매 매출이다. 쇼피파이는 제3자 공급업체로부터 제품을 소싱하며, 구매비용은 매출원가 에 포함된다.

그림 12 부문별 매출 성장률(좌)과 부문별 매출 총이익률(우)[34]

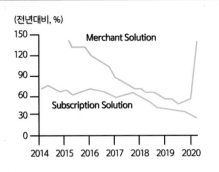
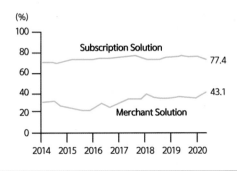

주: 왼쪽의 도표에서는 최근 Merchant Solution의 중요성이 부각됨을 알 수 있고 오른쪽의 도표에서는 여전히 Subscription Solution의 비중이 높음을 알 수 있다.
출처: 삼성증권

이 외에도 쇼피파이는 최근 개인 쇼핑몰에 대한 접근성을 강화하기 위해 소비자가 선호하는 브랜드를 등록하면 신제품 출시 및 할인 정보를 알려주고, 주소지와 가까운 거리의 오프라인 매장을 추천함과 동시에 재고상황을 실시간으로 알려주는 서비스 등을 도입하였다.

2020년 4월에는 새로운 소비자 쇼핑 앱 '숍Shop'을 출시하였다. 쇼피파이의 쇼핑몰 '숍Shop'은 개인쇼핑몰을 개미군단처럼 묶은 쇼핑몰로, 물건을 팔기 위해서는 반드시 입점을 하거나 직매입되어야 하는 아마존과의 차이점을 극대화한 서비스이다. 고객이 검색한 것에 해당하는 상품을 나열해 보여주는 것까지는 아마존을 비롯한 여느 쇼핑몰과 동일하지만, 판매와 결제가 숍Shop이 아닌 판매자들의 쇼핑몰에서 이루어진다는 점에서 차이를 보인다. 소비자들이 좀 더 쉽게 지역상점이나 중소규모 브랜드 제품을 살 수 있도록 개인 쇼핑몰들을 큐레이션한 것이다.

또한, 아마존은 개인 쇼핑몰에서 구매를 원하는 경우 일일이 로그인을 해야 한다는 번거로움이 있었다. 숍Shop은 이와 같은 문제를 해결했다. 쇼핑몰을 배달 앱의 형태로 구성했고, 개인쇼핑몰에 방문해도 다시 로그인할 필요가 없다. 그리고 무엇보다 인상적인 것은 서비스를 사용하는 쇼핑몰로부터 그 어떤 돈도 받지 않는다는 것

---

34 한주기, Shopify, 제2의 아마존? 제1의 쇼피파이, 4p, 삼성증권, 2020.10.06

이다. 서비스가입비도, 판매 수수료도, 추가 비용을 내면 검색 상단에 노출시켜 주는 부가서비스도 없다. 쇼피파이의 수익은 여전히 쇼핑몰 솔루션을 판매하는 것에서 창출된다.[35]

그림 13 숍(Shop)앱 접속 시 사용자가 팔로우한 숍, 사용자 위치 기준 근처의 숍, 신제품을 소개하는 모습(좌), 숍에서 제공하는 배송추적 서비스(우)[36]

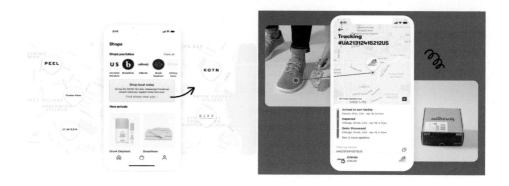

출처: LUCID

쇼피파이는 아마존의 유일한 대항마?

쇼피파이의 별명은 아마존의 유일한 대항마이다. 코로나 이후에도 미국에서 압도적인 점유율을 선보이며 고공행진 중인 아마존에게 대항마라니, 과장된 것이 아닌지 아니면 적절한 별명일지 의구심이 드는 것이 사실이다. 그럼 이제 그 별명이 적합한지 사례와 분석을 통해 알아보고, 쇼피파이의 미래 경쟁력을 살펴보고자 한다.

---

35 김지현, '배달앱 닮은 쇼핑몰로 아마존에 맞서는 쇼피파이', T타임즈, 2020.05.06
36 Alli Burg, Shopify announces the new Shop Pay app, LUCID, 2020.05.26

❶ 난 아마존과 달라!

1.1 소매업체의 온라인 쇼핑몰 구축 수요 장악

소매업체나 개인사업자가 제품을 온라인으로 판매하는 경우, 그 방법은 크게 두 가지로 나뉜다. 첫째는 아마존과 같은 마켓플레이스에 제품을 등록하여 판매하는 방법이고, 두 번째로는 자체적인 온라인 쇼핑몰D2C을 구축하는 법이다.

아마존은 미국 이커머스 시장점유율의 37% 이상을 차지할 만큼 압도적인 1위 업체로, 아마존이라는 하나의 마켓플레이스를 중심으로 수많은 판매자를 자신들의 공간으로 가져와 이커머스 산업을 주도해 왔다. 이들은 주로 판매자와 소비자를 하나의 플랫폼으로 연결해 주고 관리하는 역할을 하므로 중개인에 가깝다고 할 수 있다.

그림 14 쇼피파이 실적, 분기별 쇼피파이 Subscription Solutions 매출 추이(~ 2020년 4분기)[37]

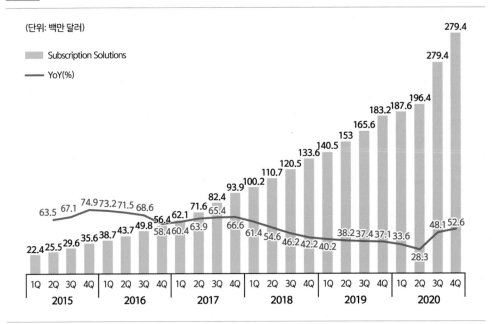

출처: Happist.com

---

[37] Happist, 기대 이상 실적과 평범한 전망, 4분기 쇼피파이 실적 및 향후 쇼피파이 전망, Happist.com, 2021.04.04. https://happist.com/578964, 수정 후 재인용

그에 비해 쇼피파이는 오직 판매자들을 고객으로 삼고, 그들에게 그들만의 공간을 주어 소비자들과 직접 만나게 한다. 따라서 이들은 오히려 관리자에 가깝다. 아마존과 쇼피파이의 비즈니스 모델은 비슷해 보이지만 다르다. 이 점이 바로 아마존이 독식하고 있는 이커머스 산업에서 쇼피파이가 성장할 수 있었던 배경으로 꼽힌다.

인터넷의 발달로 전자상거래가 급속도로 성장하면서 아마존과 이베이가 빠른 외형성장을 이뤄냈지만, 거대한 마켓플레이스 탓에 소매업체 입장에서는 효율성이 낮은 문제점이 존재했다. 아마존에 입점한 판매자는 아마존이 성장할수록 제품 노출 범위가 확장되는 장점이 있지만, 그만큼 수없이 많은 제품들이 아마존에 입점하였기 때문에 제품 차별화나 독자적인 마케팅 효과를 얻는 것이 제한적이었기 때문이다. 대안이 필요했으나 자체적인 쇼핑몰 구축을 위해선 전문개발자가 필요했기에, 당시

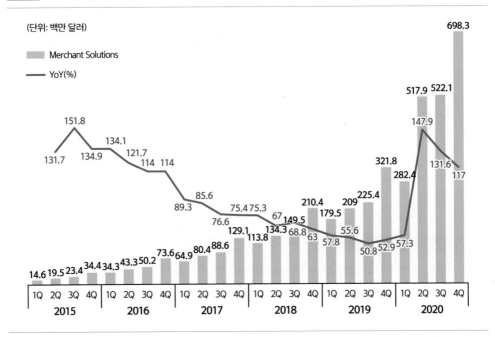

그림 15 쇼피파이 실적, 분기별 쇼피파이 Merchant Solutions 매출 추이(~ 2020년 4분기)[38]

38 Happist, 기대 이상 실적과 평범한 전망, 4분기 쇼피파이 실적 및 향후 쇼피파이 전망,
   Happist.com, 2021.04.04. https://happist.com/578964, 수정 후 재인용

만 해도 소매업체들은 별다른 대안 없이 아마존에 입점하여 제품을 판매했다.

이러한 상황에서 쇼피파이는 소매업체의 온라인 쇼핑몰 구축에 초점을 맞추어 수요를 극대화하려는 전략을 펼쳤다. 배송/결제/대출뿐만 아니라 쇼핑몰의 콘텐츠 관리, 검색 최적화, 보안 등 소매업체나 개인 사업자가 쉽게 접근하기 어려우면서도 전자상거래에는 필수적인 영역에 대해 구독모델을 기반으로 서비스를 제공했다. 쇼피파이의 전략은 성공적이었으며, 값싼 운영비와 편의성을 지닌 견고한 비즈니스 모델 덕에 앞으로도 빠른 성장을 보일 것으로 전망된다.

2020년 기준 Subscription Solutions 매출은 2.79억 달러로 전년 대비 53% 증가했다.

쇼피파이의 Merchant Solutions부가서비스 부문의 매출액은 2016년 이후부터 전체 매출액의 절반을 넘어서며, 쇼피파이의 외형 성장을 견인하고 있다. Merchant Solutions는 고객들이 운영하는 온라인 쇼핑몰의 매출이 증가하면 할수록 수익이 창출되는데, 장기적으로 수익에 도움이 되고 빠른 성장을 기대할 수 있어 매우 중요한 사업 부문으로 여겨진다. 실제로 코로나19 이후 늘어난 스테이홈 생활로 전 세계적으로 온라인 쇼핑 구매율이 급증하면서 2020년 4분기 쇼피파이 Merchant Solutions 매출이 6.98억 달러로 증가했다. 이는 전년 대비 117% 성장한 수치이며, 3분기, 4분기 연속으로 100% 이상 성장하면서 코로나19로 인한 혜택을 받고 있다.[39]

1.2 파트너십을 통한 생태계의 확장

더욱이 쇼피파이의 무서운 점은 아마존과는 다른 사업구조를 가지고 있기 때문에 이들과 파트너가 되는 것이 가능하다는 것이다. 사실 이미 쇼피파이는 2015년 경쟁자인 아마존의 amazon webstore service의 주공급자로 지정됨으로써 경쟁업체와의 제휴를 통해 미국 내에서의 인지도를 쌓는 모습을 보였다. 이후 2017년 1월, 쇼피파이는 아마존과의 통합을 발표하며 파트너십을 통해 자체 쇼핑몰과 제3자 마켓플레이스를 연동하기 시작했다.[40]

---

39 Happist, 기대 이상 실적과 평범한 전망, 4분기 쇼피파이 실적 및 향후 쇼피파이 전망, Happist.com, 2021.04.04. https://happist.com/578964

이처럼 쇼피파이는 아마존과 경쟁 관계에 있지만, 동시에 파트너이기도 하다. 쇼피파이 플랫폼에서 판매되는 제품은 아마존과 연동되어 동시 판매가 가능하기 때문이다. 판매자가 추가 요금을 지불하고 쇼피파이와 아마존을 연동시키면, 쇼피파이 플랫폼에서 판매되는 상품 정보가 자동으로 아마존에 업데이트되기도 한다. 그 후로도 이베이·월마트 등 다양한 기업과의 통합이 이어졌으며, 월마트의 경우, 자신들의 온라인 유통사업 플랫폼인 월마트 마켓플레이스를 쇼피파이의 중소판매사업자가 이용할 수 있도록 하여, 더욱 많은 판매자가 월마트 플랫폼을 이용하도록 하였다.[41]

해당 제휴를 통해 쇼피파이를 기반으로 운영하는 1,200개의 판매자들이 월마트 마켓플레이스에 합류할 수 있게 되었다. 월간 방문자 수 1억 2,000만 명인 월마트 마켓 플레이스를 통해 판매자들의 판매 채널이 강화되는 것이다. 쇼피파이와 월마트 간 제휴는 코로나19 이후 미국 내 이커머스 시장이 급성장하고 있는 가운데 이루어졌으며, 거래량

월마트와 쇼피파이의 제휴[42] 그림 16

출처: Walmart

이 급증한 이커머스 시장에 쇼피파이와의 협력으로 엄청난 수요를 감당할 수 있게 되었다. 이러한 제휴로 쇼핑몰을 운영하는 판매자는 쇼피파이 앱 스토어에서 월마트 마켓플레이스 참여가 승인되면 자신들이 판매하는 제품을 무제한으로 등록할 수 있게 되었다.

---

40 한주기, Shopify, 제2의 아마존? 제1의 쇼피파이, 13p, 삼성증권, 2020.10.06

41 이재운, 월마트, 온라인 확장위해 쇼피파이와 파트너쉽, bloter, 2020.06.16

42 Jeff Clementz, Walmart Expands Its eCommerce Marketplace to More Small Businesses, Walmart newsroom, 2020.06.15, https://corporate.walmart.com/newsroom/2020/06/15/walmart-expands-its-ecommerce-marketplace-to-more-small-businesses

또한, 쇼피파이가 제공하는 제품 이미지 변경이나 재고 관리 또한 쇼피파이 플랫폼 안에서 할 수 있다. 이러한 제휴는 월마트가 미국 내 이커머스 시장 1위인 아마존을 겨냥한 제휴로 쇼피파이를 인수하기 위한 첫 단계라는 평가를 받고 있지만, 단기적으로는 온라인 시장이 확대되는 뉴노멀 시대의 전략적인 제휴로 평가받고 있다.[43]

그림 17 페이스북에서 개설한 샵이 인스타그램과도 바로 연동되는 모습[44]

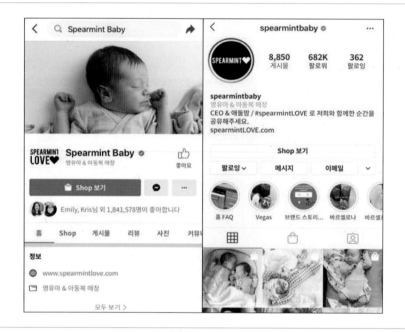

출처: bloter

대형 유통기업들과의 협력뿐만 아니라 SNS플랫폼과의 협력도 활발히 진행 중이다. 대표적으로 페이스북과의 파트너쉽으로 탄생한 'Facebook Shops'가 있다. 이는 쇼피파이 사용자(판매자)가 관리페이지에서 'Facebook Channel' 앱을 설치하고 쇼피파이 플랫폼을 페이스북과 연동시키는 구조로, 기업들은 페이스북 샵스를 이용해 페이스북과 인스타그램에서 무료로 각자의 디지털 상점을 개설하고 직접 제품을 홍보하

---

43 황치규 기자, 월마트 '아마존 대항마' 쇼피파이와 손잡고 이커머스 강화, 데일리 투데이, 2020.06.16
44 채성오, 페북·인스타로 쇼핑한다…'페이스북 샵스', 한국 e커머스 흔들까, bloter, 2020.06.22

고 판매할 수 있다.[45] 이와 같은 파트너십 체결로 전 세계 30억 명 유저에게 쇼피파이 플랫폼 생태계를 확대하고 있다.

그림 18 페이스북 및 틱톡과의 협력

출처: shopify[46]   출처: shopify[47]

최근에는 틱톡과의 파트너쉽도 체결되었다. 이제 쇼피파이 판매자는 쇼피파이 내 대시보드를 벗어나지 않고도 틱톡 광고관리 기능인 틱톡 포 비즈니스 애드 매니저에 접근하여 손쉽게 틱톡 채널 내 광고 캠페인을 생성·관리하고 실시간으로 확인할 수 있게 되었다. 더불어 클릭만으로 틱톡에 광고 픽셀을 설치하고 연결할 수 있어 한 곳에서 간편하게 캠페인을 만들고 잠재 고객을 타켓팅해 실적을 확인할 수 있다.

그리고 고객 매칭 기능을 활용하면 판매자는 고객들의 프라이버시를 유지하면서 보다 효과적으로 잠재 고객들을 발굴할 수 있다. 현재 전 세계 인구의 절반 이상이 소셜 미디어를 사용하고 있는 점을 고려하면, 전 세계의 소비자들에게 다양한 아이템들을 판매할 수 있는 플랫폼으로 성장할 것으로 보인다. 틱톡은 우선 미국에서 서비스를 시작한 뒤 유럽과 동남아시아 등지로 사업을 확장할 것이라 밝혔다.

45 채성오, 페북·인스타로 쇼핑한다…'페이스북 샵스',한국 e커머스 흔들까, bloter, 2020.06.22

46 Shopify partners with Facebook to help businesses launch branded Facebook Shops, Shopify Press Room, 2020.05.19, https://news.shopify.com/shopify-partners-with-facebook-to-help-businesses-launch-branded-facebook-shops

47 Dancing to a new beat: Shopify brings commerce to TikTok, Product news, Shopify Press Room, 2020.10.27, https://news.shopify.com/dancing-to-a-new-beat-shopify-brings-commerce-to-tiktok

그림 19 스퍼셀(SpurSell), 쇼피파이, 비자(VISA)의 협력[48]

출처: ZDnetkorea

　　쇼피파이는 국내와 최대 시장인 중국 진출을 위해 이커머스 솔루션 기업인 '스퍼셀', 카드社인 '비자'와 제휴를 맺었다. 쇼피파이와 비자는 국내 중소벤처기업부가 선정한 '자상한 기업'에 선정된 후, 국내에서 함께 협력할 스타트업으로 스퍼셀을 선택했다. 스퍼셀은 지금까지 해외 기업들의 국내 진출을 돕는 이커머스 플랫폼을 운영해 왔으며, 다양한 기업과 브랜드의 상품을 전 세계 온라인 채널에 판매하고 있다. 마케팅부터 물류, 판매, CS, 정산 등 운영 전반에 대한 솔루션을 제공하고 그 과정에서 비자는 글로벌 결제, 정산을 지원하며 쇼피파이는 글로벌 네트워킹을 기반으로 대대적인 판매를 지원하는 방식이다. 제품을 해외에 판매하고 싶은 중소상공인은 이 플랫폼을 통해 국내 이커머스는 물론 쇼피파이, 아마존, 라쿠텐, 월마트 등 해외 이커머스까지 원스톱으로 판매 채널을 구축할 수 있게 된다.

　　이 제휴는 한국 토종 스타트업 기업과 글로벌 대표 플랫폼 기업인 쇼피파이, 그리고 판매자와 소비자를 연결해 주는 네트워크 회사 비자와의 제휴로 이커머스 시장의 크로스 보더 시장의 규모를 키울 것으로 전망된다. 최근 포스트 코로나 시대에 전 세계적으로 글로벌 이커머스 시장은 커지고 있으나 이러한 크로스 보더의 시장 비중은 적다. 스페셜을 통

---

48 안희정, 스퍼셀 쇼피파이 비자와 한 중소상공인 글로벌 진출 돕는다, ZDnetkorea, 2020.11.12

해 파편화된 이종 서비스 및 플랫폼과의 유기적인 연결과 데이터 처리 자동화는 국내외 스타트업 및 소상공인이 글로벌 이커머스 사업을 활발히 전개하는 데에 도움을 준다.[49]

이런 파트너십을 통해 사용자는 다수의 판매채널에서 이루어지는 주문/재고관리/배송 등의 과정을 단일 플랫폼쇼피파이에서 한 번에 관리할 수 있게 된다. 따라서 쇼피파이의 파트너사가 많아질수록 쇼피파이 플랫폼 가치는 상승하게 되고, 판매자 입장에서는 레버리지 효과가 극대화되어 쇼피파이를 사용할 용의가 더 커지는 선순환 구조가 형성된다. 즉, 쇼피파이 플랫폼은 멀티채널을 아우르는 허브Hub 역할을 하는 것이며, 아마존과 페이스북 등은 쇼피파이 입장에서 레버리지 수단인 것이다.

1.3 대기업으로 고객군 확대 & 글로벌 확장

앞서 언급했듯, 쇼피파이는 2014년 대기업을 타겟으로 한 'Shopify Plus' 서비스를 출시하며 동사의 고객 기반을 소매업체에서 대기업으로 확장하고 있다. Shopify Plus는 최소 매출 1백만 달러 이상의 기업군을 대상으로 하는 쇼핑몰 호스팅 서비스로, 실제로 구글, 테슬라, 제네럴일렉트릭, 레드불, 월스트리트저널 등 글로벌 기업들

그림 20 Shopify Plus 매출액 및 성장률[50]

그림 21 월순환매출 (Monthly Recurring Revenue)[51]

출처: 삼성증권

---

49 안희정, 스퍼셀 쇼피파이 비자와 한 중소상공인 글로벌 진출 돕는다, ZDnetkorea, 2020.11.12
50 한주기, Shopify, 제2의 아마존? 제1의 쇼피파이, 16p, 삼성증권, 2020.10.06
51 한주기, Shopify, 제2의 아마존? 제1의 쇼피파이, 16p, 삼성증권, 2020.10.06

이 Shopify Plus 서비스를 사용하고 있다.

2016년 1분기에 Shopify Plus가 전체 MRRMonthly Recurring Revenue에서 차지하는 비중은 11%에 불과했다. 하지만 대기업들의 유입으로 인해 고객군 확장이 글로벌적 성장 동력으로 작용하여 2020년 2분기에는 29.1%의 성장률을 보였다. 이처럼 Shopify Plus는 글로벌 수준의 강력한 플랫폼을 기반으로 글로벌 시장으로의 생태계 확장이 가속화될 가능성을 지니고 있다.

1.4 결제 생태계 확장

쇼피파이는 지난 2021년 2월 9일, 쇼피파이의 자체 결제 솔루션인 'Shop Pay'를 페이스북과 인스타그램에도 적용한다고 발표했다. 현재는 적용된 상태이며, Shop Pay가 쇼피파이 머천트의 자체 쇼핑몰이 아닌 외부 플랫폼으로 확장되는 첫 번째 사

그림 22 인스타그램에 'Shop Pay'를 적용한 모습[52]

| ① 페이스북, 인스타그램에서 제품 발견 | ② 인앱 구매 | ③ 결제 옵션으로 Shop Pay 선택 가능 |

출처: 삼성증권

---

52 한주기, 쇼피파이의 무한 확장, 2p, 삼성증권, 2021.02.10

례라는 점에서 의미가 깊다.

소비자는 페이스북과 인스타그램에서 제품을 구매하는 과정에서 Shop pay로 결제할 수 있게 되었는데, 이 결제 옵션을 통해 최근 쇼피파이의 성장을 도모하는 PaymentMerchant Solutions 부문 내 매출 비중 약 73%의 성장 기세가 더욱 확대될 것으로 예상된다.[53] Shop pay는 '간편한 결제 프로세스 및 1백만 개 이상의 가맹점 보유'라는 차별화된 경쟁력을 지니고 있다. 암호화되어 저장된 결제 정보를 통해 원터치 결제가 가능하고, 현재 약 50만 개의 온라인 쇼핑몰에서 Shop Pay의 결제솔루션을 이용하고 있다.

지금까지 살펴본 바로는 아마존은 쇼피파이의 경쟁상대가 아니다. 아마존뿐만 아니라 이베이, 월마트 등 다른 대형 유통기업 그리고 SNS플랫폼들 또한 그렇다. 쇼피파이는 오히려 이들과의 파트너쉽을 통해 강력한 시너지 효과를 발생시키고 있고, 쇼피파이의 기업들에게 다양한 대형 플랫폼들에서 자신들의 상품을 홍보하고 판매할 수 있는 기회를 제공하였다. 이를 본 다른 수많은 기업들은 자연스럽게 쇼피파이에 유입된다. 이는 선순환이며 강력한 레버리지이고 플라이휠이다. 이런데도 과연 쇼피파이가 아마존의 유일한 대항마일까?

② 뭐가 필요할지 몰라 다 준비해 봤어!

쇼피파이는 단순히 온라인 쇼핑몰 구축만을 도와주는 기업이 아니다. 쇼피파이를 통해 쇼핑몰을 만들었다면, 그 다음에는 쇼피파이의 친절하고 다양한 서비스를 마주하게 된다. 대표적으로 Shopify Payments, Shopify Capital, Shopify Shipping, Shopify POS 그리고 최근에 시작된 Shopify Fulfillment NetworksSFN가 있다. 이러한 서비스들은 사업 초창기 쇼피파이를 통해 이커머스에 참여한 기업들에게 너무나도 필요한 서비스들이 아닐 수 없다. 이를 통해 쇼피파이는 더욱 많은 기업들을 플랫폼 안으로 끌어들일 것이다. 앞에서 우리는 아마존이 쇼피파이의 경쟁상대라기보다는 오히려 협력을 하고 있는 모습을 볼 수 있었다. 적어도 현재까지의 상황은 그렇

---

[53] 한주기, 쇼피파이의 무한 확장, 1p, 삼성증권, 2021.02.10

다. 그러나 쇼피파이의 최종 목표는 재고, 주문, 배송, 결제, 대출, 마케팅 등 모든 서비스를 하나의 플랫폼에서 포괄하는 복합 이커머스 플랫폼이다. 현재는 둘의 사업영역이 구조적으로 공생관계에 있지만 미래는 어떻게 될지 알 수 없는 일이다. 쇼피파이는 현재 강한 성장세에 있고 마켓플레이스를 비롯한 앞으로의 사업 확장 기회는 무궁무진하다. 이들에게 이는 절대 승산 없는 싸움이 아니다. 이런데도 과연 쇼피파이가 아마존의 유일한 대항마라는 별명이 어울리지 않다고 할 수 있을까?

그럼 이제 쇼피파이의 다양한 서비스에 대해 알아보도록 한다.

2.1 Shopify Payments

Shopify Payments는 쇼피파이의 Merchant Solutions 매출의 대부분을 차지하고 있는 쇼피파이의 결제 시스템 사업을 의미한다. 쇼피파이의 기업들은 Shopify Payments를 사용하거나 제3자 결제시스템을 사용하는데 제3자 결제시스템을 이용하기 위해서는 Shopify Payments를 사용할 때보다 비용을 더 지급해야 하기에 기업 대부분은 Shopify Payments를 사용한다. 실제로 그 이용률은 2019년 말 기준 91%에 달한다고 하니 점유율이 상당함을 알 수 있다.[54]

다양한 결제 시스템이 등장하면서 편의성을 기반으로 한 결제 시스템은 이커머스 시장에서 중요한 경쟁력이 되고 있다.[55] 이에 쇼피파이는 Shopify Payments를 통해 스토어를 둘러보고 제품을 결제할 수 있게 하였다. 쇼피파이의 결제시스템은 스트라이프stripe의 페이먼트 시스템이 적용되었는데, 스트라이프는 사용자 니즈에 따른 간단하고 쉬운 맞춤형 제작이 가능하다는 장점을 가지고 있다. 즉 기존의 결제 시스템들은 개발자가 서버에서부터 개발을 시작했다면 스트라이프는 결제기능을 API프로그래머를 위한 일종의 운영체제나 인터페이스로 제공하기 때문에 소스를 넣기만 하면 바로 기능이 구현되는 형식이다. 스트라이프 방식이 아닌 Paypal 등은 여전히 엄청난 코딩작업이 요구된다고 한다.

---

[54] 한주기, Shopify, 제2의 아마존? 제1의 쇼피파이, 9p, 삼성증권, 2020.10.06
[55] 글로벌 이커머스 HOT리포트-신북방·미국·유럽편, 중소기업벤처부, 93p
[56] Shopify Payments Expands to New Regions, Shopify Press Room, 2019.06.04

그림 23 Shopify Payments[56] [57]

출처: shopify

그림 24 Shopify Payments의 실제 결제 모습[58]

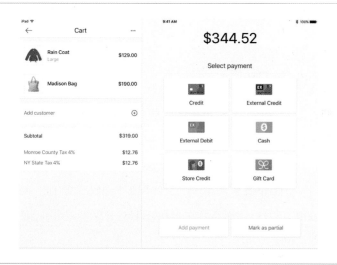

출처: Talkroute

---

https://news.shopify.com/shopify-payments-expands-to-new-regions

[57] Shopify Payments - Accept Credit Card Payments with Shopify, Shopify, Accessed 2021.04.21. https://www.shopify.com/payments

이에 반해 스트라이프 방식은 당연히 공인인증서도 필요 없고 결제 시 매우 간단한 인증만으로 결제가 가능하다. 쇼피파이는 구매자로부터 결제할 금액과 통화 종류, 카드번호, 유효 기간, CVC 값만 받아서 스트라이프 API에 넘겨주기만 하면 끝이다. 물론 이토록 단순한 인증절차는 고도의 보안 솔루션을 이미 갖추고 있기 때문에 가능하다. 가끔 우리는 결제 시 너무 복잡한 인증 과정으로 골치를 먹은 적이 있을 것이다. 하지만 Shopify Payments를 통해 결제를 하는 소비자들은 사이트를 이탈하는 경우가 없다. 즉, 복잡한 팝업창이나 사이트 이동이 없다는 얘기다.

이토록 간단한 스트라이프 방식과 쇼피파이의 첫 만남은 이커머스 시장에서 큰 이슈가 되었다고 한다. 기존의 방식은 PG결제대행업체의 심사가 필요했지만 스트라이프 방식은 이런 것 없이 즉시 결제를 받을 수 있었고, 고객의 결제, 취소, 환불 등을 편리하게 쇼피파이 판매자 대시보드에서 처리할 수 있도록 하였으며, 정산 내역을 PG사이트가 아닌 쇼피파이에서 확인할 수 있게 되었기 때문이다. 더불어 스트라이프는 139개의 통화를 지원하고 있으며 최근에는 비트코인까지 추가하면서 화폐시대에서 디지털 통화 시대로의 변화를 주도하고 있다.[59]

2.2 Shopify Capital

Shopify Capital은 미국을 비롯한 일부 국가에서 제공되며 일종의 금융서비스로 MCAMerchant Cash Advance와 Loan대출의 두 가지 방식으로 나뉜다. MCA는 기업의 매출채권을 쇼피파이가 할인된 가격으로 선매입하는 구조로, 판매자의 미래 현금흐름이 담보가 된다. Loan의 경우 미국 일부 주에서 서비스가 제공되고 있으며, 대출기간12개월과 60일 주기의 상환주기가 존재한다는 점을 제외하면 MCA와 구조가 동일하다.

---

[58] Stephanie Howey, Shopify Review: Is It The Best Online Store Builder?, 2018.12.19
https://talkroute.com/shopify-review-is-it-the-best-online-store-builder/
[59] 래이어드, 쇼피파이와 아마존 장단점 비교, naver blog, 2020.10.12
https://blog.naver.com/wjsmug/222113428980

그림 25 Shopify Capital[60]

출처: shopify

Shopify Capital 서비스는 폭발적으로 증가하고 있다. 쇼피파이의 기업들 대부분은 소상공인의 입장으로, 사업확장을 위해 초기 투자비용과 신속한 현금 회전이 중요한데, 이를 Shopify Capital이 해결해주기 때문이다. 예를 들어 사업이 잘되는 경우에도 현금이 부족할 수 있다. 온라인 쇼핑몰에 상품을 판매하면, 실제 판매대금 정산까지 상당한 시간이 소요된다. 새로운 재고를 다시 구매해야 하는데 말이다. 이런 상황에서 쇼피파이가 2−5일 이내로 자금을 지원한다면, 이를 이용하지 않을 이유가 없다. 즉, Shopify Capital는 소상공인의 사업 확장을 위해서 매우 용이한 도구로, 사업 성공을 위한 레버리지 수단인 것이다.[61] 빠르고 효율적인 신청 절차는 기본이며 기타 신용등급이나 확인 또한 필요하지 않다. 필요한 것은 단지 쇼피파이 내 기업이라는 것뿐이다.

하지만 이런 Shopify Capital에도 단점이 있으니 바로 타 대출보다 이자가 비싸며 주로 소규모의 기업을 대상으로 하다 보니 대출금액이 적다는 것이다. 실제로 많은 판매자들이 Shopify Capital에 대한 불만 섞인 리뷰를 올려 실망을 표출하였으

---

[60] Small Business Loans − Business Funding from Shopify Capital, Shopify, Accessed 2021.04.21
https://www.shopify.com/capital
Shopify Capital Review − Working capital loan[2020], Bucky Wucky
https://buckywucky.com/shopify-capital-review/
[61] 한주기, Shopify, 제2의 아마존? 제1의 쇼피파이, 10p, 삼성증권, 2020.10.06

며 개선을 요구하였다.[62] 그러나 타 대출에 비해 이자가 비싸다는 것은 더 신속한 신청 프로세스와 자금 조달에 대한 빠른 접근성 등 거래의 용이성이 높다는 증거이고, 아직 출시한 지 얼마 안 된 서비스이기에 차츰 그 규모를 키울 수 있으리라 생각된다.

이외에도 쇼피파이는 최근에 Shopify Balance를 출시하였는데 이는 판매자들을 위한 자금관리 솔루션이다. 또한 판매자뿐만 아니라 쇼피파이를 애용하는 소비자들을 위해 대출기관 Affirm과 파트너쉽을 맺어 Buy-Now-Pay-Later구매 후 지불 옵션도 선보였다. 이처럼 쇼피파이가 소비자와 판매자 모두를 위한 금융서비스에 집중하는 것엔 이유가 있다. 이를 통해 쇼피파이 플랫폼을 더욱 활성화할 수 있는 것은 물론 기존 쇼피파이가 판매자와 소비자들로부터 모은 수많은 데이터를 금융서비스에 간단히 적용할 수 있기 때문이다. 쇼피파이는 그동안 플랫폼 내에서 이루어진 판매자와 관련된 수많은 데이터를 모두 보관하고 있기에 이에 대한 프로세스가 더욱 신속하고 정확하게 대출 적격성을 판단할 수 있다.

2.3 Shopify Shipping

배송 레이블을 할인된 가격에 구매하여, 판매자가 직접 인쇄할 수 있게 해주는 서비스이다. 현재 미국USPS, UPS, DHL Express, 캐나다Canada Post, 호주Sendle에서 서비스를 제공 중이며, 판매자가 지불한 금액에서 쇼피파이의 배송 라벨 구매비용이 차감된 금액을 매출로 인식한다. 판매자들이 이 서비스를 이용하는 이유는 시간 단축과 저렴한 가격 때문이다. 예를 들어 쇼피파이 Advanced 플랜을 사용하는 판매자가 쇼피파이와 제휴된 USPS를 이용해서 미국에서 미국으로 배송하는 경우, 최대 90%까지 할인받을 수 있다. 때문에 판매자들이 Shipping서비스 사용하지 않을 이유 역시 없다.[63]

---

[62] Shopify Capital Review - Working capital loan[2020], Bucky Wucky
https://buckywucky.com/shopify-capital-review/
[63] 한주기, Shopify, 제2의 아마존? 제1의 쇼피파이, 11p, 삼성증권, 2020.10.06

표 3 배송업체별 최대 할인율[64]

국가	배송업체	구분	Basic (%)	Standard (%)	Advanced (%)
미국	USPS	국내	15.0	90.0	90.0
		국제	21.7	21.7	21.0
	S	국내	6.4	61.4	61.4
		국제	73.4	73.0	73.4
		캐나다	26.1	26.1	26.1
	DHL	국제	78.9	78.9	78.9
캐나다	Canada Post	국내	20.0	26.7	40.7
		국제	31.3	37.5	40.8
		미국	11.9	19.1	19.8
호주	Sendle	국내	16.3	16.3	16.3
		국제	33.6	33.6	3.6

출처: 삼성증권

2.4 Shopify POS

판매자들이 오프라인 매장에서 사용하는 POSPoint-of-Sale기기 및 소프트웨어 판매 매출의 통합 솔루션이다. 쇼피파이는 제3자 공급업체로부터 제품을 소싱하며, 구매 비용은 매출원가에 포함된다. 온라인 쇼핑몰 구축을 지원하는 쇼피파이가 오프라인 매장에도 인프라와 솔루션을 지원하는 배경에는 온라인－오프라인의 경계가 사라지는 옴니채널Omni-Channel의 보편화가 존재한다.

예를 들어 오프라인 매장을 운영하던 상인이 온라인 쇼핑몰까지 동시에 운영하고자 한다면, 당장 직면하는 문제는 온라인－오프라인 간의 통합 재고관리이다. Shopify POS는 이를 해결할 수 있다. 또한 BOPISBuy Online, Pickup In Store의 보편화로 인해 인프라 측면에서의 온라인과 오프라인의 통합이 필수요소가 되었다. 이처럼 오프라인을 포함한 멀티채널을 관리해야 되는 판매자 입장에서 Shopify POS는 충분히 매력적인 솔루션일 것이다.[65]

---

[64] 한주기, Shopify, 제2의 아마존? 제1의 쇼피파이, 11p, 삼성증권, 2020.10.06, 수정 후 재인용

그림 26 Shopify Retail Kit 9.7인치($229) (좌)와 Tap&Chip Reader($49) (우)[66]

출처: Shopify

2.5 Shopify Fulfillment Network(SFN)

그림 27 Shopify Fulfillment Network[67]

출처: Shopify

풀필먼트Fulfillment란 온라인 유통 산업에서 고객 주문에 맞춰 물류센터에서 제품을 찾고, 포장하고, 배송까지 하는 프로세스를 의미한다. 풀필먼트 사업이 어느 정도 완성되어 있다면, 유통프로세스가 극도로 간소화되기에 이커머스 시장이 확대될수록 더 유리하게 작용된다. 그리고 풀필먼트하면 바

65 한주기, Shopify, 제2의 아마존? 제1의 쇼피파이, 12p, 삼성증권, 2020.10.06

66 David Seal, Introducing the Shopify Retail Kit: Unify Your Online and Offline Business, Shopify, 2019.04.25. https://www.shopify.com/blog/shopify-retail-kit

67 Shopify, Introducing Shopify Fulfillment Network, Shopify Press Room, 2019.06.19 https://news.shopify.com/introducing-shopify-fulfillment-network

로 대표적인 것이 바로 아마존의 FBAFulfillment By Amazon이다. FBA는 셀러가 상품을 아마존 주문처리 센터에 일괄적으로 발송하면, 아마존이 셀러의 상품 보관과 포장·배송을 진행하고, 구매자에게 환불, 반품 등의 고객 서비스를 제공함으로써 셀러의 수고를 줄일 수 있는 서비스이다.

이런 풀필먼트가 최근 유통업계의 핵심 경쟁력을 부상하면서 쇼피파이 역시 2019년 6월 연례 컨퍼런스에서 Shopify Fulfillment NetworkSFN를 발표하며, 2019-2023년까지 5년간 총 10억 달러를 투자한다는 계획을 밝혔다. 처음 2년간은 제3자 물류업체와 파트너쉽 체결을 강화하며 사업모델을 구체화하고, 이후 3년간은 자체 물류창고 인프라를 구축하면서 규모를 키우겠다는 것이 구체적인 계획이다.

온라인 판매자의 입장에서는 물류와 배송은 다루기 상당히 까다로운 문제다. 영세한 판매자들이 직접 하기에는 비용이 상당하며 전문성 또한 떨어지기 때문이다. 이런 상황에서 최근 소비자들은 기본적으로 1-2일 내 배송을 요구하기 때문에 빠른 배송을 위해 판매자들은 값비싼 배송료를 부담할 수밖에 없는 구조이다. 이러한 구조적인 문제점을 해결하기 위한 것이 SFN인 것이다.

SFN의 경쟁력은 수많은 판매데이터에 기반한 머신러닝의 활용이다. 수요 예측, 물류센터별 재고 할당 등의 구체적인 솔루션에 사용될 것이다. 쇼피파이의 자체 머신러닝 분석 툴을 활용하여 각 지역별 수요를 예측하고, 가령 워싱턴 풀필먼트 센터에서는 16일치, 샌프란시스코 풀필먼트 센터에는 28일치의 재고가 남아있다고 분석해 주는 식이다. 실제로 쇼피파이는 2019년 Investor Day에서 이런 재고 예측이 언제 어디에서 판매될지 85% 이상의 정확도로 예측이 가능하다고 밝힌 적이 있다. 이는 재고관리 비용, 그리고 주문에서 배송까지 소요되는 시간을 현저하게 줄이면서 플랫폼 경쟁력을 더욱 강화시킬 것이다. 수익적인 측면에서는 아직 현저하게 낮지만, 중장기적으로 쇼피파이의 성장률을 높여줄 핵심 요인으로 평가받고 있다.

쇼피파이의 기업문화

쇼피파이의 기업문화를 살펴보면 개방성과 다양성을 추구한다. 문화적으로 잘 어울리는 인재culture fit가 아닌, 다양성을 더해줄 인재culture addition를 찾는다. 직원의 30%가 2019년 이후에 합류했을 정도로 급성장한 쇼피파이는 직원이 늘수록 각 직원이 개성이 회사 문화에 보태지고 확장된다고 여기며, 이러한 문화를 창업 초기부터 유지해 왔다고 평가받고 있다. 실제로 쇼피파이의 디자인팀 임원인 케빈 클락은 "우리의 문화를 지키려고 노력하는 대신 우리는 채용이 이뤄질 때마다 문화가 끊임없이 진화하고 나아질 수 있다는 사실을 받아들인다"라고 하였다.

캐나다에서 가장 일하기 좋은 직장에 매년 선정된 '쇼피파이'는 그 비결로 어떠한 경력, 경험, 개성을 가진 사람이든 팀원으로 받아들여지는 포용성과 개방성을 들었다. 쇼피파이 직원들을 대상으로 한 설문에서도 '친구에게 우리 회사를 추천하고 싶다'라고 선택한 비율은 93%로, 직원들이 만족감과 애사심이 매우 높은 것을 확인할 수 있다.

그림 28 **쇼피파이의 사내 모습**

출처: Shopify[68]

이러한 쇼피파이 또한 초기에는 그들의 기준에 맞는 직원들을 고용하려 했다. 그러나 직원 수가 늘수록 이런 방식이 맞지 않다고 느꼈고, 문화가 정체되어 있다고 판단했다. 쇼피파이 HR 담당 이사인 안나 램버트는 "당신과 똑같이 행동하고 말하는 사람들로만 지원자 풀을 제한하면 당신은 수많은 사람의 다양한 경험 스펙트럼으로부터 당신의 사업을 차단해 버리는 것이다"라고 말했다. 새로운 기술을 가진 사람들이 끊임없이 유입돼야 기존의 문화를 흔들고 쇼

---

68 Careers and Jobs at Shopify, Shopify, Accessed 2021.04.22, https://www.shopify.com/careers/teams

피파이가 더 성장하고 문화적으로 풍성해진다는 것이다.

쇼피파이의 직원 채용에서 우리는 이러한 기업문화를 잘 들여다볼 수 있다. 쇼피파이는 '얼마나 뛰어난가'가 아닌 '얼마나 영향을 미치며 살아왔는가'를 기준으로 한다. 가능한 많은 지원자를 면접에 부르며 다양한 배경과 관점을 가진 인재들을 선발한다. 그래서 쇼피파이는 지원자들에게 이력서를 요구하지 않으며, 인재채용 시 기술이나 재능보다 자신이 몸담았던 곳에서 얼마나 영향을 주었는가를 본다. 영향을 준다는 것은 자기 일에 대한 열정과 호기심을 보여주며 성장하는 과정을 즐기는 사람이라는 것을 보여주기 때문이다. 또한, 자신의 일을 통해 얼마나 영향력을 미치고자 하는지, 어떤 변화에도 적응하고 살아남을 수 있는지를 원한다. 이러한 덕목이 바로 쇼피파이가 채용을 판단하는 변수인 것이다.

실제로 쇼피파이는 'Life Story' 인터뷰 방식을 통해 지원자가 살아온 삶의 궤적을 들으며 삶의 태도를 파악한다. 모든 지원자는 면접관들에게 본인의 이야기를 들려주어야 한다. 그리고 면접관들에게는 인터뷰 10분마다 지원자에 대해 새로운 정보를 얻어야 한다는 나름의 '10분 규칙'이 주어져 있다. 이러한 'Life story'는 'Career Story'가 아니다. 지난 직장에서 얼마나 성과를 냈는지가 아닌 본인이 어떤 분야에 가장 열정이 있는지를 말하는 것이다. 'Life Story' 면접은 쇼피파이로 하여금 지원자의 진정한 가치관을 확인할 수 있게 한다. 이러한 영향력 있는 인재들이 만든 쇼피파이의 '특유의 문화'가 현재의 쇼피파이를 만든 것이다.[69]

한계점

우리는 지금까지 쇼피파이가 코로나19 환경 속에서 급변하는 이커머스 산업을 이끌며 어떻게 성장을 해왔는지 알아보았다. 그렇다면 쇼피파이가 앞으로 해결해야 할 과제나 한계점은 무엇일까?

---

69 배소진, 아마존과 정반대인 쇼피파이의 채용법, 티타임즈, 2021.01.15

❶ 시장에 한계가 있다고?

말 그대로 시장에 한계가 존재할 수 있다. 이커머스 산업 자체를 말하는 것이 아니다. 이커머스 산업 내 존재하는 기업들의 수에 한계가 있다는 것이다. 그 이유는 바로 이들이 쇼피파이의 시장이기 때문이다. 쇼피파이의 최근 2020년도 3분기 보고서에 계산된 TAMTotal Addressable Market을 보자.

우선 쇼피파이의 핵심 고객들인 Merchants들을 직원이 500명 이하인 기업으로 정의하고, 여기서 아주 초기의 기업들Entrepreneur이나 대기업들Larger Brands을 제외한다. Merchant당 평균 매출은 약 $1,653이고, Shopify는 전 세계 4700만여 개의 Merchants들을 보유하고 있다. 이를 기준으로 계산하면 TAM은 총 $78Billion 정도 된다고 할 수 있다. 즉 아무리 성장하더라도 $78B라는 성장의 한계가 존재하는 것이다. 물론 지금 쇼피파이의 규모에 비하면 엄청난 시장크기지만, 한계가 존재한다는 것은 큰 문제다.

그림 29 이들의 한계는 $78B일까?[70]

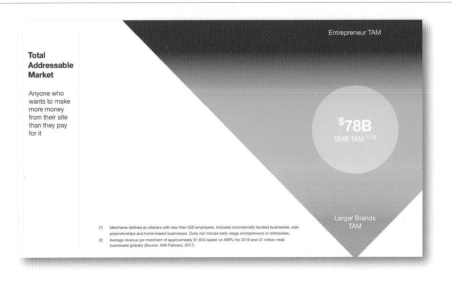

출처: medium

---

[70] Albert Wang, Shopify:A Sustained Success Story, medium, 2020.06.19

이러한 한계를 돌파하기 위한 것이 바로 더 윗 단계인 Larger brands TAM으로의 진출이다. 이에 대응하여 쇼피파이는 2014년부터 엔터프라이즈급을 대상으로 하는 Shopify Plus로 승부수를 냈다. 하지만 Shopify Plus를 이용하는 고객 수는 약 7,000개 수준으로, 쇼피파이 전체 고객 수가 107만2019년 말 기준임을 고려하면 0.7%에 불과하다. 다만 매출액 비중으로 봤을 때에는 이들이 차지하고 있는 영역이 상당한 편이므로 회사의 성장에 중요한 역할을 하고 있음은 분명하다. 지켜봐야 할 것은 온라인 시장으로 얼마나 많은 Merchant들이 얼마나 빠른 속도로 유입되는가이다.

❷ 경쟁상대가 너무 많아!

시장이 커지면 커질수록 참가자 역시 많아지는 법이다. WooCommerce, Magento, BigCommerce 등 기존의 참가자뿐만 아니라 엔터프라이즈급 이커머스 플랫폼을 제공하는 세일즈포스, 오라클 등 글로벌 대기업들도 참여하고 있다. 또한 가장 위협이 되는 경쟁자는 세일즈포스, 어도비시스템즈, 오라클 등 글로벌 네트워크와 자본력, 기술력을 갖춘 기존 소프트웨어 강자들이라고 볼 수 있다.

예를 들어, 어도비시스템즈는 2018년 온라인 쇼핑몰 호스팅 서빗기업인 마젠토Magento를 인수하여 Commerce Cloud 부문을 강화하고 있다. 어도비시스템즈와 같이 소프트웨어 시장에서 경험이 많고 현금창출 능력이 뛰어난 대기업들이 자본력과 기술력을 바탕으로 공격적으로 시장에 침투할 가능성이 있다.[71] 사실 쇼피파이같이 소프트웨어 측면의 기업들의 경쟁우위는 눈으로 가늠하기 어려운 것이 사실이다. 데이터적인 측면으로 봤을 때, 쇼피파이는 이미 다른 플랫폼기업들에 비해 상당히 지배적인 모습을 보이고 있긴 하나, 더욱 뚜렷한 차별화 요소가 필요하다.

---

[71] IB MS Holdings, 쇼피파이, Shopify[US:SHOP] 기업소개 및 분석, 2020.10.10

③ 글로벌 경기 둔화

　쇼피파이의 주요 고객군은 소규모업체나 개인사업자로 구성된다. 따라서 쇼피파이 플랫폼 사용자의 대다수는 사업 초기 단계에 있을 가능성이 크다. 이러한 상황에서 만약 글로벌 경기가 둔화될 경우, 대부분의 소매업체들이 매출과 이익 감소를 감내해낼 수 있는 능력이 대기업 대비 현저히 낮고, 거의 모든 Subscription 계약이 월 단위로 체결되어 있기 때문에 사업을 축소하거나 그만둘 가능성이 높다. 그리고 이는 곧 쇼피파이의 구독료 매출감소로 직결될 수 있다. 다만 Shopify Plus를 통해 고객 군이 다양해지고 있으며, 지역적으로도 매출이 점차 분산되고 있어 리스크는 점진적으로 감소할 전망이다.[72]

④ 제한된 기능과 추가 비용들

　쇼피파이는 온라인 상점을 구축하기 위해 필요한 거의 모든 기능을 탑재하고 있지만, 특정 요구 사항을 충족시키기 위해서는 도구가 필요하다. 무료로 사용되는 앱도 있으나 퀄리티가 있는 도구를 사용하기 위해서는 유료로 사용해야 하는 경우가 대부분이다. 실질적으로 필요한 기능을 쓰기 위해서는 추가 요금을 내야하는 상황이 생기게 되는 것이다. 실제로 쇼피파이에 원하는 기능을 모두 추가할 경우 매월 380$수수료 포함의 가격을 부담해야 한다. 이런 식으로 추가 비용들이 꾸준히 늘어나게 되면, 사용자의 월 사용료가 예산을 훌쩍 뛰어넘는 것은 시간문제일 것으로 보인다.

　이뿐만 아니라, 추가적인 비용에는 '수수료'도 존재한다. 저렴한 초기 비용으로 호기롭게 시작했지만 정작 정산에 앞서 실망하는 경우가 종종 발생했다. 특히 한국에서 해외시장을 타깃으로 진행하는 경우, 미국 사업자 등록이 되어 있지 않으면 많은 제약이 따른다. 특히, 신용카드와 Shopify Payment우리나라 네이버 페이와 유사의 사용이 제한됨에 따라 Paypal과 같은 플랫폼을 거쳐서 결제를 받아야 하는데, 환율 계산과 수수료로 인한 리스크와 복잡성이 증가한다. 이러한 점들을 고려하여 가격 책정이나 미국 내 사업자 등록 등을 고민해 보기 바란다.

---

72 IB MS Holdings, 쇼피파이, Shopify[US:SHOP] 기업소개 및 분석, 2020.10.10

맺음말: 이커머스의 미래를 어떻게 리드할 것인가?

현재 아마존이 독식하고 있는 이커머스 산업에서 쇼피파이가 어떻게 성공적으로 성장할 수 있었을까? 쇼피파이의 가장 큰 장점은 사용자가 다수의 판매 채널에서 이루어지는 주문/재고관리/배송 등의 과정을 단일 플랫폼쇼피파이에서 한 번에 관리할 수 있다는 것이다. 이것이 아마존과의 가장 큰 차이점이자 쇼피파이만의 특징이다. 제품 차별화나 독자적인 마케팅 효과를 얻는 것이 제한적인 아마존과는 다르게, 판매자만을 고객으로 삼아 그들만의 차별화된 마케팅 전략을 맘껏 펼칠 수 있는 발판을 마련한 것이 쇼피파이가 셀러들에게 선택된 가장 큰 이유이다.

사실상 이렇게 물건 판매부터 광고까지 판매자들이 영업할 때 필요한 모든 요소들을 한 플랫폼에서 지원하고 관리해 준다는 것은 어려운 일이다. 이 모든 과정을 지원하기 위해서는 많은 업체들과 계약 및 제휴를 맺어야 하고, 또 그만큼 방대한 자본과 자기기업에 대한 신뢰도가 필요하다. 즉 파트너십을 통하여 쇼피파이의 생태계를 확장해 나가야 한다는 것은 쉽지 않은 일이다. 스타트업 기업이었던 쇼피파이가 많은 기업들과 제휴를 맺고 각 서비스를 제공할 수 있던 이유는 그들 사업이 다른 기업들에게도 정말 매력적으로 느껴졌기 때문이 아닐까?

쇼피파이는 파트너십 확장뿐 아니라 독자적 서비스 제공을 통해 시장에서의 영향력을 넓혀 갔다. 결제시스템, 파이낸싱, 배송, POS, 풀필먼트 서비스에 이르는 종합 솔루션을 제공하며 유통업의 운영체제로 진화 중이다. 마치 PC 세계의 Windows를 연상시킨다. 최근에는 SNS플랫폼까지 파트너십을 맺으며 생태계를 확장시키고, 대기업과 해외 시장까지 고객 저변을 넓히고 있다. 그중 Shopify Capital은 쇼피파이의 이용자들을 끌어들이기에 정말 효과적이며, 매력적인 서비스로 셀러들에게 큰 매리트를 준다. 소상공인 입장에선 사업 확장을 위해 매우 용이한 도구이며 사업 성공을 위한 레버리지 수단이다. 그리고 결국 그들의 사업 성공은 곧 쇼피파이의 성장으로 직결되는 구조이며, 이는 선순환 궤도에 진입하게 된다. 다양한 서비스 제공과 이용자들의 단단한 입지는 기업이 성공적으로 성장할 수 있는 굳건한 배경이다.

최근 쇼피파이는 블랙프라이데이와 사이버먼데이였던 11/27~11/30의 기간에, 쇼피파이 기반 Merchant들의 전 세계 총 매출액이 51억 달러를 기록하면서 작년29억 달러 대비 76% 상승한 수치를 기록했다고 밝혔다. 쇼피파이의 COOChief Operating Officer인 Harley Finkelstein은 이에 대해 "올해는 전 세계적으로 상거래에 있어 혁신적인 해입니다. 블랙프라이데이와 사이버먼데이, 주말 동안 쇼피파이에서 본 기록적인 판매는 우리 플랫폼에서 독립적이지만 소비자들에게 직접 판매되는 비즈니스의 힘을 보여줍니다. 상거래의 중심이 매장에서 온라인으로 이동함에 따라 전염병은 우리가 오랫동안 기대해온 변화를 가속화했습니다. 이 멀티채널 쇼핑 현상은 소매업의 미래 청사진입니다. 그리고 우리는 이에 흥분하지 않을 수가 없네요!"라고 쇼피파이에 대한 강한 자신감을 내보였다. 섬뜩하지만 마치 코로나를 기다린 사람처럼 말이다.

코로나로 인해 비대면, 이커머스 시장이 커지면서 라이브 커머스, 비대면 거래, 온오프라인 통합 등 글로벌 이커머스 트렌드 또한 급격히 변화하고 있다. 쇼피파이는 클라우드 기반의 서비스라는 점을 적극 활용하여 이러한 트렌드와 새로운 기술을 빠르게 흡수함으로써 변화에 신속하게 적응하고, 성공적으로 대응하는 모습을 보여주고 있다. 2021년에는 글로벌 이커머스 시장에서 쇼피파이의 역할은 더욱 커질 것이다.

❶ 파괴적 혁신의 쇼피파이와 그 미래

코로나19의 여파로 추락과 반등을 거듭하던 시장에서, 쇼피파이는 유달리 주목받는 회사이다. 쇼피파이의 주가는 지난 한 해 동안 3배 가까이 상승해 시가 총액이 무려 735억 달러90조원에 달한다주가 1,031달러, 2020년 7월 기준. 더불어 최저치를 기록한 2020년 4월 2일 이후에만 82% 상승했는데, 이는 같은 기간 동안 25% 오른 아마존, 29% 오른 이베이eBay와 같은 대형 전자상거래 업체들을 크게 앞지른 수치다. 그리고 그 후 1년 뒤인 2021년 7월 8일 기준, 시가 총액은 1,890억 달러, 주가는 1,520달러를 기록하고 있다.

그림 30 쇼피파이 주가[73]

출처: 나스닥

코로나바이러스의 확산을 막기 위한 정부 당국의 봉쇄 조치는 수많은 오프라인 상점들의 문을 닫게 만들었고, 이로 인해 전통적인 소비 패턴은 크게 가라앉을 수밖에 없었다. 하지만, 쇼피파이에게 이러한 상황은 오히려 더욱 많은 사용자를 유입시킬 기회가 되었다. 쇼피파이Shopify의 한 임원은 트위터에 "요즘 매일 블랙프라이데이 수준의 트래픽을 처리하고 있다"고 밝혔다. 분명 앞으로가 더욱 기대되는 기업이다.[74]

코로나 이후 쇼피파이는 아마존 다음으로 미국 이커머스 시장의 지배자가 되었다. 아마존에 맞설 유일한 대항마라는 별명도 전혀 무색하지 않을 만큼의 성장을 보이고 있는 것도 사실이다. 그리고 이제 아마존을 뛰어넘기 위한 준비 단계에 있다. 최근에 발표된 SFN이 쇼피파이 플랫폼을 더욱 강화하는데 정점을 찍었다고 할 수 있다. 이제 쇼피파이는 온라인 머천트들에게 호스팅, 결제, 재고, 주문, 마케팅부터

73 나스닥

74 '뭐니머니 - 1 아마존(Amazon) 넘어를 꿈꾸는 쇼피파이(Shopify)', Kinvest, 2020.07.13

시작해서 SFN을 통한 자체적인 물류와 배송 시스템까지 제공하며 자신들의 플랫폼을 더욱 견고하게 다듬고 있다. 사실 이런 전개는 우리에게 매우 익숙하다. 국내의 대형 유통소매기업들과 대형 온라인 쇼핑몰 속에서 혜성처럼 등장해 국내 이커머스 산업을 통째로 바꿔버린 쿠팡이 그랬고, 단순한 무료 모바일 메신저에 불과했던 카카오톡은 이제 강력한 메신저 플랫폼을 기반으로 이커머스, 결제, 웹툰, 게임, 자동차에 이어 카카오 뱅크까지 다방면으로 사업의 범위를 넓히고 있다.

이들은 모두 처음에는 작고 초라한 다윗이었지만 결국 골리앗들을 이기고 정점에 올랐다. 우리는 이를 보고 파괴적 혁신이 일어났다고 한다. 쇼피파이의 전략 또한 결국 파괴적 혁신 전략이라고 할 수 있다. 파괴적 혁신은 보통 다음과 같은 상황을 일컫는다. 기업은 가장 먼저 기존의 시장 참여자들이 많이 없는 낮은 마진의 사업에 진출한다. 두 번째로 낮은 가격을 무기로 다수의 고객들을 모은다. 세 번째는 다수의 고객을 모은 기업은 기존 참여자들과 경쟁한다. 그리고 마지막으로 이들을 무너뜨리면서 파괴적 혁신이 일어난다.

쇼피파이는 기존의 시스템 통합, 개발 및 관리를 해주는 업체인 마젠토, 플러그인 업체인 워드프레스 등의 기존 시장에서의 복잡함을 없애고 고객 중심적인 소프트웨어를 만들기 시작했다. 사용자가 직접 코딩 및 개발을 통해 만드는 웹사이트와 달리, 쇼피파이는 쇼핑몰 솔루션 환경을 만들어 제공했다. 쇼피파이의 고객들은 본인 사업에 맞는 앱들을 설치하면 원하는 대로 웹사이트를 만들 수 있다. 이런 기존 시장의 문제점에 집중하여 쇼피파이는 혁신 시장에 진입했고 상대적으로 낮은 가격을 통해 다수의 고객약 130만 명 정도을 확보했다. 결국, 쇼피파이는 세 번째 단계에 있다고 할 수 있다. 쇼피파이는 아마존과 달리 쇼피파이의 고객들 즉, 사용자의 성장을 도우며 전문가가 아닌 고객도 쉽게 사용할 수 있는 인터페이스를 제공한다. 오로지 낮은 가격을 강요하는 아마존과는 다른 상생의 전략으로 시장에서 경쟁하는 것이다. 또한, 제한된 자유도로 낮은 진입장벽 또한 강한 경쟁력으로 평가받고 있다.

더불어 쇼피파이는 다양한 채널과의 협력을 통해 사업의 범위를 세계로 넓혀가며 거대한 마케팅 네트워트 생태계를 구축하고 있다. 아마존, 이베이 같은 판매 채널뿐만 아니라 페이스북, 인스타그램, 구글과도 연동이 되어 있다. 쇼피파이 관리자의 입장에서 여러 가지 채널에 상품을 판매할 수도 있고, 광고 캠페인을 생성해서 운영할

수도 있다.[75]

그러나, 정형화된 인터페이스로 개발 가능성이 다소 떨어지는 단점이 존재한다. 쇼피파이는 앞으로 더욱 성장하려면 이러한 각 개인 소비자들의 취향별로 만들 수 있는 유저 툴을 제공하거나 교육해야 한다. 소비자들의 창작 욕구는 계속해서 증가하며, 자신의 쇼핑몰을 단순히 온라인 쇼핑몰이 아닌 각 판매자의 브랜딩 장소로 인식하게 될 것이다. 쇼피파이가 자신들을 단순히 전자상거래 플랫폼이 아닌 '세계 최초의 소매업 운영체제'로 소개하듯이, 이러한 고객 중심적 사고는 현재 시장의 골리앗 아마존을 뛰어넘는 기업경쟁력이 될 것이며, 더욱 개인화된 컨텐츠 제공은 포스트 코로나시대에 많은 소상공인들의 판매처를 제공하여 많은 소비자들을 유인할 것이다.

쇼피파이는 월 $29라는 파격적인 가격으로 엄청난 서비스를 제공하며 소상공인들의 인기를 얻고 있는 현재, 아마존이라는 골리앗을 넘기 위해 만반의 준비를 하고 있다. 1년 뒤 이들의 외형과 규모는 지금과는 많이 달라져 있을 것이다. 10년 뒤를 생각해보는 것도 현재로서는 사치일 수 있다. 뤼케의 말대로 우리는 지금 벌어지고 있는 변화조차 감당하기 벅차기 때문이다. 한때는 파괴적 혁신의 주인공이었던 아마존이 이제는 쇼피파이가 넘어야 할 골리앗이 되었다. 지금까지 우리는 쇼피파이에 대해 자세히 알아보았다. 이를 토대로 예측할 때, 당신은 과연 쇼피파이가 아마존을 넘고 또 다른 골리앗이 될 수 있다고 생각하는가?

---

[75] 2021년 쇼피파이로 쇼핑몰을 제작해야하는 5가지 이유와 글로벌 이커머스 트렌드, 쇼피파이 코리아

1. 대다수의 전문가들은 앞으로의 상거래는 코로나 종식 이후에도 이커머스가 주도할 것이라 전망한다. 반대로 일부에서는 대부분의 사람들은 상품을 직접 보고 맛보고 입어보고 구매하길 원하기에 코로나가 종식되면 다시 예전의 일상으로 돌아갈 것이라고 예측한다. 이 두 가지 측면 중 자신의 입장을 선택하고, 왜 그렇게 전개가 될지 근거를 찾아보자.

2. 쇼피파이는 아마존의 최대 경쟁자라는 별명과 달리 오히려 아마존과 깊은 협력 관계에 있다. 이들의 이런 관계는 계속 유지될 수 있을까? 아니면 단기간의 협력일 뿐일까? 이들이 협력을 유지하고 있는 이유와 관련지어, 자신의 생각을 정리해 보자.
   또한 생태계 개념이 널리 퍼져 있는 비즈니스 업계에서 이러한 협력전략은 주요한 경쟁우위가 될 수 있을까? 어떻게 이를 더욱 확대시킬 수 있을 것인가?

3. 쇼피파이는 최근 한국 내 법인 설립을 검토할 정도로 국내 시장 진출을 가속화하고 있다. 이미 2018년부터 '펀치 디지털 마케팅'이 쇼피파이 국내 공식 파트너로 활동하고 있으며, 최근에 국내 PG사인 이니시스와 국제 통화결제 서비스 제휴를 맺었다. 쇼피파이의 국내 진출 시, 최대 경쟁 기업은 동일한 서비스를 제공하는 국내 기업인 '카페24'이다. 쇼피파이가 카페24를 이기고 시장을 장악할 수 있을까? 그렇다면 이들이 취할 전략에 대해 논의해보자. 이때, 포터의 5 Forces Model도 활용해 보자.

4. 아마존과 비교해 쇼피파이는 소매업체의 온라인 쇼핑몰 구축에 초점을 맞추어 수요를 극대화한다. 또한 소매업체나 개인 사업자가 접근하기 어렵지만, 전자상거래에서 필수적인 영역의 서비스들을 제공하면서 편의성을 판매자들에게 제공한다. 아마존과 다른 쇼피파이의 비즈니스 모델이 어떻게 이커머스 시장에서 지속적으로 수익을 창출할 수 있는지, 어떻게 하면 쇼피파이가 이러한 시장에서 리더가 될 수 있을지 논의해 보자.

5. 쇼피파이 CEO의 철학과 비즈니스 모델, 그리고 사회적 책임(CSR)의 관계를 연계해 논의해 보자. 쇼피파이는 새로운 사회에 공헌하고 있으며, 지속발전하는 것이 가능한가?

CHAPTER
12

완전자율주행 전기차의 선두주자, 테슬라

학습목표

• 앞으로 강화되는 환경규제로 더욱 중요해질 전기차의
  등장배경을 학습하고, 테슬라의 탄생배경을 살펴본다.

• 테슬라가 자동차업계 시가총액 1위를 달성할 수 있었던
  성공요인을 고찰하고, 자율주행, 로보택시 등 사례분석을
  통해, 향후 우리의 삶에 다가올 변화를 분석해 본다.

• 테슬라가 성장해온 과정을 파악함으로써, 한국경제 또는 한
  국의 기업들이 어떤 방향으로 나아가야 할지 예측해 본다.

완전자율주행 전기차의
선두주자, 테슬라*

전기차의 등장 배경 및 국내 현황

"테슬라의 사명은 지속가능한 에너지로의
세계적 전환을 가속화하는 것입니다"

전기차의 선두주자인 테슬라의 가치를 알아보기 전에 우리는 전기차의 필요성과 전기차 보급 현황에 대해 간략히 알아보고자 한다. 어째서 전기차가 등장한 것이며, 왜 전기차를 양산해야 할 필요가 있을까? 첫째, 온실가스에 대한 경각심이 증가하는 추세이다. 이는 전기차가 필요한 가장 큰 이유이며, 여러 선진국에서는 온실가스 방출을 줄이기 위해 내연기관 자동차를 제한하고, 전기자동차를 구매하면 보조금도 지급하고 있다. 우리나라도 친환경차인 전기자동차와 수소차에 보조금을 지급하고 있고, 영국은 2035년부터 휘발유 및 경유 차량 판매금지, 프랑스에서는 2040년부터 내연기관 차량 판매를 금지하는 정책을 발표했다. 네덜란드와 스페인도 각각 2030년, 2040년부터 내연기관차를 판매금지하겠다고 선언

---

* 본 사례는 정진섭 교수의 지도하에, 김지훈 학생이 작성한 것이다.

하는 등 전 세계적으로 환경을 위한 정책들을 펼치고 있다. 둘째, 소비자의 입장에서도 전기차가 소음과 진동이 적고, 유지보수 비용이 적다는 장점이 있기 때문이다. 내연기관차는 평균 3만여 개의 부품이 필요하지만, 전기차는 1/3 수준인 약 1만 개만 필요하다. 정기적으로 갈아줘야 하는 부품 수도 훨씬 적다. 이외에도 모두가 인지하듯 연료 효율 차이도 커서 전기자동차의 연료비가 내연기관차보다 훨씬 저렴하다.

이처럼 현재 전 세계는 내연기관차의 배기가스 배출을 규제하고, 친환경차 도입을 위한 다양한 지원정책을 펼치고 있다. 글로벌 자동차 기업들 역시 이러한 상황에 맞춰 전기차 개발에 힘쓴 결과, 전기차는 내연기관차가 약 100년에 걸쳐 이루어낸 기술적 진보를 이미 거의 비슷하게 달성했다.

전기차 보급률에 대한 전망도 희망적이다. 블룸버그 NEFNew Energy Finance가 발표한 보고서 '2019 전기차 전망Electric Vehicle Outlook 2019'에 따르면, 2010년 수천 대 판매에 불과했던 전기차가 2018년에는 200만 대 이상 판매됐고, 2025년에는 1,000만 대, 2030년에는 2,800만 대, 2040년에는 5,600만 대를 돌파할 것으로 추정된다. 즉, 2040년 판매되는 승용차의 57%, 전 세계 승용차의 30% 이상이 전기차가 될 것이라는 전망이다.[1]

국내 전기차 시장은 어떨까? <그림 1>에서 보는 것처럼, 정부의 친환경차 보급 로드맵에 따르면 국내 역시 전기차 보급이 점차 증가할 것으로 예상된다. 2013년 산업수요 대비 비중이 0%였던 전기차는 2020년 2.4%까지 비중을 늘릴 예정이고, 2025년에는 약 25만 대를 보급해 산업수요에서 차지하는 비중을 14.4%까지 끌어올린다는 목표다. 국내 역시 빠른 속도로 전기차 시장이 성장하고 있다는 것이다.

---

[1] 현대모터스 기사 발췌

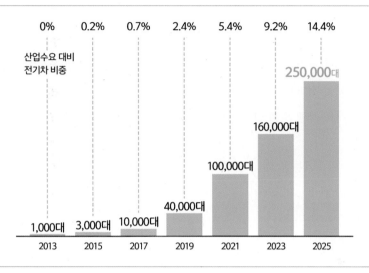

그림1 전기차 보급현황 및 전망

출처: 정부 2019년 2월 기준 친환경보급로드맵

테슬라(Tesla)

❶ 테슬라 소개

1.1 테슬라란?

테슬라는 전기차를 만드는 대표적인 기업이다. 전기차가 기존의 내연기관차보다 더 효율적이고 빠르며 더 재미있게 운전할 수 있다는 것을 증명하고자 하는 엔지니어 그룹에 의해 2003년 설립되었다. 또한, 테슬라는 순수 전기차뿐만 아니라 다양한 방면에서 사용할 수 있는 청정에너지를 생산하고 저장할 수 있는 제품도 생산하고 있다. 즉, 테슬라는 전 세계가 화석 연료에 대한 의존을 줄이고 배출가스 없는 미래로 한 발 더 빠르게 나아갈수록 노력하는 4차 산업혁명 시대의 대표적 기업이다.

테슬라 자동차는 캘리포니아 프리몬트 공장과 상하이 기가팩토리에서 생산된다. 테슬라는 전 세계에서 가장 안전한 공장을 운영한다는 목표 아래, 생산직 직원이 현장에서 근무를 시작하기 전 며칠 간 안전교육 프로그램에 참여하게 하는 등 안전에 관한 능동적 조치를 취하고 있다. 이후에도 테슬라는 지속적인 현장 직무 교육을 제공하고 매일 성과를 기록하며, 신속한 개선이 이루어질 수 있게 한다. 이를 통해 테슬라는 대표 모델인 Model 3의 생산량을 늘리면서도 현장 안전도를 지속적으로 향상시키고 있다.

또한, 지속가능한 에너지 생태계를 구축하기 위해 테슬라는 고유한 에너지 솔루션인 Powerwall, Powerpack 및 Solar Roof를 제작하여 주택 소유주, 기업 및 공공사업체가 Tesla의 에너지 솔루션을 통해 재생 에너지의 생산, 저장 및 소비를 관리할 수 있게 되었다. 배터리 셀 비용을 대폭 절감하도록 설계된 기가팩토리1은 테슬라의 자동차 및 에너지 제품을 지원한다. 배터리 셀을 자체적으로 생산하여 생산 목표를 달성하기에 충분한 양의 배터리를 생산할 뿐만 아니라 수많은 일자리를 창출하고 있다.

결과적으로, 테슬라는 저렴하면서도 높은 품질의 전기자동차를 생산했고, 보다 더 많은 사람들이 테슬라 차량을 구매하도록 함으로써 궁극적으로 탄소배출량이 없는 운송과 청정에너지 생산의 현실화를 앞당기고 있다. 전기차, 배터리 및 재생 에너지 발전과 저장은 테슬라 이외에도 독립적으로 존재하지만, 테슬라는 이 모든 것을 결합시켜 더욱 강력한 시너지를 낼 수 있도록 하고 있다. 바로 이것이 테슬라가 그리는 미래다.[2]

이러한 혁신적인 기업의 CEO를 알고 싶은 생각이 들지 않는가? 테슬라의 CEO는 바로 영화 아이언맨의 주인공 토니 스타크의 실제 모델인 엘론 머스크이다.

영화 '아이언맨'에 등장하는 주인공 토니 스타크는 억만장자이자 천재과학자다. 아이언맨이라는 영화를 제작하면서 주인공으로 참조한 인물은 바로 테슬라 모터스 Tesla Motors, 스페이스XSpace X 등을 설립한 '엘론 머스크Elon Musk'다. 머스크는 젊은 나이에 성공한 사업가라는 것과 천재같이 뛰어난 두뇌를 가졌다는 것, 그리고 전 세계

---

2 테슬라 홈페이지 참고

서 '혁신'을 주도한다는 것이 토니 스타크와 매우 닮았다.

그렇다면, 실제 엘론 머스크는 어떤 삶을 살아왔을까? 엘론 머스크는 남아프리카공화국에서 출생하여 미국 펜실베니아 대학에서 물리학과 경제학을 전공했다. 이후 물리학 박사 학위를 위해 미국 명문대인 스탠퍼드 대학에 입학했다. 하지만 스티브 잡스나 빌 게이츠 등 혁신적인 사업가들처럼

엘론 머스크 그림 2

출처: 아시아경제

머스크도 입학한 지 얼마 되지 않아 학교를 그만뒀다. 그가 이루고자 했던 '꿈'이 있었기 때문이다. 어릴 적부터 토머스 에디슨처럼 혁신가가 되고 싶었던 머스크는 '인터넷'과 '청정에너지', 그리고 '우주'라는 큰 꿈을 가졌고, 그는 이 꿈을 실현하기 위해 비교적 어린 나이인 24세의 나이로 창업을 하게 되었다.

이후 머스크는 페이팔, 스페이스X, 테슬라 모터스 등 꿈을 꾸었던 모든 분야에서 성공적으로 창업하여 현재 혁신의 아이콘으로 주목받고 있다. 또한 머스크가 맡고 있는 각 사업은 서로 연결되어 있으며, 생산기술이나 공장 운영에 대한 지식을 교환하여 높은 시너지를 발휘하고 있다.

1.2 테슬라의 역사

(1) 초기 테슬라

테슬라는 2003년 창업되었다. 페이팔의 공동창업자인 엘론 머스크와 컴퓨터 공학자 마틴 에버하드 등 5명이 모여 실리콘밸리에서 탄생한 회사이다.

일반적 자동차 회사와는 다르게 테슬라는 첨단 IT 산업의 성지인 실리콘밸리에서 태어났다. 테슬라는 전기자동차라는 개념을 단순히 엔진을 모터로 대체한다는 수준으로 받아들이지 않았다. 의자의 위치를 조정하는 기능, 사이드미러와 같은 '부가기

능'은 테슬라에게는 각각의 '앱'일 뿐이다. 차의 전면 중앙에 위치한 터치스크린 디스플레이는 하나의 태블릿과 같다. 이 터치스크린을 조작해 모든 환경을 섬세하게 조절 가능하다. 즉, 테슬라의 전기자동차는 자동차의 형태를 가지고 수많은 기능들을 구현하는 하나의 플랫폼인 것이다. 하지만 2003년 창업 이후 초기 테슬라는 2017년까지 46억 달러의 적자를 기록하는 등 생존 전망마저 불투명하다는 지적이 많았다.

테슬라는 설립 이후 장기간 적자에 시달려 엘론 머스크가 사비로 자금을 충당해야 할 정도였다. 결국 머스크는 2014년 파격적인 선언을 했다. 보유한 특허를 무료로 공개하면서 "짝퉁 테슬라를 만들어도 상관없다"고 한 것이다. 당시 머스크는 "우리의 경쟁자는 전기차 제조업체가 아니라 내연기관 자동차 제조사"라며 전기차 시장을 키우겠다는 의지를 비추었다. 단순히 매출을 올리려는 모습보다 자신의 꿈을 이루기 위한 모습을 볼 수 있다. 하지만 일각에서는 머스크가 이러한 결정을 하게 된 것이 아직 전기차 시장의 규모가 매우 작고, 전기차에 대한 기술적 우위를 가지고 있기 때문에 앞으로 경쟁자가 많아져도 선두를 유지할 수 있을 것이라는 자신감을 보인 것으로 분석한다.

결론적으로 테슬라는 전기차 시장을 활성화시키려는 노력과 함께, 경제성만 강조했던 기존의 전기차와 다르게 주행감과 운전의 재미, 외관 등 다양한 요인들을 겸비한 자동차를 만들려 노력했다. 그러한 노력 끝에 탄생한 것이 최초 모델인 '로드스터'이다.

(2) 현재 테슬라

현재 테슬라는 초기 엄청난 적자에도 불구하고 2020년 모델3의 출시로 테슬라의 위상이 현저히 달라졌다. 2018년 테슬라 모델3의 안정적 양산에 성공하면서, 2019년 말부터 4분기 이상 지속적으로 흑자로 내며, S&P 500 편입 기준을 충족하였다. 하지만 S&P는 2020년 10월 보고서에서 "지금껏 전기자동차 시장이 급성장했지만, 앞으로도 테슬라 예측처럼 가파른 성장세를 보일 것이라는 보장이 없다" 며 테슬라의 미래에 대해 부정적으로 평가하면서, S&P에 편입시키지 않았다.

파이낸셜타임스FT는 테슬라가 S&P 500에 편입되지 못한 주된 이유는 장기적 수익원이 적기 때문이라는 분석을 내놓았는데, 테슬라의 2020년 상반기 세전 이익 4억 8,300만 달러는 다른 자동차 회사에 규제 크레딧탄소배출권을 판매한 금액인 7억 8,200만 달러에 의존했다고 분석했다. 즉, 테슬라의 흑자가 자동차 설계, 제조, 판매로 인한 근본적인 수익성이 아닌 규제 차익에 있음을 지적한 것이다.

그러나 이러한 평가에도 불구하고 테슬라는 세상을 또 한 번 놀라게 했다. 2020년 10월 당시 시가 총액 기준 자동차 업계 시가총액 1위였던 도요타를 앞지르고, 1위를 달성한 것이다.

그림 3 도요타를 앞지르고 자동차 업계 시가총액 1위가 된 테슬라

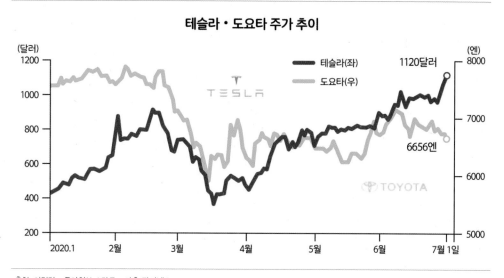

출처: 이미지 – 동아일보 / 자료 – 야후 파이낸스

이처럼 현재 테슬라는 엄청난 성장잠재력을 가지고 있으며, 전기차 시장을 이끌고 있는 기업이다. 전 세계 전기자동차 시장에서, 2020년 1분기 순수 전기차BEV 시장 점유율 29%를 기록하며, 압도적으로 1위를 점유했다.

결과적으로 자동차업계 시가총액 1위를 달성하면서 유명 항공기 제조사인 보잉을 앞지르며 미국 공업 제조사 1위를 기록했다. 미국 내에서 애플, 마이크로소프트, 아마존, 구글, 페이스북, 버크셔 해서웨이에 뒤이어 시가총액 7위의 기업이 되었다.

그러나 테슬라의 시가총액에 대한 의견은 현재까지도 거품이라는 의견과 확실한 가치를 인정하는 의견이 상충하고 있다. 예를 들어, 뉴콘크리트 최고경영자CEO는 CNBC 인터뷰에서 테슬라를 '월스트리트에서 가장 위험한 주식'이라고 부르며, 이렇게 높은 가격과 가치를 지지하기 어렵다고 주장했다.

이렇게 다양한 의견이 나타나는 시점에서 최근 우리나라에서도 테슬라 관련 사고가 터지면서 테슬라의 전기차에 대한 관심이 더해지고 있다. 4차 산업혁명 시대를 이끌 것인지, 보이지 않는 한계에 좌초될 것인지, 앞으로 테슬라의 미래가 궁금해진다.

1.3 테슬라의 경영전략

오랜 시간 적자에도 불구하고 테슬라가 전기차 시장을 이끌고 있는 이유는 무엇일까? 바로 패러독스 경영방식이다. 여기서 패러독스 경영은 서로 상충되는 요소가 상호 조화를 이루어 공존할 수 있도록 관리하는 경영 방식이다.[3] 테슬라는 대량생산이 가능한 전지를 전기자동차용 배터리로 활용하여 원가우위를 확보했고 동시에 독자적인 소프트웨어, 마케팅 역량, 끊임없는 R&D 투자를 통해 혁신적이고 차별화된 기술을 만들어냈다. 즉, 저렴한 가격과 높은 품질을 동시에 이루어낸 것으로 동시에 병행하기 어려운 상충적인 성격의 두 가지 경쟁우위를 동시에 달성하는 패러독스 경영에 성공했다.

다시 말해, 패러독스 경영은 가격을 낮추면서 차별화된 제품을 선보이거나, 창조적 혁신과 양적 효율성을 동시에 달성하거나, 사회적 이슈 또는 사회적 문제를 해결하는 동시에 기업의 경제적 이윤을 추구하는 것이다. 이렇게 서로 상충되는 것처럼 보이는 목표를 동시에 추구할 때는 오히려 전략적인 포커스가 결여되고 경영시스템의 내적 구성요소 간에 부조화가 발생해 경쟁력이 저하될 위험이 크다. 그러나, 테슬라는 3대 패러독스를 성공적으로 승화시켜 단일목표만을 추구하는 경쟁자에 비해 차별적이고 지속가능한 경쟁우위를 창출할 수 있었다. 구체적으로 요약하면 다음과

---

3 이민재·정진섭(2016), 혁신기업, 테슬라 모터스의 패러독스 경영, 전략경영연구, 9(1), 1-24

같다.

첫째, 제품의 가격원가는 낮추면서 차별화된 가치를 제공하고 있다. 테슬라는 범용 규격전지를 통해 원가절감을 실현하고 배터리 양을 과감하게 늘리는 대신 경량화를 위해 알루미늄으로 차체를 제작했다. 이를 통해 테슬라는 생산하는 전기차의 가격을 낮추고 주행거리를 기존 전기차량보다 3배 이상 향상시켰다.

둘째, 혁신적 신제품을 개발하면서 제품개량 및 개선 등을 통해 효율성을 달성하였다. 테슬라는 자화사인 솔라시티의 태양광 시스템을 이용해 테슬라 슈퍼차지 네트워크를 구축하는 등 새로운 비즈니스 모델을 창조하고 태양광 발전으로 전기를 생산하는 충전소를 미국 전역에 건설함으로써, 자동차의 운영 및 유지비용을 혁신적으로 낮추었다. 또한, 자사의 특허정보를 공유함으로써 전통적 제조업인 자동차업계에 혁신을 불러일으키고 기술의 진보와 전기차 시장 확대에 기여하고 있다.

셋째, 지구온난화 등 사회적 문제를 해결하면서 기업의 경제적 이익을 창출하고 있다. 테슬라는 친환경 기술이 환경적 의무보다 오히려 사회적 현상이라는 것을 알았고, 이를 통해 고유한 브랜드를 구축할 수 있었다. 즉, 테슬라는 사회문제를 기업의 사회적 기회로 인식하여 사회의 문제를 적극적으로 해결하면서, 그러한 방법으로 기업의 경제적 이윤도 동시에 추구하고 있다.

또한 테슬라는 지속적인 혁신역량 구축을 위해 끊임없는 노력하고 있다. 학습과 혁신은 테슬라의 경영에 있어 가장 중요한 키워드 중 하나로, 테슬라는 기술 및 경영관리 측면 모두에서 지속적인 학습과 혁신을 추구해 왔다. 이러한 과정에서 테슬라는 독자적인 기술을 선도적으로 개발했다. 자체 R&D 역량 구축을 위한 적극적인 투자를 오랜 기간 지속해 왔고, 필요한 경우에는 거액을 들여서라도 뛰어난 엔지니어를 스카우트하거나 첨단기술을 도입하여 R&D 역량을 개선·발전시켜 왔다. 또한, 이렇게 다양한 경로로 외부에서 확보한 지식을 내부 자체 투자를 통해 확보한 지식과 잘 조합함으로써, 혁신적인 제품이나 기술을 개발해내는 핵심 역량을 세계 최고 수준으로 끌어올렸다.[4]

---

4 이민재·정진섭(2016), 혁신기업, 테슬라 모터스의 패러독스 경영, 전략경영연구, 9(1), 1-24. 참고

이러한 노력의 결과로 과거 전기차동차가 대중화되지 못한 가장 큰 이유였던 배터리 문제를 해결할 수 있게 되었다. 과거 배터리는 무겁고, 비쌌으며, 주행거리는 짧았다. 하지만 테슬라는 이른 시기부터 배터리 R&D에 많은 투자를 했고, 테슬라만의 특허기술을 갖게 되었다. 또 충전 인프라 보급에도 신경을 썼다. 배터리의 성능을 보완하기 위해 배터리가 아니라 배터리와 관련된 설비를 늘린 것이다. 테슬라는 '슈퍼차저'라는 전기차 충전시설을 세계 여러 곳에 설치했다. 이는 30분이면 완전히 충전되며, 모두 무료로 사용할 수 있다.

그림 4 테슬라 슈퍼차저

출처: Motoya

배터리뿐 아니라 테슬라는 지속적인 혁신역량 구축을 위해 하드웨어가 아닌 소프트웨어에 대한 R&D를 통해 독자적인 소프트웨어를 개발했다. 차량의 거의 모든 기능을 센터페시아차량 대시보드 중앙에서 운전석과 조수석 사이에 있는 컨트롤 패널 보드에 있는 터치스크린으로 컨트롤할 수 있게 하고, 지속적인 소프트웨어 업데이트를 통해 차량의 품질을 개선시켰다. 예를 들어, 과거에 모델X의 문이 닫히는 속도가 느리다는 지적이 나타나자, 소프트웨어 업데이트를 통해 속도를 올린 적도 있다. 또, 차량에 문제가 발생하면 데이터를 전송해서 원격으로 수리하기도 하며, 완전자율주행이나 가속 성능 향상 등의 옵션을 소프트웨어 업그레이드로 대체하기도 한다.

앞서 말한 테슬라의 패러독스 경영과 지속적인 혁신역량 구축을 통해 테슬라는 친환경적인 자동차를 내세우기보다, 짧은 제로백[5]과 고급스러운 디자인을 통해 내연기관 자동차보다 모든 면에서 뛰어난 전기자동차로 포지셔닝했다. 그리고 이러한 전

---

5 정지상태에서 시속 100킬로미터까지 가속에 걸리는 시간

략은 최첨단 기술을 사용하는 고급 자동차 브랜드 이미지를 형성했다. 테슬라하면 세련되고 미래지향적인 자동차가 떠오르는 것은 바로 그런 이유이다.

1.4 테슬라의 수익구조

테슬라의 비즈니스 모델은 전기차 충전 시스템의 유료화이다. 즉, 차량을 판매해서 얻는 수익보다 차량의 원료인 전기 에너지의 중계를 통해 수익을 얻는 모델이다. 이러한 수익모델을 위해 테슬라는 전기차 충전 시스템 관련 다양한 특허를 외부에 공개했다. 이러한 공개를 통해 테슬라는 전기차 충전에 대한 표준과 인프라를 선점할 수 있었고, 테슬라 이외의 전기차들도 테슬라의 충전 시스템을 도입하고 사용하도록 함으로써, 수익을 확보할 수 있는 것이다. 다시 말해, 차량의 주유비나 스마트폰의 통신비처럼 전기차를 이용하는 사람은 계속해서 전기를 소비, 지출해야 하기 때문에, 이에 대한 표준과 인프라를 선도적으로 구축함으로써 전기자동차 에너지 시장을 장악하는 것이다.

전기자동차 에너지 시장을 장악하기 위해 테슬라는 세계 최고 수준의 2차 전지 생산 공장인 기가팩토리를 네버다주에 건설했다. 이 공장은 50기가와트 수준의 배터리를 생산하여 테슬라 자동차에 공급할 수 있을 뿐 아니라, 전 세계 전기차 에너지의 50% 이상을 공급할 수 있다.

또한 전기차의 보급이 본격화되면 스마트폰이 그랬던 것처럼 수백만 대 이상의 사용자를 확보하게 될 것이다. 이후 전기차를 구매한 고객을 대상으로 테슬라 차량의 특정 기능이나 서비스를 제공하는 소프트웨어를 유료화하여 높은 매출을 낼 수 있을 것으로 보인다. 실제 테슬라는 매년 10여 차례

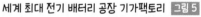

세계 최대 전기 배터리 공장 기가팩토리 **그림 5**

출처: STARTUP TODAY

가 넘는 소프트웨어 업데이트를 하며 자동차의 기능과 성능을 향상해 가고 있으며, 이 중 일부 기능은 월 사용료를 받는 과금 체제로 새로운 수익모델을 발굴하고 있다.

기존의 차량 판매와 보수, 수리를 통해 소비자에게 돈을 받는 B2C를 넘어 콘텐츠와 서비스에 대한 B2C 수익모델과 에너지와 API application programming interface, Data 등을 기반으로 한 B2B에 이르기까지 다양한 형태의 수익모델이 테슬라 모터스를 통해 보여지게 될 것이다. 기존 자동차와 전기차의 비즈니스 모델은 기존 고정관념을 벗어나 혁신적인 모습으로 우리에게 다가설 것이다.

❷ 테슬라의 성과

미국 전기차 기업 테슬라의 2020년 3분기 자동차 판매량은 역대 최고를 기록했다. 월스트리트저널wsj에 따르면 테슬라는 2020년 3분기에만 전기차 13만 9,300대를 판매했다고 밝혔는데 이는 분기별 역대 최대 판매량이다. 이러한 판매 대수는 전년 같은 기간9만 7,000대보다 44% 증가했으며, 금융정보업체 팩트셋의 예상치 등 시장 전망보다 많은 수치이다.

보급형 세단인 모델3와 SUV스포츠유틸리티차 모델Y가 모두 12만 4,100대 팔리면서 판매량 증가의 견인차 역할을 했고 모델S와 모델X도 총 1만 5,200대가 팔렸다. 신종 코로나바이러스 감염증코로나19 여파로 캘리포니아주의 프리몬트 생산공장이 일시 폐쇄됐음에도 테슬라는 올 초부터 지난달까지 전기차 31만 8,000여 대를 판매했으며, 올해 말까지 50만 대 판매를 목표로 하고 있다. 일론 머스크 테슬라 최고경영자CEO는 트위터를 통해 "내년에는 인도 시장에 진출할 것"이라고 밝혔다김정은, 2020.

테슬라의 매출은 2016 회계연도 70억 달러에서 2019 회계연도 246억 달러로 3배 이상 늘었다. 모델3 세단의 출시로 2018 회계연도 사이에 매출만 10억 달러 가까이 급증했지만, 생산 이슈로 인해 2019 회계연도 매출 증가세는 31억 달러로 둔화되었다. 테슬라는 2019 회계연도에도 영업이익이 1% 미만으로 증가한 41억 달러를 기록했다. 그 느린 성장에도 불구하고, 2019 회계연도의 총이익은 2015 회계연도에 비해 여전히 4배 이상 높았다. 총이익은 2016년, 2017년, 2018년 회계연도에 꾸준한 속도로 성장했다.

2019 회계연도에 전 세계 전체 매출의 51%를 차지했던 테슬라의 미국 매출은 최근 몇 년간 급격한 증가세를 본 후 14% 감소한 127억 달러를 기록했다. 모델3 라인의 스타트업 생산 문제가 하락을 불러온 것이다. 테슬라의 주요 해외시장인 중국 내 매출은 2019 회계연도에 29억 달러로 70% 증가했다. 2019년 12월 첫 차량을 납품한 상하이 신공장은 테슬라의 중국 판매량을 끌어올릴 가능성이 있다. 전 세계적

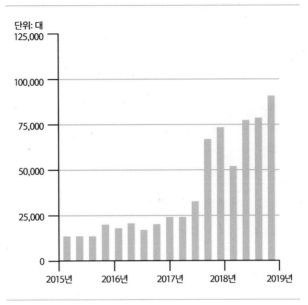

전 세계 테슬라 차량 판매량 그림 6

단위: 대

출처: 스태티스타(Statista)

으로 테슬라의 자동차 배송은 모델3의 판매에 힘입어 4분기 인도량이 전년 동기 대비 23% 증가하며 높은 수준으로 2019 회계연도를 마감했다.[6]

이러한 이익 증가의 원인으로는 크게 지역생산의 증가, 단일 모델의 규모의 경제, 배터리 원가 절감을 들 수 있다. 이전에는 미국 캘리포니아 프레몬트 공장에서 생산해 전 세계로 배송했다. 그러나 전술했듯, 2019년 12월 30일 중국 상하이 공장에서 처음으로 15대를 생산한 이래, 2020년 1월부터 본격적인 양산에 돌입하면서, 그 상황이 달라지기 시작했다.

테슬라에 따르면, 판매 지역에서 생산 공급 비율Delivery percentage of locally-made vehicles이 최근에 70%이상으로 증가했다. 이 비율은 2019년 1분기에는 40%대에 불과했다.

---

6 티스토리 발췌

그림 7 판매 지역에서의 생산 공급비율(Delivery percentage of locally-made vehicles)

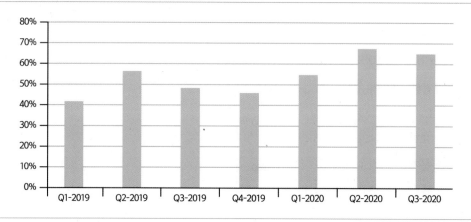

출처: 테슬라

　　최근 테슬라는 중국 상하이 공장 외에도 독일 베를린에 공장을 건설해 아메리카 대륙, 아시아 대륙 그리고 유럽 대륙의 주요 3대 대륙을 커버하는 전략을 강력하게 추진하고 있고, 이러한 전략이 안정적으로 완성되면 테슬라의 수익성은 더욱 좋아질 것으로 보인다.

　　그 다음으로는 단일 모델에 대한 규모의 경제이다. 테슬라의 모델 운영 전략은 아직은 다양한 모델로 확장보다는 핵심 모델에 집중해서 생산을 안정화시키고 규모의 경제를 극대화하는 것으로 보인다.

　　테슬라는 현재 프리미엄 라인업인 모델S, 모델X와 대중화 라인업이라고 할 수 있는 모델3과 모델Y를 운영하고 있다. 이들 라인업의 수는 테슬라와 같은 회사로서는 너무 많다고 느낄 수도 있지만, 이는 스포츠 유틸리티SUV와 일반 세단으로 나누어지는 자동차 시장을 대응하는 최소한의 라인업이라 할 수 있다.

　　그리고 프리미엄 라인업보다는 보다 대중화 라인업에 집중하고 있다. 이러한 전략은 기본적으로 고객들이 어느 정도 접근 가능한 가격대의 세단 모델인 모델3과 자동차 시장에서 가장 인기가 있는 스포츠 유틸리티인 모델Y에 수요가 몰리기 때문이기도 하고, 소품종 대량 생산으로 대규모 규모의 경제를 가능하게 할 수 있기 때문이다.

그림 8 테슬라 실적, 분기별 테슬라 모델별 판매량 추이(2015년 1분기~2020년 3분기)

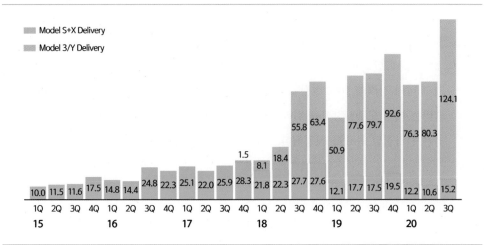

출처: Happist

그림 9 테슬라 베터리 가격, 배터리 업계 가격 및 테슬라 배터리 가격 목표(2020년)

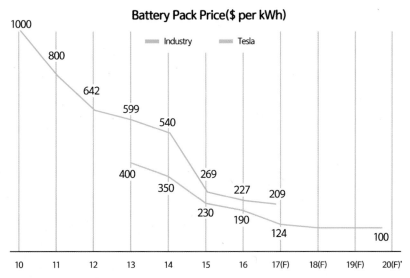

※Industry 10년~16년은 맥킨지 보고서 기준
※테슬라 2017년은 모델 3용으로 30% 이상 절감했다는 테슬라 발표로 추정(electrek)
 테슬라 2020년은 회사 목표치

출처: Happist

마지막으로 배터리 가격의 절감이다. 전기차에서 배터리 팩 가격이 차지하는 비중은 거의 절반에 육박한다는 보고서가 있을 정도로 배터리가 차지하는 비중이 높기 때문에, 이 가격을 낮추어야 전기차 가격을 크게 낮출 수 있다.

지난 테슬라 배터리데이에서 테슬라는 향후 25,000달러 전기차 양산을 위해서 현재 배터리 가격을 56% 절감할 것이라는 목표를 밝혔다. 이러한 향후 목표 이전에 테슬라는 이미 모델3 양산을 위해서 기존보다 30% 절감한 배터리를 개발했고, 향후 더 높은 원가절감 목표를 설정했다.

테슬라 사업의 사례분석

① 사례분석: 자율주행 자동차

자율주행 자동차는 4차 산업혁명 이후 구글과 같은 글로벌 기업들이 빠른 속도로 개발하고 완전자율주행을 위해 노력하고 있는 분야이다. 4차 산업혁명 기술들의 집합체라고 할 수 있으며, 테슬라에서도 사람의 개입이 없이 자율주행이 가능한 자율주행 5레벨을 달성하기 위한 노력이 계속되고 있다. 자율주행 기술은 <그림 10>과 같이 총 5단계로 구분된다.

자동차 자율주행 기술은 운전자가 보조하는 1단계에서 부분자동화2단계, 조건부 자율주행3단계, 고등 자율주행4단계, 완전자율주행5단계으로 구성되어 있다. 4단계부터는 인간의 개입이 필요없다. 하지만 테슬라의 자율주행 레벨은 현재 양산 차를 기준으로 아직 2단계로 사람 없이 주행할 수 없다. 4단계의 경우에도 특정 조건에서는 운전자를 필요로 하며, 5단계 수준 정도가 되어야 완전한 자율주행을 기대할 수 있다. 머스크가 5단계 자율주행을 실현한다는 것은 기술적으로 운전자가 불필요한 자동차를 만들겠다는 것이다.

그림 10 자율주행 기술 단계별 분류

자율주행 기술 단계별 분류
SAE (미국 자동차 공학회) 자동차 레벨 정의 (2016.09)

단계	LEVEL 0 비자동화 No Automation	LEVEL 1 운전자보조 Driver Assistance	LEVEL 2 부분자동화 Partial Automation	LEVEL 3 조건부 자율주행 Conditional Automation	LEVEL 4 고등 자율주행 High Automation	LEVEL 5 완전자율주행 Full Automation
제어 주체	인간	인간+시스템	인간+시스템	시스템	시스템	시스템
주행 책임	인간	인간	인간	시스템	시스템	시스템
	운전자 항시 운행	시스템이 차간거리 조향 등 보조	특정 조건에서 시스템이 보조 주행	특정 조건에서 자율주행 위험 시 운전자 개입	운전자 개입 불필요	운전자 불필요

출처: EVPOST

엘론 머스크는 자율주행 기술에 대한 자신감을 항상 보여주고 있는데, 중국 상하이에서 열린 세계 인공지능 대회WAIC에서 화상을 통해 '5단계 자율주행에 언제쯤 도달할 수 있겠느냐'는 질문에 대해 "본질적으로 완전한 자율주행이 빠른 시일 내 도달할 것으로 확신하며, 테슬라가 매우 근접해있다"며 "올해2020년 안에 5단계 자율주행 기본 기능을 갖게 될 것"이라고 설명했다.

테슬라는 자율주행 자동차를 위해 '완전자율주행 컴퓨터Full Self-Driving Computer'를 개발했다. 완전자율주행 컴퓨터 칩은 초당 2,300프레임을 처리한다. 엔비디아Nvidia가 개발한 이전 세대 칩보다 21배 뛰어난 성능이다. 또한, 초당 144조 프레임을 제어할 수 있으며, 엔비디아 드라이브 AGX

중국 상하이에서 지난 9일 열린 세계인공지능회의(WAIC) 개막식에서 엘론 머스크 테슬라 최고경영자(CEO)가 영상 메시지를 전하고 있다. 그림 11

출처: 로이연합뉴스

페가수스 슈퍼컴퓨터보다 전력 소비량이 5배 적다.

이 외에도 테슬라 차량에는 CCTV 카메라 8대, 울트라소닉 센서 12개, 전방 160m까지 감지할 수 있는 레이더 등을 탑재했다. 실제로 테슬라는 뉴럴 네트워크인 간의 뇌를 모방한 네트워크를 사용해, 기존 컴퓨터 비전 시스템보다 훨씬 정확하게 차량 주변 안전을 감지한다는 사실이 증명됐다. 그리고, 테라바이트 단위의 데이터를 수집해, 자율주행자동차의 뉴럴 네트워크를 수시로 트레이닝한다.

실제 자동차의 안전성 등을 측정하는 유로앤캡 테스트에서 테슬라의 자율주행자동차는 운전자 보조 자율주행 시스템이 최고 수준이라고 평가받았다. 운전 도중 차량 앞으로 갑자기 사물이나 사람이 튀어나오는 것을 즉시 감지하고, 사고를 방지할 수 있도록 안전하게 속도를 줄일 수 있다는 사실이 확인된 것이다.

더 나아가 다른 차량의 갑작스러운 끼어들기 상황에서도 사고 발생 위험이 없다는 사실이 입증됐다. 전반적인 테스트 과정에서 오토파일럿테슬라의 자율주행기술이 타사의 자율주행 시스템보다 사고 위험이 더 적다는 결과가 나왔다. 뿐만 아니라 테슬라 차량은 오토파일럿이 작동되지 않는 상태에서도 사고 위험이 매우 적다. 실제 사례로 모델3 차량은 실제 야간 운전 시에도 다른 차량을 감지해, 충돌 사고 위험을 피했다. 차량 전면 레이더와 자동 긴급 브레이크 등 표준 안전 기능 덕분인 것으로 확인됐다.

이외에 소프트웨어 업데이트를 통해 한정 고객을 대상으로 5단계인 완전자율주행Full Self Driving·FSD 베타 서비스를 출시한 뒤, 이를 사용해 본 운전자들의 후기가 트위터 등 소셜미디어에 올라오고 있다. 한 트위터 사용자는 완전자율주행FSD 사용 영상을 올리며 "여기는 좌회전 구간인데 완벽하게 회전했다. 놀랍다"라고 설명했다. 또 다른 트위터 이용자는 "완전자율주행 서비스는 완전히 새롭고 놀랍다"며 "교차로에서의 작동이 놀라웠다. 다음 목적지까지 거리 수정하는 것 외에 내가 할 일은 없었다"고 전했다.

이처럼 테슬라의 완전자율주행은 곧 우리의 삶 속에서 흔하게 볼 수 있는 4차 산업혁명의 혁신적인 기술이 될 것으로 예상된다.

② 사례분석: 로보택시

　로보택시는 미래에 테슬라가 제공할 서비스로 완전자율주행 자동차가 완벽하게 완성되었을 때, 제공할 수 있는 서비스이다.

　로보택시는 공유경제를 활용한 테슬라의 전기차 공유서비스이다. 오토파일럿 소프트웨어를 통해 운전자 없는 택시를 운영하겠다는 엄청난 구상이다. 해당 테슬라 전기차를 소유한 주인은 로보택시 서비스를 통해 11년 동안 무인택시 사업을 운영할 수 있다. 엘론 머스크는 로보택시를 통해

테슬라의 차량 공유 시스템 **그림 12**

출처: CARGUY

연간 3만 달러의 매출을 낼 수 있다고 설명했다. 테슬라 전기차를 소유하면서 공유서비스를 통해 소득이 창출되는 것이다.

　이를 위해 먼저 테슬라는 2020년 상반기 홈페이지에서 차량 접근 권한을 최대 5인에게 부여하도록 업데이트를 진행했다. 소유주의 동의만 있으면 누구나 소유주처럼 차를 이용할 수 있다. 로보택시의 기반이 되는 프로세스인 것이다.

　테슬라 차량 백미러 위에 달린 카메라도 로보택시를 위한 장치다. 차주는 빌려 타는 사람의 행동을 감시할 수 있다. 이와 같이 로보택시를 위해 실질적인 장치들을 마련하고, 그에 필요한 소프트웨어를 개발 중에 있다. 우버가 우리나라에 적용되지 못한 것처럼 로보택시도 사회적 문제로 인해 현실에 적용될지는 확실하지 않지만, 확실한 것은 로보택시가 완벽히 운행된다면 택시 고객들과 차주에게 서로 엄청난 이득을 불러온다는 것이다.

　요약하면, 로보택시는 테슬라 차량의 주인이 차량을 사용하지 않을 때 수익을 올릴 수 있는 방법으로 고객을 완전자율주행으로 목적지까지 데려다주는 서비스이다. 무인택시를 현실화하는 것으로 생각할 수 있다. 이러한 서비스를 제공함으로써, 테슬라의

차량 주인은 차량을 소유하는 것만으로도 수익을 낼 수 있으며, 다양한 고객들은 안전하게 목적지까지 도달할 수 있다. 전술했듯, 로보택시는 완전자율주행이 선행되어야 하는 과제인데 테슬라의 CEO 엘론 머스크는 직접 자신의 차를 이용해 완전자율 주행의 알파테스트를 하는 모습도 보여주면서 로보택시의 성공가능성을 시사하고 있다.

그림 13 오토파일럿 모드가 켜진 상태에서 운전자가 핸들에서 손을 잠시 뗀 채 자율주행 중인 테슬라 차량의 모습

출처: 글로벌비즈

<그림 13>은 엘론 머스크가 직접 회사에서 자택까지 자율주행시스템인 오토파일럿 알파버전을 가지고 운행하고 있는 모습이다. 그는 직접 시승하고 나서 "집에서 회사까지 핸들에 거의 손대지 않고 가더라"라는 소감을 전했고, 여기서 '거의'라는 조건을 달았으나 현재의 오토파일럿 수준을 완전자율주행 단계로 끌어올리는 작업이 순조롭게 진행 중이라는 얘기로 풀이된다. 알파버전은 개발자들이 미처 발견하지 못한 오류프로그램의 결점를 찾아내기 위해 기업 내부에서 자체적으로 테스트하고 있는 제품을 말한다. 이 단계를 통과하면 소수의 일반 소비자를 대상으로 한 베타버전 테스트로 넘어가는데, 이미 테슬라는 몇몇 소수의 고객들에게 베타테스트를 한 것으로 알려져 있다. 언젠가 로보택시를 상용화할 날이 온다면 우리 삶에 큰 변화를 불러올 것으로 생각된다.

③ 사례분석: 탄소배출권 판매

전기차의 등장배경에서 설명했듯, 현재 전 세계적으로 환경에 대한 규제가 매우 심하다. 각 자동차 제조업자들이 환경규제를 지키지 못했을 때 과징금을 지불하게 되는데, 이때 '탄소배출권'을 구매하여 과징금을 면할 수 있다. 여기서 중요한 것은 테슬라는 친환경자동차만을 제작하기 때문에 탄소배출권이 필요 없게 되고, 다른 자동차제조사에게 판매할 수 있다는 것이다. 최근 코로나 바이러스로 인해 차량판매가 조금 감소하고 매출도 감소했지만, 테슬라는 높은 순이익을 낼 수 있었는데, 그 비결은 바로 탄소배출권 판매를 통한 수익이다.

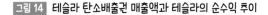

그림 14 테슬라 탄소배출권 매출액과 테슬라의 순수익 추이

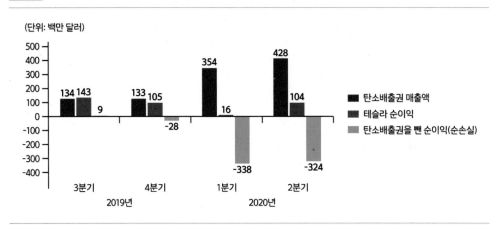

출처: KBS NEWS

탄소배출권 거래 제도는 온실가스를 뿜어내는 업체들에 매년 배출할 수 있는 할당량을 부여해 남거나 부족한 배출량은 사고팔 수 있도록 하는 제도다. 국가에서 규제하는 탄소배출량 이상을 배출할 경우 거액의 과징금을 지불해야 하기 때문에 할당량이 남은 기업으로부터 탄소배출권을 사와야 한다. 전기차는 내연기관차보다 배기가스 배출이 월등히 적다 보니 테슬라가 다른 기업에 탄소배출권을 팔아 이익을 남길 수 있는 것이다. 실제로 제너럴모터스GM와 피아트–크라이슬러FCA 등이 EU유럽연합의 탄소배출 규제에 대응하기 위해 2019년 테슬라에게 수억 달러를 주고 탄소배출권을 사온 사례가 있다. 테슬라의 탄소배출권 판매 수익은 한동안 더 오를 가능성이 큰데, 이는 세계적으로 온실가스 배출 억제 및 자동차 연비 규제 등 환경규제가 앞으로 더욱 강화되는 추세이기 때문이다.

유럽에서 이산화탄소 관련 환경 규제 벌금이 자동차에 적용된 것은 약 10년 전으로 상당히 오래됐다. 이러한 규제는 매년 강화되었고, 미국 캘리포니아 주에서는 제로 배출차량 프로그램ZEV, Zero Emissions Vehicle program 규제까지 등장했다. 자동차 기업은 총 판매액 중 일정 숫자의 순수 전기차를 반드시 판매하고, 그렇지 못할 경우 벌금을 내야 한다.

이러한 강력한 규제에도 불구하고 탄소배출량은 최근 3년간 증가세다. 영국컨설팅 업체 PA컨설팅이 상위 13개 자동차 그룹사가 2021년 유럽에 신차를 팔면서 내야 할 벌금 규모를 예상했다. 그 총액은 약 147억 유로약 20조원이다. 2025년까지 신차의 절반 이상을 친환경 차량으로 생산하겠다는 토요타가 가장 양호한 성적표를 받았다. 탄소배출량 평균 95.1g/km으로 2,000만 유로약 278억의 벌금을 내야 한다. 폭스바겐은 탄소배출량 평균 109.3g/km으로 약 45억 유로약 5조 8천만 원, 다임러는 9억 9천만 유로약 1조 3,278억 원, BMW 7억 7,500만 유로약 1조 395억 원의 엄청난 벌금을 부담하게 된다.

이처럼 강력한 규제에도 아직 막대한 벌금을 내야 하는 자동차 제조사들이 넘쳐나고 있고, 이에 따라 테슬라는 탄소배출권 판매를 통한 엄청난 수익을 낼 수 있는 것이다. 테슬라는 내연기관 차량이 단 한 대도 없고 모두 전기차만 판매해, 판매 대수마다 탄소배출권을 확보하게 된다. 이 결과는 테슬라가 전기차를 기반으로 한 기업이기 때문에 가능한 일이었고, 혁신이 있는 기업에게 엄청난 기회로 다가온 것이다.

❹ 실패사례: 솔라시티 인수

테슬라는 2016년 8월 1일 자사 공식 블로그를 통해 테슬라와 솔라시티의 인수합병M&A을 공식 발표했다. 엘론 머스크는 "테슬라의 배터리 저장 사업을 태양광 패널 회사와 수직으로 통합하기 위해 합병을 추진한다"고 밝혔다. 테슬라는 지속가능한 에너지원인 태양열을 활용해 전기차 에너지의 효율을 높일 계획인 것이다.

테슬라와 솔라시티의 인수합병이 완료되면, 전 세계에서 유일하게 에너지의 생산부터 저장, 수송까지의 모든 단계가 통합된 지속가능한 에너지 기업으로 자리매김하게 될 것이다. 테슬라의 사명은 '지속가능한 에너지'로의 전환을 가속화함으로써, 이러한 환경 문제를 해결함에 있다. 이를 실현하기 위해서는 에너지가 지속가능한 방법으로 생산되어야 하며, 지속가능한 에너지가 추후 사용을 위해 저장될 수 있어야 하고, 수송할 수 있어야 한다고 밝혔다. 이러한 과정에서 효율성을 높이기 위해서는 에너지 생산, 저장 및 수송에 사용되는 기술이 통합되어, 이 모든 프로세스가 원활하게 진행되어야 한다고 판단하여, 솔라시티를 인수한 것이다.

<그림 15>는 통합된 지속가능한 에너지 시대의 도래에 대한 테슬라의 비전을 보여준다. 테슬라가 제시한 3가지 비전은 첫째, 일반 지붕보다 더욱 내구성이 있고 보기에도 좋은 솔라 루프가 에너지를 생산하게 되며, 이는 각 가정의 니즈에 맞게 쉽게 변경할 수 있고 고객이 부담하는 비용을

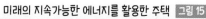

미래의 지속가능한 에너지를 활용한 주택 `그림 15`

출처: 테슬라 홈페이지

줄일 수 있다. 둘째, 기가팩토리에서 이번 분기부터 생산을 시작하는 파워월 2 스토리지 시스템이 모든 에너지원솔러 루프, 기타 다른 태양열 시스템 또는 그리드 등으로부터 생산된 에너지를 저장하며, 밤이나 정전 발생 시, 또는 고객이 이윤을 창출할 수 있는 순간에 저장된 에너지를 가장 효율적으로 사용할 수 있게 한다. 셋째, 지속가능한 에너지는 교통수단에 사용되어야 하며, 이는 바로 전기자동차가 중요한 이유이다.

즉, 테슬라의 제품을 통해 완전한 지속가능 에너지 생태계를 만들어, 고객들에게 경험할 수 있도록 하는 것이다. 집에서 전기를 만들어내며, 전기를 자급자족하고 이동수단에도 충전하여 일상생활 속 전기를 친환경에너지로 충당하고, 환경오염 없는 생활을 이룰 수 있는 것이다.

이렇게 야심찬 비전을 가지고 솔라시티를 인수했지만 현재 많은 여론은 테슬라의 솔라시티 인수에 대한 부정적 의견을 가지고 있다. 2018년 당시 보급형 전기차 모델3의 생산이 예상보다 지연되며 파산설이 돌 만큼 테슬라는 위기에 봉착했었다. 하지만 이 시점에서 진짜 문제는 모델3이 아니라 테슬라가 인수했던 솔라시티라는 지적이 나온 것이다.

블룸버그미국 미디어 그룹는 엘론 머스크가 인수한 솔라시티가 테슬라 위기의 근본원인이라고 분석했다. 테슬라는 2016년 머스크의 사촌 2명이 설립한 이 회사를 20억 달러에 인수했는데 당시 29억 달러의 빚도 함께 떠안았다. 이 때문에 인수 당시부터 시장에서는 재무적으로도, 비즈니스 측면으로도 이해하기 어려운 결정이라는 논란이 불거져 왔다. 솔라시티를 인수할 당시 떠안았던 부채는 테슬라의 신용도 평가와 대출 비용에도 악영향을 주었고, 만약 솔라시티의 부채가 없었다면 테슬라의 평균 차입 이자율은 B등급인 약 5.9%에 해당했을 것이라는 것이 블룸버그의 설명이다.

즉, 테슬라가 솔라시티를 인수한 것은 재무적인 부분이나 사업적인 측면에서도 큰 성과를 내지 못했고, 현재까지도 좋지 못한 평가를 받고 있다. '사촌지간이었기 때문에 인수를 한 것이 아니냐'라는 이야기가 나올 정도로 부정적인 평가를 받고 있어, 현 시점에서는 테슬라의 실패사례라고 할 수 있다.

맺음말

❶ 4차 산업혁명 시대의 테슬라

테슬라는 최초로 실리콘밸리에서 탄생한 자동차 회사이다. 정확히는 자동차 회사라기보다 소프트웨어를 기반으로 하는 자동차 제조업체로도 볼 수 있다. 테슬라는 다른 자동차 기업에 비해 매우 짧은 역사를 가지고 있지만 4차 산업혁명 이후, 가장 주목받고 있는 벤처기업 중 하나이다. 그 이유는 그들이 만든 혁신적인 전기자동차 때문이다. 테슬라가 등장하기 전까지 다른 자동차 회사들은 전기차를 출시하면서 전기차만의 연비나 친환경적인 측면을 중심으로 포지셔닝했다.

그러나 테슬라는 전기자동차를 제작하면서 내연기관보다 빠른 제로백과 선구적인 디자인, 고성능 차량을 개발·제작하여 전기자동차 시장을 흔들었다. 즉, 별거 아닌 것 같지만 기존의 고정관념을 깨고 탄생한 자동차이다. 테슬라는 고가의 스포츠

카부터 스포츠세단, 보급형 저가 차량을 순서대로 출시하면서 고객들의 범위를 확대하고 있다. 자사가 가진 기술력을 기반으로 한 전략으로서, 이 전략은 점차 성공하고 있고, 최근 우리나라에서도 수입차 판매량 부문에서 상위권을 차지하면서 그 입지를 확실히 보여주고 있다.

4차 산업혁명 이후 인공지능, 빅데이터, 증강현실과 가상현실 등 다양한 기술들이 쏟아져 나오고 있다. 이러한 상황 속에서 테슬라는 4차 산업혁명 기술들의 집합체라고 할 수 있는 자율주행 자동차를 지속적으로 연구·개발함으로써 완전자율주행 자동차를 목표로 나아가고 있다. 완전자율주행 자동차가 완성되는 시기는 멀지 않았으며, 완성되는 순간 우리의 삶은 180도 바뀔 것이다.

혁신 그 자체인 테슬라는 무한한 잠재력을 지니며, 앞으로도 엄청난 변화와 혁신을 우리에게 가져다 줄 것으로 예상된다. 결국, 다양한 방면에서 4차 산업혁명 시대를 이끌어갈 대표적인 기업이 될 것으로 판단된다.

❷ 시사점 및 전망

자동차 회사의 경쟁자가 자동차 회사가 아닌 시대가 도래하고 있다. 소니SONY가 판매할 계획은 없지만 다양한 인포테인먼트[7]와 센서로 무장한 자동차를 CES세계 가전 전시회, International Consumer Electronics Show에서 선보인 것은 전기자동차 시대가 오면서 전통적인 자동차 회사와 일반 전자, IT 회사와의 간극이 좁혀질 것을 보여주는 대표적인 예이다.

또한, 다수의 미국 전기차 스타트업 기업들의 동 업계 진입은 그동안 복잡한 설계와 부품으로 진입장벽이 높은 산업으로 여겨지던 자동차산업의 담을 허물 것을 예견하고 있다. 플랫폼과 배터리 기술만 있다면 누구나 자동차를 만들 수 있는 시대가 오고 있는 것이다.

만약 이러한 시대가 온다면 IT강국인 한국의 많은 기업들에게 기회가 될 수 있다. ADAS첨단 운전자 지원 시스템, Advanced Driver Assistance Systems, 인포테인먼트, 차량 내 클라우

---

[7] 운전과 길 안내 등 필요한 정보를 뜻하는 인포메이션과 다양한 오락거리와 인간친화적인 기능을 말하는 엔터테인먼트의 통합시스템

드 서비스 등 한국 전자 기업들의 장점을 잘 살릴 수 있기 때문이다.

더불어 우리나라는 낮은 경제성장률과 심화되고 있는 저출산, 고령화 등 많은 사회적 문제가 대두되고 있다. 이러한 한국의 경제를 다시 활성화하기 위해서는 테슬라와 같이 현재 직면하고 있는 문제들과 위기를 극복하고 새로운 기회를 얻기 위한 통찰력과 이를 기반으로 하는 도전적인 정신이 필요하다. 현재 한국의 훌륭한 스타트업과 벤처 및 우수한 기업들이 테슬라와 같이 혁신적이고 자사만의 차별적인 우위를 만들어낸다면 한국은 보다 빠르게 선진국으로 나아갈 수 있을 것이다.

테슬라의 전망을 알기 위해서는 전기차 자체의 전망도 매주 중요하다. 한국 딜로이트그룹은 '전기차 시장 전망: 2030년을 대비하기 위한 전략'을 발표했는데, 이에 따르면 2030년까지 세계 전기차 연간 판매량이 3,110만 대까지 늘어나면서 향후 10년간 세계 전기차 시장 연평균 성장률CAGR은 29%에 달할 것으로 예상된다. 리포트에서의 전기차에는 배터리로만 동력을 얻는 배터리 전기자동차BEV, 플러그인 하이브리드 전기차PHEV가 모두 포함된다.

한국 딜로이트그룹은 2030년 세계 전기차 시장의 국가별 비중을 중국 49%, 유럽 27%, 미국 14% 순으로 예측했다. 중국이 세계 최대의 전기차 시장이 된다는 전망이다. 전기차 시장 성장에 영향을 미칠 주요 요인으로는 소비자 인식, 정책 및 규제, OEM완성차 제조 전략, 기업의 자동차 구매를 꼽았다. 우선 소비자의 전기차에 대한 우

그림 16 2020년 상반기 자동차 브랜드별 판매 증감

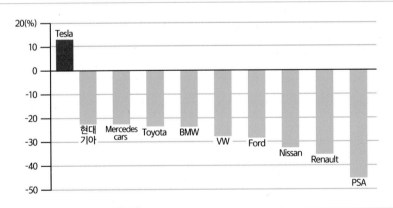

출처: KBS NEWS

려 중 주행거리는 대폭 개선되는 추세이며, 가격도 정부의 보조금 정책 등에 힘입어 부담이 줄어들고 있다. 세계 각국 정부는 탄소 배출 감소를 위해 전기차 구매의 지원 정책을 확대하고 있다. 또한 내연기관 중심이었던 기존 완성차 기업들도 전기차 생산에 나서는 추세이다.

2020년 상반기 전 세계 주요 자동차 브랜드가 최소 20% 이상의 판매 감소를 기록한 가운데, 테슬라만 10% 판매가 증가했다. 인터넷을 통한 비대면 판매에 집중하다 보니 매장 셧다운의 피해를 적게 본 것으로 보인다. 이것만 보면, 테슬라의 앞날이 밝을 것으로 보이지만 상반기 테슬라의 전 세계 판매량은 18만 대에 불과하다. 해마다 1천만 대 안팎을 판매하는 도요타와 폭스바겐, 르노-닛산은 물론 700만 대를 팔아온 현대자동차 그룹에 비해서도 판매 규모 면에서는 비교도 안 될 정도로 적다.

그러나 테슬라는 이제 최근 2~3년간 전기자동차 판매에 있어 시작하는 단계로 이전 자동차 시장을 점유하던 글로벌 자동차 기업들과 비교하는 것은 의미가 없어 보인다. 앞으로 유럽을 중심으로 다양한 국가들의 환경 규제는 점점 엄격해질 것이고, 탄소배출권 사례분석에서 이야기했듯 많은 제조업체들이 엄청난 규모의 과징금을 지불하고 있다. 이에 따라 100% 배터리 전기자동차BEV를 제조하는 테슬라는 앞으로 더 큰 규모로 탄소배출권을 통한 이익을 낼 수 있을 것이며, 완전자율주행이 완성되는 순간 테슬라의 입지는 전기차 부문이 아닌 전 세계 자동차업계에서 선두의 위치에서 사업을 이어 나갈 것으로 전망된다.

한편, 엘론 머스크가 이끄는 우주개발기업 스페이스X가 한국 시간 2021년 9월 16일, 미국 플로리다주 케네디우주센터에서 민간인을 태운 관광용 우주선을 성공적으로 쏘아 올렸다. 이번 성공은 가장 많은 민간인을 태우고 가장 멀리, 가장 오랫동안 우주비행을 했다는 의의도 있다. 이젠 우주여행이 실제 상황으로 다가온 것이다. 지속가능한 에너지를 활용한 자율주행 자동차에 이어, 새로운 우주시대가 다가오고 있다. ESG 경영8을 위한 혁신의 아이콘 엘론 머스크의 다음 행보를 기대해 본다.

---

8 'Environment', 'Social', 'Governance'의 머리글자를 딴 단어로 기업 활동에 친환경, 사회적 책임 경영, 지배구조 개선 등 투명 경영을 고려해야 지속 가능한 발전을 할 수 있다는 철학을 담고 있다. ESG는 개별 기업을 넘어 자본시장과 한 국가의 성패를 가를 키워드로 부상하고 있다. [네이버 지식백과] ESG (매일경제, 매경닷컴)

그림 17 2021년 9월 16일 스페이스X 우주 관광선의 발사 모습과 탑승 민간인 모습

출처: 유튜브

Assignment Question

1. 최근 국내에서 테슬라 차량 사고를 둘러싼 논란은 급발진 의록과 함께 배터리 전자식 개폐 등 전기자동차의 주요 특징이 인명 구조에 약점으로 작용할 수 있다는 것이다. 미국에서도 비슷한 사례가 나오고 있지만 테슬라는 급발진을 부인하고 있는 상황에서 이러한 양상을 어떻게 해결하는 것이 좋을지 논의해 보자.

2. 테슬라의 궁극적인 비전은 솔라시티 등을 통해 지속가능한 에너지를 활용한 새로운 생태계를 만드는 것이다. 테슬라의 비전처럼 전기를 자급자족하는 시기가 왔을 때 우리의 삶에 어떤 변화가 생길 것인지 생각해 보자.

3. 이미 선진국의 반열에 올라와 있지만 우리나라 경제는 일본의 경제와 비슷한 양상을 보이며 경제발전 및 사회적 문제 또한 유사한 모습을 보인다. 테슬라의 혁신적 모습을 통해 향후 우리가 일본과 같이 저성장을 겪지 않으려면, 어떤 방향으로 나아가야 할 것인가? 특히, ESG 경영과 디지털전환은 어떠한 역할을 할 것인지 논의해 보자.

참고문헌

찾아보기

저자 소개

정진섭

정진섭 교수는 현재 충북대학교 경영대학 국제경영학과 교수와 국제교류본부장으로 재직하고 있다.

서강대학교 경영학과를 졸업하고, 서울대학교 경영학 석사를 거쳐, 서울대학교에서 경영전략/국제경영으로 경영학 박사학위를 받았다.

이후, KOTRA(대한무역투자진흥공사), 산업정책연구원(IPS), 전략경영연구소, 성균관대학교 등에 재직하였다.

2022년 현재 한국국제경영관리학회의 회장을 비롯하여, 한국국제경영학회, 한국전략경영학회, 한국무역학회, 한국경영컨설팅학회, 한국실천경영학회 등의 부회장, 한국전문경영인학회, 한국국제통상학회, 대한산업경영학회, 한국유통경영학회 등의 이사로 활동 중이다. 또한 2023년에는 한국기업경영학회에서 회장직을 수행할 예정이다.

이 밖에 대외적으로, 기획재정부의 공기업경영평가단 평가위원, 국무총리산하의 경제 · 인문사회연구회의 평가위원, 충청북도 투자유치 위원, 충청남도 투자유치위원회 위원, 황해경제자유구역청 투자유치 자문위원, 기타 정부기관 평가위원, 공무원 투자유치부문 강사 등으로 활동하고 있다.

학술활동으로는 Sustainability, Kritika Kultura, Journal of Korea Trade, International Journal of Applied Business and Economic Research 등 A&HCI, SSCI, SCOPUS급 해외저널에 다수의 논문을 게재했으며, 국제경영연구, 전략경영연구, 기업경영연구, 국제경영리뷰, 컨설팅경영연구 등 한국연구재단 학술지에 약 110여 편의 논문을 실었으며, 2021년에는 충북대의 영예로운 학자에게 수여되는 'CBNU Galaxia'를 수상하였다.

한편, 지속가능경영 종합시책, Invest KOREA 중장기 전략, 아제르바이잔 외국인직접투자 활성화전략수립, 인도 및 이란의 Knowledge Sharing Program, G2G 기술교류(인도, 이란), FTA 및 TPP 관련 프로젝트, 중소기업 R&D 관련 프로젝트, NCS 관련 프로젝트, 무역 및 수출 관련 프로젝트 등 다수의 국내외 프로젝트를 수행하였다.

주요 전공분야는 국제경영(무역, 해외직접투자, 문화), 경영전략, 지속가능경영, 기업의 사회적 책임, ESG 경영, 4차 산업혁명, 협상, 혁신, 기업생태계 등이다.

Paradigm Shift를 위한 4차 산업혁명 시대의 경영사례 Ⅱ

초판발행	2022년 2월 10일
중판발행	2023년 1월 30일
지은이	정진섭
펴낸이	안종만·안상준
편 집	김민조
기획/마케팅	김한유
표지디자인	이소연
제 작	고철민·조영환
펴낸곳	(주)**박영사**
	서울특별시 금천구 가산디지털2로 53, 210호(가산동, 한라시그마밸리)
	등록 1959. 3. 11. 제300-1959-1호(倫)
전 화	02)733-6771
f a x	02)736-4818
e-mail	pys@pybook.co.kr
homepage	www.pybook.co.kr
ISBN	979-11-303-1432-7 93320

copyright©정진섭, 2022, Printed in Korea

* 파본은 구입하신 곳에서 교환해 드립니다. 본서의 무단복제행위를 금합니다.
* 저자와 협의하여 인지첩부를 생략합니다.

정 가   29,000원